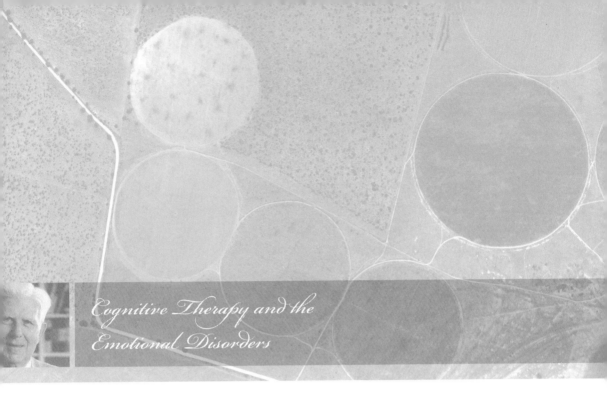

Cognitive Therapy and the Emotional Disorders

인지치료와
정서장애

인지치료 창시자 **아론 벡**이 저술한
인지행동치료의 고전

| Aaron T. Beck 저 | **민병배** 역 |

학지사

Cognitive Therapy and the Emotional Disorders
by Aaron T. Beck

copyright ⓒ 1976 by Aaron T. Beck, M. D.

All rights reserved.

Korean Translation Copyright ⓒ 2017 by Hakjisa Publisher, Inc.
This edition published by arrangement with Aaron T. Beck c/o Beck
Institute through Shinwon Agency Co.

본 저작물의 한국어판 저작권은 Shinwon Agency 를 통한
Aaron T. Beck c/o Beck Institute 와의 독점계약으로 (주)학지사가 소유합니다.
저작권법에 의해 한국 내에서 보호를 받는 저작물이므로
무단 전재와 무단 복제를 금합니다.

역자 서문

　역자는 1985년 가을, 대학원 석사과정의 마지막 학기에 처음 이 책을 접하였다. 당시 서울대학교병원 임상심리실에서, 작고하신 김중술 교수님 주재하에 임상심리연수원 선배들이 이 책을 강독하는 세미나에 대학원생으로서 운 좋게도 참석할 수 있게 되었다. 대학원생이던 내게 이 책이 신선한 충격으로 다가왔던 기억이 새롭다. 이후 해군사관학교에서 심리학 교관 겸 상담관으로 복무하던 시절, 그리고 서울대학교병원에서 임상수련을 받던 시절, 아론 벡(Aaron T. Beck)의 다른 저서들을 읽으면서 인지치료에 대한 이해의 폭을 점차로 넓혀 가게 되었으니, 내가 이 책을 통해 인지치료에 입문하였다고 얘기해도 과장된 표현만은 아닐 듯하다.

　이 책이 출간된 지 40년, 내가 이 책을 접한 지 30년이 지난 시점에서, 뒤늦게 이 책을 번역하기로 결심하고 다시금 숙독하면서 내가 이 책의 영향을 얼마나 많이 받았는지를 새삼 깨닫게 되었다. 진작 번역되었어야 할 책이고 때늦은 감이 없지 않지만, 그리고 인지행동치료의 매우 빠른 진화 속도로 말미암아 책의 내용이 이미 구시대의 것이 되어 버린 느낌이 없지 않지만, 이 책이 지닌 역사적 중요성 때문에라도 꼭 이를 번역하여 국내 독자들에게 소개하고 싶었다.

　이 책의 내용이 지금을 살아가는 사람들에게는 상식이 되었지만, 당시로서는 수많은 심리치료자에게 혁명적인 영향을 주었다. 이 책에는 당시에 심리치료자와 과학자들에게 외면받았던 개인의 내면 경험을 심리치료와 과학의 영역으로 다시 가져온 인지치료의 **현상학적 관점**이 잘 나타나 있다. 또한 기성의 권위를 그대로 신뢰하기보다 환자의 경험에서 얻은 자료를 더 신뢰하였던 아론 벡의 권위에 대한 도전정신과 독립적인 기질이 이 책의 구석구석에 온건한 문체로 담겨 있다. 벡은 기성의 권위에 도전하면서도, 환자에게는 탈권위적이고 **협력적인 태도**를 보였다. 그는 환자의 경험을 존중하고 경험의 전문가로서의 환자를 존중하여, 정신병리를 이해하기 위해 환자의 경험 내에서 해답을 찾으려 하였고, 치료자의 추론과 해석보다는 내성과 관찰에 기초한 환자의 보고를 중시하였으며, 환자 자신도 이해할 수 없는 비정상적인 감정반응에 얽혀 있는 의미를 환자와 함께 해명하려 하였다.

이 책은 인지치료의 탄생과정에서 아론 벡이 인간의 정신병리와 변화과정에 대해서 어떻게 자신의 생각을 발전시켜 갔는지를 잘 담고 있다. 가령 이 책에는 그가 한 환자와의 자유연상 과정 중에 '**자동적 사고**'를 발견하고는 다른 환자들에게서 그 인지 현상의 존재와 중요성을 끈기 있게 확인해 가며 자신의 이론을 수립해 가는 과정이 흥미롭게 기술되어 있다. 또한 이 책에는 선행사건과 당혹스러운 정서반응 사이에는 개인이 조금만 주의를 기울이면 의식할 수 있는 생각이 존재하며, 개인이 이러한 생각을 인식할 수 있을 때 당혹스러운 정서반응은 이해 가능한 반응으로 바뀔 수 있고, 이를 확장하면 다양한 정서장애는 결국 사고장애로 이해될 수 있다는 **인지매개가설**, 다양한 정서장애가 서로 다른 양상을 보이는 것은 사고내용이 다르기 때문이며 각 장애는 나름대로 독특한 사고내용을 지닌다는 **인지적 특수성 가설**, 정상적인 반응과 병적인 반응은 질적으로 서로 다르지 않으며 대부분의 정서장애는 정상적인 반응이 과장되어 나타난 것으로 보는 **연속성 가설**, 부적응적 반응이란 보편적이고 정상적인 적응적 반응이 과장되게 극단적으로 표현된 것으로 이해하는 **진화론적 시각** 등이 가설이나 시각의 구체적인 명칭은 붙이지 않았어도 아주 분명한 언어로 기술되어 있다.

현재의 시점에서 더 진보된 지식체계를 가지고 비판적인 관점에서 이 책을 읽을 수도 있겠지만, 당시의 시대배경에서 이 책이 인류의 생각에 어떠한 진보를 가져다주었는지를 살펴보는 관점에서 읽어 보는 것도 이 책의 흥미를 더해 줄 수 있을 것이다. 우리는 거인 위에 올라선 꼬마로서, 그 거인 덕분에 더 멀리 볼 수 있게 되었음을 늘 명심할 필요가 있다.

백의 인지치료는 현대 심리치료의 중심적인 흐름을 이루고 있는 인지행동 치료의 발전과정에서 가장 중추적인 역할을 담당한 치료로 평가된다. 이 책이 국내에 이미 번역된 『우울증의 인지치료』(원호택 외 공역, 학지사), 『성격장애의 인지치료』(민병배, 유성진 역, 학지사), 『아론 벡: 인지치료의 창시자』(권석만 역, 학지사)와 함께, 국내 독자들이 벡의 인지치료를 깊이 이해하는 데 많은 도움을 줄 수 있을 것으로 기대한다.

5년 전 서울대학교 심리학과 대학원의 강의를 맡아서, 수업의 일부로 대학원생들과 함께 이 책을 강독한 적이 있다. 당시 대학원생으로 김푸름, 김해리, 양진원, 임지준, 허효선이 강독의 발제에 참여하였는데, 이들의 발제 원고가 없었다면 감히 이 번역서를 출간할 엄두를 내지 못하였을 것이다. 이 자리를 빌려 진심으로 감사를 표한다. 또한 이 책의 고전으로서의 중요성을 인식하고 출간을 결심하여 어렵게 한국어판 저작권을 획득해 주신 학지사 김진환 사장님과 정성껏 세심하게 편집과 교정을 맡아 주신 백소현 차장님께 깊이 감사를 드린다.

2017년

민병배

최근 들어 정서장애에 대한 대중의 관심이 상당히 늘어나고 있고, 이에 대한 출판물도 증가하고 있다. 대중에게 팔리는 베스트셀러의 목록이나 대중잡지의 내용을 살펴보아도, 이러한 관심이 얼마나 폭증하였는지를 알 수 있다. 대학에서 이상심리학 과목의 인기는 해가 갈수록 치솟고 있고, 정신과의사, 임상심리학자 및 정신건강 분야의 다른 전문가들의 수가 늘어나고 있다. 지역사회 정신건강센터와 기타 정신건강시설의 확장을 위해 막대한 공적 기금과 사적 기부가 쏟아지고 있다.

역설적으로, 정서장애의 인기와 전문적인 서비스를 대량생산하려는 노력은, 이러한 장애의 본질과 이에 대한 적절한 치료에 대하여 권위자들 간에 날카로운 불일치가 점차 증가하는 맥락에서 나타났다. 흥미로운 규칙성을 띠고, 새로운 이론과 치료들이 나타나서 전문가와 일반인의 상상력을 사로잡고는 이내 사라지고 잊혀져 갔다. 게다가 정서장애의 연구와 치료에 전념한 가장 오랫동안 지속되어 온 학파들(전통적인 신경정신의학, 정신분석 그리고 행동치료)은 서로 간에 여전히 이론적 틀과 실험적·임상적 접근에서의 원래의 차이가 좁혀지지 않고 있다.

이러한 지배적인 학파들 간에는 서로 큰 차이가 있음에도 불구하고, 이들은 한 가지 기본 가정을 공유하고 있다. 즉, 정서적으로 장애를 겪고 있는 사람은 그가 통제할 수 없는 어떤 감춰진 힘에 의해서 희생되었다는 것이다. 19세기

물리주의 사상을 배경으로 출현한 전통적인 신경정신의학은 화학적 이상이나 신경학적 이상과 같은 생물학적 원인을 찾으려 하며, 정서장애를 완화하기 위하여 약물이나 기타 물리적 수단을 적용하려 한다. 역시 19세기 사상에 그 철학적 기초를 두고 있는 정신분석은 개인의 신경증 원인을 무의식적인 심리적 요인에서 찾으려 한다. 즉, 무의식적 요인들이 심리적인 장벽에 의해 봉인되는데, 그 장벽을 뚫기 위해서는 정신분석적 해석이 필요하다는 것이다. 그 철학적인 뿌리가 18세기로 거슬러 갈 수 있는 행동치료는 환자의 삶에서 이전에 일어난 우연적 조건형성(accidental conditioning)에 기초한 불수의적 반사의 관점에서 정서장애를 이해하려 한다. 따라서 행동이론에 따르면, 환자는 이러한 조건화된 반사를 단순히 이에 대해 알고 이를 없애기 위해 의지적으로 노력함으로써 수정할 수 없으며, 이를 변화시키기 위해서 유능한 행동치료자에 의한 '역조건형성(counterconditioning)'의 적용이 필요하다는 것이다.

이러한 주도적인 세 학파는 환자의 정서장애 근원이 그의 자각의 범주 바깥에 있다고 주장하기 때문에, 환자의 의식적인 개념, 구체적인 생각과 환상을 간과한다.

그러나 이러한 학파들이 잘못된 트랙 위에 있다고 가정해 보자. 잠시만이라도 개인의 의식이 그의 정서적 동요와 흐릿한 생각에 책임이 있는 요소들을 포함하고 있다고 가정해 보자. 이에 더하여, 그 환자가 적절한 지시만 주어지면 그의 의식 내에 이러한 장애를 초래하는 요소들을 다룰 수 있는 다양한 합리적인 기법들을 자기 마음대로 사용할 수 있는 능력을 가지고 있다고 가정해 보자. 만일 이러한 가정들이 옳다면, 우리는 정서장애에 대해서 완전히 다른 경로로 접근할 수 있을 것이다. 즉, **사람은 자신의 자각 범위 안에 자신의 심리장애를 이해하고 해결할 수 있는 열쇠를 가지고 있다.** 그는 그가 다양한 발달 단계에서 익숙하게 적용해 온 것과 동일한 문제해결 장치를 가지고, 그의 정서장애를 낳는 잘못된 개념을 수정할 수 있다.

이러한 가정들은 정서장애에 대한 하나의 새로운 접근으로 수렴한다. 그럼에도 이 접근의 철학적 기초는 스토아 학파의 시기로까지 거슬러 올라갈 수 있는데, 그들은 사건 그 자체가 아니라 그 사건에 대한 개인의 생각이 그의 정서적 동요를 이해하는 열쇠라고 간주하였다. 이러한 새로운 접근으로서의 인지치료는, 개인의 문제는 주로 잘못된 전제와 가정에 기초한 현실왜곡에서 파생된다고 주장한다. 이러한 부정확한 개념은 개인의 인지가 발달하는 동안에 이루어지는 학습에서의 결함에 기원한다. 그것의 기원이 무엇이든 간에, 치료를 위한 공식을 언급하는 것은 비교적 간단하다. 즉, 치료자는 환자가 자신의 왜곡된 사고를 해명하고 자신의 경험을 이해하는 보다 더 현실적인 대안적 방식을 배울 수 있도록 돕는다.

인지적 접근은 정서장애의 이해와 치료의 영역을 환자의 일상적 경험에 가까운 곳으로 가져온다. 환자는 자신의 장애를 그가 일생 동안 수없이 경험한 오해석과 관련된 것으로 간주할 수 있다. 더욱이 그는 보다 더 적절한 정보를 얻음으로써, 혹은 자신의 오해석의 논리적 오류를 인식함으로써, 그 오해석을 수정하는 데 성공한 경험을 이전에도 많이 하였다. 인지적 접근은 환자에게 이치에 닿는 것으로 이해되는데, 왜냐하면 이것이 어쨌든 그의 이전 학습 경험과 관련되고, 고통스러운 증상을 낳는 오해석을 효과적으로 다룰 수 있는 법을 배우는 자신의 능력에 대해 확신을 줄 수 있기 때문이다. 더 나아가, 정서장애를 일상적인 경험의 범위 안으로 가져오고 익숙한 문제해결 기법을 적용함으로써, 치료자는 빠른 시간 내에 환자와 소통할 수 있는 가교를 놓을 수 있다.

물론 인지심리학과 인지치료의 타당성에 대해서 의문이 제기될 수 있다. 다행히도 인지 현상은 환자가 내성을 통해 쉽게 관찰할 수 있는 것이어서, 정신분석에서 가정하는 보다 더 추상적인 구성개념과는 달리 다양한 체계적 실험을 통해서 그것의 본질과 관계를 검증할 수 있다. 점점 더 그 수가 증가하고 있는 체계적인 연구들은 인지심리학의 기초를 지지해 주고 있으며, 치료 비교 연구들은 인지치료의 효과성을 입증해 주고 있다.

정서장애에 대한 이러한 새로운 접근은 인간의 자신 및 자신의 문제에 대한 관점을 변화시킬 수 있다. 자기 자신을 생화학적인 반응, 맹목적인 충동 또는 자동적인 반사의 무력한 피조물로 보지 않고, 오류적이고 자기패배적인 개념을 학습할 수 있을 뿐만 아니라 그것들을 **탈학습**하거나 수정할 수 있는 사람으로 간주할 수 있다. 사고의 오류를 적시하고 그것을 수정함으로써, 보다 더 자기실현적인 삶을 창조할 수 있는 것이다.

나는 이 원고의 여러 부분들을 읽고, 다양한 제안과 비판을 통해 도움을 준 나의 동료와 친구들에게 깊은 감사의 마음을 표한다. Paul Brady, Jay Efran, Seymour Epstein, Judith Friedman, Lee Friedman, Marika Kovacs, Sir Aubrey Lewis, George Mandler, Arthur Perlmutter, John Rhinehart, Virginia Rivers, 그리고 Irwin Sarason이 그들이다.

나는 특히 수고스러운 편집과정을 도와준 Ruth L. Greenberg에게 깊이 감사한다.

마지막으로 원고를 세심하게 타이핑해 준 Lee Fleming과 Mary Lovell에게 고마운 마음을 전한다.

차례

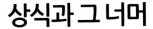

상식과 그 너머

> 과학은 상식적인 생각이라고 하는 장치에 뿌리를 두고 있다. 상식은 과학이 출발 지점으로 삼는 기초 자료이며 과학이 되돌아가야 하는 기준이다.…… 당신은 상식을 가다듬을 수도 있고, 상식에 대해 세부적인 면에서 반박할 수도 있으며, 상식을 깜짝 놀라게 할 수도 있다. 그러나 당신의 궁극적인 임무는 상식을 만족시키는 것이다.
>
> – Alfred North Whitehead

환자의 딜레마

지금까지 어떤 사회적인 관심 영역이 심리적 문제를 둘러싼 열띤 논쟁의 분위기를 형성한 적은 거의 없었다. 심리적 영역에서의 견실한 지식과 반박할 여지가 없는 치료방식이 부족했기 때문에, 서로 경쟁적인 이념, 운동, 사조들을 빨아들이는 진공상태가 형성되었다.

정신의학의 역사를 들여다보면, 한때 틀림없는 사실로 여겨졌던 많은 생각과 개념들이 나중에는 한낱 신화나 미신에 불과한 것으로 폐기되곤 하였다. 우리는 신경증 또는 정서장애의 본질과 치료에 대한 연구가 어떤 입증된 공리나 일반적으로 공유할 수 있는 가정에 기초하고 있지 않다는 것을 인정하지 않을 수 없었다. 치료이론의 가치에 대한 어떤 일반적인 합의가 존재하지 않는다면, 서로 경쟁적인 치료학파들 간의 불일치는 한없이 이어질 수밖에 없다.

정신건강 분야는 몇몇 견고한 학파들과 그보다는 빈약한 입장을 지닌 작은 분파들에 의해 지배되고 있다. 이 분야의 주요 학파들은 다음과 같은 특성에서 공통점을 보인다. 즉, 자신의 체계가 궁극적인 진실이라는 확신, 반대 이론에 대한 무시, 학설과 기법의 순수성에 대한 확고부동한 강조 등이다. 많은 경우, 특정 치료체계의 인기는 그 체계의 기초가 얼마나 견실한가보다는 그 창시자가 얼마나 카리스마 넘치며 한결같은 주장을 하는가에 달려 있는 것으로 보인다.

권위자들이 심리적 문제를 올바르게 이해하고 접근하는 방법에 대해 서로 아주 다른 의견을 제시한다면, 문제를 겪고 있는 사람은 어디에 가서 도움을 청해야 하는가? 서로 다른 학파들이 서로 상반되거나 모순되는 견해를 주장할 때, 그는 심각한 딜레마에 봉착하게 된다. 무턱대고 주사위를 던져서 치료자를 선택하고는 결과를 행운에 맡기거나, 아니면 자신의 어려움을 스스로 해결하려고 애 쓰는 것 사이에서 진퇴양난의 입장에 처하게 된다.

이러한 딜레마에 대한 해결책은, 명백하면서도 지금까지는 소홀히 다뤄온 영역, 즉 개인이 의식할 수 있는 생각과 개인이 심리적 문제를 정의하고 대처하는 상식적인 방식 내에 존재하는 풍부한 자료들에서 발견할 수 있을 것이다.

고전적인 정신분석은 의식적인 생각에 대해, 문제의 원인으로 추정되는 무의식적 갈등이 위장하여 표현된 것으로 간주한다. 환자의 설명은 그럴듯한 합리화로, 그의 대처기제는 방어로 간주된다. 결과적으로 개인의 의식적 생각, 추론과 판단, 실제적인 문제해결책은 액면 그대로 받아들여지지 않는다. 그것들은 더 깊고 은밀하게 감춰져 있는 마음의 부분에 도달하기 위한 디딤돌로 간주되는 것이다.

이와 비슷하게 행동치료자들도 생각의 중요성을 격하하였다. 그러나 이는 완전히 다른 이유 때문이었다. 최초의 행동주의자들은 자연과학의 엄밀성과 이론적 정확성에 필적하려는 열정을 지니고 있었기 때문에, 인간의 의식적 경험에 대한 반성으로부터 이끌어 낸 자료와 개념을 거부하였다. 독립적인 외부자가 직접 관찰할 수 있는 행동만이 설명을 위해 사용되었다. 따라서 정의상 그것을 경험하는 당사자만이 접근할 수 있는 생각이나 감정, 관념은 타당한 자료가 될 수 없었다. 환자의 사적인 세계는 유용한 탐구 영역으로 간주되지 않았다(Watson, 1914; Skinner, 1971).

정신분석 및 행동치료와 마찬가지로, 전통적인 신경정신의학 또한 의식적인 사고의 중요성을 축소한다. 신경정신의학자들은 환자의 생각과 감정을 주로 진단을 내리기 위한 기초로서 간주한다. 이상한 관념이나 감정 상태는 단지 기저의 신체과정의 표현이거나 신경화학적인 장애의 단서로서 간주된다. 생각이나 감정을 이상 심리 상태를 설명하기 위한 것으로 탐구하지 않았다.

세 개 주요 학파들은 각기 자신의 철학적 · 이론적 근원과 일관된 치료법을 사용한다. 심층심리학과 상징적 의미에 대한 신념을 지닌 프로이트 하파는 숨겨진(즉, 억압된) 관념과 소망을 밝힘으로써, 그리고 의식적인 생각과 환상을 이면의 상징적 의미로 번역함으로써 신경증을 치료하려 한다. 환경의(즉, 관찰 가능한) 힘의 결정적 역할에 대한 신념을 지닌 행동치료자들은 외부 자극을 통해 신경증의 핵을 제거하려 한다(예를 들면, 보상과 처벌, 환자가 두려워하는 상황이나 대상에 대한 점진적 노출). 신경정신의학자들은 생물학적 원인의 역할에 대한 확신을 가지고, 약물 처방이나 전기충격요법과 같은 '신체적' 치료법을 사용한다.

환자가 자신의 문제를 자신의 용어로 정의하려는 시도나 자신의 문제를 해결하기 위해 자신의 이성을 사용하는 것의 효과성을 간과함으로써, 현재의 학파들은 한 가지 신화를 영속시키고 있다. 고통을 겪는 사람은 일상의 삶의 문제와 연관된 고통에 맞닥뜨릴 때에 스스로는 자신을 도울 수 없으며 전문적인 치료자를 찾아야만 한다고 믿게 된다. 정서장애는 자신의 이해를 넘어서는 힘들로부터 발생한다는 견해를 받아들임으로써, 그는 자신의 문제를 해결하기 위해 습관적으로 사용해 오던 '명백한' 기술을 확신하지 못하게 된다. 자신의 생각과 관념은 피상적이며 실체가 없는 것으로 간주되기 때문에, 자신의 노력으로 스스로를 이해하겠다는 희망은 부질없는 것이 된다. 이러한 미묘한 신조가 상식의 가치를 격하한 결과, 개인은 자신의 문제를 분석하고 해결하는 데 자신의 판단을 의지하지 않게 된다. 이러한 태도 때문에 심리치료자들 또한 환자가 지니고 있는 문제해결 장치를 끌어내지 못하고 있다.

　다른 많은 저술가들도 상식 심리학의 중요성을 무시하는 경향에 대해서 우려를 표명하였다. 예를 들어 Allport(1968)는 "도움을 주는 전문직(정신의학, 목회학, 사회복지학, 응용심리학, 교육학을 포함하는)에서 어떻게 하면 우리가 그간 잃어버린 상식을 회복할 수 있을까?"(p. 125)라고 물었다. Icheiser(1970)는 전문가들이 환자의 의식적인 생각과 대처기술을 주목하지 않는 태도를 일컬어 "분명한 것에 눈이 먼"(p. 7) 것으로 적절하게 표현하였다.

의식과 상식

　일상의 삶이 복잡다단하고 수많은 압박이 존재한다는 점을 고려할 때, 우리는 평범한 인간이 잘 기능할 수 있을 뿐 아니라 실제로 잘 기능하고 있다는 사실에 그저 경탄하지 않을 수 없다. 그는 환경의 혼란스러운 변화와 타인과의 힘든 만남에 잘 적응할 뿐만 아니라, 한편의 자신의 욕구, 소망 및 기대와 다른 한편의 외부의 요구 및 제약 사이에서 적절하게 잘 타협하며 살아가고 있다. 실망, 좌절, 비판을 지속적인 손상 없이 잘 흡수한다.

　현대인은 종종 생사를 가르는 결정을 매우 빠르게 내려야 하는 상황에 내몰린다(차를 운전할 때와 같이). 그는 단지 위험해 **보이는** 상황과 실제로 위험한 상황을 구별해 내는 더 어려운 판단을 내려야 한다(예를 들어, 진짜 위협과 단순한 으름장을 구별하는).

　만약 인간이 돌발적인 외부 자극들을 여과하고 이에 대해 적절한 이름을 효과적으로 붙이는 능력을 갖지 않았다면, 세상은 혼돈스러울 것이며 하나의 위기를 넘기면 곧장 다른 위기에 맞부딪힐 것이다. 더욱이 인간이 자신의 뛰어난 상상력을 감찰할 수 있는 능력이 없다면, 한 상황의 실제와 그 상황이 촉발하는 이미지나 개인적 의미 간의 차이를 구별할 수 없는 어스름한 지대의 안팎을 헤매고 있을 것이다.

인간은 대인관계에서 일반적으로 친구와 적을 구별해 주는 미묘한 단서를 추려 낼 수 있다. 그는 자신이 좋아하지 않거나 자신을 좋아하지 않는 사람들과 외교적 관계를 유지하는 데 도움이 되는 행동을 미세하게 조정할 수 있다. 그는 일반적으로 사람들이 쓰고 있는 사회적인 가면을 꿰뚫어 볼 수 있고, 진실한 메시지와 거짓된 메시지를 구별할 수 있으며, 친근한 놀림과 베일에 싸인 적대감을 구분할 수 있다. 그는 왁자지껄한 소음 속에서도 중요한 대화에 주파수를 맞추고 이에 맞춰 자신의 반응을 조절할 수 있다. 이러한 심리적 작용은 숙고나 반성과 같은 의도적인 인지 없이도 자동적으로 작동하는 것으로 보인다.

이러한 관찰은 인간이 진화과정에서 복잡하게 얽혀 있는 생물 및 무생물 환경을 다루기 위해 고도로 다듬어진 정교한 기술을 획득하였다는 강력한 증거를 제공한다. 게다가 우리는 우리가 인식할 수 있는 영역 내에 자신에게 익숙한 심리적 문제를 다룰 수 있는 정보, 개념, 공식의 거대한 저장고를 가지고 있다. 물론 우리는 어떤 상황과 이를 다루는 자신의 능력을 평가하는 과정에서 실수를 하기도 한다. 우리는 해결책이 준비되어 있지 않은 많은 문제에 맞닥뜨리기도 하며, 적절한 정보가 없는 상태에서 결정을 내려야 할 때도 있다. 그럼에도 불구하고, 우리는 판단하고 해석하고 예측하며, 매우 짧은 순간에 판단을 수정하기 위해 우리의 심리적 장비를 사용할 수 있다. 우리는 체계적인 방식으로 새로운 문제에 접근할 수 있으며, 다양한 구성요소를 분리하고 대안적인 해결책을 생각해 낼 수 있다.

외부적인 문제에 접근할 때, 인간은 실용적인 과학자처럼 행동한다. 즉, 그는 관찰하고 가설을 세우며 그 타당성을 검토하여 일반화될 수 있는 결론을 내리고는, 후에 이를 토대로 새로운 상황에 대한 빠른 판단을 내린다. 물론 인간의 초기 학습의 많은 부분은 시행착오적 학습과 귀납적 추론에 근거하지만, 그는 경험을 통해 많은 공식과 원칙을 축적함으로써 이미 해결해 본 적이 있는 같은 종류의 문제를 만났을 때 매우 빨리 연역적 추론을 내릴 수 있다. 인간은 발달과정에서, 이를 충분히 인식하지는 못하지만, 실험적인 방법의 원형을 반복적으로 사용한다.

심리적 문제의 영역에서, 개인은 자신이 상황에 현실적으로 반응하고 있는지를 판단하고 행동의 대안적인 과정들 사이의 갈등을 해결하며 거부와 실망, 위험을 다룰 수 있는 많은 기술과 일반화된 결론을 습득해 간다. 발달과정에서 자신의 심리적 경험에 대한 인식은 자기관찰로 구체화되고, 이는 결국 일반론으로 확장된다. 이러한 임시적인 기술이 검증 기간을 거치고 나면, 자기를 이해하고 타인을 이해하는 틀로 작용하게 된다. 앞으로 살펴보겠지만, 인지치료에서는 환자가 많은 부분 과학자의 입장에 서서 스스로 해결하기 어려워 보이던 문제에 접근하기 위해서 자신이 이미 갖고 있는 도구를 사용하게 된다.

다행히도 각 개인은 그러한 이해를 얻기 위해서 혼자서 **새로이** 시작할 필요가 없다. 개인은 사회화 과정을 통해서 풍부한 민간의 지혜(인간 행동의 원칙과 소박한 논리)를 주입받게 된다. 개인적인 경험, 타인들에 대한 모방, 공식 교육 등의 덕택으로, 그는 상식이라는 도구를 사용하는 법(직감을 형성하고 검증하며 분별하고 추론하는 등)을 배운다. 지혜로운 사람은 풍부한 문화적 유산으로부터 건전한 원칙들을 추출하면서, 불합리한 개념, 신화, 미신의 찌꺼기들을 걸러 낼 수 있다.

상식의 중요성은 사회적 학습의 영역을 훨씬 넘어서 확대될 수 있다. 예를 들어, 과학자들과 철학자들은 과학에서 상식이 매우 중요하다는 점을 오래전부터 인식하여 왔다. J. Robert Oppenheimer(1956)는 이 장의 첫머리에서 인용한 Whitehead의 주장을 마치 메아리처럼 되풀이하여 언급하였다. "모든 과학은 상식의 정제, 수정, 번안을 통해 나타난다."(p. 128)

외부적인 사건의 관찰(그리고 이러한 관찰에 기초한 상식적인 법칙)은 물리학과

화학의 출발점이었다. 받침대를 받치지 않은 물체는 떨어진다는 상식적인 관찰은 중력 법칙의 출발점이었으며, 충분한 시간 동안 물을 가열하면 물이 끓는다는 관찰은 열 및 기체의 법칙의 전조였다. 이와 유사하게, 의식, 즉 **내적인** 심리적 사건들의 관찰은 인간 행동에 대한 체계적 연구에 원재료를 제공한다.

　Heider(1958)는 과학적 심리학의 발달과 상식이 얼마나 밀접한 관련이 있는지를 집중적으로 논의한 바 있다. 그가 지적한 것처럼, 감정과 행동의 복잡성이 한눈에 이해될 수 있다는 것은 놀라우리만치 대단한 것이다. '직관적인' 앎은 예리한 통찰력을 지닌 것이어서, 인간 행동에 대한 이해를 향한 기나긴 여정을 가능케 한다. Heider가 언급했듯이, "평범한 인간은 자신과 타인에 대한 깊고 심오한 이해력을 지니고 있다. 비록 그 이해가 공식화되어 있지 않고 어렴풋하게만 느껴질지라도, 이는 타인과 적응적인 방식으로 상호관계를 맺을 수 있게 한다."(p. 2)

　상식 심리학은 자신이 왜 화가 나는지, 무엇 때문에 괴로운지, 고통을 감소시키기 위해서 무엇을 할 수 있는지를 파악하기 위한 심리적 작용, 반성, 관찰, 내성 등을 포함한다. 내성을 통해서, 개인은 자신의 생각의 중심 주제를 파악할 수 있고 이를 불쾌한 감정(긴장, 슬픔, 짜증)과 연결시킬 수 있다. 그는 또한 상식 심리학을 사용하여, 특정한 생각을 촉발시키고 결과적으로 고통을 유발한 사건 또는 상황을 파악할 수 있다. 더 나아가, 그는 고통을 덜기 위한 조치를 취할 수 있다.

　이러한 일상적인 자기 조력은 때로 다른 사람을 이해하고 조력하는 데 적용된다. 예를 들면, 무엇 때문에 괴로운지에 초점을 맞출 수 있도록 다른 사람을 격려하고, 문제에 대한 더 현명한 태도나 더 현실적인 해결책을 제시하는 데 적용된다. 상식적인 이해를 전달하고 실제적인 조언을 제공하는 것이 늘 효과적이지만은 않음이 분명하지만, 대다수의 사람들이 이를 통해서 평정을 유지하는 데 도움을 얻는 것 같다. 더욱이 이러한 상식적인 통찰과 대인관계 전략은 새로운 체계적인 심리치료를 개발하는 데 길을 제시하고 있다.

상식이 실패할 때

태도와 행동을 이해하고 변화시키는 틀로서 상식이 지니는 명백한 가치에도 불구하고, 우리는 상식의 결점과 한계를 익숙하게 알고 있다. 상식은 당혹스러운 정서장애에 대해서 그럴듯하고 유용한 설명을 제공하지 못하였다.

예를 들어, 우울증의 수수께끼를 생각해 보자. 항상 삶에 대한 열정을 지니고 자신과 자신이 스스로 이룬 업적을 자랑스럽게 여기며 자녀들을 사랑과 친절로 돌보아 오던 한 여인이, 언제부턴가 침울해지고 이전에 흥미를 느끼던 모든 일에 관심을 잃게 되었다. 그녀는 마치 조개껍질 속으로 몸을 움츠리듯 삶에서 철수하여, 자녀들을 방치하고, 자기비난에 사로잡혀 죽기만을 소망하였다. 어느 한 시점에서는 자녀들과 함께 자신의 생을 마감할 계획을 세웠지만, 그 계획을 실행하기 직전에 중지하였다.

정상적 상태로부터 눈에 띄게 변화된 이 우울한 여성을 관습적인 민간 지혜로 과연 어떻게 설명할 수 있을까? 다른 우울한 환자들과 마찬가지로, 그녀는 인간 본성의 가장 기초적인 원칙을 위배하는 것으로 보인다. 그녀의 자살 소망과 자녀마저 죽이려는 욕구는 인간의 뿌리 깊은 '생존 본능'과 '모성 본능'에 도전장을 내민다. 그녀의 삶으로부터의 철수와 자기비하는 일반적으로 받아들여지는 인간 행동의 또 다른 표준으로서의 쾌락원칙에 명백히 모순된다. 상식을 가지고 우울증의 요소들을 이해하고 짜맞춰 보려고 하지만 쉽지 않다. 때로는 환자의 깊은 고통과 철수를 '단지 관심을 끌기 위해서'와 같은 관습적인 개념으로 설명해 버리기도 한다. 그러나 단지 관심을 끌기 위해서 자살의 지점에 이르기까지 스스로를 고문한다는 개념은 인간의 우직함을 곡해한 것이며, 상식과 정면으로 배치된다.

우울한 어머니가 왜 자신과 자녀들의 삶을 죽음으로 마감하고자 했는지를 이해하기 위해서, 우리는 그녀의 개념 체계 안으로 들어가서 그녀의 눈으로 세상을 볼 필요가 있다. 우리는 우울하지 않은 사람들에게 적용될 수 있는 선

입견에 매여서는 안 된다. 우리가 그 우울한 환자의 관점을 접하게 되면서, 그녀의 행동은 이치에 닿는 것으로 이해되기 시작하였다. 그 환자에 대한 공감과 동일시의 과정을 통해서, 우리는 그녀가 자신의 경험에 부여한 의미를 이해할 수 있다. 그제야 우리는 그녀의 참조 틀에서 보자면 그럴듯한 설명을 제공할 수 있다.

이 우울한 어머니와의 면담을 통해서, 나는 그녀의 사고가 자신과 세상에 대한 잘못된 생각에 의해 지배되고 있음을 발견하였다. 반대 증거에도 불구하고, 그녀는 자신이 어머니로서 실패자라고 믿었다. 자신은 너무 무능해서 자녀들에게 최소한의 돌봄과 애정조차 줄 수 없는 사람이라고 생각하였다. 자신은 변할 수 없으며 단지 더 나빠지기만 할 것이라고 믿었다. 자신의 실패와 부적절함의 원인을 오로지 자신에게로만 돌렸기 때문에, 끊임없는 자기 힐책으로 스스로를 괴롭혔다.

이 우울한 여인은 미래를 시각화하면서, 자신의 자녀들 또한 자신과 똑같이 삶을 비참하게 느낄 것이라고 기대하였다. 끊임없이 해결책을 찾으려 애쓰면서, 자신은 변할 수 없을 것이므로 유일한 해답은 자살뿐이라고 결론지었다. 그러나 자녀들이 엄마 없이, 엄마만이 줄 수 있는 사랑과 돌봄 없이 남겨질 것이라고 생각하면 섬뜩하게 느껴졌다. 따라서 자신이 겪고 있는 비참한 고통을 자녀들이 겪지 않도록 하려면 그들의 삶 또한 마감시켜야만 했다. 이러한 자기기만의 왜곡된 생각이 환자의 의식을 지배하였지만, 내가 그 생각에 대해 주의 깊게 접근하여 질문하기 전까지 그 생각은 유발되지 않았다는 것은 주목할 만하다.

이러한 종류의 우울한 사고가 매우 비이성적이라고 생각될지 모르지만, 환자의 개념 틀 내에서는 이치에 닿는다. 우리가 그녀의 기본 전제, 즉 그녀와 그녀의 자녀들이 자신의 결함 때문에 결코 바꿀 수 없는 불운을 타고난 것이라는 전제를 받아들인다면, 논리적으로 볼 때 그 상황을 더 빨리 종식시킬수록 모두에게 더 좋은 것이라는 결론이 자연스럽게 뒤따른다. 자신은 부적절하며 아무것도 할 수 없다는 그녀의 기본 전제는 삶으로부터의 완전한 철회와 동기

상실을 설명할 수 있다. 그녀의 압도적인 슬픔의 감정은 끊임없는 자기비난과 현재와 미래에 희망이 없다는 믿음으로부터 불가피하게 나온다. 환자가 지니고 있는 잘못된 믿음의 정확한 내용을 적확하게 집어내고 나서야, 나는 그녀가 자신의 잘못된 인식을 수정하고 자신의 믿음 체계의 비현실적인 전제를 검토하도록 유도하기 위한 다양한 방법을 이끌어 낼 수 있었다.

이러한 예를 통해서, 우리는 상식이 왜 우울증과 같은 정서장애를 명료화하는 데 실패했는지 알 수 있다. 핵심적인 정보(이 예에서는 자신, 세상, 미래에 대한 왜곡된 견해)가 결여되었던 것이다. 그러나 **누락된 자료를 채울 수만 있다면**, 우리는 그 퍼즐을 맞추기 위해 상식의 도구를 적용할 수 있게 될 것이다. 우리가 적절한 재료를 제자리에 맞춤에 따라, 이해 가능하고 의미 있는 패턴이 나타난다. 이러한 발견으로부터 신뢰할 만한 일반화를 이끌어 내기 위해서, 우리는 같은 정서장애를 지닌 다른 환자들에게서도 이러한 패턴이 나타나는지를 검토한다. 이때 그 특정 장애를 이해하기 위한 새로운 틀을 공고히 하기 위해서, 논리적인 순서에 따른 실험 절차를 수행하는 것이 필요하다. 이 실험 결과를 검토하고 다듬고 타당화한 후에, 우리는 우리의 개념화를 Whitehead의 궁극적 요구조건(그것이 상식을 만족시키는가?)에 비추어 검증해 볼 수 있다.

강박적으로 손을 씻는 사람의 경우를 생각해 보자. 그는 손과 노출된 다른 신체 부위를 씻는 데 과도한 시간을 소비한다. 그에게 그 이유를 물어본다면, 철저히 씻지 않으면 심각한 질병을 옮길지도 모르는 세균에 접촉했을지도 모른다는 걱정이 들어서라고 대답할 것이다. 심지어 그는 이러한 두려움이 과하다는 것을 인정할 수도 있다. 그러나 그는 직업생활, 대인관계, 여가생활, 심지어는 수면과 식사에 심각한 방해를 받으면서도 손 씻기를 계속한다. 고전적 정신분석은 이러한 행동에 대해 환자가 항문기에 고착되어 있기 때문이라거나, 어떤 금지된 무의식적인 소망에서 나오는 죄책감을 씻어 버리기 위해 애쓰는 것이라고 설명할 것이다.

그러나 우리는 환자의 사고를 면밀하게 탐색하면서 다음과 같은 사실들을 밝혀낼 수 있었다. 우리는 그가 세균이 묻어 있을지도 모르는 물체에 손이 닿을 때마다 나쁜 병에 걸려 죽을지도 모른다는 생각을 한다는 것을 알게 되었다. 동시에 그는 그 병에 걸려 병원 침대에서 죽어 가고 있는 자신에 대한 **시각적 영상**을 떠올리고 있었다. 그 생각과 시각적 환상은 불안을 유발하였다. 그는 두려움을 중화하고 완화하기 위해 가장 가까운 화장실로 달려가서 손을 닦기 시작하였다.

이와 같은 환자를 치료하면서, 나는 환자가 내 앞에서 더러운 물건을 만지되 사전 동의에 의해서 손을 씻을 기회는 차단하는 치료 절차를 수립하였다. 세균에 오염되었다고 생각되는 더러운 손을 씻을 수 없게 되면서, 그는 자신이 병원 침대에 누워 끔찍한 병으로 죽어 가는 장면을 시각화하기 시작하였다. 이 시각적 환상은 자발적으로 나타났고, 너무나도 생생해서 자신이 이미 그 병을 앓고 있다고 믿을 정도였다. 그는 기침을 하기 시작했고, 열이 나고 몸이 쇠약해진 것처럼 느꼈으며, 온몸에서 이상한 감각을 경험하였다. 나는 그의 시각적 환상에 개입하여, 그가 아프지 않다(즉, 그는 여전히 힘이 있고 열이 나지 않으며 기침 없이 숨을 쉴 수 있다)는 것을 보여 줄 수 있었다. 그의 시각적 심상에 개입하고 그가 자신의 건강 상태를 현실적으로 평가하도록 하는 절차를 거치면서, 치명적인 병에 감염되었다는 두려움은 완화되었고 손을 씻으려는 강박행동도 감소하였다.

이 환자의 경험과 관련한 핵심 정보, 즉 손을 씻지 않는다면 심각한 병에 걸리게 될 것이라는 시각적 심상을 찾아냄으로써, 우리는 그의 손 씻기 강박행동이 이해 가능한 행동이라는 것을 발견하였다. 더 나아가, 이 정보를 앎으로써, 우리는 그의 심리 문제를 해결하는 데 도움이 되지 않을 비의적인 해석이라도 붙잡고 싶은 유혹에 빠지지 않을 수 있었다. 강박적인 손 씻기 환자의 사례는, 시각적 환상과 그에 수반하여 나타나는, 자기 암시에서 비롯된 신체 감각을 포함하는 상상 과정이 특정 장애에서 얼마나 중요한 역할을 하는지를 잘 보여 준다.

상식을 넘어서: 인지치료

심리 문제를 부정확한 전제와 왜곡된 상상 경험의 관점으로 개념화하는 것은 일반적으로 받아들여지는 심리장애의 개념화와 날카롭게 대비된다. 프로이트는 어떤 이상한 행동은 무의식에 그 뿌리를 두고 있으며, 의식 수준에서 관찰되는 비합리성은 단지 기저의 무의식적 추동이 겉으로 표현된 것일 뿐이라고 가정하였다. 그러나 자기기만과 왜곡이 존재한다고 해서, 프로이트가 생각한 것처럼 반드시 무의식을 가정해야 하는 것은 아니다. 비합리성은 현실을 조직하고 해석하는 데 있어서의 부적절성으로 이해될 수 있다.

심리 문제는 반드시 신비스럽거나 불가해한 힘의 산물이 아니며, 잘못된 학습, 부적절하거나 부정확한 정보에 기초한 부정확한 추론, 상상과 현실을 적절히 구분하지 못함 등의 상식적인 과정으로부터 발생할 수 있다. 또한 잘못된 전제로부터 도출되기 때문에 생각이 비현실적일 수 있으며, 비합리적인 태도에 기초하기 때문에 행동이 자기패배적일 수도 있다.

따라서 심리 문제들을 극복할 수 있으려면, 변별 능력을 날카롭게 하고 잘못된 오해를 바로잡고 보다 더 적응적인 태도를 배울 필요가 있다. 내성, 통찰, 현실 검증, 그리고 학습은 기본적으로 인지적인 과정이므로, 우리는 신경증에 대한 이러한 접근을 '인지치료'라고 불러왔다(Beck, 1967, p. 318).

인지치료자들은 환자가 평생에 걸쳐 자신의 잘못된 사고를 수정하기 위해서 사용해 온 것과 동일한 문제해결 기법을 적용할 수 있도록 돕는다. 그의 문제들은 그릇된 전제와 개념화에 기초하여 당면 현실을 왜곡되게 파악한 데서 비롯된다. 이러한 왜곡은 발달과정에서의 잘못된 학습에서 유래한 것이다. 치료를 위한 공식은 다음과 같이 단순한 용어로 기술할 수 있을 것이다. 즉, 치료자는 환자가 자신의 왜곡된 사고를 파악하고 자신의 경험을 개념화하는 보다 더 현실적인 방식을 배울 수 있도록 돕는다.

인지적 접근은 신경증적 장애를 이해하고 치료하는 일을 우리의 일상적인 경험과 더 가까운 곳으로 데려온다. 정서장애는 한 개인이 삶 속에서 수없이 경험하는 그릇된 이해와 관련될 수 있다. 정신과 환자는 일반적으로 이전에도 자신의 그릇된 해석을 수정하는 데 수많은 성공을 거둬 왔으므로, 이전의 학습 경험과 같은 선상에 놓여 있는 인지적 접근이 쉽게 이치에 닿은 것으로 이해될 것이다. 정서장애를 환자의 일상적인 경험 영역 내에 위치시킴으로써, 그리고 환자에게 익숙한 문제해결 기법을 제시함으로써, 치료자는 첫 만남부터 환자를 돕기 시작할 수 있다.

심리학과 심리치료의 주요 학파들에서 전개되고 있는 최근의 발전은, 신경증의 이해와 치료에서 인지심리학이 차지하는 중요성을 잘 증언해 주고 있다. Robert Holt(1964)는 행동주의 심리학과 정신분석학의 지류들이 합류해 가는 모습을 도표로 제시한 바 있다. 행동주의자들과 정신분석학자들은, 인지적인 영역을 무시함으로써 해결되지 않은 채 남아 있는 중요한 문제들이 존재한다는 것을 점차로 인식하게 되었다. 더 깊은 심층에 도달하려 애쓰는 정신분석학자들과 객관성에 최우선의 가치를 부여하는 행동주의자들은, 자신들의 기본적인 가치를 저버리지 않고도 이러한 문제를 연구할 수 있다는 것을 깨닫기 시작하였다. Hartmann(1964), Kris(1952), Rapaport(1951)와 같은 학자들의 저술이 자극한 결과로, 정신분석 내에서는 자아심리학(ego psychology)이 등장하게 되었다. 또한 학습은 늘 행동주의자들의 주된 관심사였다. 그들은 점차로 동작 수행의 학습뿐 아니라 개념의 학습에, 무의미 철자의 학습뿐 아니라 단어의 학습에, 그리고 사고와 사고과정에 관심을 기울이고 있다.

많은 임상가들이 한편으로는 각자 자신의 학파에 충실함을 보이고 있지만, 다른 한편으로는 점진적으로 환자들의 치료에 인지적인 기법을 적용하고 있다. 예를 들면, 행동치료의 많은 기법들은 명시적으로는 실험실에서의 실험결과와 학습이론에서 유래한 것이지만, 상당한 정도는 사람들이 자신의 심리 문제를 다루기 위해 오래전부터 사용해 온 기법들을 모아 둔 것이다. 비교적 무해한 상황에 대한 두려움을 감소시키기 위해서 그 두려워하는 상황을 상상으로 재현하는 것(이는 '체계적 둔감화'라는 행동 기법의 핵심이다)이나 자기주장을 연습하는 것('자기주장 훈련')과 같은 기법들은 수많은 사람들이 오랫동안 독립적으로 만들어서 사용해 온 것이다. 이와 유사하게, 많은 신경정신의학자들은 신체가 인과적인 원인이라는 자신의 이론적 입장을 그대로 유지하면서도, 신경증을 치료하는 데 다양한 실용적인 치료법(재교육과 설명, 격려, 환경변화 등)을 처방한다.

이러한 상식적인 입장의 성장은 '제3의 세력(the third force)'이라고도 불린 인본주의적 심리학자 및 정신의학자들의 혼이 담긴 노력과도 합치될 수 있을 것이다(Goble, 1970). Allport(1968)는 개인이 의식할 수 있는 생각이나 소망, 이상으로 초점이 옮겨진 이러한 변화를 '중대한 혁명'이라고 부르며 환영하였다. 그는 이러한 접근을 '개인의 태도에 대한' 치료('attitudinal' therapy)라고 부르면서, Adler, Erikson, Horney, Maslow, Rogers 등과 같은 다양한 학자들의 이론에서 서로 일치하는 점에 주목하였다. 이 목록에는 Albert Ellis의 이름이 추가되어야 할 것이다.

'제3의 세력'으로서의 인본주의자들이 말뚝을 박아 경계를 정하였고, 정신분석과 행동주의라는 저수지의 물이 조금씩 흘러넘쳐 점진적으로 스며든 이 중간 입장은 과연 무엇인가? 이러한 접근은 의식적인 사고와 목표, 태도에 크나큰 관심을 기울이고, 이를 기꺼이 액면 그대로 받아들이는 것으로 이루어진다. 이 이론가들은 개인의 생각(즉, 그의 내성, 자신에 대한 관찰, 문제해결을 위한 계획 등)에 초점을 맞춘다.

인지심리학이 인간의 문제를 이해하는 한 방법으로서 매우 중요하다는 점은, 정신분석가로서 인지를 정신의학 분야의 '신데렐라'라고 부른 Arieti(1968)에 의해서도 강조되었다. 그는 "인간 삶의 많은 부분은 구성개념과 관련되어야 한다. 자아상, 자존감, 자아정체감, 동일시, 희망, 미래로의 자기 투사와 같은 중요한 인지적 구성개념 없이 인간을 이해한다는 것은 불가능한 일이다."(p. 1637)라고 강조하였다.

인지 현상은 내성을 통해 쉽게 파악할 수 있기 때문에, 쉽게 탐구할 수도 있을 것이다. 인지가 지닌 체계적인 탐색으로의 접근가능성은 많은 행동주적 저술가들을 매료시켰고(예를 들면, Mahoney, 1974; Meichenbaum, 1974), 그 결과 그들은 정신병리와 심리치료에서의 인지과정의 역할을 탐구하기 시작하였다. 최근의 체계적 연구들은 인지치료의 원리에 대해 광범위한 지지를 보여 주고 있다. 마지막으로, 이 접근에 대한 증가된 관심은 인지치료의 효과성을 보여 주는 많은 치료적 시도로 이어지고 있다.

제2장

내적 의사소통의 세계

성격이란 연설자와 압력집단, 아동, 선동가, 공산주의자, 분리주의자, 주전론자, 무당파주의자, 뇌물 수령자, 협력주의자, 로비스트, 공화당원, 토리당원, 기독당원, 혁명가가 모두 모여 있는 의회이다.

— Henry Murray

숨겨진 메시지

우리는 우리를 둘러싼 환경의 신호들이 다양한 방식으로 우리가 무엇을 하고 어떻게 느낄지를 지시한다는 것을 잘 알고 있다. 우리는 빨간불에 멈추고, 위험 지역을 피해 가고, 잘못된 처우에 항의하며, 칭찬에 기분 좋아하고, 비난을 당하면 투덜댄다. 그러나 우리는 이러한 외부 신호에 상응하는 내부 신호에는 덜 익숙하다. 외부로부터 입력된 메시지들은 우리의 자기조절 체계에 의해 처리되고 번역, 해석되는 과정을 거쳐서 지시와 금지, 자기칭찬과 자기비난 등을 만들어 낸다.

환경 자극의 복잡한 체계는 그것이 그에 상응하는 내적인 심리적 체계와 맞물릴 때 비로소 우리를 지배할 수 있다. 우리 내면의 작동은 외부 신호를 차단하거나 비틀어서, 우리는 때로 주변에서 일어나고 있는 것과는 전혀 일치하지 않는 행동을 보일 수도 있다. 외적인 체계와 내적인 체계 간의 만성적이거나 심한 괴리는 심리장애에서 그 절정을 이룬다.

정서장애의 많은 특성들은 매우 당혹스럽고 일반적인 상식을 벗어난 듯 보이는데, 이는 관련 정보가 빈곤하기 때문이다. 빠진 자료들이 보완될 때, 치료자는 가장 당혹스러운 행동조차 이치에 닿는 것으로 이해할 수 있게 된다. 비정상적인 반응에 얽혀 있는 의미를 해명하는 작업은 인간의 행동에 대한 풍부한 통찰을 제공해 줄 수 있는 흥미로운 일이다. 다음의 몇 가지 실제 임상 사례들을 살펴보자.

한 여인이 집 밖을 산책하다가 불현듯 자신이 지금 집에서 세 블록이나 떨어진 곳에 있다는 것을 깨닫고는 금방이라도 졸도할 것처럼 느꼈다.

한 직업 운동선수가 터널 안을 운전할 때마다 지속적으로 가슴이 조여 오고 심장이 심하게 두근거리는 것을 느꼈다. 그는 숨을 쉬려고 과도하게 숨을 헐떡거리면서 이러다가 죽을지도 모른다고 생각하기 시작했다.

한 성공한 소설가가 자신의 최근 소설에 대해 칭찬을 들었을 때, 그 순간 심하게 울음이 터져 나왔다.

이와 같은 당혹스러운 반응들은 다양한 심리치료 학파들을 자극하여, 이러한 현상을 설명하기 위한 각자의 개념적 틀이 나타나게 되었다. 예를 들어, 정신분석에서는 집에서 멀리 떨어져 있을 때 졸도할 것 같이 느낀 여인의 사례를 무의식적인 의미의 관점에서 설명하기도 하였다. 즉, 집 밖에 있는 것이 유혹 혹은 강간에 대한 소망과 같은 억압된 욕구를 불러일으킨다는 것이다 (Fenichel, 1945). 이 욕구는 그 자체의 금기적인 속성으로 인해 불안을 유발한다.

다른 한편으로, 행동주의자들은 그 불안을 설명하기 위해 감정의 조건화 모델을 이용한 다른 종류의 설명 이론을 제공한다. 그들은 그 여인이 과거 언젠가 중립적이고 무해한 상황(집에서 멀리 떨어진 곳을 여행하는 것과 같은)에서 실제로 위험한 상황을 마주친 적이 있다고 가정한다. 무해한 상황과 실제 위험의 근접성으로 인해서, 그 여인은 무해한 자극에 대해서 실제 위험에 접할 때 경험할 수 있는 만큼의 불안으로 반응하도록 조건화된 것이다(Wolpe, 1969).

이 여인의 불안에 대한 정신분석적 설명이나 행동주의적 설명들은 주로 이론에 의해서 주도되며, 모든 관련 자료들을 이용하지는 않는다. 우리가 내적인 대화 체계를 가볍게 두드릴 수 있다면, 또 다른 설명이 가능해진다.

앞에서 기술한 세 환자들은 사건과 불쾌한 감정 반응 사이에 끼어 있는 생각의 연쇄를 인식할 수 있었다. 한 개인이 선행 사건과 정서적인 결과 사이의 간격을 메울 수 있을 때, 당혹스러운 반응은 이해 가능한 반응으로 바뀐다. 사람들은 어느 정도 훈련을 받으면, 사건과 감정 반응 사이에서 일어나는 빠른 생각이나 심상을 포착할 수 있다.

그 여인은 불안해지기 직전에 어떤 생각들이 이어진다는 것을 관찰할 수 있었다. 그녀는 자신이 집에서 몇 블록 떨어져 있음을 깨닫는 순간, 다음과 같이 생각하였다. '나는 지금 집에서 너무 멀리 떨어져 있어. 만일 지금 무슨 일이 벌어진다면, 필요한 도움을 얻기 위해 집으로 되돌아갈 수 없을 거야. 만일 내가 지금 여기서 쓰러진다면, 사람들은 내가 누군지 모를 테니까 그냥 지나쳐 버릴 거야. 아무도 나를 도와주지 않을 거야.' 이 여인을 불안으로 이끈 사건은 이렇듯 위험에 대한 일련의 생각들을 포함하고 있었다.

터널 공포증을 지닌 운동선수 또한 위험의 주제를 맴도는 어떤 일련의 생각들을 파악할 수 있었다. 그는 터널에 들어서자마자, '이 터널이 무너질지도 몰라. 그러면 나는 질식해서 죽고 말 거야.'라고 생각하였다. 곧바로 이런 끔찍한 일이 벌어지는 시각적 영상이 생생하게 떠올랐고, 그는 즉시 가슴의 긴장을 경험하기 시작하였는데, 그는 이것을 질식사의 조짐으로 해석하였다. 질식사에 대한 생각들은 불안을 더 증가시켰고, 이는 심장박동수의 증가와 호흡곤란으로 이어졌다.

당시 심한 우울증에 빠져 있었던 그 소설가는 자신의 소설에 대한 칭찬을 듣고 다음과 같이 생각하였다. '사람들은 내게 정직하지 않아. 그들은 내가 그저 평범한 사람이라는 것을 알고 있어. 그들은 나를 있는 그대로 받아들이지 않을 거야. 그들은 지금 입에 발린 칭찬을 하고 있는 거야.' 그가 자신의 이러한 생각들을 드러냈을 때, 칭찬에 대해 그가 보인 상식 밖의 반응은 이해할 만한 반응으로 바뀌었다. 그는 자신의 작품을 열등하게 여겼기 때문에, 긍정적인 칭찬을 진실하지 않은 것으로 해석했던 것이다. 자신이 남들과 진실한 관계를 맺을 수 없다는 잘못된 결론으로 인해, 그는 더 고립되고 우울하게 느꼈다.

외적 사건과 특정 감정 반응 사이에 의식할 수 있는 생각이 있다는 이 원리는 주요 심리치료 학파들에 의해서 잘 받아들여지지 않고 있다. 그들이 자신들의 이론에서 의식적인 사고를 배제한 것은 이러한 정보의 원천의 중요성을 간과함으로써 나타난 당연한 결과이다. 그러나 환자들을 다양한 상황에서 자신의 내성에 초점을 맞추도록 훈련시키는 것은 어렵지 않다. 사람들은 어떤 생각이 외적 자극과 정서 반응을 연결한다는 것을 쉽게 관찰할 수 있다.

우리는 때로 어떤 특정한 외적 사건이 없을 때에도 어떤 감정을 경험하기도 한다는 것을 알고 있다. 그와 같은 경우에, 대개는 어떤 '인지적 사건'(의식의 흐름 속에서 발생한 어떤 생각, 회상, 영상 등)이 그 감정 반응을 만들어 낸다는 것을 확인할 수 있다. 우울증이나 불안 신경증 같은 정서장애에서, 이러한 인지적인 흐름이 지속적인 불쾌 감정을 설명할 수 있을 것이다.

많은 행동주의자들은 생각이 감정 반응을 형성하는 데 결정적인 역할을 한다는 개념에 반대한다. 혹자는 감정 반응은 외적 자극에 의해 직접적으로 촉발되며, 그 사건에 대한 인지적 평가는 추후에 회고적으로 삽입되는 것이라고 주장한다. 하지만 자신의 생각을 추적하는 훈련을 받은 사람이라면, 어떤 상황에 대한 해석이 감정 반응에 앞선다는 것을 반복적으로 관찰할 수 있을 것이다. 예를 들면, 그는 자신을 향해 달려오는 차를 보고 '이 차가 나를 칠 것 같아.'라고 생각하고는 불안을 느낀다. 더 나아가, 어떤 사람이 특정 상황에 대한 자신의 평가를 변화시키면, 그의 감정 반응은 변화된다. 예를 들어, 어떤 젊은 여성이 한 친구가 자신에게 인사조차 없이 그냥 지나쳤다고 믿었다고 하자. 그녀는 '그 친구가 나를 무시했어.'라고 생각하고는 슬픔을 느꼈다. 그녀는 잠시 후에 그 상황을 다시 한 번 되돌아보고는, 자신을 지나친 사람이 자신의 친구가 아니었음을 깨닫고 그녀의 상처 입은 감정은 사라져 버렸다.

　사실상 한 개인이 어떤 사건의 본질에 대해 평가하기도 전에 그 사건에 대해 어떻게 감정적으로 반응할 수 있을까? 이는 상상하기조차 어려운 일이다. 많은 행동 실험에서 사용되는 종소리나 피부 전기 자극과 같이 단순한 실험실 자극들과는 달리, 한 개인이 환경에서 접하는 세부 자극들은 매우 복잡하다. 그 상황이 안전한지 아닌지, 그 사람이 우호적인지 적대적인지를 결정하기 위한 판단이 요구된다. 때로 그가 농담을 하는 건지 아니면 그 농담 속에 뼈가 있는 건지를 결정하기 위해서는 미묘한 단서에 의존해야 한다. 자극들의 변별과 통합을 포함하는 인지과정이 없다면, 우리는 사건들에 대해서 마구잡이로밖에는 달리 반응할 수 없을 것이다. 우리가 울고 웃고 화내는 것이 실제로 일어나고 있는 현실과는 의미 있는 관련이 없을 것이다. 행동주의 이론에서는 아마도 이러한 변덕스러운 감정 반응에 대해서, 과거에 특정한 감정과 우연히 연합되었던 사건이 다시 발생하면 과거의 우연적 조건형성에 기초하여 다시 특정 감정이 나타나는 것이라고 설명할 것이다.

　한 개인의 인지를 탐색하는 과정의 중요성은 불일치하는 감정 반응을 이해하려 할 때 더욱 명백해진다. 우리는 명백히 비현실적이거나 과장된 분노, 불안 또는 슬픔이 사건에 대한 개인의 특유한 평가에 기초한다는 것을 발견한다. 이러한 개인 특유의 평가는 정서장애에서 지배적인 역할을 한다.

자동적 사고의 발견

　정서장애와 심리치료에서 인지가 어떤 역할을 하는지를 내가 이해하고 개념화하게 된 과정에 대해서, 나의 자서전적 기록을 빌려 설명해 보고자 한다. 나는 수년간 정신분석과 정신분석적 심리치료를 수행해 오면서, 점차로 환자의 인지가 그의 감정과 행동에 막대한 영향을 미친다는 사실을 깨닫고 충격을 받았다. 내 모든 환자들은 자유연상의 기본 규칙("환자는 자신의 마음속에 떠

오르는 모든 것들을 아무런 여과 없이 말하도록 요청된다."[Fenichel, 1945, p. 23])
에 대해 지도를 받았고, 그들 대부분은 자신의 생각을 검열하려는 경향을 비교적 잘 극복해 낼 수 있었다. 그들은 타인의 비난에 대한 두려움 때문에 숨겨 왔던 자신의 감정, 소망, 경험을 비교적 자유롭게 표현하였다. 그들이 자신의 모든 생각을 다 보고하지는 못한다는 것을 알게 되었지만, 그럼에도 나는 그들이 언어로 하는 보고가 그들의 의식적 사고의 한 단면을 잘 드러내고 있다고 믿게 되었다.

그러나 시간이 지나면서, 나는 환자들이 어떤 종류의 생각들은 보고하지 않는다는 의심을 품기 시작하였다. 이러한 생략은 환자의 저항이나 방어적 태도 때문이 아니었다. 이는 오히려 환자들이 그런 종류의 생각에 초점을 기울이도록 훈련되지 않았다는 사실과 관련이 있는 것으로 보였다. 환자들의 자료를 되살펴 보면서, 알아채지 못하고 지나간 어떤 유형의 생각들이 심리 문제의 본질을 이해하는 데 더 핵심적이라는 사실이 내게 점차 분명해졌다. 다른 분석가들도 역시 이러한 풍부한 사고 자료를 경험하였을 테지만, 문헌을 통해 이러한 자료의 중요성에 대해 언급한 사람은 없었다.

다음의 경험은 이러한 보고되지 않은 자료에 대한 나의 흥미와 후속 연구를 촉발하기에 충분하였다.

한 환자가 자유연상 과정에서 나에게 심한 공격과 비판을 퍼붓고 있었다. 잠시 멈춰서 나는 그에게 지금 어떤 감정을 느끼고 있는지 질문하였다. 그는 죄책감을 느낀다고 대답하였다. 당시 나는 심리적 사건들의 연쇄를 이해했다는 것만으로도 만족하고 있었다. 전통적인 정신분석 모델에 따르면, 그의 적대감과 죄책감 사이에는 단순한 인과 관계가 존재하는 것으로 이해되었다. 즉, 그의 적대감이 직접적으로 죄책감을 이끌어 냈다는 것이다. 이러한 이론적 도식에 따르자면 이 둘 간의 연쇄 관계에 어떤 다른 연결고리도 끼어 넣을 필요가 없었다.

그러나 뒤이어 그는 자발적으로 다음과 같은 정보를 보고하였다. 그는 내게 한편으로 분노가 담긴 비난을 표현하면서, 다른 한편으로 자기비판적인 성질의 생각을 지속적으로 하고 있었다는 것이다. 그는 거의 동시에 일어나는 두 가지 흐름의 생각을 기술하였다. 하나의 흐름은 그가 자유연상을 통해 표현한 적개심 및 비판과 관련된 생각이라면, 다른 하나의 흐름은 그가 표현하지 않았던 것이었다. 그는 다른 흐름의 생각을 다음과 같이 보고하였다. "내가 나쁜 말을 했어. 나는 그렇게 말해서는 안 됐어. 치료자를 비난하는 것은 옳지 않아. 나는 나빠. 그는 나를 좋아하지 않을 거야. 내 비열한 짓에 대해 변명의 여지가 없어."

이 사례는 보고한 생각의 내용과 병행하는 또 다른 생각의 흐름에 대한 분명한 첫 실례를 제공하였다. 나는 그 환자의 분노 표현과 죄책감 사이를 연결하는 일련의 생각이 있음을 깨닫게 되었다. 이렇게 중간에 개재하는 생각이 존재할 뿐 아니라, 그 생각은 죄책감을 직접적으로 설명하였다. 그 환자는 내게 분노를 표현한 것에 대해서 자신을 비난하였기 때문에 죄책감을 느꼈던 것이다.

그 이후 나는 수개월 혹은 수년 동안 자유연상의 규칙을 따라오던 다른 환자들과의 치료 경험 속에서, 그들에게도 그들이 보고하지 않았던 생각의 흐름이 있었음을 발견하였다. 그러나 앞의 첫 환자와는 달리, 그들의 대다수는 이러한 보고되지 않은 생각들에 주의를 기울이기 전까지는 그 생각들을 충분히 인식하지 못하고 있었다. 전형적으로 이런 생각들은 자동적으로 나타나고 매우 빨리 지나간다는 점에서 보고된 생각들과 달랐다. 환자들이 표현되지 않은 생각을 인식하기 위해서는, 그들이 그 생각에 주의를 기울일 수 있도록 내가 안내해야만 했다. 이러한 초점의 변화는, 다음의 사례에서 볼 수 있듯이 숨겨진 것을 드러내는 매우 의미 있는 작업이었다.

치료 회기 중에 설명하기 힘든 불안을 지속적으로 느꼈던 한 여성이 자신의 어떤 민감한 성적 갈등에 대해 기술하고 있었다. 다소 당황스러워하기는 하였지만, 그녀는 이러한 갈등에 대해서 검열 없이 자유롭게 표현하였다. 그녀가 왜 매 회기마다 불안을 경험하는지가 내게 분명하지 않았기 때문에, 나는 그녀가 자신이 하고 있는 말에 대한 생각에 주의를 기울여 보도록 안내하였다. 내 질문을 듣고, 그녀는 자신이 어떤 생각의 흐름을 무시하고 있었음을 깨닫게 되었다. 그녀는 다음과 같은 일련의 생각을 보고하였다. "나는 나 자신을 명쾌하게 표현하지 못하고 있어. 치료자는 나를 지루해 하고 있어. 그는 내 말을 이해할 수 없을 거야. 어리석은 말로 들릴 거야. 그는 나를 쫓아내고 싶을 거야."

그 환자가 이러한 생각에 초점을 맞추어 내게 보고할 수 있게 되면서, 치료 회기 중의 그녀의 만성적인 불안이 의미 있게 이해되기 시작하였다. 그녀의 불안은 그녀가 기술하고 있는 성적인 갈등과 관련된 것이 아니었다. 오히려 그녀의 자기평가적인 사고와 나의 반응에 대한 기대가 문제의 본질과 맞닿아 있었다. 실제로는 그녀의 표현이 매우 분명하고 흥미를 자아냈음에도 불구하고, 그녀의 생각은 자신의 표현이 모호하고 지루하다는 주제를 끊임없이 맴돌고 있었다. 그녀가 이러한 비현실적인 사고를 정확히 찾아내고 수정할 수 있게 되면서, 그녀는 치료 회기 중에 더 이상 불안을 경험하지 않게 되었다.

나는 초기에 환자들의 자동적 사고가 전이(transference)의 속성을 지니고 있음에 주목하였다. 즉, 그것은 환자 자신이 회기 중에 내게 말한 것 혹은 말하고자 한 것에 대한 평가 및 내가 그에게 어떻게 반응할 것이라는 기대와 관련된 것이었다.[1] 그 후에 환자들은 자신이 다른 사람들과의 상호작용에서도 같은 유형의 생각을 한다는 것을 인식하게 되었다. 환자들이, 미처 깨닫지는 못한 채, 회기 내에서뿐만 아니라 회기 밖에서도 자기 자신과 끊임없이 대화한다는 것이 점차 분명해져 갔다. 이러한 '내면 대화'에 조율함으로써, 우리는 환자의 핵심 문제에 대한 더 정확한 정의를 얻을 수 있었다. 예를 들면, 자신이 나를 지루하게 하고 있다고 생각한 그 여성 환자는 그녀의 거의 모든 대인관계에서도 그와 비슷한 생각을 하고 있음을 인식하게 되었다.

이렇게 풍부한 정보의 원천에 다가가기 위해서, 환자들이 보고되지 않는

---

1) 물론 정신분석 저술가들은 늘 분석가에 대한 환자의 반응의 중요성을 강조하였다. 그러나 그들은 환자가 이 장에서 기술한 방식처럼 자신의 생각에 주의를 기울일 수 있게 훈련하지 않은 채, 그 기본 규칙만을 일반적으로 선언하였다.

생각의 흐름을 관찰할 수 있도록 그들을 훈련시키는 것이 필요하였다. 나의 초기 발견을 통해서 이러한 보고되지 않는 생각이 어떤 감정 상태에 선행하는 것이 분명했기 때문에, 나는 환자들에게 다음과 같이 지시하였다. "당신이 어떤 불쾌한 감정이나 감각을 경험할 때마다, 그 직전에 어떤 생각을 하고 있었는지 회상해 보도록 하세요." 이러한 지시를 통해서, 환자들은 자신의 생각에 대한 자각을 날카롭게 다듬어 갈 수 있었고, 마침내 감정 경험 직전에 스치고 지나간 생각들을 파악할 수 있었다. 이러한 생각은 자동적으로 매우 빠르게 나타나는 듯 보이기 때문에, 나는 이를 '자동적 사고(automatic thoughts)'라고 이름 붙였다. 다음 장들에서 보겠지만, 자동적 사고를 정확히 파악하는 것은 정서적인 상태와 정서장애를 이해하는 데 있어서 가공되지 않은 원자료를 제공하였다.

자동적 사고에 대한 이러한 관찰은 내게 딜레마를 가져왔다. 내가 받은 정신분석가로서의 훈련에 따르자면, 내 환자들은 정신분석의 기본 규칙에 따라 정신분석 과정에서 일반적으로 환자 자신에 의해 산출되는 어떤 유형의 자료들을 표현하도록 되어 있었다. 이러한 사실은 내 환자들의 자유연상이 담긴 축어록을 검토해 준 나의 정신분석 지도감독자들에 의해서 확인되었다. 그러나 자기 검열을 극복한 자유연상과 저항의 해석을 강조하는 정신분석의 표준적인 방법으로는, 앞에서 기술한 사례에서처럼 일부 예외가 있기는 하지만, 환자들이 자신의 자동적 사고에 접근하지 못하였다.

이 문제에 대해 더 고심한 끝에 내가 내린 결론은, 내 환자들이 전통적인 정신분석 과정에서 진정으로 의식의 흐름에 예리하게 초점을 맞춘 것은 아니라는 것이었다. 그들은 현재 문제, 꿈, 기억과 관계된 자료들을 표현하거나, 자신의 경험에 대한 이야기를 제시하거나, 연상의 사슬에서 이 생각, 저 생각을 비약하여 표현하였다. 그러나 그들이 자신의 생각을 관찰하고 보고하는 것에 초점을 맞추지는 않았던 것이다. 결국 그들이 보고한 것의 대부분은 자신이 '그렇게 생각하고 있음에 틀림없는' 것에 대한 추측에 기초한 것이지, 자신이 지금 무엇을 생각하고 있는지에 대한 명확한 집중에서 나온 것은 아니라는 것이 분명해졌다.

왜 이렇듯 전통적인 자유연상을 통해서는 자동적 사고를 밝혀내기가 힘든 것인가? 한 가지 가능한 설명은, 사람들은 자기 자신에게 말할 때와 다른 사람에게 말할 때 각각 서로 다른 방식으로 말하는 데 익숙하다는 것이다. 이러한 내적인 말이 자신에게 지대한 영향력을 발휘함에도 불구하고, 그 환자는 자신의 내적 대화에 대해서 주의를 기울이지 않는 오랜 역사를 지니고 있다. 그는 끊임없이 사건을 해석하고(혹은 오해석하고), 자신의 행동을 감찰하며, 미래를 예측하고, 자신에 대한 일반화된 결론을 끌어내면서, 자기 자신과 끊임없이 대화를 하고 있다. 그가 이러한 생각들을 보고하지 못하는 것은 수치심이나 불안 때문이 아니다. 오히려 자신의 자동적 사고를 충분히 인식하지 못하거나, 이러한 종류의 생각에 대해 특별한 관심을 기울이지 않기 때문이다. 이러한 생각들에 초점적인 주의를 기울이도록 촉구할 때 비로소 환자들은 그것을 보고할 수 있게 되는 것 같다.

환자가 (중증의 우울증에서처럼) 보다 심각한 상태일 때, 이러한 생각들은 더 두드러지게 나타난다. 실제로 나는 중증의 우울증을 겪고 있는 환자들에게서 사고 내용을 이끌어 내려고 노력하는 과정에서 이러한 자동적 사고의 존재를 더 잘 인지하게 되었다. 또한 나는 강박증 환자들에게서 자동적 사고가 더 저항하기 어려운 힘을 발휘한다는 것을 관찰할 수 있었다.

자동적 사고의 본질

이렇듯 자동적 사고에 대한 나의 관심이 커지면서, 나는 자유연상 중에 나타나는 자동적 사고를 관찰하고 내게 보고할 수 있도록 환자들을 체계적으로 지도하였다. 나는 또한 환자들이 치료실 밖에서 나타나는 자동적 사고에 대해서도 기록하도록 하였다. 이러한 자동적 사고에 대한 환자들의 기술을 검토하면서, 나는 다양한 환자들이 보고한 생각들이 서로 매우 유사하다는 것에 놀랐다.

　실용적인 견지에서 보면, 자동적 사고에 대한 명확한 파악은 환자가 '생각하고 있음에 틀림없는' 것을 추측하려는 (환자뿐 아니라) 나의 짐을 덜어 주었고, 환자가 '실제로 생각하고 있는' 것이 무엇인지를 정확히 알 수 있게 해 주었다. 이러한 원리는 다음의 또 다른 사례에서 볼 수 있을 것이다.

　한 여성 환자가 자유연상 과정에서 자신이 본 영화에 대해 이야기하고 있었다. 영화의 줄거리를 묘사하는 과정에서, 그녀는 불안을 느낀다고 보고하였다. 왜 불안한지 묻자, 그녀는 "내 생각에는 아마도 공격성을 다룬 어떤 장면이 내 마음을 휘저어 놓은 것 같아요."라고 대답하였다. 이러한 추측은 공격성이 불안을 만들어 낸다는, 정신분석 이론에서 도출된 그녀의 개념으로부터 유발된 것이었다. 그래서 나는 그녀에게 불안을 느끼기 직전에 다른 어떤 생각이 있었는지 물었고, 그녀는 다음과 같이 대답하였다. "아, 이제 알겠어요! 나는 당신이 내가 영화나 보면서 시간을 낭비하고 있다고 비판할 것이라고 생각했어요. 그게 바로 나를 불안하게 만들었던 거예요."

　나는 환자에게 자동적 사고에 주의를 기울이도록 안내하지 않으면 자동적 사고는 거의 인식되지 않은 채 지나간다는 것을 반복적으로 관찰하였다. 그러나 그가 이러한 생각에 주의를 기울이면 그 생각을 인식할 수 있었다. 앞서도 언급하였듯이, 환자의 상태가 심각할수록 자동적 사고는 더 현저하게 나타났다. 환자의 상태가 개선되면서 자동적 사고는 덜 두드러졌으며, 그의 상태가 악화되면 자동적 사고는 다시 더 현저해졌다.

　수많은 환자들에 의해 보고된 이러한 자동적 사고는 몇 가지 공통된 특성을 가지고 있었다. 자동적 사고는 대개 막연하거나 모호하지 않고, 오히려 구체적이고 **분명**하였다. 그것은 일종의 속기록처럼 나타났다. 즉, 전보문에서처럼 문장의 핵심 단어들만이 나타나는 것으로 보였다. 더욱이 이러한 생각들은 어떤 사건이나 주제에 대한 깊은 숙고, 추론 또는 반성의 결과로 나타나는 것이 아니었으며, 목표지향적 사고나 문제해결적 사고에서처럼 일련의 논리적인 단계를 밟아 나타나는 것도 아니었다. 이러한 생각들은 마치 반사처럼 '그냥 나타났다.' 환자가 그 생각을 일으키기 위해서 아무런 노력도 기울이지 않았다는 점에서 그 생각은 비교적 **자율적인** 것으로 보였다. 특히 더 심한 환자들의 경우 이러한 생각은 '끄기' 어려웠다. 이와 같은 불수의적인 성질에 비추어 볼 때, 이러한 생각은 자동적 사고로뿐 아니라 '자율적 사고'로 불릴 수도 있을 것이다.

또한 환자들은 다른 누군가에게는 억지스러워 보일 수도 있는 자동적 사고를 그럴듯하고 이치에 맞는 것으로 간주하였다. 환자들은 자동적 사고를 의문 없이, 그리고 현실성과 논리성에 대한 검증 없이 그저 타당한 것으로 받아들였다. 물론 자동적 사고는 현실적인 경우도 많다. 그러나 환자들은 종종 지난 치료 시간에 어떤 자동적 사고가 타당하지 않다고 결론 내렸음에도 불구하고, 그 비현실적인 생각을 믿는 경향이 있다. 그가 시간을 내어 나와 함께 어떤 자동적 사고의 타당성을 숙고할 때, 그는 그것이 타당하지 않다고 결론을 내렸다. 그러나 다음 순간 동일한 자동적 사고가 다시 떠오르면, 그는 그것을 액면 그대로 받아들이곤 하였다.

자동적 사고의 단어들은 상황에 따라 변하지만 일반적으로 그 주제는 일관되었다. 그러나 자동적 사고는 강박신경증 환자가 보고하는 전형적인 반복적 사고와는 달랐다. 예를 들면, 어떤 우울한 환자는 그와 함께 있는 사람이 누군지에 따라, '어머니가 자신의 옷차림을 보고 비판한다, 상사가 자신의 일처리를 못마땅해 한다, 아내가 자신과의 잠자리를 싫어한다, 치료자가 자신의 지능을 형편없는 것으로 본다.' 등의 생각을 하였지만 그 주제는 일관적이었다. 이러한 부정적인 생각들은 객관적인 증거와 상반됨에도 불구하고 나타났다. 외적 경험을 통해 이러한 생각들이 타당하지 않음을 수없이 경험했는데도 그가 우울증에서 회복될 때까지 이러한 생각은 지속적으로 나타났다.

나는 또한 자동적 사고, 특히 한 개인에게 반복적으로 나타나면서 강력한 영향력을 미치는 듯 보이는 자동적 사고의 내용이 개인마다 **특유하다**는 것에 주목하였다. 개인의 사고 내용의 고유성은 같은 진단의 다른 환자들과 비교해서도 그러하였다. 그 생각들은 환자의 문제와 밀접하게 관련되어 있었고, 따라서 그 환자가 '자유연상' 과정에서 표현한 어떤 내용들보다 치료적으로 더 유용하였다. 전술하였듯이, 이러한 생각들은 특정한 감정의 유발에 선행하였다. 앞서 인용한 사례에서, 그 여성 환자의 불안은 그녀의 자동적 사고로부터 유발된 것이지, 영화의 실제 내용에 대한 그녀의 숙고를 통해 유발된 것이 아니었다. 마지막으로, 이러한 생각들은 일반적으로 다른 유형의 생각들보다 더 많은 현실 왜곡을 포함하고 있었다.

　환자들과의 후속 작업을 통해서, 언어적 혹은 시각적 형태의 내적 신호들이 행동에 지대한 영향을 미친다는 것이 명백해졌다. 한 개인이 스스로를 감찰하고 지시하는 방식, 스스로를 칭찬하고 비판하는 방식, 사건을 해석하고 예상하는 방식은 정상적인 행동을 조명해 줄 뿐 아니라, 정서장애의 내적 과정을 이해하는 데 빛을 던져 줄 것이다.

자기감찰과 자기지시

　사람들은 깨어 있는 시간의 많은 부분을 자신의 생각과 소망, 감정, 행동을 감찰하며 보낸다. 때때로 대안들 간을 저울질하며 결정을 내릴 때에는 내적인 토론이 벌어지기도 한다. 플라톤은 이러한 현상을 언급하며 '내적 대화'라고 표현하였다.

　행동에 대한 자기감찰은 부적응적인 반응에 관여되어 있을 것이다. 과도한 자기감찰은 자의식과 과도한 자기규제, 지나친 억제를 초래할 수 있다. 경계신호는 자발적인 자기표현을 방해하는 경향이 있다. 이러한 현상은 과도한 경고신호와 억제적인 자기지시를 특징으로 하는 무대공포에서 분명하게 드러난다. 강박신경증에서 내적인 논쟁은 행동을 마비시키기도 한다.

　사람들은 또한 생각과 충동에 대한 자기감찰의 **결핍**을 보일 수도 있다. 이러한 결핍의 가벼운 형태는 과도한 흡연이나 과식의 행동에서 관찰할 수 있다. 개인은 자신의 행동의 결과에 대한 인식을 덮거나 지워 버린다. 어떤 음식 중독자나 알코올 중독자들은 자신이 먹거나 마시기 시작한다는 것을 알아차리지 못하는 수준으로까지 자기감찰을 중지하기도 한다.

상황을 자세히 살펴보고 내적으로 토론하고 결정을 내리는 일련의 과정은 논리적으로 자기지시(행동을 지시하는 언어적 메시지)로 이끈다. 가장 일상적으로 흔한 경우, 한 개인은 특정한 구체적 목표를 달성하기 위하여 스스로에게 지시를 내린다. 어떤 학생은 스스로에게 이제 공부할 시간이라고 일깨우며, 무대 위의 한 연예인은 박수를 받기 위해 잠시 멈추라고 자신에게 지시한다. 자신에게 지시하고 스스로를 평가하는 것은 또한 좋은 부모가 되고 부와 권력을 획득하고 인기를 얻는 것과 같이 더 큰 목표를 이루는 데 도움을 준다. 한 개인이 특정한 목표를 이루려고 노력을 경주할 때, 이와 관련된 자기지시는 스스로를 촉구하고 명령하며 질책하는 형태를 취한다. 정상적인 상태에서조차 이러한 촉구와 자기지시는 무거운 짐이 될 수 있다.

많은 임상적 조건에서, 끊임없이 스스로를 몰아세우는 정도로까지 자기지시가 과도하게 동원될 수 있다. 이처럼 내적인 촉구에 의해 쫓기는 상태는 '과잉성취자'와 우울증의 초기 혹은 경미한 상태에서 발견된다. Karen Horney(1950)는 자기명령이 과도하게 작동하는 체계를 일컬어 '당위의 폭정'이라고 기술하였다. 서로 상반되는 '당위'가 충돌하는 경우는 우유부단한 사람과 강박신경증에서 발견할 수 있다.

또 다른 종류의 자기지시는 행동의 회피 혹은 행동의 억제를 중심으로 나타난다. 이 사람들은 유해한 상황에 대해 회피하려는 생각으로 반응한다. 지루하거나 성가신 과제에 당면하면, 이들은 '하지 말자'라고 생각한다. (이러한 저항을 극복하는 데는 실제로 그 과제를 수행하는 것보다 더 많은 의지력이 필요하다.) 이와 비슷하게 만일 어떤 행동으로 인해 위험에 노출될 수도 있다고 예상되면, 이들은 스스로에게 그 행동을 억제하라고 지시한다.

도피 및 회피의 생각은 특히 불안하거나 우울한 환자들의 사고에서 현저하게 나타난다. 불안한 환자들은 위험을 지각하면 그것을 다루어 나갈 자신의 능력에 대한 자신감이 부족하여, 보다 안전한 곳으로 도망가고 싶은 소망과 생각을 경험한다. 우울한 환자들은 일상적인 삶의 일과가 귀찮고 부담스럽게 느껴져서, 이러한 부담으로부터 혹은 삶 자체로부터 스스로를 분리할 수 있는 방식을 찾으려 한다. 그는 불쾌함으로부터 철수하여 활동정지와 수동성의 상태로 도피한다.

다른 한편으로, 화가 난 사람의 자기지시는 자신을 공격한 대상을 향한 행동을 부추기는 형태를 취한다. "그에게 복수해." "그를 혼내 줘." "가벼운 벌로 그쳐서는 안 돼." 화가 난 편집적인 환자는 실제로는 존재하지 않는 가상의 공격에 기초하여 이와 비슷한 공격적인 행동을 보일 수 있다.

자기처벌과 자기보상은 자기지시와 관련된다. 만일 한 개인이 자신의 행동이나 수행에서 부족함을 지각한다면, 그는 아마도 스스로에게 후회와 질책의 말을 퍼부을 것이다. 그는 자신에 대해서 나쁜 사람, 무가치한 사람이라는 일반적인 평가를 내릴 수도 있다. 그러한 자기책망의 결과, 그는 죄책감이나 슬픔을 느낄 것이다. 물론 이러한 반응들은 점차 우울증과 같은 병리적 상태로 변해 갈 수 있다.

자기처벌의 반대는 자기보상이다. 누군가 자신이 이룬 성취가 스스로 자랑스럽거나 남들에게 칭찬을 받는다면, 그는 이렇게 생각할 것이다. '넌 참 대단한 녀석이야. 넌 최고의 선물을 받을 자격이 있어. 이제 행복한 나날이 이어질 거야!' 이와 마찬가지로, 만일 일이 잘못된다면 그는 스스로에게 처벌적이 되기 쉽다. 그는 이렇게 생각할 것이다. '바보 같은 녀석. 넌 네가 생각하는 만큼 똑똑한 놈이 아니야. 모두가 너를 멍청이라고 생각할 거야.'

예상

예상이 감정과 행동에 영향을 미치는 정도는 일반적으로 인식되는 것보다 훨씬 더 강력하다. 한 개인의 경험의 의미는 즉각적 결과와 궁극적 결과에 대한 기대에 의해 많은 부분 결정된다(Kelly, 1955). 공부를 하든지, 대화를 하든지, 아니면 일을 하든지 간에, 개인의 기분과 동기는 즐거운 기대에 의해 고양

되고 불쾌한 기대에 의해 저하된다.

예상은 때로 시각적 형태를 취하기도 한다. 몸이 아픈 사람은 건강을 회복하여 활력이 넘치는 삶을 사는 생생한 공상을 통해서 희망을 지탱할 수 있다. 불안한 사람은 미지의 상황에 마주할 때 재앙의 영상을 떠올릴 수 있다. 우울한 환자들은 종종 자신이 착수하는 모든 일에서 실패하는 환상을 떠올리곤 한다(Beck, 1970c).

사회적 상황에서 개인은 다른 사람들이 자신에게 어떻게 반응하는지를 머릿속에 담아 두려 하며, 자신의 평가에 기초하여 그들이 자신에 대해서 어떻게 생각할지를 예측하려 한다. '그들이 내가 지금 말하고 있는 것을 좋아할까?' '그들이 나를 바보라고 생각하지 않을까?' '나를 칭찬할까?' '나를 놀리지는 않을까?' 그의 자연적인 성향은 자신에 대한 어떤 즉각적 반응을 마치 그를 향한 지속적인 태도인 것처럼 간주한다. 자신의 사회적 이미지에 대한 그의 평가는 주로 그가 다른 사람에게 어떤 영향을 주었다고 스스로 지각하는가에 따라 달라진다. 자신의 사회적 이미지에 대한 관념은 그의 자기개념에 침습할 수도 있다. "만일 내가 신체적으로 매력적이지 않거나 대화를 잘 이끌어 가지 못한다면, 사람들은 나를 좋아하지 않을 거고 나는 무가치한 사람이 될 거야."

규칙과 내적 신호

자동적 사고에 대해 고찰하다 보면, 자연스레 다음과 같은 질문에 이르게 된다. 어떤 일반적인 원리가 이러한 내적 신호들의 내용을 만들어 내는가? 우리는 관찰을 통해서 사람들이 동일한 상황에서 매우 다르게 행동할 수 있다는 것을 알고 있다. 우리는 개인에 따라 같은 상황을 다르게 해석하고 서로 다른 '자기지시'를 내린다는 것을 발견하게 된다. 이에 더하여 어느 한 사람이 많은 다양한 상황에서 보이는 반응들을 살펴보면, 그의 반응들은 어떤 중요한 측면에서 서로 비슷한 규칙성을 띠는 경향이 있음을 알 수 있다. 그의 반응은 때로 너무 예측 가능해서, 우리는 그 사람에게 어떤 성격 특성을 부여하기도 한다. "그는 수줍음이 많고 소심해." "그는 무심하고 공격적이야."

반응들의 일관성에 대한 관찰을 통해 우리가 알 수 있는 것은, 각 개인은 그가 특정 상황에 어떻게 반응할지를 안내하는 일련의 일반적인 규칙들 (rules)을 가지고 있다는 것이다. 이러한 규칙들은 그의 외적인 행동을 안내할 뿐 아니라, 그의 특정한 해석, 기대, 자기지시를 위한 기초를 제공해 준다. 이에 더하여, 규칙은 그가 자신의 행동의 효율성과 적절성을 판단하고 자신의 가치와 매력을 평가하는 기준을 제공해 준다. 그는 자신의 목표를 달성하고, 신체적 혹은 심리적 손상으로부터 자신을 보호하며, 타인들과 안정된 관계를 유지하는 데 이러한 규칙을 사용한다.

가장 명백한 종류의 규칙은 기준(standard)이다. 개인은 일종의 '규정집 (rule book)'을 사용하여 자신의 행동을 안내하고 자신과 타인을 평가한다. 그는 자신의 행동 혹은 타인의 행동이 '옳은지' '그른지'를 판단하는 데 이러한 규칙을 사용한다. 그는 또한 이 규칙을 특정 수행의 성공 정도를 측정하기 위한 잣대로 사용한다. 그는 이러한 기준과 원리를 이용하여, 주어진 상황에서 어떻게 행동해야 할지를 스스로에게(혹은 다른 사람에게) 지시한다. 그 후에 그는 자신의 행동을 평가하고, 필요한 수정을 가하며, 자신의 수행에 대해 스스로를 칭찬하거나 비판한다.

우리는 이 규칙을 행동을 위한 안내지침으로뿐만 아니라 삶의 상황을 이해하기 위한 틀로 사용한다. 이 규정집은 자극과 사건의 의미를 결정하는 데 사용되는 부호화 체계를 포함하고 있다. 구체적인 방식으로, 규칙은 수학적인 연산을 하고, 지도(map)를 따라가며, 대상에 이름을 붙이는 데 사용된다. 이 규칙들은 방정식, 공식, 전제 등으로 이루어져 있어서, 개인이 의미 있는 결론에 이를 수 있도록 그가 관찰한 현실을 정리하고 분류하고 종합할 수 있게 해준다.

우리는 또한 그 부호를 사용하여 복잡한 상황을 이해한다. 누군가 우리에게 어떤 말을 할 때, 우리는 그 메시지를 해독하려 노력할 뿐 아니라, 그 말에서 매우 개인적인(사적인) 의미를 추출한다. 우리는 다른 사람이 우리에게 공격적인지 아니면 우리가 공격적인지, 반격해야 하는지 아니면 그냥 물러서야 하는지 등을 판단한다.

다음의 예는 두 사람의 규칙이 다르기 때문에 동일한 상황에 대한 사적인 해석이 어떻게 서로 다르게 나타날 수 있는지를 잘 보여 준다. 이 예는 또한 어떤 규칙이 적용되는가에 따라 어떻게 서로 다른 감정과 행동이 유발될 수 있는지를 보여 준다.

한 교수가 세미나 중에 잡담을 하고 있는 두 여학생(A양과 B양)에게 "할 말이 있으면 모두에게 말하고, 그렇지 않으면 조용히 해 주지 않겠니?"라고 가벼운 투로 말하였다. A양은 화가 난 듯, 자신은 단지 요점을 명확히 하려고 한 것뿐이었다고 반응하였다. 곧바로 이어진 공개 토론에서, 그녀는 교수의 발표 내용에 대해 반복적으로 도전적인 질문을 던졌고 그의 관점을 날카롭게 비판하였다. 평소 세미나 토론에 적극적으로 참여했던 B양의 경우, 교수의 지적 이후로 슬프고 위축된 듯 보였으며 남은 시간 내내 입을 열지 않았다.

두 여학생의 반응이 서로 상반된 것은, 그들이 상황을 해석하는 데 적용한 규칙이 서로 달랐기 때문이라고 이해할 수 있다. A양은 교수의 말을 '그는 나를 통제하려고 해. 나를 마치 어린애처럼 대하고 있어.'라고 해석하였다. 따라서 그녀의 감정 반응은 분노였다. 이와 같은 해석으로 이끈 그녀의 일반적인 규칙은 '권위적 인물의 제재 = 지배와 얕잡아봄'이었다. 그녀의 자기지시는 '그에게 맞서.'였다. 그녀의 보복 뒤에 숨어 있던 규칙은 '나는 나를 나쁘게 대하는 사람들에게 되갚아 줘야 해'였다.

B양의 해석: '그는 내가 잘못한 것을 지적했어. 그는 이제 나를 싫어할 거야.' 감정: 수치심과 슬픔. 규칙: '권위적 인물의 제재 = 약점의 노출, 잘못, 열등함. 제재를 당함 = 불승인과 거절.' 자기지시: '이제부터 입을 다물고 조용히 있어야 해.' 규칙: '만일 내가 조용히 한다면, 덜 무례하게 보일 거야.' '조용히 있는 것은 내가 무례한 행동에 대해 미안해하고 있다는 것을 보여 줄 거야.'

이 예는 사람들이 어떻게 각자의 특정한 규칙들에 따라 움직이는지를 잘 보여 준다. 두 여학생은 교수의 말을 평가하는 과정에서 서로 다른 규칙을 적용하였고, 따라서 서로 다른 해석을 도출하였다. 서로 다른 규칙은 또한 이후에 교수와 어떻게 상호작용할지에 대해 서로 다른 자기지시를 산출하였다. 그들의 외적인 행동은 단지 내적인 자기신호의 결과물일 뿐이다.

요약하면, 이러한 규칙은 행동을 평가하고 조종하며 억제하는 기준으로서 기능한다. 규칙은 또한 다른 사람들의 행동의 타당성, 정당성, 합리성을 판단하는 데 적용된다. 이러한 규칙, 기준 혹은 원리를 적용함으로써, 개인은 다른 사람들의 행동의 의미를 평가하고 그들이 자신을 어떻게 대하는지를 해석한다.

이러한 규칙들은 어떻게 생겨난 것일까? 우리는 사람들이 공식적인 문법 규칙을 배우기도 전에 문법에 맞게 말을 한다는 것을 알고 있다. 그들은 어린 시절에 반드시 특정한 어순(예를 들면, "나는 밥을 먹는다."에서처럼 주어-목적어-동사)을 따라야 한다는 것을 배운 적이 없다. 그들은 구체적인 경험으로부터 일반적인 규칙을 끌어낸다. 그들은 또한 행위에 대한 일반적인 규칙이 스스로에게 분명해지기도 전에 이미 사회화된 방식으로 행동한다. 규칙들은 사회적 유산의 일부이므로, 아마도 대부분 개인적 경험으로부터, 그리고 다른 사람들에 대한 관찰을 통해서 흡수되었을 것이다. 일반적인 규칙(예를 들어, '예의 바르게 행동해라')이 어떻게 구체적인 상황에 적용되어 구체적인 행동으로 나타나는지를 이해하기란 어렵지 않다. 이와 유사하게, 우리는 규칙이 어떻게 상황에 대한 해석을 결정하는지를 이해할 수 있다.

규칙의 작용은 논리학에서의 삼단논법에 비교될 수 있다. 예를 들어, A양과 B양은 다음과 같은 대전제, 즉 규칙을 가지고 있다. '권위자의 모든 제재는 비난이다.' 소전제는 '교수는 나에게 제재를 가하고 있다.'이다. 그들은 다음과 같이 결론을 내린다. '따라서 교수는 나를 비난하고 있다.' 실제로 개인은 처음의 대전제를 잘 인식하지 못한다. 그 전제는 문장을 구성하는 규칙이나 동물과 식물을 구분하는 규칙처럼, 이미 그의 인지적 조직화의 한 부분이다. 상황에 따라서, 개인은 특정 상황에 대한 구체적인 생각을 가지고 있을 수도 있고 그렇지 않을 수도 있다. 어떤 경우이든 그는 결론에 대해서 인식하고 있다. 그 결론은 중심적인 위치를 차지할 수도 있고, 앞서 기술한 자동적 사고처럼 스쳐 지나갈 수도 있다.

규칙과 규칙에 기초한 삼단논법은 임상가에게 특히 흥미로울 수 있는데, 왜냐하면 그것들이 비논리적인 행동과 비정상적인 감정 반응을 설명해 줄 수 있기 때문이다. 4장에서, 규칙이 현실과 일치하지 않거나 과도하게 적용되거나 임의적으로 적용될 때 심리 문제가 초래될 수 있다는 것을 보게 될 것이다.

인지치료와 정서장애

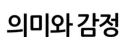
제3장

의미와 감정

인간은 사물로 인해 고통 받는 것이 아니라 그것을 받아들이는 관점으로 인해 고통 받는다.

— Epictetus

의미의 의미

인간의 본성과 그 일탈을 이해하려는 수많은 학자들이 왜 그렇게 의식적인 의미로부터 발걸음을 돌렸을까? 의미는 삶에 풍부함을 제공하고, 단순한 사건을 경험으로 변형시킨다. 그럼에도 불구하고, 현대의 심리학과 정신의학 체계들은 의미를 완전히 무시하거나, 비의적인 의미를 찾으려고 극단으로 파고든다. 행동주의는 생각과 '정신적인 개념들'을 우회하려 한다. 고전적 정신분석은 '피상적인' 의미에 만족하지 못하여, 사건의 상식적인 의미가 아니라 상징적인 의미의 정교한 하부구조의 세계로 파고들어 가려 한다.

행동주의와 정신분석은 서로 간의 많은 차이에도 불구하고, 환자의 심리적 과정에 대한 기술을 액면 그대로 받아들이려 하지 않는다는 면에서 유사한 점이 있다. 두 학파 모두 행동의 '상식적인' 설명에 대해 회의적이다. 행동주의자들은 환자의 '주관적인' 경험에 대한 보고를 믿을 만한 것으로 생각하지 않는데, 이는 그 경험이 다른 관찰자에 의해서 검증될 수 없기 때문이다. 정신분석가들은 의식적인 관념이란 단지 사건의 '진정한 의미'를 위장하기 위해서 작용하는 무의식적인 힘의 산물이라고 생각한다. 신경정신의학자들은 '모든 뒤틀린 생각의 기저에는 뒤틀린 분자가 있다.'라는 식의 설명에 만족한다. 일탈 행동의 심리적 의미는 그들의 관심 대상이 아니다.

행동주의와 신경정신의학의 '단단한' 태도 및 고전적 정신분석의 추상적인 입장과는 대조적으로, 인지적인 접근은 외적 사건뿐 아니라 의식할 수 있는 의미에 관심을 가진다. 개인의 사고, 감정 및 소망에 대한 자기보고는 인지 모델의 원자료를 제공한다. 한 사건에 대한 개인의 다양한 해석은 정신분석이 가정하는 것처럼 '더 깊은' 의미를 덮고 있는 피상적인 층이 아니라, 있는 그대로의 기초적인 자료이자 암반으로 받아들여진다. 때로는 자동적 사고와 다른 내성적 자료들을 체로 잘 걸러서, 미묘한 패턴의 의미와 함축으로 그려 내는 작업이 필요할 수도 있다. 이러한 과정은, 마치 자신에게 맞는 옷을 고를 때까지 여러 옷을 입어 보는 것처럼, 환자 자신이 그 의미가 자신의 특정한 현실 구성과 정확히 일치된다고 결정할 때까지 지속되어야 한다.

어떤 사건에 대한 감정 반응을 이해하기 위해서는, 그 발생 사건의 사전적인 혹은 '공적인' 의미와 개인적인 혹은 사적인 의미를 구분하는 것이 중요하다. 공적인 의미는 개인적인 중요성과 함의가 빠져 버린, 그 사건에 대한 공식적이고 객관적인 정의이다. 한 소년이 친구들로부터 놀림을 당했다고 하자. 그 사건의 객관적인 의미는 단순히 친구들이 그를 괴롭혔다는 것이다. 놀림을 당한 소년의 개인적인 의미는 보다 복잡한데, 예를 들면 '그들은 나를 좋아하지 않아.' 또는 '나는 약골이야.'와 같은 것일 수 있다. 비록 그 소년이 이렇게 특별한 개인적 의미를 인식하고 있다 해도 그는 보통 이를 드러내지 않을 텐데, 왜냐하면 그가 만일 이러한 사적인 반응을 공개적으로 드러내면 아마도 친구들이 그를 더욱더 놀릴 것이라는 것을 알기 때문이다. 다른 예로, 반에서 1등을 차지한 한 소녀는 아마도 이렇게 생각할지 모른다. '1등이란 내가 다른 애들보다 더 낫다는 것을 의미해.' 하지만 그녀는 이러한 특별한 의미를 표현하지 않을 텐데, 이는 자칫 다른 아이들의 반감을 살 수 있기 때문이다. 특별한 의미는 어떤 사건이 한 개인의 삶의 중요한 부분(예를 들어, 동료의 수용)을 건드릴 때 유발되지만, 종종 표현되지 않는 채 사적으로만 남아 있다.

사적인 의미는 종종 비현실적인데, 이는 개인이 그 의미의 진실성을 검토할 기회를 가져보지 못했기 때문이다. 환자가 자신의 치료자에게 그러한 의미를 입으로 표현했을 때, 이는 사실상 그 숨겨진 의미를 검토하고 그 타당성을 검증하는 첫 번째 기회가 될 것이다. 50대 중반의 한 성공적인 사업가는 폐렴 치료를 위해 병원에 입원해야만 한다는 말을 듣고 심한 불안을 느꼈다. 그는 물론 병원은 질병을 치료하는 곳이라는 통상적인 개념을 익히 잘 알고 있었지만, 자동적 사고를 통해 드러난 그의 사적인 의미는 마취되고 절개되고 시체보관소로 옮겨질 것이라는 예상에 집중되어 있었다. 그의 불안은 병원에 대한 일반적인 정의가 아니라 개인적인 의미에 의해서 유발되었다.

때로 우리는 어떤 사건에 대한 개인의 반응이 비정상적으로 보일 정도로 부적절하거나 과도한 경우를 발견한다. 이때 그에게 질문해 보면, 우리는 종종 그가 그 상황을 잘못 해석하고 있었다는 것을 알게 된다. 그의 오해석은 그가 그 상황에 부여한 부정확한 의미들의 망으로 이루어져 있다. 일관적으로 현실과 동떨어진 해석은 비정상적이라고 말할 수 있을 것이다. 앞으로 보게 되겠지만, 정서장애의 핵심인 인지 왜곡은 비정상적인 의미들로 이루어진다.

개인적인 의미를 정확하게 찾아내려면, 그 사건이 일어난 당시의 생각이나 심상의 흐름에 주의를 기울여야만 한다. 예를 들면, 수술 중에 피를 흘리는 환자를 보고 공포를 느낀 한 의대생의 경우, 처음에는 자신의 이러한 과장된 반응을 이해할 수 없었다. 하지만 그의 기억을 불러일으켰을 때, 그는 그 당시에 자신이 피를 흘리고 있는 시각적 영상과 함께, '이런 일이 내게도 일어날 수 있어!'라는 생각을 지니고 있었음을 알게 되었다. 피 흘리는 환자의 모습 자체보다는 당시의 생각과 심상이 공포를 유발한 핵심 요인이었다.

의미와 심상은 이른바 '내적 현실'을 구성한다. 정신분석가들은 이를 탐구하기 위해서 헤라클레스와 같은 힘을 쏟았지만, 환자의 보고를 있는 그대로 받아들이는 것을 꺼려 함으로써 사고 자료를 이론 주도적 구성개념으로 대체하였다. 그러나 의미를 손으로 붙잡는 게 쉽지 않을 때에라도, 내적인 경험에 대한 주의 깊은 내성을 통해서, 환자들은 자신의 인식이 사고와 심상의 지속적인 흐름을 포함하도록 인식을 확장할 수 있었다. 이러한 생각의 흐름의 본질에 대해서는 앞의 2장에서 기술하였다.

감정에 이르는 경로

우리는 상식적인 관찰과 일반화가 자연과학의 기반을 형성하고 있다는 것을 알고 있다. 이러한 일반화는 사건과 물리적 현상 간의 인과적 연결로부터 도출된다(예를 들어, 어떤 물건의 지지대를 제거하면 그 물건은 밑으로 떨어진다). 심리적 현상에 대한 과학적 접근이 발전하는 과정에서도 이와 비슷한 연결과정이 나타난다. 그러나 자연과학의 초기 단계에서와는 달리, 심리과학에서 가장 의미 있는 자료는 객관적이고 외부적이기보다는 주관적이고 심리내적인 것이다. 바로 그 감정이나 생각, 심상을 실제로 경험하고 있는 사람만이 자신의 내성적 관찰을 보고할 수 있다. 한 개인이 형성한 이러한 심리적 경험들 간의 잠정적인 관계는 다른 사람들의 보고와 비교됨으로써 확증될 수 있다. 일반화는 이러한 방식으로 점진적으로 발달한다. 이에 더하여, 외적이고 객관적인 사건에서 시작하여 특정 생각과 특정 감정 반응에 이르는 연쇄를 추적하는 일은 개인들 간의 차이는 물론 그들 간의 일관성을 알아내기 위해 이루어질 수 있다.

다음의 예를 통해서, 동일한 외적 사건이 어떻게 서로 다른 사람들에게 다른 의미를 유발할 수 있는지 살펴보자. 한 교사가 자신의 학급 학생들에게 똑똑한 학생인 토니가 시험에서 낮은 성적을 받았다고 말하였다. 한 학생은 '이는 내가 토니보다 더 똑똑하다는 것을 말해 주는 거야.'라고 생각하면서 기뻐하였다. 토니와 절친한 한 친구는 토니의 슬픔을 공감하면서, 함께 슬픔을 느꼈다. 다른 학생은 '만일 토니가 낮은 성적을 받았다면, 나 역시 낮은 성적을 받았을지도 몰라.'라고 생각하면서 흠칫 놀랐다. 또 다른 학생은 '토니가 낮은 점수를 받았다면 그건 분명히 선생님이 불공정하게 채점했기 때문일 거야.'라고 생각하면서 그 교사에 대해 격앙된 감정을 느꼈다. 한 학생에게 불공정하다는 것은 다른 어떤 학생에게도 불공정할 수 있다는 것을 의미하기 때문이다. 마지막으로 한 방문 학생의 경우, 토니의 성적이 그에게 아무런 의미를 지니지 않았기 때문에 그는 어떤 감정 반응도 보이지 않았다.

이 예는 다음과 같은 본질적인 관련성을 보여 준다. 즉, 한 사건에 대한 해석의 특수한 내용은 특수한 감정 반응을 이끈다. 더 나아가, 이와 비슷한 수많은 예들을 검토한 후에 우리는 다음과 같이 일반화할 수 있었다. 즉, 한 개인이 동일한 상황을 어떻게 해석하느냐에 따라서, 그는 기쁨을 느낄 수도 있고, 슬픔이나 두려움, 분노를 느낄 수도 있으며, 아무런 감정을 느끼지 않을 수도 있다.

어떤 사건에 부여하는 개인적 의미의 다양성은 동일한 상황에 대한 감정 반응의 다양성을 설명할 수 있을 뿐만 아니라, 정서적인 문제를 이해하는 데에도 직접적인 적용이 가능하다. 어떤 사건에 대해 비현실적이거나 터무니없이 엉뚱한 의미를 부여하는 사람은 부적절하거나 과도한 감정 반응을 경험하기 쉽다. 집안에서 어떤 소리가 나도 이를 강도가 침입하는 소리일 것으로 상상하는 사람이 있다면, 그는 심한 불안을 느낄 것이다. 만일 그가 지속적으로 무해한 자극을 위험신호로 해석한다면, 그는 불안 신경증으로 발전할 수도 있을 것이다.

사건의 특별한 의미가 감정 반응을 결정한다는 명제는 정서와 정서장애에 대한 인지 모델의 핵심을 이루고 있다. 의미는 인지(생각 혹은 심상) 안에 담겨 있다. 때로 인지는 '끔찍해' 혹은 '대단해'와 같이 단순한 함축 혹은 가치판단으로 이루어질 수 있다. 어떤 감정이 외부 상황과 관련 없이 나타날 수 있다는 것도 흔히 관찰할 수 있다. 우리가 공상을 하거나 반추를 하고 있다면, 우리의 감정은 외부 자극에 의해서라기보다는 그 공상의 내용에 의해서 생성된다. 마지막으로 만일 우리가 어떤 상황을 심하게 왜곡한다면, 우리의 감정 반응 역시 그 상황의 사실적 측면보다는 인지 왜곡과 더 일관되게 나타날 것이다.

감정에 대한 인지 모델은 처음에는 생각과 감정에 대한 내성적인 관찰의 보고로부터 도출된다. 다음으로, 생각과 감정의 관계가 결정된다. 마지막으로, 어떤 종류의 생각(혹은 의미)이 어떤 감정을 이끄는지에 대한 일반화가 이루어진다.

감정에 대한 여타의 이론들은 생각과 감정에 대한 개인의 보고를 무시하거나 적절하게 사용하지 않았다. 고전적인 행동주의에서는 자극-반응 모델을 사용하여 감정 반응을 설명한다. 이 모델은 자극과 반응 사이에 생각 혹은 의미를 삽입하지 않고, 외적 사건이 직접적으로 감정 반응으로 이끈다는 단순한 경로를 제안하고 있다. 행동이론에 따르자면, 자극과 반응 간의 관계는 이전의 조건형성의 결과로 확립된다. 따라서 이러한 개념화는 종종 조건형성 모델이라고 불린다.

감정에 대한 전통적인 정신분석 모델은 이보다 훨씬 더 복잡하다. 단순한 용어로 환원하여 표현하자면, 그 일련의 과정은 다음과 같다. 자극 혹은 사건이 발생하면 무의식적인 소망이나 충동이 일어난다. 이러한 소망은 개인이 일반적으로 수용하기 힘든 것이기 때문에, 그것이 의식에 출현하는 것은 그 자체로 내적인 위협이 된다. 만일 그가 이러한 금기의 충동을 방어기제를 통해 적절히 차단하지 못한다면, 그는 불안 혹은 죄책감을 경험하게 된다. 예를 들어, 프로이트의 오이디푸스 콤플렉스 개념에 의하면, 어린 소년은 그의 어머니(자극)를 보고 그녀를 향한 무의식적인 성적 충동을 느낄 수 있다. 만일 이러한 소망이 의식을 뚫고 들어와 내적인 위협을 가하면, 그 소년은 불안을 느끼게 되는데 이는 그의 경쟁자인 아버지로부터 처벌을 받을 수 있기 때문이다.[1]

행동 모델과 정신분석 모델은 모두 내성적인 관찰과 보고를 통해 접근할 수 있는 의미의 중요성을 간과했다는 점에서 서로 유사하다. 행동주의는 의미를 통째로 거부하였고, 정신분석은 무의식적 의미를 강조하였다. 두 모델은 통제하는 자극이 어디에 위치하는가에 대한 가정에서 서로 다르다. 조건형성 모델에서 그것은 외부에 위치하며, 정신분석 모델에서 그것은 내부에 존재하지만 무의식적이다([그림 3-1]).

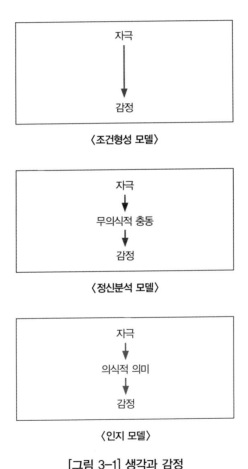

[그림 3-1] 생각과 감정

---

1) 그 아동의 생각의 흐름은 덜 비의적일 것이다. 만일 아동에게 생각과 감정을 묻는다면, 그는 아마도 엄마를 보았을 때 (어질러 놓았거나 동생을 때렸거나 성적이 떨어졌다고 혼나는 것과 같이) 평범한 일상의 두려움을 느꼈다고 보고할 것이다.

행동 모델과 정신분석 모델은 한 개인이 왜 슬프고, 기쁘고, 두렵고, 화가 나는지에 대한 상식적인 개념들을 비껴 가고 있다. 그러나 인지적 접근은 감정 발생의 전 과정을 상식적인 관찰의 범위 내로 되가져 오려 한다. 사건들마다의 특수한 의미들을 분류함으로써, 인지적 접근은 동일한 감정 반응으로 이끄는 다양한 상황들을 한데 모으려 한다. 때로 특정 감정을 일으키는 특정 조건이 너무도 분명해서 정교한 분석이 불필요해 보일 수도 있지만, 이는 일반화의 발달에 핵심적인 과정이다. 이러한 일반화는 다시 우울증, 조증, 불안 신경증, 편집증과 같은 정서장애를 이해하기 위한 기초로서 기여한다.

개인적 영역

한 사람이 친구가 보여 준, 문장이 박힌 외투의 사진을 바라보았다. 그는 처음에는 그 문장에 대해서 무관심했지만, 친구로부터 그 문장이 그의 선조의 것이라는 말을 전해 듣고부터는 반응이 달라졌다. 그 이후로 그는 그 사진을 소중히 간직하였고, 다른 사람들에게 사진을 자랑스럽게 보여 주었으며, 그들이 사진에 시큰둥한 반응을 보일 때는 상처를 받기까지 하였다. 그는 한 조각 종이 위의 사진이 마치 자신의 확장인 양 반응하였다.

이 예화는 한 개인이 자신과 어떻게 특별한 관련이 있다고 생각되는 대상에 특별한 의미를 부여하고, 또한 이를 통해 마음이 움직이는지를 잘 보여 준다. 그가 의미 부여를 통해 관여하고 있는 대상(유형의 것이든 무형의 것이든)은 그의 개인적 영역(personal domain)을 구성한다. 그 영역의 중심은 그 개인의 자기개념, 그의 신체적 특성, 개인적 속성, 목표와 가치에 대한 개념이 차지한다. 그 자기개념을 둘러싸고 그가 투자하고 있는 유형, 무형의 대상들이 달라붙어 있다. 그 대상들에는 전형적으로 그의 가족, 친구, 소유하고 있는 물질 등이 포함된다. 그의 개인적 영역을 구성하는 다른 요소들은 그 추상성의 정도에 따라 다양한데, 그의 출신 학교, 소속 집단, 국적에서부터 자유, 정의,

도덕에 관한 무형의 가치와 이상에 이르기까지 다양한 대상들이 포함될 수 있다.

개인적 영역이라는 개념은 어떻게 한 개인이 자신과 지리적으로 멀리 떨어져 있는 단체나 개인이 관여된 일에서도 강한 감정적 영향을 받을 수 있는지를 설명해 준다. 예를 들어, 우리는 자신과 같은 인종 혹은 민족의 일원이 명예로운 행동을 했을 때 스스로가 자랑스럽기도 하고, 그가 부당한 대우를 당했을 때 격분을 느끼기도 한다. 우리는 마치 우리 자신이 좋은 대우 혹은 나쁜 대우의 대상이 된 것처럼 반응한다.

우리가 정서 및 정서장애와 연관된 상황을 분석하려 할 때, 개인적 영역의 개념은 그 중요성이 더 명백해진다. 한 개인의 감정 반응(혹은 정서장애)의 본질은 그가 사건을 자신의 개인적 영역이 더해지거나, 빼지거나, 위험에 빠지거나, 침범당한다고 지각하는 것에 달려 있다.

감정의 발생에서 인지의 중추적 역할을 강조한 초기 이론가 중 한 사람인 Arnold(1960)는 다음과 같이 주장하였다. "감정은 무엇인가가 지각되고 평가될 때 시작되는 과정이다. 우리는 먼저 그것이 우리에게 좋은지 나쁜지를 결정한다." 개인이 어떤 자극을 자신의 개인적 영역에 유익한 것으로 평가하느냐 아니면 유해한 것으로 평가하느냐에 따라서, 그는 '긍정적인' 반응을 경험하기도 하고 '부정적인' 반응을 경험하기도 한다. '나에게 좋은 것'이라는 평가는 기쁨, 즐거움, 행복과 같은 감정을 이끌어 내고, '나쁜 것'이라는 평가는 슬픔, 불안 혹은 화를 유발한다.

Richard Lazarus(1966)와 같은 실험심리학자, Albert Ellis(1962)와 같은 임상가, 앞서 인용한 Arnold 등이 생각과 감정 간의 경로에 대하여 분명하게 주의를 기울였지만, 그들은 특정 감정으로 이끄는 특정 유형의 평가에 대하여 정교하게 묘사하지는 않았다. 사실상 성격심리학과 사회심리학의 방대한 문헌들은 유해한 자극 혹은 위협에 대한 반응으로 어떤 구체적인 내용의 생각이 각각 슬픔, 불안 혹은 분노를 만들어 내는가 하는 질문에 대해서는 거의 다루지 않고 있다. 어떤 자극에 대한 최초의 평가가 '나에게 나쁜 것'이라는 전반적인 것이라 하더라도, 개인의 구체적인 감정 반응을 결정하는 것은 그 유해한 자극에 대한 그의 고유한 해석이다.

슬픔

슬픔은 모든 인간이 경험하는 보편적인 감정이면서도, 때로 우리를 당혹케 한다. 우리는 어린아이가, 때로는 어른조차도, "나는 지금 슬프지만 왜 슬픈지는 모르겠어!"라고 말하는 것을 얼마나 자주 듣는가? 슬픔의 감정은 종종 겉으로 비치는 삶의 상황과는 반대로 나타나기도 한다. '모든 것을 가진' 사람이 슬픔을 느끼기도 하고, '아무것도 가진 게 없는' 사람이 행복을 느끼기도 한다.

다음에서 역설적인 슬픔의 전형적인 예들을 살펴보자. (1) 한 영업사원이 회사에서 승진했다는 통보를 받았다. 스스로도 놀랍게도, 그의 반응은 기쁨이 아니라 슬픔이었다. (2) 한 어머니는 오랫동안 품어 온 소망(딸이 잘 어울리는 남자와 결혼하는 것)이 실현되었을 때 슬픔을 느꼈다. (3) 한 사람이 수년간 고대해 온 대학 동창회에 참석하였다. 그러나 막상 옛 친구들과 한데 섞여 어울리면서, 그는 어두운 장막이 그를 뒤덮는 것 같은 느낌을 느꼈다. (4) '꿈에 그리던 집'으로 이사를 마친 한 중년 남성이 갑자기 밀려오는 슬픔을 느끼기 시작하였다.

이러한 경험들로부터 어떤 공통된 의미를 뽑아 낼 수 있을까? 각 개인이 보고한 정보가 각각의 슬픈 반응에 대한 그럴듯한 설명을 제공해 준다. (1)의 영업사원은 '나는 이제 멀리 이사해야 할 텐데 그곳에는 친구가 전혀 없을 거야.'라고 생각하면서 낙심하게 되었다. (2)의 어머니는 '이제 내 아이가 내 곁을 떠났어.'라는, 슬픔을 촉발하는 자동적 사고를 찾아낼 수 있었다. (3)의 대학 동창은 성공한 친구들과 비교하며 자신을 실패자라고 판단하기 시작하면서 우울한 기분을 경험하였다. (4)의 중년 남성은 그 집을 사기 위해서 얼마나 많은 돈을 들였는가 하는 '냉엄한 현실'을 생각하면서 슬픔을 느꼈다.

이들 각각은 실제로는 오랫동안 간직해 온 목표를 이룸으로써 자신의 개인적 영역에 무언가를 더했지만, 그의 주된 해석은 정반대였다. 즉, **무언가 가치 있는 것을 상실했다**는 것이었다.

특정 상실에 대해 개인이 부여하는 특별한 의미가 그가 슬픔을 느낄 것인지 아닌지를 결정한다. 즉, 만일 그가 그 상실을 자신의 개인적 영역에서 중요한 무언가를 빼앗아 가는 것으로 지각한다면, 그는 슬픔을 느낄 것이다. 예를 들어, 우연히 몇 달러를 잃어버린 백만장자는 그 상실에 대해서 별로 신경을 쓰지 않을 텐데, 왜냐하면 그 상실이 그의 재산에 별 영향을 미치지 않을 것이기 때문이다. 그러나 만일 그가 동일한 금액을 내기에서 잃었다면 슬픔을 느낄 수 있는데, 왜냐하면 이때의 상실은 그의 판단력 혹은 운수에 대한 부정적인 의미를 함축할 수 있기 때문이다. 이와 유사하게, 의식이 혼미한 환자에게서 비난을 당한 정신과의사는 그 환자의 판단에 큰 가치를 두지 않는 이상 별다른 상처를 받지 않을 것이다. 그러나 동료 의사로부터의 동일한 비난은 그의 자존감에 상처를 줄 수 있을 것이다. 만일 한 개인이 자신의 어떤 특성에 대해 별 가치를 두지 않는다면, 그의 개인적 영역에서 그 특성이 제거된다 할지라도 별다른 동요를 보이지 않을 것이다. 사마귀의 상실은 만족감을 가져올 수 있고, 머리카락의 상실은 슬픔을 가져올 수 있다.

얼마나 많은 삶의 상황들이 상실로 해석되거나 개인적 영역의 감소로 평가될 수 있는지를 관찰하는 것은 어렵지 않다. 슬픔으로 이끌 수 있는 다양한 사건들은 다음과 같이 분류될 수 있을 것이다.

1. 만족의 원천이거나 어떤 다른 이유로 가치 있게 평가되는 유형의 대상의 상실
2. 모욕이나 비방으로 인한 자존감의 감소와 같은 무형의 상실
3. 개인적 영역의 구성요소의 가치가 반전됨(예를 들면, 개인적인 미덕 혹은 자산이라고 간주되었던 것이 이제는 부정적으로 판단되는 경우)
4. 기대한 것과 실제 얻은 것 사이의 불일치, 즉 실망

5. 미래의 상실에 대한 상상 혹은 기대: 개인은 예상되는 상실을 마치 **지금 당장** 일어나고 있는 것처럼 여기는 경향이 있어서, 실제로 상실이 발생하기 전에 슬픔을 느낄 수 있다.

6. 가설적 상실: 아직은 어떤 상실도 발생하지 않았지만, 그것은 언제든지 발생할 수 있다.

7. 유사 상실: 개인은 어떤 사건을 자신의 개인적 영역의 침해라고 잘못 지각한다.

실제적 상실은 유형의 대상(예: 돈)의 박탈을 가리킨다. 무형의 상실(예: 다른 사람의 애정의 상실) 역시 유형의 대상의 상실처럼 슬픈 감정을 일으킬 수 있다. 이와 유사하게, 자신의 특성에 대한 평가의 반전도 슬픔을 유발할 수 있다. 예를 들면, 지금까지 자신을 유머가 풍부한 사람이라고 생각해 온 한 남성이 어느 순간 자신은 단지 어릿광대로 비쳐지고 있을 뿐이라고 지각할 때, 그는 슬픔을 느낄 것이다.

상실감의 강도는 그 특성의 '절대적 가치'보다는 가치 감소의 정도에 비례한다. 예를 들어, 자신을 아름답다고 여겨 온 한 소녀가 어느 순간 자신은 그저 귀여울 뿐이라고 평가한다면, 그녀의 상실감과 슬픔은 그녀가 자신을 이전보다 덜 아름답다고 여기는 정도와 비례하여 나타날 것이다. 또한 자신의 아들이 비범한 학생이라고 여겨 왔던 부모는 그 아들이 단지 우수한 정도일 뿐이라는 것을 알고 나서 슬픔을 느낄 것이다.

실현되지 못한 기대와 실망 속에 담긴 생각 또한 상실의 주제를 포함하고 있어서, 슬픔을 유발할 수 있다. 한 개인이 어떤 명예, 포상 또는 봉급인상을 받을 것으로 기대하면, 그는 미리부터 그에 대한 마음속의 명함을 보유하게 된다. 그 대상이 그의 개인적 영역 내에 환상의 공간을 차지하고 있는 동안, 그는 일반적으로 만족감을 느낄 것이다. 그러나 만일 기대한 대상을 얻지 못한다면, 그는 마치 그것을 실제로 받아 누리다가 잃어버린 것처럼 슬픔을 느낄 것이다. 이처럼 기대가 매우 비현실적인 경우에 강렬한 실망감을 경험할 수 있다.

많은 사람들은 '현재 속에서 미래를 살아가며', 상실의 예상을 마치 지금 실제로 일어나는 것처럼 경험한다. 예를 들어, 몇 달 후에 남편이 출장을 가게 될 것이라는 얘기를 들은 부인은, 남편이 실제로 출장을 떠난 것처럼 슬픔을 느낀다. 그녀는 또한 먼 훗날 자녀들이 장성해서 집을 떠날 것을 생각하면서 눈물을 흘린다.

가설적 상실이란 상실의 가능성이 실제 상실처럼 여겨지는 것을 말한다. 예를 들어, 한 부인은 남편이 다른 여자와 이야기하는 것을 볼 때마다 슬픔을 느꼈다. 그녀는 '남편이 그 여자와 사랑에 빠질지도 몰라.'라고 생각하였다.

가계부를 보고 상실감을 느끼는 경우에서 유사 상실의 예를 찾아볼 수 있다. 어떤 사람이 뭔가 가치 있는 것을 구입하려고 돈을 지출할 때마다 상실감을 느꼈는데, 이는 그 구입한 물건이 지출한 비용 이상의 가치가 있다는 것을 깨달을 때까지 지속되었다.

행복감과 흥분

슬픔이 상실과 연결된다면, 행복감 혹은 흥분의 필요조건은 이득에 대한 지각 혹은 기대이다. 행복감을 느끼는 사람은 개인적 영역에 대한 평가가 증가된다. 예를 들면, 새로운 친구를 사귀고 새로운 대상을 획득하고 어떤 목표를 달성함으로써, 개인적 영역의 경계가 확장된다. 한 여성은 첫 번째 저녁 파티에 성공적으로 참석한 이후, 자신의 사교 능력을 더 높게 평가할 것이다. 다른 한 남성은 새로 산 옷이 잘 어울린다는 칭찬을 들은 이후, 그 옷을 더 좋아하게 될 것이다.

자기증진으로 이끄는 긍정적인 평가가 행복감을 가져다줄 수 있지만, 미래의 즐거움 혹은 증진에 대한 **예상** 또한 즉각적인 즐거움을 가져다줄 수 있다. 사실상 이런 종류의 예기적인 사고는 점진적인 상승효과를 가져올 수 있다. 예를 들어, 어떤 사람이 신문에서 자신의 전문적인 일에 대해 소개한 기사를 보았다고 하자. 그의 첫 번째 생각은 자신의 일이(실제로는 자신이) 대중의 관심을 받을 만큼 대단히 중요하다는 것이었다. 이렇게 생각하자 그의 기분은 들뜨기 시작했다. 이어서 그는 이 기사를 보게 될 뭇사람들을 생각하였고, 그의 행복감은 현저히 상승하였다. 다음으로 그는 크나큰 명성을 쌓고 유명해지는 것을 상상하였다. 이렇듯 기대의 연속적인 확장을 통해서, 그의 기분은 그에 상응하여 상승해 갔다.

한 개인이 즐거움을 경험할지 아닐지는 특정 상황 또는 대상에 어떤 의미를 부여하는지에 달려 있다. 한 젊은 남성은 한 여성이 자신을 쳐다보고 있다는 것을 알고는, '낸시는 나를 좋아해.'라고 생각하였다. 그는 곧 이러한 결론을 일반화하여, '그녀가 나를 좋아하니까 그녀의 친구들 역시 나를 좋아할 거야.'라고 생각하였다. 그리고 그의 생각은 '나는 인기가 너무 많은 것 같아. 사람들은 모두 나를 좋아해.'로 확장되었다. 그의 긍정적인 평가가 확장되어 감에 따라, 그의 기분은 점점 더 상승하였다.

즐거움을 경험하려면 이미 존재하는 '욕구'나 '추동'이 충족되어야 한다고 가정할 필요는 없다. 어떤 사건 또는 생각이 의미 있는 증진을 가져온다면, 그것만으로도 즐거움을 만들어 내기에 충분하다. 예를 들어, 어떤 사람이 뜻밖의 선물을 받았을 때, 비록 전에 그 선물을 원해 본 적이 전혀 없다 해도 얼마든지 즐거움을 느낄 수 있다. 그러나 일단 한번 즐거움을 느끼게 되면, 즐거움을 주는 대상을 더 얻고 싶은 적극적인 갈망이 생겨날 수 있다. 유명세를 한번 맛본 사람은 자신의 새로운 자기평가를 유지하기 위하여 더 큰 명성을 갈구하게 될 수 있다.

따라서 자기평가의 향상은 동기에 실제적인 영향을 미칠 수 있다. 보상을 받은 경험은 보상에 대한 일반화된 기대의 증가를 가져오고, 결과적으로 더 생산적으로 일하도록 활기를 불어넣어 줄 수 있다. 이러한 원리는 우울증 환자들이 무기력을 극복할 수 있도록 돕는 데 특히 유용하다.

피드백 기제는 이득에 대한 반응을 증가시키는 데 중요한 역할을 할 수 있다. 자기증진적 사건 후에 경험하는 주관적인 행복감은 그 사건이 '좋은 것'이라는 추가적인 증거로 해석될 수 있다. 이러한 긍정적 평가는 즐거움을 유발하는 대상 혹은 상황에 대한 더 큰 욕망을 자극할 수 있다.

불안

우리는 누군가 자신이 급박한 위험에 처했다고 여길 때 불안을 느낀다는 것을 쉽게 관찰할 수 있다. 신체적 상해, 심각한 질병, 경제적 위기 또는 사회적 거절에 대한 위험은 전형적으로 불안을 유발하는 상황이다. 이에 더하여, 우리의 개인적 영역 내에 있는 어떤 다른 사람의 안전, 건강, 심리 상태에 대한 (실제적이거나 가상적인) 위협이 불안을 유발할 수 있다. 또한 자신이 가치를 두고 있는 단체나 원칙에 대한 위험을 지각할 때 불안해질 수 있다.

유형의 것이든 무형의 것이든, 자신에게 중요한 어떤 대상을 잃을지도 모른다는 예상은, 개인적 영역에 대한 또 다른 흔한 위협이다. 우리는 돈이나 소유물을 잃을 위험에 처했을 때 불안해질 수 있다. 또한 타인과의 지리적 분리나 타인의 질병, 죽음으로 인해 친구나 가까운 사람을 잃을 수도 있다는 예상 때문에 불안이 유발될 수도 있다. 비판, 굴욕, 유기의 예상과 같은 심리사회적 위협에 대한 반응으로서의 불안은 신체적 상해나 질병의 위협에 대한 반응과 같은 속성을 지닌다.

우리는 손상에 대한 예상을 두려움(fear)으로, 그 불쾌한 감정 반응을 불안(anxiety)이라고 부를 것이다.[2] 만일 어떤 사람이 위협에 대처하거나 저항할 수 있는 자신의 능력에 대한 자신감이 있다면, 불안은 최소화될 것이다. 만일 그가 자신의 개인적 영역에 대한 잠재적 손상이 급박하고 발생 가능성이 매우 높으며 매우 파괴적일 것이라고 간주한다면, 불안은 증가할 것이다. 만일

---

2) 두려움과 불안의 구분에 대해서는 6장에서 더 상세히 다룰 것이다.

그 위험이 언제 발생할지 불확실하다면, 불안은 더욱 증가할 것이다.

어떤 특정 상황을 위험하다고 판단할 때, 개인은 거의 동시적으로 일어나는 일련의 판단과정을 거치게 된다. Richard Lazarus(1966)가 '일차적 평가(primary appraisal)'라고 지칭한 최초의 판단과정에서, 개인은 그 상황을 위협이라고 파악하고 그 발생가능성, 긴박성, 가능한 위해의 정도를 평가한다. 다음으로 '이차적 평가(secondary appraisal)'가 이루어지는데, 이는 위험에 대한 자신의 '저항' 자원, 즉 위험을 중화하거나 다루는 자신의 능력을 추정하는 것과 관련된다. 일차적 평가에서의 부정적인 요인과 이차적 평가에서의 긍정적인 요인 간의 비율은 지각된 위험의 정도를 말해 준다. 다시 말하면, 이는 불안의 강도를 결정한다.

불안의 생성에서 의미의 중요성은 이러한 감정 반응을 낳는 상황이 매우 다양하다는 것과 동일한 상황에서 사람들은 서로 다른 정도의 감정 반응을 보인다는 것에 대한 예들을 통해서 보여 줄 수 있다. 우리는 만일 사회적인 거부에 매우 예민한 사람이 자신의 약점이 노출될 수 있는 상황에 처하게 되면 매우 불안해질 것이라는 사실을 잘 알고 있다. 예를 들어, 그는 대중 앞에서 말해야 하는 상황을 재앙으로 간주할지도 모른다. 다른 어떤 사람은 그와 같은 상황에서 거의 불안을 느끼지 않을 수 있는데, 이는 그가 다른 사람들의 평가에 대해서 다른 의미를 부여하기 때문이다.

이와 유사하게, 일반적으로 안전하다고 간주되는 상황이나 대상에 대해서 비일상적인 불안 반응을 보이는 경우, 이는 개인 특유의 사적인 의미와 연관되는 것으로 보인다. 예를 들어, 어느 건강한 여성이 힘든 운동 후에 숨이 찰 때마다 불안을 경험하였는데, 왜냐하면 그녀는 숨이 찬 것을 심장마비의 전조로 생각하였기 때문이다. 한 남성은 다리 위를 지날 때마다 불안을 느꼈는데, 이는 그가 다리를 건널 때 다리가 무너지는 시각적 이미지를 가지고 있었기 때문이다. 우리는 나중에 병리적인 불안 상태에서 의미가 어떤 중요한 역할을 하는지에 대해서 다양한 예화들을 살펴볼 것이다.

분노

　분노의 원형으로 자주 인용되는 예의 하나는, 유해한 이물질을 파괴하거나 저항하기 위한 유기체의 반응이라는 것이다. 이러한 비유는 인간의 기본적인 패턴의 하나를 잘 조명해 준다. 즉, 한 개인이 (신체적으로든 언어적으로든) 공격을 당하면, 그는 화가 나서 반격을 가할 것이라는 것이다.

　'공격은 분노를 이끈다.'는 공식이 분노를 생성하는 가장 명백한 조건에 잘 들어맞기는 하지만, 그것이 언제나 적용될 수 있는 것은 아니다. 우리는 공격을 당한 사람이 불안으로 마비되거나, 신체적인 싸움에서 패배한 후 슬픔을 느끼게 되는 경우를 잘 알고 있다. 침팬지나 개와 같은 다른 포유동물들 역시 공격에 대한 반응으로 인간의 불안이나 우울과 흡사한 반응을 보인다. Cannon(1915)은 공격에 대한 반응을 투쟁-도주 패턴(fight-or-flight pattern)이라는 용어로 기술하였는데, 이는 대략적으로 분노와 불안에 대응될 수 있다. 그러나 그의 공식은 우울한 반응을 포함하지 않으며, 개인차의 이유를 구체적으로 설명하지 못한다.

　분노를 유발하는 또 다른 익숙한 상황은 소망 혹은 욕구의 좌절이다. 이러한 상식적인 관찰은 Dollard 등(1939)에 의해 확장되어서, 공격적이고 적대적인 행동의 스펙트럼을 설명하기 위한 좌절-공격성 가설(frustration-aggression hypothesis)이 제안되었다. 그러나 이 가설에 비판적인 분석이 가해졌을 때, 그들의 개념은 단지 제한적인 범위의 분노 유발 상황만을 포괄한다는 것이 분명해졌다. 더욱이 다양한 상황에서의 좌절의 **의미**를 간과함으로써, 그들은 분노를 유발하지 않는 좌절의 예까지도 포함하였다. Ellis(1962)에 의해 지적되고 Pastore(1950, 1952)에 의해 실험적으로 증명되었듯이, 사람들은 만일 좌절을 가져다주는 주체가 정당화될 수 있고 임의적이지 않으며 이치에 맞는다고 판단하면, 분노로 반응하지 않는 경향이 있다. 집으로 돌아왔을 때 저녁이 준비되어 있지 않으면 보통은 화를 내는 남편이라 할지라도, 아내가 너무 아파서 식사준비를 할 수 없었다는 것을 알게 된다면 화가 나지 않을 것이다.

만일 우리가 가벼운 짜증으로부터 극단적인 격노에 이르기까지 분노를 유발하는 모든 상황들을 반영하려 한다면, 우리는 아마도 거의 끝이 없는 다양한 경우들을 생각해야 할 것이다. 분노를 유발하는 다양한 종류의 상황들을 어떤 식으로든 상호 연관된 방식으로 고려한다는 것은 쉽지 않은 일이다. 그럼에도 불구하고, 이러한 상황들의 핵심적인 특징들을 뽑아 냄으로써 서로 간의 유사성을 밝혀내는 것은 가능한 일이다.

직접적 침해—의도적인 그리고 비의도적인

분노를 유발할 수 있는 일상적인 상황의 예들을 살펴보자. (1) 한 어른이 청소년 무리로부터 돌 세례를 받았다. (2) 한 학생이 수업 중에 몇몇 다른 친구들과 잡담을 했다는 이유로 교사로부터 혼자만 질책을 당했다. (3) 어떤 사람이 누군가 극장 매표소에서 줄을 새치기하는 바람에 표를 구입하지 못하게 되었다. (4) 한 여성이 애인으로부터 차였다. (5) 한 아동이 부모에게서 자신의 장난감을 동생과 함께 가지고 놀아야 한다는 말을 들었다. (6) 위원회에서 새로운 정책을 제안하려던 한 위원이 다른 위원들의 반대에 부딪쳤다.

이 각각의 상황들을 관통하는 한 가지 공통적인 줄거리가 있는 것으로 보인다. 중심인물(혹은 주인공)은 한 사람 혹은 그 이상의 적수로부터 불쾌한 경험(위해 행위)을 당한다. 그는 **의도적인** 신체적 공격, 비판, 강요, 훼방, 거부, 박탈 혹은 반대의 대상이 되고 있다. 이러한 상황들은 유해한데, 왜냐하면 주인공의 안전, 자존감 혹은 욕구를 침해하기 때문이다. 이것들은 그의 영역에 대한 의도적이고 직접적인 침범으로 인식된다. 비록 그 위해 행위가 악의에 의한 것이 아닐지라도, 주인공에게는 그렇게 지각될 수도 있다.

또 다른 유형의 분노 유발 상황은 개인이 자신의 권리를 침해한다고 해석할 수 있는 명령과 규제를 포함한다. 권위자에 의한 규제는, 비록 개인이 이전에는 이러한 금지된 활동에 참여하려는 욕구가 없었다고 할지라도, 그를 화나게 만들 수 있다. 그의 '권리'에는 자율성, 행동의 자유, 표현의 자유뿐 아니라, 다른 사람들로부터의 존중, 예우, 배려, 충성에 대한 기대가 포함되어 있을 수 있다. 사회적 혹은 전문적 지위는 특권의식에 대한 기대를 유발할 수 있는데, 만일 그에 부합하는 대우가 주어지지 않을 경우 또는 그러한 지위를 지니지 않은 사람이 자신에게 부여되지 않은 특권을 주장하려 할 경우 분노를 일으킬 수 있다.

간접적 침해

우리 자신이 경험하거나 타인에게서 관찰할 수 있는 분노 반응을 설명하는 또 다른 유형의 상호작용이 있다. 다음의 상황들은 언뜻 보기에는 개인적 영역에 대한 직접적 공격으로 보이지 않을 수 있지만, 얼마든지 분노를 유발할 수 있는 상황의 예시이다. (1) 사교파티의 주최자는 한 손님이 자신의 지식을 떠벌리듯 자랑하는 것을 보면서 불쾌감을 느꼈다. (2) 한 사무직 근로자가 친구의 사업 성공담을 들으며 짜증이 났다. (3) 한 젊은 남자는 자신의 여자 친구가 다른 남자와 흥겨운 대화를 나누는 것을 보고 화가 났다. (4) 뛰어난 성적을 받은 한 학생은 교수가 다른 한 친구에게도 똑같은 성적을 준 것을 알고는 그 교수에 대해 화가 났다. (5) 한 남편이 스스로는 대단한 사업적 성공이라고 여기는 일에 대해서 부인이 가벼운 정도로만 칭찬을 하자 격노하였다.

이러한 상황들을 분석해 보면, 우리는 왜 이것들이 유해한 것으로 간주되는지 이해할 수 있다. 각 상황의 의미는 주인공의 자존감에 대한 공격이다. 침해자의 행동은 주인공을 **간접적으로** 자기비하의 자리에 앉도록 만들고 있다. 앞의 세 사건은 질투와 시기의 예들이다. 주목을 받는 사람들은 주인공을 화나게 할 수 있는데, 그들이 주인공의 이미지를 희미하게 지우는 위협이 될 수 있기 때문이다. '그가 모든 주목을 다 받고 있고 내게는 시선이 오지 않아.' '그는 나보다 더 성공했어.' '그는 나보다 더 좋은 인상을 주고 있어.' 이러한 비교를 통해 주인공은 자신의 중요성에 대해 의문을 느끼게 된다. 뛰어난 점수를 받고 고양된 학생의 자존감은 그가 요구하는 탁월함의 배타성을 상실하면서 저하된다. 남편은 아내의 미온적인 반응에 화가 나는데, 그러한 반응이 자신의 성취를 평가절하하는 것으로 보이기 때문이다.

'침해'가 일종의 상실을 표현하는 것이라면, 주인공은 왜 슬픔보다는 분노를 느낄까? 그가 가해자의 부정적인 속성에 집중함으로써 자신에 대한 평가절하를 차단할 수 있는 한, 그는 분노를 경험할 것이다. '그 사람은 허풍선이고, 자격이 없으며, 머리가 비었고, 공정하지 않아.' 그러나 그 주인공이 자신의 지위 상실을 합당하고 근거가 있는 것으로 받아들인다면, 그는 슬픔을 느낄 것이다. 만일 그가 가해자에 대한 비난과 상실에 대한 후회 사이를 왔다 갔다 한다면, 그의 기분은 분노와 슬픔 사이를 오갈 것이다.

가설적 침해

우리는 직접적 침해나 간접적 침해로 설명할 수 없는 다른 분노 반응의 예를 생각해 볼 수 있다. (1) 한 보행자가 멀리서 정지신호에도 불구하고 횡단보도를 지나가는 운전자를 보고 화가 났다. (2) 어떤 부모가 집에서 좋은 식탁 예절을 보이지 않는 자녀를 보고 화가 났다. (3) 어떤 부자가 자선 기부를 요청받고는 노발대발하였다. (4) 법과 질서를 철저히 준수해 온 한 남자가 수천 마일 떨어진 곳에서의 범죄 소식을 듣고 격노하였다.

이 예들 중 그 어느 것도 개인의 영역을 명백히 침해하고 있지 않음에도 불구하고, 주인공은 직접적인 공격을 받을 때만큼이나 강하게 반응할 수 있다. 그는 그 사건으로 인해서 아무런 개인적 손상도 입지 않았음을 쉽게 인정할 것이다. 그렇다면 그는 왜 화가 났을까? 각 사건의 공통분모가 있다면, 이는 가해자가 주인공에게 중요하다고 간주되는 규칙을 위반했다는 것이다. 이러한 위반으로 인해 주인공은 자신이 취약해졌다고 느끼기 때문에, 이는 잠재적 침해(potential transgression) 혹은 가설적 침해(hypothetical transgression)라고 불릴 수 있다.

그 보행자는 운전자에 대한 자신의 분노를 이렇게 설명할 것이다. "내가 그 때 그 길을 건너고 **있었을 수도 있잖아.**(또는 앞으로 언젠가 그 운전자가 속력을 낼 때에 다른 길을 건널 수도 있잖아.)" 그 부모는 다음과 같이 추측했기 때문에 아이에게 화가 났다. '만일 손님이라도 와서 아이의 이런 모습을 봤다면, 그는 나를 '버릇없는 아이'를 키운 나쁜 엄마라고 판단할 거야.' 그 부자는 다음과 같은 생각 때문에 분노를 느꼈다. '만일 내가 자선을 요구하는 모든 사람들에게 돈을 기부해야 한다면, 나는 결국 파산하고 말 거야.'

가설적 공격에서, '자칫 그 일이 발생할 수도 있었다.'는 개념은 '실제 그 일이 발생했다.'는 것과 거의 같은 비중을 지닌다. 가설적 침해는 미묘하기는 하지만 인간관계에서의 많은 불화를 설명해 준다. 앞으로 보게 되겠지만, 이러한 침해는 주로 적절한 행동에 대해 일반적으로 받아들여지는 규칙, 또는 어떤 경우에는 개인 특유의 규칙과 기준에 대한 위반으로 구성된다.

다른 사람의 행동에 대해서 가치판단을 부과한다는 것은 법, 규칙, 원칙, 기준 등의 암묵적 규범이 존재한다는 것을 말한다. 이러한 규칙들은, 주인공과 그의 개인적 영역이 가해자와의 상호작용에서 직접적으로 침해를 받지 않음에도 불구하고, 마치 그를 신체적·심리적 위해로부터 보호하는 데 기여하는 것처럼 적용되는 것 같다. 따라서 그 보행자는 실제로는 아무런 위험에 처하지 않았음에도 불구하고, 법의 위반이 그의 미래 안전에 영향을 미칠지도 모르기 때문에 그 운전자에 대해서 분노하게 된 것이다.

정의, 공정함, 합당함의 원칙은 그 영역의 외벽 혹은 방어벽을 구성한다. 임의적이고 불공정하며 정의롭지 않은 행동은 (그것이 자신을 향한 것이 아님에도 불구하고) 분노를 유발하는데, 그러한 행동이 방호벽에 대한 위협으로 간주되기 때문이다.

인간의 상호작용에 영향을 미치는 다른 관습들에도 많은 중요성이 부여된다. 그러한 관습을 위반한 것에 대한 분노의 진단적 단서는 다음과 같은 불평에서 엿볼 수 있다. "그들은 그렇게 행동할 권리가 없어." "그는 그런 식으로 행동하지 말았어야 해." "그 사람들은 더 잘 처신해야 해." "이게 세상사의 원칙이야."

중년의 한 회사 중역이 다른 사람들의 일련의 행동 패턴, 예를 들면 소란스럽고 공격적이며 부주의하고 복장이 헝클어진 모습을 보면 화가 났다. 그는 자신이 이러한 행동으로 인해서 개인적으로 어떤 상처나 손실을 입은 적은 없음을 쉽게 인정하였다. 그럼에도 불구하고 그는 그러한 행동은 '잘못되었고', '나쁘며', 그러한 행동을 하는 사람들은 어떤 방식으로든 처벌받아야 한다고 항변하였다. "히피들은 머리를 저렇게 기를 권리도 없고, 저렇게 더러울 권리도 없단 말예요. 저들은 반드시 어딘가에 격리시켜야 돼요."

수용할 만한 형태의 행동들은 그 영역에 깊이 새겨진 도덕적 규범을 구성한다. 그 규범을 이행하지 않는 것은 마치 공격을 당했을 때와 같은 반응을 유발한다. 한 문화집단 내에서도 개인적 규범은 매우 다양하며, 개인마다 고유할 수 있다. 그러한 규범을 위반함으로써 유발된 분노는 다른 사람에게는 부적절하고 불건전한 것으로 보일 수 있지만, 옳고 그름에 대한 자신의 기준을 지니고 있는 그 개인에게는 적절한 것으로 보일 것이다. 자신이 지닌 개인적 기준의 위반은 자신의 영역에 대한 공격으로 간주된다.

사회적 관습은 분노가 어떤 조건하에서 정당화되고 기대되며 심지어 요구되는지를 구체화하는 데 있어서 일반적으로 인식되는 것보다 더 큰 역할을 수행하는 듯 보인다. 사회적 관습은 또한 분노가 과도하거나 부적절한 것으로 간주되는 한계선을 설정하는 데 있어서도 중요한 역할을 수행한다. 이러한 한계선은 다음과 같은 말들 속에 포함되어 있다. "너는 지금 과잉반응하고 있는 거야." "왜 성질을 못 참니?" 우리는 모두 우리를 화나게 하지만 친구에게는 별 영향을 주지 않거나, 혹은 그 반대인 상황을 접한 적이 있을 것이다. 이와 유사하게, 우리가 불쾌한 상황에 화를 내지 않고 침착하게 반응하였을 때, 다음과 같은 말을 들었을 수도 있다. "너는 좀 화를 낼 필요가 있어." "나라면 그에게 호통을 쳤을 텐데!" 만일 누군가가 일반적으로 사소하게 여겨질 수 있는 일에 대해서 강한 분노 반응을 보인다면, 그 상황이 그에게는 개인 특유의 특별한 의미가 있을 것이라고 추정해 볼 수 있다.

우리는 이제 공통적으로 분노로 이끄는 상황들을 다음과 같이 요약할 수 있게 되었다. (1) 직접적이고 의도적인 공격, (2) 간접적이고 비의도적인 공격, (3) 법, 기준, 사회적 관습의 위반: 가설적인 위협, 기준 이하의 행동, 개인 특유의 도덕적 규범의 불이행 등이다. 분노 유발의 공통 요인은 개인의 가치, 도덕 규범, 보호 규칙을 포함하는 개인적 영역에 대해 공격을 당했다고 하는 개인적 평가이다. 이러한 요인은 필요조건이기는 하지만, 그 자체로 분노를 유발하는 데 충분하지는 않다. 분노가 유발되기 위해서는 다른 조건들이 존재해야 한다. 첫째, 개인은 그 침해를 심각하게 받아들이고 부정적으로 지각해야 한다. 부모에게 눈을 뭉쳐 던지는 어린아이의 행동은 분노보다는 즐거움을 가져다줄 것이다. 둘째, 개인은 그 불쾌한 상황을 즉각적이거나 지속적인 위험으로 인식하지 않아야 한다. 만일 그가 일차적으로 자신의 안전에 대해 염려하고 있다면, 그는 분노보다는 불안을 느낄 것이다. 셋째, 개인은 자신이 입은 상처나 손실보다는 침해 그 자체와 가해자의 잘못에 우선적으로 주의를 기울이고 있어야 한다.

분노로 이끄는 심리적 반응의 연쇄는 불안의 생성 과정과 비교될 수 있을 것이다. 개인은 유해한 자극을 접하면 먼저 이를 인식하고 명명하는 과정을 거친다(일차적 평가). 이와 동시에 그는 그 유해한 자극의 영향을 버텨 내고 중화하거나 물리칠 수 있는 자신의 능력을 평가한다(이차적 평가). 다음의 예에서, 유해 자극에 저항할 수 있는 자신의 능력에 대한 자신감이 증가하거나 감소함에 따라서, 주인공의 감정이 분노와 불안 사이를 오갈 수 있음을 보게 될 것이다.

한 대학생이 앞차가 너무 천천히 주행하는 바람에 운전에 방해를 받았다. 그는 몹시 불편했고, 앞차의 운전자가 관행적인 운전 규칙을 무시하고 있다고 생각했기 때문에 매우 화가 났다. 그는 반복적으로 경적을 울리며 그 운전자를 향해 욕을 하였다. 그는 설사 어떤 앙갚음이 발생하더라도 자신이 이에 충분히 대처할 수 있을 만큼 강하다고 여겼고, 실제로 보복의 가능성도 희박할 것이라고 생각했다. 그런데 뜻하지 않게, 그 운전자가 차를 멈추더니 차에서 내렸다. 그 학생은 상대의 호전성에 대해 더욱더 화가 났다. 그러나 그 운전자가 몸집이 매우 크고 위협적인 사람이라는 것을 알았을 때, 그 학생은 불안해져서 재빨리 차를 몰아 달아났다. 그가 충분히 멀리 떨어진 안전한 곳에 도달했을 때, 그는 '그 덩치만 큰 건달 같은 녀석. 자기가 잘못해 놓고 나를 위협했단 말이야?'라고 생각하며 또 다른 파동의 분노를 느꼈다.

이러한 예는 개인이 자신의 안전에 대해서 염려하지 않을 때에는 침해자에 대해서 분노를 느끼는 경향이 있다는 것을 잘 보여 준다. 그러나 그의 주의의 초점이 임박한 위험으로 옮겨질 때, 분노는 불안으로 대체된다.

분노와 슬픔 사이에도 이와 유사한 동요가 나타날 수 있다. 아내로부터 심한 질책과 비난을 당한 한 남편의 예를 살펴보자. 아내가 자신을 비난한 것이 얼마나 부당한지에 대해 생각할 때, 그는 아내에게 화가 났다. 시간이 지나서, 그의 생각은 아내의 애정을 잃었다는 쪽으로 옮겨 갔고, 그는 슬픔을 느꼈다. 하루에도 여러 차례, 그의 생각의 초점은 아내에 대한 비난과 아내의 사랑을 상실함 사이를 오갔고, 그의 감정 또한 그에 상응하여 분노와 슬픔이 교차하였다.

분노의 정도는 일반적으로 그 침해가 주인공에게 얼마나 불합리하고 임의적이며 부당하다고 여겨지는지에 비례한다. 이러한 특성은 사소한 침해로 보이는 것에 대한 과도한 반응을 이해하는 데 매우 중요하다.

침해가 일어난 후에 **분노를 더 강화시키는** 조건은 다음과 같이 요약될 수 있다. (1) 침해가 의도적이라고 지각될 때, (2) 침해가 악의적이라고 지각될 때, (3) 침해가 정당화될 수 없고 불공평하며 불합리하다고 지각될 때, (4) 침해자가 바람직하지 않은 사람으로 지각될 때, (5) 침해자를 비난할 수 있는 가능성이 있을 때 등이다.

반대의 조건들은 분노를 감소시킬 수 있는데, 가령 침해가 '우연히' 일어났거나 '좋은 의도로' 일어났고 '정당화될' 수 있는 것으로 지각될 때 분노는 누그러질 수 있다. 침해자를 '좋은 사람'이라고 여기거나 자신 스스로가 잘못했다고 생각하는 것은 또 다른 완화 요인이 될 수 있다.

슬픔, 분노, 불안의 구분

우리는 일상적인 관찰을 통해서 동일한 외적 조건이 어떤 사람에게는 슬픔을, 다른 사람에게는 불안을, 또 다른 사람에게는 분노를 일으킬 수 있음을 알 수 있다. 또한 기본적으로 서로 동일한 듯 보이는 상황이 한 개인에게 어떤 때는 슬픔을, 다른 때는 불안을, 또 다른 때는 분노를 유발할 수 있다. 만일 우리가 그 사건에 부여된 의미를 알 수 있다면, 우리는 일반적으로 어떤 감정이 유발될 수 있는지를 예측할 수 있다. 중심적인 의미는 그 개인이 특정한 삶의 상황들을 개념화하는 습관적인 패턴과 그 상황이 발생했을 당시의 그의 심리상태에 의해 결정된다. 만일 그의 주된 관심이 위험이라면, 그는 불안을 느낄 것이다. 만일 그가 상실에 몰두해 있다면, 슬픔을 느낄 것이다. 만일 그가 침해자의 용납할 수 없는 행동에 초점을 맞추고 있다면, 분노를 느낄 것이다. 각 감정이 발생하기 위한 필요충분조건은 유사한 조건이 어떻게 각기 다른 감정을 만들어 낼 수 있는지를 적시함으로써 보여 줄 수 있을 것이다.

슬픔 대 분노

모욕이나 비판으로 인해 자신이 격하되는 경우, 우리는 슬픔이나 분노를 느낄 수 있다. 만일 개인이 그 모욕의 타당성을 받아들인다면, 그는 슬픔을 느낄 것이다. 이와 유사하게, 비록 그가 그 모욕이 타당하지 않다고 여길지라도 모욕을 당했다는 것 자체가 자신이 형편없는 사람임을 반영하는 것으로 생각한다면, 그는 역시 슬픔을 느낄 수 있다. 만일 그 비판이나 모욕을 근거가 없고 부당한 것으로 지각한다면, 그는 분노를 경험할 것이다.

한 개인이 자신에 대한 '비판'의 타당성을 받아들인다면, 그는 슬픔이나 죄책감을 느낄 수 있다. 그러나 만일 비판자가 옳지 않다고 판단함으로써 그 비판을 불신한다면, 그는 슬픔보다는 분노를 느낄 소지가 더 많다.

슬픔 대 불안

만일 상실이 이미 발생하였거나, 상실을 예상함으로써 개인적 영역에 대한 평가절하가 이루어졌다면, 개인은 불안보다는 슬픔을 느낄 것이다. 임박한 상실이나 손상을 예상하기는 하지만 아직 스스로를 온전하다고 여기는 한, 그는 불안을 경험할 것이다. 미래의 유해한 사건을 예상하면서 불안이 아닌 슬픔을 느끼는 것은, (중요한 사람, 직업, 지위 등에서의) 미래의 상실을 지금의 상실처럼 경험하기 때문이다. 예상된 상실이 미래에서가 아니라 현재에서 경험된다면, 즉 개인이 실제로 상실이 발생하기 전에 자신의 개인적 영역을 미리 삭감한다면, 슬픔의 경험이 뒤따를 것이다.

불안 대 분노

불안의 발생에 있어서 가장 두드러진 특성은 위험의 지각이다. 개인은 주로 상해의 가능성과 그 유해한 자극을 처리하는 데 있어서 자신의 대처자원이 결핍되어 있다는 것에 초점을 맞춘다. 분노의 경우, 개인은 권리, 규칙, 원칙의 위반과 위반자의 잘못에 더 초점을 맞추며, 자신의 위험에 대해서는 관심을 덜 기울인다.

불안, 슬픔, 행복감, 분노를 유발하는 전형적인 생각들은 각각 불안 신경증, 우울증, 조증, 편집증적 상태에서 나타나는 특징적인 사고양상과 연결될 수 있다. 정상적인 감정 반응과 심리장애 간의 중요한 차이는, 심리장애에서 나타나는 생각의 내용들이 현실 상황에 대한 일관적인 왜곡을 포함하고 있다는 것이다. 정상적인 감정 반응은 주로 현실 상황에 대한 합리적인 평가에 기초하는 반면, 심리장애에서의 반응은 현실에 대한 평가를 왜곡할 수 있는 내적(심리적) 요인에 의해 많은 부분 결정된다.

정서장애의 인지내용

신경증 환자는 정서적으로만 아픈 게 아니다. 그는 인지적으로도 잘못되었다.

— Abraham Maslow

무한히 다양한 환경적 사건들을 통합하여 이에 적응적으로 반응할 수 있는 인간의 능력은 우리의 심리적인 발달에 대한 입증이자 찬사이다. 더욱더 놀라운 것은, 우리에게 대인관계 상황에서 미묘한 단서를 식별할 수 있는 능력과 실망스럽고 좌절스러운 상황에 직면하여 회복할 수 있는 능력이 있다는 것이다. 창조적으로 상상력을 발휘하면서도 이것이 현실감각에 지장을 주지 않도록 점검할 수 있는 능력은 우리의 성숙을 보여 주는 또 다른 증거이다.

이렇게 빛나는 그림에도 불구하고, 우리가 모든 도전에 일관적으로 잘 반응하지는 못한다는 것은 분명하다. 우리는 각자 특정한 취약성 혹은 '단층선'을 지니는데, 이 단층선을 따라 스트레스가 누적되었다가 진동과 분출('과잉반응'이라고 불리는 행동)이 나타나게 된다. 그와 같은 조건하에서는 비현실적 평가가 현실적 평가를 전복하게 되고, 우리는 우리의 반응이 매우 비이성적이라는 것을 깨닫게 된다.

우리는 모두 과잉행동의 실례들에 친숙하다. 한 남자는 그의 친구들이 어떤 특정 영역에서의 권위자로서의 그의 역할에 대해 의문을 표하자 갑자기 호전적으로 변한다. 평소 늘 침착한 모습을 보이던 한 여성이 공식적인 저녁 식사 자리에 입고 나갈 옷이 없다는 것을 알고는 매우 흥분한다. 시험에서 기대한 것보다 낮은 성적을 받은 한 학생이 침울해지면서 자기 자신을 완전한 실패자로 여긴다. 이와 같이 과도하고 부적절한 감정 반응의 예들은 우리의 경험 속으로 스며들어 온 내적인 각본의 중요성을 잘 보여 준다. 우리는 선과 악, 환희와 비극, 영웅적인 선행과 비열한 추행 간의 힘의 격돌을 시각적으로 구상화한다. 우리는 이러한 내면 극장을 꿈과 백일몽에서 엿볼 수 있다. 이러한 산물들의 극적인 힘이 우리의 이성적 평가를 휩쓸고 지나갈 때, 우리는 과도하고 부적절한 감정 반응을 경험한다.

어떤 사람들은 이처럼 내부에서 생성되는 환상에 압도되어서, 행동과 감정이 그 환상에 의해 지배된다. 부적절하거나 과도한 반응이 어떤 지점 혹은 고통의 수준을 넘어서서 진행하면, 우리는 이를 '정서장애' '신경증' '심리장애' 또는 '정신과적 질병'이라고 부르게 된다. 이러한 장애들은 흔히 어떤 특징적인 형태의 모습을 띠게 되는데, 이들의 각 모습은 일반적으로 알려져 있는 우울증, 불안 상태 또는 편집증적 상태와 같은 범주에 들어맞는다. 각 심리장애의 모습은 3장에서 이미 기술한 다양한 감정 반응들과 서로 관련되지만, 심리장애와 정상적인 감정 반응은 서로 분명히 구분될 수 있는데, 심리장애에서는 환자의 삶의 핵심적인 주제와 관련하여 비현실적 사고들이 빈번히 침투한다. 사고에서의 장애는 치료자들이 보기에 가장 극적인 증후군 중 하나인 급성 신경증에서 가장 잘 나타난다.

급성적인 정서장애

급성 신경증적 반응은 정신과적 장애의 불행과 고통을 보여 주는 전형적인 본보기이다. 가장 심한 형태에서, 이 반응은 다양한 형태의 강렬하고 불쾌한 경험으로 나타난다. 익숙하던 대상이 평소와 달리 이상하고 왜곡되고 비현실적인 것으로 보인다. 환자의 내적 경험 또한 기이한 듯 보인다. 그는 사지나 몸의 내부에서 정상적인 감각의 상실을 경험할 수도 있다. 그의 몸은 무겁거나 가볍게 느껴질 수 있다. 사건들이 새로운 의미나 중요성을 띠고 다가온다. 이전에는 대수롭지 않게 여겼던 과거의 사건이 크게 다가온다. 이러한 반응들은 일반적으로 환자의 일상 경험 영역을 넘어선다. 어떤 환자들은 이와 같은 경험의 비정상성을 마취를 겪는 것이나 약물의 영향으로 '나쁜 여행'을 하는 것, 악몽을 꾸는 것으로 비유하기도 한다.

　급성적인 정서장애의 파괴적인 측면은 이전에는 당연시했던 통제력이 저하된다는 것이다. 환자는 주의력과 집중력에 대한 자발적인 통제를 유지하기 위해 싸워야 한다. 그는 생각의 틀을 유지하고 생각의 일관된 흐름을 따라가는 데 어려움을 겪는다. 자기 자신과 주변 환경에 대한 인식이 달라질 뿐 아니라 줄어들어서, 환경 내에 있는 많은 세부사항들을 지각하는 데 어려움을 겪게 된다. 그러면서도 역설적으로, 어떤 사람의 목소리나 어떤 내면 감각과 같은 자극에 극도로 예민할 수도 있다. 그는 지남력을 상실하는 정도로까지 혼란스러울 수 있다. 그는 자신이 누구이며 지금 어디에 있는지를 정확하게 파악하고 있을 수 있지만, 자신이 파악하고 있는 것에 대해서 확신하지 못한다.

　이러한 장애의 극단적인 형태는 '파국적인 반응'이라고 불린다. 환자는 자신의 괴기한 경험을 다음과 같이 표현한다. "내가 여기에 진짜로 있는 것 같은 느낌이 들지 않아요." "내가 달라진 것 같아요." "사물이 다르게 보여요." 그러한 경험의 질을 정확히 포착하기 위해서 그는 다음과 같이 표현할 수도 있다. "내가 꽉 붙잡고 있던 것을 잃어버린 것 같은 느낌이 들어요." "내가 제정신이 아닌 것 같아요." "나는 지금 죽어가고 있어요." "기절할 것 같아요." "내가 산산이 흩어지는 것 같아요." "나는 지금 미쳐 가고 있어요." 이런 섬뜩한 느낌들이 당사자에게는 종종 '미쳐 간다'는 의미로 해석되지만, 이들은 일반적으로 정신병보다는 급성 신경증적 반응과 연관된다.

　이상에서 기술한 것처럼 이상한 느낌들과 정상적인 심리과정의 붕괴를 경험하는 것에 더하여, 환자들은 강렬한 불안, 슬픔 또는 격노에 휩싸일 수 있다. 조증 반응에서의 희열처럼 즐거운 감정이 확장될 때조차도, 강렬한 감정은 그를 불쾌하게 만들 수 있다.

급성 신경증에서 나타나는 이상심리 현상을 이해하는 것이 가능할까? 이 특이한 경험에서 가장 주목할 만한 요소는 강렬한 자의식이다. 환자는 자신의 내적 과정을 과도하게 인식하고 있다. 그의 주의는 자신의 지각, 생각, 그리고 느낌에 고정되어 있어서, 결과적으로 이러한 심리과정들이 매우 생생해진다. 이에 더하여, 그는 환경 내의 특정 단서에만 지나치게 주의를 기울인 나머지, 다른 것들은 알아차리지 못한다('터널 시야'). 특정한 내적·외적 자극에 주의가 묶여 있어서, 경험의 다른 영역에 초점을 두기 위해서 주의를 동원하는 것에 어려움을 겪는 것이다.

급성 신경증에서 나타나는 자의식과 주의 묶임 현상은 현실적인 위협 상황에서 많은 사람들이 경험하는 반응과 유사하다. 중요한 구술 또는 논술 시험을 치르는 학생은 자신의 인생 목표에 대한 위협 때문에 불안을 경험할 수 있다. 그는 당면한 과제(질문을 듣거나 읽고 질문에 대답하기 위하여 기억을 끌어오는 것)에 주의를 집중하는 데 어려움을 겪을 수 있다. 과제에 집중하는 대신에, 그의 주의는 실패에 대한 생각, 자신의 수행에 대한 끊임없는 평가, 그리고 불쾌한 정서 상태를 살피는 것에 쏠려 있다. 이러한 산란한 생각들에 주의가 고착되어 있기 때문에, 그는 질문을 이해하는 데 어려움을 겪을 뿐 아니라 기억 속 자료를 끄집어내어 적절한 문장을 만들어 내려는 시도가 '차단'되는 경험을 하게 된다. 그의 차단 경험과 효율성 저하는 불안 그 자체에 의해서 생겨나기보다는, 관련 없는 생각과 느낌에 주의가 묶여 있기 때문에 생겨난다.[1]

이와 유사한 심리 반응은 신체적 위험에 노출되었을 때에도 나타날 수 있다. 전투 상황에 처음 노출된 병사는 주의집중에 어려움을 겪어서 주의의 초점을 유연하게 이동하지 못한다. 그의 주의는 위험과 도주하고 싶은 소망에

---

1) 실험적 타당화에 대해서는 Sarason(1972b)과 Horowitz 등(1971)을 보라.

고정되어 있어서, 자신의 생명을 보호해 줄 상관의 명령을 이해하고 따르지 못할 수 있다. 다른 불안정한 상황에서도 사람들은 이와 유사한 경험을 보고한다. 가파른 경사의 산을 오르는 초보 등산가는 추락할지도 모른다는 생각에 사로잡혀서, 오히려 걸음걸이가 서툴어지거나 비틀거리다가 위험에 처할 수 있다.

현실적인 위협에 대한 반응과 급성 불안 신경증 환자가 경험하는 반응을 비교해 보자. 환자들은, 현실적인 위협에 대한 반응과 유사하게, 위험과 관련된 자극에 지나치게 예민하며, 예기치 않은 소리와 같이 환경의 사소한 변화에 쉽게 주의를 빼앗긴다. 그는 위험을 나타내는 어떤 신호에 대해 과도하게 경계한다. 동시에 그는 위험의 조짐을 보이지 않는 환경 내 요소들에 주의를 기울이는 데에는 어려움을 겪을 것이다.

둘 간의 유사성에도 불구하고, 급성 불안 반응을 보이는 환자는 현실적인 위협에 노출된 사람과는 다른 측면이 있다. 환자가 지각하는 위험은 실제로는 존재하지 않거나, 실제적인 위험의 정도에 비례하지 않는다. 그는 위험에 대한 생각에 사로잡혀 있을 뿐 아니라, 위험하지 않은 자극을 위험한 것으로 잘못 해석한다.

불안 신경증 환자는 자극을 명명하는 데에서가 아니라 특정 자극에 의미와 중요성을 부여하는 데에서 문제를 드러낸다. 그의 해석은 억지스럽고, 있을 법하지 않고, 비현실적인 경향이 있다. 사이렌 소리가 그의 집에 불이 났다는 것을 의미하고, 머리 뒤쪽이 아픈 것이 뇌졸중의 신호로 해석되고, 자신 쪽으로 다가오는 낯선 사람이 공격자로 여겨질 수 있다. 사건들을 위험 신호로 무분별하게 해석하는 것이 누적되면, 현실세계에 대한 왜곡된 견해를 갖게 되고 불안은 악화된다. 상황에 대한 오해석은 가벼운 부정확에서부터 중대한 오해에 이르기까지 다양한 수준의 인지 왜곡을 포함한다.

주의의 묶임, 인식의 축소, 선택적 추상화, 그리고 왜곡은 급성 불안 신경증에서뿐 아니라 우울증, 경조증, 편집증적 상태와 같은 다른 급성 신경증에서도 나타난다. 이러한 상태들에서는 경험하는 감정의 종류가 다른데, 슬픔, 기뜸, 분노 등이 각각 나타난다. 감정에서의 차이는 왜곡된 의미 또는 생각의 주제에서의 차이로 설명될 수 있을 것이다. 앞으로 보게 되겠지만, 각각의 신경증에서 현실은 그 환자의 생각을 지배하는 개념에 맞게 왜곡된다. 히스테리, 공포증, 강박신경증과 같은 여타의 신경증에서도 그 핵심은 사고장애에 있다.

신경증적 장애

급성 정서장애는 임상가들이 흔히 관찰할 수 있는 장애는 아니지만, 그 현란한 특징들은 보다 흔한 형태의 신경증적 반응에서 나타나는 미묘한 어려움들을 잘 보여 준다. 신경증의 보다 덜 극적인 형태에서, 사고장애는 특정 상황에서만, 또는 환자의 취약성과 맞물린 특정 영역에서만 나타날 수 있다. 많은 다른 상황에서 그의 생각은 현실과 적절히 조율되어 있다. 그럼에도 불구하고 보다 더 만성적이거나 더 경미한 형태의 신경증에서조차도 급성 정서장애와 유사한 삽화들이 나타난다.

고정된 생각, 고정된 주의, 그리고 현실의 왜곡은 모든 신경증에서 나타날 수 있기 때문에, 다양한 신경증들 간의 핵심적인 차이는 생각의 형식보다는 생각의 내용에서 드러날 수 있다. 우리가 나중에 신경증 전반에서 나타나는 생각의 전형적인 특색에 대해서 살펴보겠지만, 여기서는 신경증들 간의 생각의 내용 차이에 대해 살펴보도록 하겠다.

과도한 감정 반응을 특징으로 하는 이러한 신경증에서, 각 장애에 특정적인 감정 상태는 왜곡된 생각의 특정한 내용에 의해 유발된다. 우울증에서의 전형적인 감정인 슬픔은 환자가 자신의 경험을 박탈, 결핍, 패배의 관점에서 해석하는 경향으로부터 생겨난다. 경조증 상태에서 관찰되는 행복감은 자기고양과 관련된 생각에 과도하게 사로잡힌 결과이다. 불안한 환자는 자신의 경험을 위험의 관점에서 과도하게 해석함으로써 고통을 느끼는 반면, 편집증적인 환자는 자신이 학대받고 있다는 생각에 집착함으로써 강한 분노를 느낀다.

신경증 환자들에게서 사고장애를 확증하기 위한 기초 자료는 심리치료 혹은 정신분석 중에 환자들이 보고한 말을 그대로 기록한 축어록에서 추출되었다(Beck, 1963; 1967). 이러한 보고는 그들의 중요한 반복적인 생각, 상황에 대한 해석, 그리고 자동적 사고를 포함하였다. 내가 환자들의 보고에 영향을 미쳤을 가능성은 최소화되었는데, 왜냐하면 내가 사전에 지니고 있던 가설은 실제 나타난 결과와 상반되었기 때문이다. 예를 들면, 우울한 감정 및 불안은 각각 상실 및 위험의 주제와 관련된 인지 왜곡에 기초한다는 반복적인 관찰을 통해서, 나는 각 조건과 관련하여 내가 이전에 지니고 있던 생각을 수정하지 않을 수 없었다. 관찰을 통해 정립하게 된 새로운 개념화를 통해서, 나는 내가 배우고 믿어 왔던 정신분석 이론(우울은 적대감이 자신 내부를 향하는 것에서 생겨나고, 불안은 금기 소망이 의식을 뚫고 들어오는 위협에 의해 자극된다)을 점차적으로 지워 나가지 않을 수 없었다.

나는 내가 치료한 81명의 환자들의 자료에 기초하여, 나의 발견과 결론을 처음으로 보고하였다(Beck, 1963). 그 발견은 이후에 또 다른 100명의 내 환자들 표본에 의해서 지지되었다(Beck, 1970c). 또한 환자들에 대한 진단적 면접을 하는 동안 관련된 질문을 함으로써, 정신과 레지던트들은 나의 발견에 대한 확증적인 자료를 얻을 수 있었다. 부수적으로, 나의 연구 집단이 수행한 많은 통제된 연구들(Beck, 1961; Loeb, Beck, & Diggory, 1971)을 통해서, 그리고 다른 임상가들과 연구자들이 수행한 독립적인 관찰과 연구들(Ellis, 1962; Velten, 1967)을 통해서, 나는 나의 개념화에 대한 지지를 얻었다.

임상적 관찰과 체계적 연구에 기초해서, 나는 생각의 내용에서의 차이에 따라서 다양한 신경증적 장애 간을 구분할 수 있었다. 그 차이는 다음의 표에 제시되어 있다.

〈표 4-1〉 각 신경증적 장애의 사고내용

	특유의 사고내용
우울증	영역에 대한 평가절하
경조증	영역에 대한 부풀려진 평가
불안 신경증	영역에서의 위험
공포증	특정한 상황과 연결된 위험
편집증적 상태	영역에 대한 정당화될 수 없는 침입
히스테리	운동 또는 감각에서의 비정상성
강박사고	경고 또는 의심
강박행동	위험을 차단하기 위해 특정 행동을 수행하라는 자기명령

우울증

우울한 환자들의 사고내용은 중요한 것의 상실에 집중되어 있다. 환자는
자신의 행복에서 본질적이라고 여겨지는 중요한 무언가를 잃었다고 지각한
다. 그는 자신이 맡은 어떤 중요한 일에서 부정적인 결과가 나타날 것이라고
예상한다. 그는 또한 자신에게는 어떤 중요한 목표를 달성하는 데 필요한 자
질이 결핍되어 있다고 여긴다. 이 주제는 인지삼제(cognitive triad)로 개념화
될 수 있는데, 자기에 대한 부정적인 개념, 삶의 경험에 대한 부정적인 해석,
그리고 미래에 대한 허무주의적인 관점 등이 그것이다.

되돌릴 수 없는 상실의 느낌과 부정적인 기대는 우울증과 관련된 전형적인
감정(슬픔, 실망, 그리고 무감각)으로 이끈다. 더구나 불쾌한 상황에 붙들려 옴
짝달싹하지 못하는 느낌이나 해결할 수 없는 문제에 얽혀 든 느낌이 증가함
에 따라서, 자발적인 건설적 동기는 연기처럼 사라진다. 그는 더 이상 견뎌 낼
수 없는 조건으로부터 자살을 통해 도피할 수밖에 없을 것처럼 느낀다.

경조증적 상태

조증 또는 경조증 환자의 사고내용은 우울한 환자의 그것과 정반대이다.

조증 또는 경조증 환자는 자신의 삶의 경험에서 중요한 것을 얻었다고 지각한다. 그는 자신의 경험에는 무조건 긍정적인 가치가 있다고 생각하고, 자신이 노력을 기울이면 반드시 좋은 결과가 나올 것이라고 비현실적으로 기대하며, 자신의 능력을 과장하여 지각한다. 이러한 긍정적 평가는 행복감을 낳는다. 나아가서, 고양된 자기평가와 과도하게 낙관적인 기대가 지속되면서 그는 이로부터 끊임없는 활동을 향한 추진력을 얻는다.

불안 신경증

불안한 환자의 생각은 자신의 영역에 대한 위험이라는 주제에 집중되어 있다. 즉, 그는 자기 자신, 가족, 재산, 지위, 또는 그가 소중히 여기는 다른 무형의 것들에 해로운 일이 발생할 것이라고 예상한다. 피할 수 있는 상황에서 불안을 경험하는 공포증 환자들과 달리, 불안 신경증 환자들은 피할 수 없는 상황에서의 위험을 지각한다. 심각하거나 치명적인 질병으로 발전할까 봐 끊임없이 두려워하는 사람은 평소와 다른 어떤 생리적 증상을 그러한 질병의 징후로 해석할 수 있다. 짧은 호흡은 심장병에 걸렸을지도 모른다는 생각을 유발할 수 있다. 설사, 변비 또는 모호한 통증은 암에 대한 의심으로 이끈다. 때로는 그의 두려움이 외부 자극을 다 포장해 버린다. 그는 예기치 않은 소리를 재앙의 신호로 해석한다. 바스락 소리는 강도의 침입에 대한 두려움을 유발하고, 청년의 고함소리는 신체적 폭력에 대한 상상을 자극한다.

많은 불안한 환자들은 심리적인 위해를 두려워한다. 그는 종종 다른 사람들이 자신을 거부하거나 모욕을 주거나 형편없이 볼까 봐 걱정한다. 신체적·심리적 위해에 대한 예상은 불안과 연결된다. 결과적으로 그러한 기대가 형성되면, 불안이 활성화된다.

공포증

공포증에서는 신체적 또는 심리적 위해에 대한 예상이 특정 상황에 한정된다. 만약 환자가 그 상황을 피할 수만 있다면, 그는 위협을 느끼지 않고 평온할 수 있을 것이다. 만약 그가 필요에 따라 부득이, 또는 자신의 문제를 극복하기 위하여 그 상황에 들어가게 되면, 그는 불안 신경증에 전형적인 주관적 · 생리적 증상을 경험할 것이다.

앞서 기술한 정신과적 장애들에서처럼, 자극 상황에 대한 환자의 인지적 반응은 순수한 언어적 형태로, 또는 심상의 형태로 표현될 것이다. 높은 곳에 대한 공포를 지닌 한 여성은 위험을 무릅쓰고 건물의 20층에 다다른 순간, 바닥이 기울어지고 자신이 창문 쪽으로 미끄러져서 떨어지는 시각적 심상이 떠올랐다. 그녀는 마치 그 심상이 실제로 일어난 사건인 양 강렬한 불안을 경험하였다.

특정 상황에 대한 공포는 그 상황의 어떤 해로운 속성에 대한 환자의 과장된 개념에 기초한다. 터널 공포증을 지닌 사람은 터널이 무너져서 자신을 덮치거나, 자신이 질식하게 되거나, 또는 생명을 위협하는 응급상황이 발생했을 때 구조를 받을 수 없을 것이라는 두려움을 경험한다. 이와 유사하게 고소공포증 환자는 높은 곳에 갔을 때, 구조물이 붕괴되거나, 자신이 추락하거나, 또는 자신이 충동적으로 뛰어내릴지도 모른다는 두려움으로 반응한다.

편집증적 상태

편집증 환자는 다른 사람들이 의도적으로 자신을 학대하고 자신의 목표를 방해하고 있다는 가정에 반복적으로 사로잡힌다. 자신이 당한 모욕이나 거절이 정당하다고 느끼는 우울증 환자와 달리, 편집증 환자는 자신에게 일어난 일이 부당하다는 생각에 사로잡혀 있다. 그의 생각의 중심 주제는 '내가 맞고 그는 틀렸다.'인데, 이는 '나는 틀렸고 그가 맞다.'고 생각하는 우울증 환자의 주제와 대비된다. 우울한 환자와 달리 편집증 환자는 자존감의 저하를 경험하지 않는다. 그는 자신의 영역에서의 실제적인 상실보다는 자신의 영역에 대한 공격의 부당성에 더 관심이 있다.

불안 신경증, 신경증적 우울증 및 편집증적 상태 간의 차이는 다음과 같이 요약될 수 있을 것이다. 불안한 환자는 공격의 가능성에 초점을 두는 반면, 편집증 환자는 가정된 공격이나 경계 침해의 부당성 또는 그 배후의 악의적인 동기에 집중하고, 우울한 환자는 가정된 상실과 그 상실을 초래한 원인으로서의 자신의 부적절성에 초점을 둔다.

강박사고와 강박행동

강박사고의 내용은 일반적으로 다소 멀리 떨어진 위험과 관련되는데, 이는 의심 또는 경고의 형태로 표현된다. 환자는 자신이 안전을 확보하는 데 필요한 행동을 제대로 했는지(예를 들어, 가스 밸브를 제대로 잠갔는지)를 끊임없이 의심하거나, 자신이 적절하게 수행할 수 있을지에 대해 의심한다. 이들의 사고는 불안 신경증 환자들의 사고와 달라서, 주로 자신이 했어야 한다고 믿거나 해서는 안 됐다고 믿는 행동과 관련된다. 예를 들면, 한 환자는 자신이 백혈병 환자의 옷을 만졌기 때문에 백혈병에 걸렸을지도 모른다는 생각에 반복적으로 사로잡혔다.

강박행동은 과도한 의심이나 강박사고를 행동을 통해 경감시키려는 시도를 포함한다. 예를 들어, 손을 씻는 강박행동은 자신의 몸에서 더럽거나 오염된 것들을 다 제거하지 못했다는 생각에 기초한다. 그는 더러움을 위험의 원천, 즉 신체적 질병의 원인이거나 역겨운 냄새의 원천이라고 여긴다. 우리는 종종 공포증-강박사고-강박행동이 한데 어우러진 사례를 접한다. 예를 들어, 한 환자는 방사선에 의한 피해를 두려워한다. 그의 공포증은 방사선을 방출할 수 있는 물체와의 접촉을 피하는 것으로 나타난다. 그러한 물체와 불가피하게 접촉한 후에는, 그는 오염의 가능성에 대해 반추한다(강박사고). 이는 또한 방사성 물질이라 여겨지는 것을 제거하기 위한 빈번하고도 긴 시간의 샤워로 이끈다(강박행동).

히스테리 반응

히스테리 환자는 자신에게 신체 질병이 있다고 믿는다. 그 상상의 질병은 치명적이지 않기 때문에, 그는 심한 불안 없이 이를 받아들이는 경향이 있다. 히스테리 환자는 본질적으로 '감각적인 상을 그려 내는 사람(sensory imager)'이다. 즉, 그는 특정한 질병을 상상하고는, 어떤 감각적인 경험을 그 질병에 걸렸다는 것을 확증하는 증거로 간주한다. 환자는 전형적으로 감각 이상 또는 운동 이상을 경험하는데, 이러한 경험은 신체 질병에 대한 그의 잘못된 개념과 들어맞는다.

정신병

정신병의 복잡한 주제는 이 책의 탐구 범위를 벗어나지만, 정신병의 사고내용과 신경증의 사고내용을 잠시 간단히 비교해 보는 것은 유용할 것이다. 정신병적 우울증의 사고 주제는 신경증적 우울증의 주제와 비슷하다. 편집증 혹은 편집형 정신분열증은 편집증적 상태에서와 유사한 사고내용을 보인다. 조증 반응은 경조증에서의 사고내용과 많이 닮아 있다. 그러나 정신병의 사고내용은 신경증의 그것에 비해서 보다 더 별나고 기괴하고 극단적이다. 신경증적 우울증 환자는 자신을 사회적으로 부적절하다고 보는 반면, 정신병적 우울증 환자는 자신이 혐오스러운 악취를 풍겨서 다른 사람들과 멀어진다고 믿는다.

전체적으로 정신병 환자들은 신경증 환자들보다 더 현저한 인지적 손상을 보인다. 그들의 보속적인 사고는 더 강렬하며, 교정적인 경험을 통해 수정하기가 더 어렵다. 그들은 자신의 잘못된 생각을 객관적으로 바라볼 수 있는 능력이 더 제한되어 있다. 더 나아가, 사고의 비논리성과 비현실성의 정도가 더 확연하다.

사고장애의 본질

기질적인 병리가 없는 사고장애는 일반적으로 조현병의 한 특징으로 여겨져 왔다. 반면에, 우울증, 조증, 불안장애는 이것들의 현저한 정서적 표현들로 인해서 본질적으로 '정서장애' 혹은 감정장애로 간주되어 왔다. 그러나 이제는, 조현병에서보다는 덜 전반적이고 더 제한되기는 하지만, 사고장애가 다양한 정신과적 증후군의 공통적인 핵심 요소라는 증거들이 많이 축적되고 있다.

한 장기적인 연구(Beck, 1963)에서, 나는 각 환자들이 특정한 종류의 경험들을 체계적으로 잘못 해석한다는 것을 발견했다. 이러한 현실 왜곡은 가벼운 신경증에서의 미묘한 부정확성에서부터 정신병에서의 기괴한 오해석과 망상에 이르기까지 다양한 수준에서 나타난다. 환자들의 특이한 사고는 임의적 추론, 선택적 추상화, 과잉일반화 등을 포함하여, 현실과 논리로부터의 체계적인 이탈을 보여 준다. 이러한 왜곡은 그 환자의 특정 문제와 관련된 생각에서 나타난다. 예를 들어, 우울한 환자는 자신의 가치에 대해 생각할 때 왜곡을 보이는 반면, 불안한 환자는 위험에 대해 염려할 때 사고의 일탈이 나타난다.

왜곡된 생각들은 '자동적 사고'(2장을 보라)와 같은 특징을 지닌다. 그것들은 어떤 반성이나 추론이 선행됨 없이 반사적으로 일어나는 것처럼 보인다. 그것들은 다른 사람에게는 그렇지 않지만 환자 본인에게는 매우 그럴듯해 보인다. 마지막으로, 그것들은 정신병리와 연관되지 않은 다른 형태의 생각들에 비해서, 이성이나 반대 증거들에 의해 쉽게 변화되지 않는다. 나는 가벼운 신경증에서 심각한 정신병에 이르기까지 사고장애의 정도에서의 점진적인 차이를 관찰하였다. 병이 심해질수록, 환자는 점차적으로 사고 왜곡의 정도가 더 심해지고, 왜곡된 생각의 반복이 증가하고, 왜곡된 생각에 대한 고착이 심해졌다.

개인화

인간의 피할 수 없는 특성으로서의 자아중심성은 오랫동안 많은 작가들과 철학자들의 흥미를 불러일으켜 왔다. 어떤 의미에서 모든 인간은 저마다 자신을 중심축으로 하는 사적인 세계를 지니고 있다. Heidegger(1927)를 포함한 많은 저술가들은 각 개인이 어떻게 자신만의 개인적 세계를 구성하는지에 대해 기술하였다. 그럼에도 불구하고 사람들은 일반적으로 외적 사건들에 대해서(심지어는 자기 자신에 대해서도) 객관적인 판단을 내릴 줄 알며, 한 사건에 대한 개인적인 의미와 사건의 객관적 특성을 구분할 줄 안다. 사람들은 두 가지 다른 수준에서 판단할 줄 아는데, 하나는 자신과 관련된 수준이고 다른 하나는 자신과 분리된 수준이다. 우리는 정신과적 장애에서 자아중심적인 해석이 비정상적일 만큼 압도적이어서 객관적인 판단을 전적으로 대체할 수 있다는 것을 발견한다. '개인화(personalization)' 또는 '자기참조(self-reference)'와 같은 용어는 사건을 개인적인 의미의 관점에서 해석하는 경향성을 지칭한다.

개인화 또는 자기참조의 과정은 몇몇 극단적인 사례들(특히 '정신병'의 느슨한 범주에 해당하는 환자들)을 통해서 잘 예시될 수 있다. 한 편집형 조현병 환자는 자신이 텔레비전에서 본 인물이 자신에게 직접 말을 하고 있다고 믿고는 그 사람에게 대답을 하곤 하였다. 한 정신병적 우울증 환자는 먼 나라에서 전염성 질병이 유행한다는 말을 듣고는 자신 때문이라며 스스로를 비난하였다. 한 조증 여성은 길에서 마주친 모든 사람들이 자신과 사랑에 빠졌다고 믿었다. 정신병 환자들은 자신과 전적으로 무관한 사건을, 마치 자신 때문에 일어난 것처럼 또는 자신을 향한 것처럼 해석한다.

보다 덜 극단적인 형태의 자기참조는 신경증 환자들에게서 발견할 수 있다. 그들은 어떤 사건이 자신과 관련되어 있는 정도를 과대평가하고, 특정 사건의 개인적인 의미에 과도하게 몰입하는 경향이 있다. 한 우울한 환자는 어떤 사람이 얼굴을 찌푸리는 것을 보고는, '그는 내가 역겨운가 봐.'라고 생각한다. 이 경우에 그 환자의 판단이 맞을 수도 있지만, 그의 문제는 그가 다른 사람의 얼굴에서 관찰하는 모든 찡그림이 자신에 대한 불쾌감을 나타내는 것이라고 해석하는 그의 일관된 생각에 있다. 그는 자신이 다른 사람에게서 유발하는 부정적 감정의 정도뿐 아니라 빈도까지 과장되게 해석한다. 한 우울한 어머니는 자신의 자녀들의 모든 부족함에 대해서 자신을 비난한다. 한 불안한 환자는 모든 위험 신호를 자신과 연결 짓는데, 가령 구급차가 지나가면 자신의 아이가 사고를 당한 게 아닐까를 생각한다.

개인화의 또 다른 형태는 자신을 다른 사람과 비교하는 인간의 억제할 수 없는 경향성에서 발견된다. 한 여성이 게시판에서 행복한 엄마와 아이의 모습을 보고는, '그녀는 나보다 훨씬 더 헌신적인 엄마일 거야.'라고 생각한다. 다른 학생이 우등상을 탔다는 소식을 들은 한 학생은 '나는 바보임에 틀림없어. 그렇지 않다면 내가 상을 탔을 거야.'라고 생각한다. 한 젊은 공포증 환자는 심장발작을 일으킨 어느 노인에 대한 글을 읽다가 '만약 그에게 심장발작이 일어난다면 얼마든지 내게도 일어날 수 있어.'라고 생각하고는, 가슴 부위에서 통증을 느끼기 시작한다.

우리는 자아중심적인 색깔을 입히는 기본적인 과정을 신경증 환자들의 일탈적인 생각에서 잘 엿볼 수 있다. 탈중심화(decentering)의 과정, 즉 자신이 중심축이 되지 않는 참조 틀을 사용하는 훈련에 대해서는 10장에서 기술할 것이다.

양극적 사고

신경증 환자들은 자신의 예민한 영역이 건드려지는 상황에서 극단적으로 생각하는 경향이 있다. 예를 들면, 우울한 환자는 자기를 평가할 때, 그리고 불안한 환자는 개인적인 위험의 가능성을 판단할 때 양극적으로 생각한다. 극단적으로 생각하는 경향은 단지 몇몇 영역에서만 국한되어 나타날 수 있다. 사건들은 흑 아니면 백, 선 아니면 악, 훌륭함 아니면 끔찍함의 하나로 분류된다. 이러한 경향은 '이분법적 사고(dichotomous thinking)' 혹은 '양극화된 사고(bipolar thinking)'라고 불려 왔다(Neuringer, 1961). 이러한 유형의 사고에 기저하는 기본 전제는 '언제나' 또는 '결코'와 같은 절대적인 용어로 표현되는 말 속에서 잘 드러난다.

일상생활에서의 한 예로서, 수용과 거절의 절대적인 개념에 고정되어 있는 한 젊은 남자의 경우를 생각해 보자. 그는 자신이 접촉하는 사실상 모든 사람(백화점 점원, 거리의 행인)을 면밀하게 관찰하면서, 그 사람이 자신을 받아들이는지 거부하는지를 판단한다. 그는 수용, 가벼운 수용, 중립, 가벼운 거절, 거절 등과 같이 미세한 점진적 단계를 사용하여 판단을 조절하지 못한다. 그에게 중립과 무관심은 거절을 의미하여 슬픔을 자아내는 반면, 미소는 완전한 수용을 의미하여 행복감을 유발한다.

이러한 종류의 사고의 유사한 예는 농구를 하는 한 대학생에서 찾아볼 수 있다. 만일 그가 한 경기에서 8점보다 더 적은 점수를 얻는다면, 그는 '나는 실패했어.'라고 생각하고 슬픔을 느낀다. 반면, 8점 이상을 얻으면 '나는 정말 대단한 선수야.'라고 생각하고 들뜬 기분에 빠진다.

극단적 사고는 때로 단극적으로, 즉 한쪽 방향으로만 나타날 수 있다. 예를 들어, 어떤 사건을 완전히 나쁜 것 또는 중립적이거나 무관한 것의 하나로 지각한다. '파국화'는 불안한 환자들에게서 흔히 나타나는 특징으로서, 이는 극단적인 부정적 결과를 예상하는 것이다. 불안한 환자의 사고는 모든 가능한 결과들 중에서 가장 안 좋은 결과를 예상하는 쪽으로 치우치는 경향이 있다. 예를 들어, 팔에 가벼운 상처가 난 어느 환자는 즉시 치명적인 감염의 가능성을 생각하며 그 생각에 빠져들기 시작하였다.

개인의 극단적인 판단 경향은 유형의 재물에만 국한하여 나타날 수 있다. 예를 들어, 한 남자는 자신이 소유하고 있는 물건에서 약간의 흠이라도 발견하면 매우 속상해한다. 차의 사소한 긁힌 자국, 가구의 흠집, 옷의 얼룩은 끔찍한 손실을 의미한다. 그는 한번은 예상치 못하게 벽난로의 불꽃에 안전 창살이 그을렸음을 발견하였다. 그는 몇 시간 동안을 불안해하였다. 그는 '벽난로가 완전히 망가졌네. 결코 수리할 수 없을 거야. 방 전체를 망쳤어. 전에는 완벽했는데 이제는 쓸모가 없어.'라고 생각하였다. 또한 그가 손상을 과장하는 정도는 그의 자기비판에도 반영되어 나타났다. '그런 일이 일어나게 방치하다니 나는 바보야. 나는 무능해. 나는 어떤 것도 제대로 할 수 없어.' 며칠이 지난 후에야, 그는 그 손상을 더 객관적으로 보게 되었다. 즉, 그 손상이 사소하다는 것을 알게 되었다.

유해한 자극에 대해 특징적으로 분노로 반응하는 사람들 또한 극단적인 판단을 보일 수 있다. 자녀가 장갑을 잃어버렸을 때 그 부모의 반응을 살펴보자. "끔찍한 일을 저질렀군. 너 때문에 우리 집이 가난해질 수도 있어. 너는 어떻게 제대로 하는 게 없니?"

극단적으로 판단하는 경향은 왜곡이나 오해석을 이끄는 다른 유형의 사고 오류에서도 나타난다(Beck, 1963). **선택적 추상화**(selective abstraction)는 전체 맥락을 벗어나서 어떤 세부적인 것만을 추출하여 전체 상황의 의미를 잃어버리는 것을 지칭한다. **임의적 추론**(arbitrary inference)은 증거가 부족하거나 실제 증거가 결론과 상반됨에도 불구하고 어떤 결론으로 비약하는 것을 지칭한다. **과잉일반화**(overgeneralization)는 하나의 사건에 근거해서 정당화될 수 없는 일반화에 도달하는 것을 말한다. 예를 들어, 한 아이는 한 가지 실수를 하고는 '나는 어느 것도 제대로 해낼 수 없어.'라고 생각한다. 이러한 예시들은 수용과 거절, 성공과 실패, 건강과 질병, 이득과 손실 등의 개인의 특정한 취약성을 건드리는 상황에서 어떻게 왜곡된 사고가 유발될 수 있는지를 잘 보여 준다.

규칙의 법칙

우리는 2장에서, 한 개인은 어떤 규칙들을 지니고 있어서 그에 따라 자신의 경험을 해독하고 평가하며 자신의 행동과 다른 사람의 행동을 조절한다는 것을 보았다. 개인은 자신이 이러한 규정집을 지니고 있는지 인식하지 못한 채 그 규칙을 적용한다. 그는 자신의 해석과 반응을 지시하는 규칙과 개념을 스스로 분명한 말로 표현하지는 못하면서도, 유입되는 자극을 선택적으로 선별하고 통합하며 분류하고, 자신의 반응을 형성한다. 이러한 입력과 출력의 장치는 좀처럼 완벽하지 않은 채로 작동한다.

다른 사람들의 행동을 이해하는 데 있어서도 불가피하게 문제가 발생한다. 개인은 이전의 경험들에 의해서 불충분하고 부적절하게 준비되어 있기 때문에, 그는 그들의 행동(그에 대한 그들의 태도, 그들의 현재 의도, 그들이 그에게 미래에 할 수 있을 법한 행동 등)으로부터 부정확한 의미를 추론할 수 있다.

2장에서 기술한 예화에서, 한 학생은 교사에 의해 지적을 받는다. 그 학생은 걱정하기 시작한다. 이것이 친근함의 표현일까? 아니면 교사가 나에게 짜증이 났다는 의미일까? 교사가 나를 어리석다고 생각하는 것은 아닐까? 교사가 나중에 성적을 매길 때 내게 가혹하거나 처벌적이지는 않을까? 하나의 특정한 상호작용으로부터 이렇게 다양한 범위의 추론이 가능한 것을 보면, 많은 학생들이 교사의 한마디 코멘트에 매우 예민해질 수 있다는 것은 결코 놀라운 일이 아니다!

때로 학생은 교사의 코멘트를 교사가 실제 의도한 것보다 더 가혹한 것으로 읽는다. 그 상호작용에 대한 학생의 과장이나 왜곡이 미약하고 일시적인 것이라면, 그는 평소의 심리적 평정을 유지할 수 있을 것이다. 그러나 자신의 과민성 때문에 비판을 경멸적인 것으로 여기는 경향이 있는 어떤 똑똑한 학생의 경우를 생각해 보자. 비판이 누적되어 감에 따라, 그는 점차로 교사가 새로이 하는 언급이나 제안을 이전과 같은 방식으로 해석하게 된다. 교사의 분명한 긍정적인 행동에 의해서 그의 해석 경향이 역전되지 않는 한, 그의 해석은 지나치게 포괄적이 될 것이다. 즉, 그는 교사의 중립적이거나 다소 긍정적인 메시지를 경멸적인 것으로 여길 것이다. 그는 이 교사뿐 아니라 다른 모든 교사들도 비판적이며 자신을 어리석은 사람으로 생각할 것이라고 결론을 내리는 식으로 과잉일반화를 한다. 그는 이러한 '증거'에 기초하여, 자신이 되돌릴 수 없는 결함을 지닌 사람이자 전적으로 무가치한 존재라고 결론짓게 된다. 한 걸음 더 나아가서, 집에 돌아가 자신의 방에 앉아 있는 그 학생의 모습을 그려 보자. 그는 이러한 '맹렬한 비난'과 '잘못됨'에 대해 반추하면서, 더이상 공부에 집중할 수 없는 지점에까지 다다를 것이다. 그러면 그는 주의집중의 어려움과 이어지는 학업수행의 저하를 자신의 결함의 증거로 해석한다. 이제 피할 수 없는 불쾌감(아마도 슬픔과 불안이 혼합된)이 나타나고 정신과적 장애가 시작된다. 만일 이 상태가 며칠 또는 몇 주 동안 지속된다면, 우울증으로 발전할 것이다.

우리는 이 가설적인 사례를 그 학생의 규정집의 관점에서 분석해 볼 수 있다. 교실에서 이루어지는 매번의 상호작용에서, 그 학생은 교사의 평가에 대하여 자신의 규칙을 반복적으로 적용한다. 그는 다음과 같은 규칙을 사용한다. '교사가 나를 비판한다는 것은 그가 나를 어리석게 생각한다는 것을 의미한다. 만일 권위자가 나를 어리석다고 생각한다면, 그것은 내가 실제 어리석다는 것을 의미한다. 나는 어리석은 사람이기 때문에, 절대 아무 데에도 이르지 못할 것이다.' 그는 이어지는 학업수행 저하에 대해서도 어떤 공식을 적용한다. 즉, '나의 비효율성은 내가 어리석다는 것을 입증한다.'라는 것이다. 그는 심지어 이러한 결과로 나타나는 우울감에 대해서도 어떤 규칙을 가지고 있다. 그 규칙은 바로 '만일 내가 우울하다면 이는 앞으로 일들이 잘 풀려 나가지 않을 것이라는 것을 의미한다.'는 것이다. 그 학생은 하나의 결론이 다음 결론을 위한 전제가 되는 식으로 일련의 '논리적인' 작업을 진행하고 있다.

앞서 기술한 정신과적 장애들은 각각 일련의 규칙들을 가지고 있다. 불안 신경증에서 그 규칙들은 주로 위험의 개념과 위험에 대처하는 능력에 대한 환자 자신의 평가와 관련된다. 그 규칙들을 적용함으로써 도출된 결론은 다음과 같이 예측의 형태를 띤다. '나는 지금 내가 가장 소중히 여기는 것들(건강, 삶, 친구, 직업)을 금방이라도 잃을 수 있는 위험에 처해 있다.' '나는 이 위험을 차단하거나 피할 수 있는 수단이 없다.' 이러한 결론으로 이끄는 특정한 규칙은 특정한 사건에 적용된다(혹은 잘못 적용된다). '빠른 심장박동은 심장발작이 진행되고 있음을 의미한다. 누군가의 도움을 받지 못하면 나는 죽을지도 모른다.' '만일 내가 집으로부터 멀리 떨어져 있으면, 재난이 일어날 때 나는 혼자서 그것에 대처하지 못할 것이다.' '만약 내가 실수를 저지른다면, 상사가 화가 나서 나를 해고할 것이다.'

불안에서의 규칙은 일반적으로 조건적이다. 즉, '만약 어떤 사건이 발생한다면, 그것은 아마도 불리한 결과가 될 것이다.' 따라서 그 사건이 발생할 때, 아직 무해한 결과의 가능성은 존재한다. 반면에 우울에서의 규칙은 절대적이고 무조건적이다. 즉, '나의 현재의 결핍은 내가 항상 실패할 것이라는 것을 의미한다.'

공포증에서의 규칙 또한 조건적이다. 그 규칙들은 환자가 성공적으로 피할 수 있는 상황에 적용된다. '만약 내가 터널 안으로 들어간다면, 나는 질식할 것이다.' '만약 낯선 장소에 간다면, 나는 길을 잃을 것이다.' 등이다. 이와 같은 사례들에서, 환자들은 또한 '나는 혼자서는 그 상황에 대처할 수 없을 것'이라는 규칙을 가지고 있다. 불안의 경우에서와 마찬가지로, 공포증에서의 규칙들은 재난이 일어날 가능성에 대해 높은 확률을 부여한다. 그러나 환자들은 종종 '만일 도움을 줄 사람이 나와 함께 있다면 그가 나를 구조해 줄 것'이라는 가정을 통해서 안전감을 얻는다. 따라서 많은 공포증 환자들은 '구원자'가 옆에 있다면 무서운 상황 속으로 들어갈 수 있다.

우울증에서의 규칙들은 현재나 과거의 상황으로부터 부정적인 의미와 부정적인 예측을 끌어낸다. 불안이나 공포증에서와 같은 '도피 조항' 또는 '구원 조항'이 없다. 그 규칙들의 예는 다음과 같다. '내 직업에서 성공하지 못한다는 것은 완전히 실패하는 것과 같다.' '나는 지금 슬프기 때문에, 앞으로도 늘 슬플 것이다.' '무언가가 잘못되면 그건 다 내 잘못이다.' '아내의 사랑을 잃는다는 것은 내가 무가치하다는 것을 의미한다.' '존경받지 못한다는 것은 내가 사랑스럽지 않다는 것을 의미한다.'

조증 상태에서는, 그 가정의 내용이 우울증에서의 그것과 정반대이다. 그 규칙들은 이득을 과장하고 자존감을 고양시키는 방식으로 구성되어 있다. '사람들이 나를 쳐다볼 때, 그들은 나에게 감탄할 것이다.' '만약 내가 일을 시작한다면, 난 최고의 일을 할 것이다.' '이번의 성공은 내가 얼마나 우월한 사람인지를 다시 한 번 입증해 주었다.'

편집증 환자의 규칙들은 무조건적이고 절대적인 경향이 있다. 규칙의 내용은 음모, 부당한 학대, 차별의 냄새가 강하다. '사람들이 나에게 동의하지 않는다면, 의도적으로 나를 반대하고 있는 것이다.' '내가 원하는 것을 얻지 못한다면, 이는 누군가가 나를 막고 있다는 것을 의미한다.' '일이 잘 돌아가지 않는다면, 이는 다른 사람들이 방해하고 있기 때문이다.'

우리가 어떤 환자에게 그의 생각에 대해 질문할 때, 그는 일반적으로 자신의 규칙에 대해 자진해서 말하지 않을 것이다. 대신에 그는 자신의 결론에 대해 말할 것이다. 예를 들어, 한 불안 신경증 환자는 "나는 곧 죽을지도 몰라요."라고 말한다. 우울한 환자는 "나는 내게 중요한 모든 것을 잃었어요. 나는 무가치해요."라고 말하며, 조증 환자는 "나는 최고예요.", 편집증 환자는 "모든 사람이 나를 반대해요."라고 말할 것이다.

우리는 규칙(가정, 전제)을 이끌어 내기 위해서 결론에서부터 거꾸로 돌아가는 작업을 해야 한다. 환자들은 때로 어려움 없이 그 규칙을 잘 표현하기도 한다. 사랑하는 사람과 헤어진, 우울하고 자살충동을 느끼는 한 여성 환자가 "나는 무가치해요."라고 말하였다. 이유를 물었을 때, 그녀는 마치 그것이 보편적인 진실인 것처럼 "만일 나를 사랑하는 사람이 없다면 나는 무가치해요."라고 대답하였다. 그러나 보다 더 흔하게는, 규칙을 이끌어 내기 위해서 일련의 질문들이 필요하다.

환　자: 저는 죽어 가고 있는 것 같아요.

치료자: 무엇 때문에 그렇게 생각하지요?

환　자: 제 심장이 너무 빨리 뛰어요. 사물이 흐릿하게 느껴져요. 제 호흡을 조절할 수가 없어요. 지금도 온통 땀을 흘리고 있어요.

치료자: 그것이 어떻게 당신이 죽어 가고 있다는 것을 의미하지요?

환　자: 그것이 죽는 것과 같기 때문이에요.

치료자: 어떻게 알지요?

환　자: [잠시 생각한 후에] 잘 모르겠어요. 하지만 나는 이것들이 죽어 가는 신
　　　　호라고 생각돼요.

이 환자의 규칙(전제)은, 이러한 증상들의 결합은 죽음이 임박한 것과 같다
는 것이다. 그러나 실제로 그 증상들(심장 두근거림, 초점 맞추는 것의 어려움, 짧
은 호흡)은 급성 불안발작의 전형적인 신호들이다. 환자의 생각과 불안은 악순
환을 형성한다. 죽음에 대한 생각은 불안을 증가시켜서 생리적인 증상들의 증
가로 이어지고, 이러한 증상들은 다시 임박한 죽음의 신호로 해석된다.

이러한 규칙이 어떻게 정서장애로 확대될까? 규칙은 극단적인 단어들로 표
현되는 경향이 있기 때문에, 이는 극단적인 결론으로 이끈다. 그것은 삼단논
법과 같이 적용될 수 있다.

대전제: 내가 사랑받지 못한다면, 나는 무가치하다.
특수 사례: 레이먼드는 나를 사랑하지 않는다.
결론: 나는 무가치하다.

물론 환자는 삼단논법의 형식에서 일련의 생각들을 다 말하지는 않는다.
대전제(규칙)는 이미 그의 인지 조직의 일부분으로서, 인식되지 않은 채 현재
의 상황에 적용된다. 그는 소전제(특수 사례)에 대해 반추할 것이고, 도달한 결
론을 확실하게 의식할 것이다.

심리장애에서 특징적으로 나타나는 사고장애는 규칙의 가동이라는 관점에
서 분석될 수 있다. 과장, 과잉일반화, 절대성 등과 같은 특징적인 사고 왜곡
은 규칙의 틀 속에 붙박이처럼 끼어 있다가, 결과적으로 개인이 과장되고 과
잉일반화되고 절대적인 결론을 내리도록 한다. (물론 정상적인 상태에서는 보다
더 유연한 규칙들이 있는데, 이것들은 장애 상태에서 우세해지는 보다 더 극단적인
규칙들을 완화하는 경향이 있다.) 환자가 사로잡혀 있는 주제가 그의 예민한 영

역과 관련될 때, 보다 원시적인 규칙이 보다 성숙한 규칙을 대신해서 자리 잡게 된다. 일단 환자가 극단적인 결론의 타당성을 받아들이면, 그는 그 원시적인 규칙의 점증적인 확장에 더 취약해지게 될 것이다.

예를 들어, 그가 만일 '친구들이 오늘 내게 전화하지 않은 것을 보면 그들은 나를 형편없고 무가치한 존재로 여김에 틀림없어.'라는 생각에 굴복한다면, 그는 이 결론을 전제로 하여 더 확장된 결론으로 나아갈 것이다. '나는 무가치하기 때문에 아무도 날 좋아하지 않을 거야.' 이 전제는 또한 이어지는 결론을 위한 발판이 된다. '사랑 없이는 인생은 살 가치가 없어. 따라서 더 이상 삶을 지속해야 할 이유가 없어.'

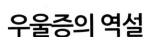

인지치료와 정서장애

제5장

우울증의 역설

깬 채로 침대에 누워
미래를 계산하고,
엉긴 것과 감긴 것과 꼬인 것을 풀려고 애를 써 보고,
지나간 일과 앞으로의 일을 이어 맞추려 하네.
한밤중과 새벽 사이, 과거가 모두 속임수일 때,
미래는 미래가 없네.

— T. S. Eliot

한 과학자는 어느 명망 있는 과학자 집단의 회장직을 맡은 직후 점차로 침울해지더니, 자신의 직업을 버리고 부랑자로 살고 싶은 충동을 강하게 느낀다고 한 친구에게 털어놓았다.

자녀들에게 언제나 강한 사랑을 느껴 왔던 어느 헌신적인 어머니는 언제부턴가 자녀들을 방치하기 시작했고, 먼저 자녀들을 죽이고 나서 자신도 자살하려는 심각한 계획을 세웠다.

다른 어떤 만족보다도 식도락에서 가장 큰 만족을 느껴 왔던 한 쾌락주의자는 음식을 혐오하고 먹는 것을 거부하기 시작하였다.

한 여성이 가까운 친구의 갑작스러운 죽음 소식을 들은 후 몇 주가 지나서야 얼굴에 미소를 보였다.

그 개인의 이전 행동이나 가치와 전혀 일관되지 않은 이러한 이상한 행동들은 모두 같은 기저의 조건, 즉 우울증의 표현이다. 우울증은 무슨 심술궂은 힘으로 가장 신성한 인간 본성과 생명활동을 조롱하는가?

자기보존의 본능과 모성 본능은 자취를 감춘다. 배고픔이나 성적 충동과 같은 기본적인 생물학적 욕구는 소멸된다. 모든 고뇌를 잠재워 주던 수면이 방해를 받는다. 다른 사람에 대한 매력, 사랑, 애정과 같은 '사회적 본능'은 증발된다. 쾌락원리와 현실원리, 즐거움을 최대화하고 고통을 최소화하려는 목표는 그 방향이 바뀐다. 이 색다른 병의 희생자는 즐기는 능력이 사라질 뿐 아니라 자신의 괴로움을 강화시키는 방향으로 행동하도록 내몰리는 듯 보인다. 그는 유머러스한 상황에 웃음으로 반응하는 능력이나 분노케 하는 상황에 분노로 반응하는 능력을 잃어버린 것처럼 보인다.

한때 이 이상한 질병은 희생자를 사로잡은 악마 때문인 것으로 추정되었다. 그 이후로 발전한 이론들도 아직까지는 우울증의 문제에 대해서 영구적인 해결책을 제시하지 못하였다. 우리는 인간의 본성에 대해 가장 견고하게 확립된 개념들을 믿을 수 없는 것으로 만드는 한 심리 장애에 의해 여전히 가로막혀 있다. 역설적이게도 우울증의 이례적인 현상들이 이 신비한 조건을 이해하는 데 실마리를 제공해 줄 수도 있을 것이다.

우울한 환자들의 행동에서 나타나는 완전한 반전은 좀처럼 어설픈 설명을 허용하지 않는다. 우울한 기간 동안 환자가 표면적으로 드러내는 성격은 이전에 그가 지녀온 성격보다는 다른 우울증 환자들의 성격에 훨씬 더 유사하다. 즐거움과 기쁨의 감정은 슬픔과 무감각으로 대체된다. 다양한 활동에 대한 자발적인 참여의 욕구는 수동성과 도피의 욕구에 의해 가려진다. 배고픔과 성적 욕망은 음식과 성에 대한 혐오감으로 대체된다. 일상생활에 대한 흥미와 참여는 회피와 철수로 전환된다. 마지막으로 삶에의 소망은 중지되고 죽음에의 소망으로 대체된다.

우울증을 이해하기 위한 첫 단계로서, 우리는 다양한 현상들을 이해 가능한 연쇄로 정리해 볼 수 있을 것이다. 다양한 이론가들은 강렬한 슬픔, '동면'하고 싶은 소망, 자기 파괴의 소망, 또는 생리적 장애 중 하나에 가장 중요한 우선순위를 부여해 왔다.

고통스러운 감정이 촉매작용을 하는가? 만일 우울증이 일차적으로 정서적인 장애라고 한다면, 우울증의 다른 증상들은 그 정서 상태에 기초하여 설명될 수 있어야 할 것이다. 그러나 불쾌한 주관적 상태는 그 자체로 다른 우울 증상들에 대한 적합한 자극이 되지 않는 것으로 보인다. 신체적 고통, 메스꺼움, 현기증, 호흡곤란, 불안과 같이 다른 많은 고통스러운 상태는 좀처럼 중요한 목표의 포기, 애정의 소거, 죽음에 대한 소망과 같은 우울증의 전형적인 증상들로 이끌지 않는다. 이와는 반대로, 신체적 고통을 겪는 사람들 중에는 그들이 의미 있게 여기는 삶의 측면들을 이전보다 오히려 더 소중히 여기는 사람도 있다. 더구나, 슬픔의 상태는 우울증에 특징적인 자기 처벌, 사고의 왜곡, 자기충족 욕구의 상실 등을 낳을 만한 속성을 지니고 있지 않다.

우울증의 또 다른 측면들에 중요성의 우선순위를 부여하려 할 때에도 이와 비슷한 문제가 발생한다. 어떤 이론가들은 다른 사람들과의 애착관계에서 나타나는 수동성과 철수에 천착하여, 우울증은 동면(겨울잠)에 대한 격세유전적인 소망에 기인한다는 개념을 발전시켰다. 그러나 만일 우울증의 목표가 에너지를 아끼고 보존하려는 것이라면, 환자들은 왜 스스로를 책망하며, 초조할 때에는 왜 끊임없이 목적 없는 활동에 참여하려 하는가? 그들은 왜 에너지의 원천으로서의 자기 자신을 파괴하려고 하는가?

수면, 식욕, 성에서의 장애와 같은 생리적 증상들에 일차적인 역할을 부여하는 것 또한 문제가 있다. 이러한 생리적 장애가 자기비판, 세상에 대한 부정적 관점, 분노와 웃음의 상실과 같은 다양한 현상들을 이끈다는 순차적인 연쇄를 이해하기는 쉽지 않다. 급성 신체 질환에서 기인하는 식욕 상실이나 수면장애와 같은 생리적 반응들이 우울증의 다른 증상들을 이끌지 않는다는 것은 분명하다.

실마리: 상실감

우울증의 현상들을 이해 가능한 순서의 연쇄로 분류하려는 과제는 환자에게 그가 무엇에 대해 슬퍼하는지를 질문해 보거나, 그의 반복되는 생각들을 표현하도록 격려해 보면 단순해질 수 있다. 우울한 환자들은 일반적으로 다음과 같은 자발적인 진술을 통해서 핵심적인 정보를 제공한다. "나는 무가치한 사람이기 때문에 슬퍼요." "내게는 미래가 없어요." "나는 모든 것을 잃었어요." "가족들은 모두 나를 떠나갔어요." "내 곁에는 아무도 없어요." "인생은 내게 아무런 의미가 없어요." 우울한 환자의 말에서 지배적으로 나타나는 주제를 찾아내는 것은 어렵지 않다. 그는 자신의 행복을 위해서 필수적이라고 여겨지는 어떤 요소 혹은 자질(목표를 달성할 수 있는 능력, 매력, 가족이나 친구와의 친밀감, 유형의 소유물, 건강, 명예나 지위 등)이 자신에게 결핍되어 있다고 생각한다. 이러한 자기평가는 그가 삶의 상황을 지각하는 방식에도 잘 반영되어 나타난다.

상실의 주제를 탐색하면서, 우리는 심리장애는 인지적인 문제가 그 중심에 있다는 것을 발견한다. 우울한 환자는 특정한 방향의 왜곡을 보인다. 그는 세상에 대한 부정적인 견해, 자신에 대한 부정적인 개념, 그리고 미래에 대한 부정적인 평가, 즉 인지삼제(cognitive triad)를 지니고 있다.

그러한 왜곡된 평가는 그의 영역의 축소와 관계되어 있으며, 그를 슬픔으로 이끈다(3장). 그가 소중히 여기는 자질, 관계, 성취에 대한 그의 생각은 상실의 개념으로 흠뻑 젖어 있다. 그가 자신의 현재 위치를 생각할 때, 그는 황량하기만 한 세상을 본다. 그는 자신에게서 얼마 남지 않은 자원마저 갈취하고 자신이 원하는 것을 얻지 못하게 하는 외부의 요구들로 인해 압박감을 느낀다.

'패배자(loser)'라는 단어는 우울증 환자가 자기 자신과 자신의 경험에 대해 평가하는 말에서 묻어 나는 냄새를 잘 포착하는 것으로 보인다. 그는 소중한 친구, 건강, 소유물 등 아주 중요한 것을 잃어버렸다는 생각에 괴로워한다.

그는 또한 자기 자신을 일상적인 의미에서의 '패배자'로 여긴다. 그는 스스로 생각하기에 '잘 맞지 않는 사람(misfit)'이다. 즉, 자신에게 주어진 책임을 다하지 못하고 목표를 달성하지 못하는, 열등하고 부적합한 존재이다. 그는 어떤 일에 착수할 때 패배하거나 실망할 것을 기대한다. 그는 자는 동안에도 안식을 얻지 못한다. 그는 꿈에서조차 반복적으로 패배자요 부적합자이다.

상실의 개념에 대해 생각할 때, 우리는 의미와 함축의 중요성에 대해 더 민감해야 한다. 어떤 한 사람에게는 고통스러운 상실을 의미하는 것이 어떤 다른 사람에게는 별것 아닌 일로 간주될 수 있다. 우울한 환자는 가설적 상실(hypothetical loss)과 가짜 상실(pseudo loss)에 빠질 수 있다는 것을 인식할 필요가 있다. 그는 어떤 잠재적 상실에 대해 생각할 때, 그것이 마치 이미 이루어진 사실인 것처럼 간주한다. 예를 들어, 한 우울한 남자는 아내가 그와의 약속 시간에 아직 나타나지 않았을 때 아내가 오는 길에 죽었을지도 모른다고 생각하였다. 그는 그 가설적 상실을 실제 일어난 일처럼 받아들이고는 절망감을 느꼈다. 가짜 상실이란 어떤 사건(예를 들면, 실제적으로는 이득일 수 있는 지위상의 변화)을 상실이라고 잘못 이름 붙이는 것을 말한다. 한 우울한 환자는 자신이 가진 주식의 일부를 매우 큰 차익을 남기고 팔았다. 하지만 그는 안정적인 자산이 줄어들었다는 생각에 지속적으로 박탈감을 경험하였다. 그는 주식의 매도로 자신이 궁핍해졌다는 생각을 계속 반추하였다.

상실의 지각이 슬픔의 감정을 유발한다고 하더라도, 상실감이 어떻게 우울증의 다른 증상들(비관주의, 자기비판, 도피-회피-자포자기, 자살소망, 생리적 장애)을 만들어 내는 것일까?

이 질문에 답하기 위해서는 우울증의 연대기, 즉 증상의 시작에서부터 증상이 완전히 발달되기까지의 과정을 탐색해 보는 것이 도움이 될 것이다. 이 일련의 진행과정은 '반응성 우울증(reactive depression)', 즉 뚜렷한 촉발 요인이 있는 우울증의 사례에서 가장 분명하게 드러난다. 증상의 시작이 분명치 않게 서서히 진행하는 다른 우울증의 사례에서도 (보다 더 미묘하지만) 비슷한 패턴이 나타난다.

우울증의 발달

우울의 성향이 있는 사람은 그의 발달과정에서, 부모를 여의거나 또래들로 부터 오랫동안 따돌림을 당하는 것과 같은 삶의 불리한 상황들로 인해 어떤 영역에 대해서 민감해졌을 수 있다. 뚜렷해 보이지 않는 다른 불리한 조건들 또한 이와 비슷하게 우울증에 대한 취약성을 만들어 낼 수 있다. 이러한 외상 적인 경험들로 인해서, 개인은 나중에 이와 유사한 상황에 처했을 때 과잉 반응하는 성향을 갖게 된다. 그는 유사한 상황이 발생하면 극단적이고 절대적인 판단을 내리는 경향을 지닌다. 상실은 회복 불가능한 것으로, 무관심은 전적 인 거부로 판단된다. 우울의 성향이 있는 또 다른 사람들은 아동기 동안에 엄격하고 완벽주의적인 목표를 세우는데, 나중에 삶의 불가피한 좌절과 실망에 직면할 때 그들의 세계는 붕괴한다.[1]

성인 우울증에 책임이 있는 스트레스는 그 개인의 특정 취약성에 영향을 미친다. 수많은 임상 및 연구 보고서는 다음과 같은 유형의 사건들이 우울증 의 촉발 요인이라는 데 동의한다. 그것들은 애착 대상과의 관계 손상, 중요한 목표 달성의 실패, 실직, 재정 위기, 예기치 못한 신체장애, 사회적 지위나 평판의 상실 등이다. 만일 그 사건이 그의 개인적 영역에서의 돌이킬 수 없는 상실로 평가된다면, 이는 우울증을 촉발할 수 있다.

'촉발 사건'이라는 명칭이 정당화될 수 있으려면, 상실의 경험이 그 환자에게 실제적인 중요성을 지녀야만 한다. 그러나 촉발 요인이 항상 하나의 분리된 사건인 것만은 아니다. 배우자의 애정이 점차 식어 왔다거나 목표와 성취 간에 만성적인 괴리가 존재해 온 것과 같은 잠행적인 스트레스 역시 우울 증을 유발할 만큼 충분히 개인적 영역을 잠식할 수 있다. 예를 들어, 한 개인은 부모로서 혹은 배우자, 가장, 학생, 창조적 예술가로서 자신의 역할 수행이

---

[1] 우울 성향에 대한 더 포괄적인 설명을 위해서는 Beck(1967)을 보라.

지속적으로 불만족스러울 수 있다. 더욱이 개인이 기대하는 것과 그가 대인관계, 직업, 또는 다른 활동에서 실제로 받는 것 간에 괴리가 있음을 반복적으로 인지하게 되면, 그는 우울증에 빠질 수 있다. 요약하면, 상실감은 비현실적으로 높은 목표와 과도한 기대의 결과일 수 있다.

우울한 환자가 우울증이 시작되기 직전에 겪은 경험이 우울해지지 않은 사람들이 겪었다고 보고한 경험보다 더 심각하지 않은 경우도 종종 있다. 우울증에 취약한 사람들은 어떤 특정한 상실을 이해하는 방식에 있어서 다른 점이 있다. 그들은 그 상실에 대해서 과잉일반화하거나 지나친 의미를 부여한다.

예상치 못하게 아내에게 버림받은 한 남자의 사례를 통해서, 상실을 포함하는 외상적인 상황이 우울증으로 이끄는 방식을 이해해 보자. 아내에게 버림받은 일이 남편에게 미치는 영향은 예측하기 어려울 수 있다. 배우자에게 버림받은 사람이 모두 우울해지는 것은 분명 아니다. 비록 그가 버림받음의 경험을 고통스러운 상실로 받아들일 수는 있지만, 그는 가족이나 친구들처럼 빈자리를 채워 줄 다른 만족의 원천을 가지고 있을 수도 있다. 만약 그 문제가 단순히 인생에서 잠시 벌어진 틈과 같은 것에 불과하다면, 우리는 그가 임상적으로 우울해지지 않고 그 상실을 잘 견뎌 낼 수 있을 것이라고 기대할 수 있다. 그럼에도 불구하고 우리는 어떤 취약한 사람들은 그와 같은 상실에 대해서도 심각한 심리장애로 반응한다는 것을 알고 있다.

상실의 영향은 핵심 인물에 부여된 의미의 종류와 강도에 따라 달라질 수 있다. 우리의 예에서, 그 버림받은 남편에게 아내라는 존재는 모든 경험과 환상, 기대를 함께 공유한 중심이었다. 그 남편은 아내를 중심으로 하여 긍정적인 생각들의 연결망을 구축하고 있었다. '그녀는 나의 일부야.' '그녀는 내 삶의 전부야.' '내 인생이 즐거운 것은 다 그녀 때문이야.' '그녀는 나의 버팀목이야.' '내가 지칠 때 그녀는 내게 위로가 돼.' 이러한 긍정적인 생각들은 현실적인 것에서부터 지극히 비현실적인 것에까지 걸쳐 있다. 이러한 긍정적인 생각이 극단적이고 경직되어 있을수록, 개인적 영역에 대한 상실의 영향은 더 크다.

그 영역에 대한 타격이 충분히 크다면, 연쇄반응이 시작된다. 이제는 그의 아내로 대표되던 긍정적인 자산들이 완전히 씻겨 나갔다. '나를 행복하게 하는 유일한 사람' 또는 '나의 존재 이유'가 될 만큼 소중한 것을 상실함으로써, 상실의 영향은 극대화되고 더 큰 슬픔이 야기된다. 결과적으로, 그 버림받은 남편은 이전에 아내에게 극단적으로 긍정적인 생각을 품었던 것만큼이나 극단적으로 부정적인 결론을 내놓기에 이른다. 그는 상실의 결과를 다음과 같이 해석한다. '나는 그녀 없이는 아무것도 아니야.' '난 다시는 행복해질 수 없을 거야.' '난 그녀 없이는 더 이상 살 수 없어.'

버림받음의 추가적인 여파로, 그 남편은 자신의 가치에 대해 질문하기 시작한다. '내가 더 좋은 사람이었다면 그녀가 날 떠나지 않았을 텐데.' 더 나아가, 그는 결혼 파탄의 다른 부정적인 결과를 예견한다. '우리가 함께 어울렸던 친구들은 이제 모두 그녀 편에 설 거야.' '아이들은 내가 아니라 그녀와 함께 살고 싶어 하겠지.' '나는 두 집안을 유지하려다가 결국 파산하고 말 거야.'

이러한 연쇄반응이 만개한 우울증으로 진행되어 감에 따라, 그의 자기의심과 암울한 예측은 자기 자신과 세상, 미래에 대한 부정적인 일반화로까지 확장된다. 그는 자신이 감정적으로나 재정적으로 영원히 황폐해질 것이라고 생각하기 시작한다. 이에 더하여, 그는 자신이 겪는 사건을 과도하게 각색하면서 자신의 고통을 악화시킨다. '이건 사람이 견디기에는 너무 심한 고통이야.' '이건 끔찍한 재앙이야.' 이러한 생각들은 충격을 흡수해 줄 그의 능력과 동기를 잠식한다.

그 남편은 이전에 그에게 만족을 주던 활동과 목표로부터 스스로 멀어진다. 그는 직장에서 목표로 하던 것에 대한 투자를 철회한다('아내 없이는 그 모든 것이 무의미하기 때문에'). 그는 일을 하거나 자기 자신을 보살필 동기를 상실한다('그런 것은 노력할 가치가 없기 때문에'). 그의 고통은 식욕저하, 수면장애 등 우울증의 생리적 부산물로 인해 더욱 심화된다. 결국 그는 하나의 탈출구로서 자살을 생각하기에 이른다('삶이 너무 괴롭기 때문에').

이러한 연쇄반응은 순환적이어서, 우울증은 점점 악화된다. 슬픔, 신체 활동 감소, 수면장애 등의 다양한 증상들은 피드백이 되어 다시 심리적인 체계 안으로 되돌아온다. 따라서 그가 슬픔을 겪으면 그의 비관주의는 '난 언제까 지고 슬플 거야.'라는 결론으로 이끈다. 이런 생각은 더 큰 슬픔을 야기하고, 이런 슬픔은 또한 더욱 부정적인 방식으로 해석된다. 이와 마찬가지로, 그는 '나는 다시는 먹지도 못하고 자지도 못할 거야.'라고 생각하면서 자신의 건강 이 악화되고 있다고 결론짓는다. 그는 우울증의 다양한 결과(생산성 저하, 책임 회피, 대인기피 등)를 보면서, 자신에 대해서 더욱 비판적이 된다. 그의 자기비 판은 그를 더 큰 슬픔으로 몰고 간다. 우울한 사람의 이러한 모습에서, 우리는 지속적인 악순환을 보게 된다.

아내에게 버림받은 한 남편의 일화를 통해서, 우리는 취약한 사람에게 상 실이 미치는 영향과 그 여파를 잘 볼 수 있었다. 우리는 이제 이 하나의 사례 로부터 우울증의 발달과정에 대한 일반화를 확립하기 위하여 첫 걸음을 떼었 다. 우울증의 연쇄반응은 학교나 직장에서의 실패와 같은 다른 종류의 상실에 의해서도 촉발될 수 있다. 핵심적인 인간관계에서의 어려움과 같은 보다 더 만성적인 상실 또한 우울증의 촉발 요인이 될 수 있다.

우울증의 연쇄반응이라는 개념은 다음과 같은 질문에 대한 답을 제공하는 데로까지 확장될 수 있다. 우울증 환자는 왜 자존감이 낮은가? 그는 왜 비관 적인가? 그는 왜 자기 자신을 심하게 비난하는가? 그는 왜 포기하는가? 그는 왜 그를 도울 사람이 없다고 생각하는가?

낮은 자존감과 자기비판

우울증 환자가 불행한 사건(이별, 거절, 실패 등)에 대해 반성할 때, 그는 이 러한 경험이 자신에 대해 무엇을 말해 주는지를 깊이 고민한다. 그는 이러한 불행한 사건이 자기 자신의 가증스러운 결점 때문에 일어났다고 생각하는 경 향이 있다. 그 버림받은 남편은 '내가 사랑스럽지 않으니까 그녀를 잃은 거 야.'라고 결론짓는다. 물론 이 결론은 부부간의 성격 불일치, 아내 자신의 문제, 혹은 남편에 대한 감정이 변했다기보다는 자극과 모험을 추구하고 싶어 하는 아내의 욕구 등과 같이, 많은 가능한 설명 중의 하나일 뿐이다.

환자가 상실의 이유를 자신에게로 돌릴 때, 그의 영역에 있던 작은 틈은 깊은 협곡이 되어 버린다. 그는 상실 자체로 고통스러워할 뿐 아니라 자신 안에서 결함을 '발견'하기에 이른다. 그는 이 결함을 매우 과장되게 본다. 애인에게 버림받은 한 여성은 '나는 점점 늙어 가고 있고 추해져 가고 있어. 내 외모는 분명 남에게 혐오감을 줄 거야.'라고 생각한다. 전반적인 경기침체 때문에 직장을 잃은 한 남자는 '나는 무능력해. 삶을 살아가기에 난 너무 약해.'라고 생각한다.

버림받은 것을 자신의 결함 때문이라고 생각함으로써, 그 환자는 다른 부가적인 병적 증상을 경험하게 된다. 결함에 대한 확신이 엄연한 사실이 되면서, 그 생각은 자기 자신에 대한 그의 모든 생각에 깊숙이 스며들게 된다. 시간이 흘러가면서, 자신의 부정적인 속성에 대한 그의 생각이 그의 자아상을 장악하기에 이른다. 자신을 묘사해 보라는 질문을 받으면, 그는 자신의 '나쁜' 특성만을 생각해 낼 수 있을 뿐이다. 그는 자신이 실제 가진 능력과 자신이 실제 이뤄 낸 성취로 주의를 돌리는 데 큰 어려움을 느끼며, 그가 과거에 스스로에 대해 가치 있게 생각했던 특성을 간과하거나 깎아내린다.

스스로 가정하는 자신의 결함에 대한 집착은 다양한 형태로 나타난다. 그는 모든 경험을 결함의 관점에서 평가한다. 그는 모호한 경험이나 다소 부정적인 색조를 띠는 경험에 대해서, 이를 자신의 결함의 증거로 해석한다. 예를 들어, 한 우울한 여성은 동생과의 가벼운 논쟁 후에 '나는 사랑을 줄 줄도 받을 줄도 모르는 사람이야.'라고 생각하고는 더 우울해졌다. 실제로 그녀에게는 많은 친한 친구들이 있었고, 사랑하는 남편과 아이들이 있었다. 한 친구가 너무 바빠서 그녀와 전화 통화를 하는 것이 어려워졌을 때, 그녀는 '이제 그 친구는 더 이상 나와 상대하고 싶지 않은가 보다.'라고 생각하였다. 남편이 사무실에서 늦게 귀가했을 때, 그녀는 남편이 자신을 피하고 싶어서 집에 들어오지 않는다고 생각하였다. 아이들이 식탁에서 반찬 투정을 하면, 그녀는 '내가 아이들을 잘못 키웠어.'라고 생각했다. 이러한 사건들에 대해서 실제로 더 개연성 있는 설명들이 있었음에도 불구하고, 그녀는 다른 설명을 고려해 보는 것조차 매우 어려워했다.

자신을 남과 비교하는 경향은 자존감을 더욱 저하시킨다. 다른 사람과의 접촉은 매번 부정적인 자기평가로 귀결될 수 있다. 다른 사람과 대화하면서, 우울한 환자는 '나는 역시 말을 잘 못해. 나는 다른 사람들만큼 재미있는 사람이 아니야.'라고 생각한다. 그가 거리를 따라 걸어갈 때면, 그는 '저들은 다 매력적인데 난 매력적이지 않아. 나는 자세도 구부정하고 입 냄새도 심해.'라고 생각한다. 그는 한 엄마가 아이와 함께 걸어가는 것을 보면서 '그녀는 나보다 훨씬 더 좋은 부모일 거야.'라고 생각한다. 또한 그는 열심히 일하고 있는 다른 사람을 보면서 '다들 열심히 일하는데 나만 게으르구나. 난 구제불능이야.'라고 생각한다.

우울증에서 나타나는 가혹하고 부적절한 자기비난은 많은 이론가들에게 무시되었거나 매우 추상적인 이론화만을 자극해 왔다. 프로이트는 사별한 환자는 떠난 애정 대상을 향한 무의식적인 적개심을 지니고 있다고 가정하였다. 그는 이러한 적개심의 경험을 스스로 허용할 수 없기 때문에, 그 분노를 자신쪽으로 향하게 하여 실제로는 그 애정 대상의 특징이었던 결점을 자신의 결점인 양 비난하게 된다. 이러한 반전된 분노의 개념은 우울증의 많은 이론들 속에 지금도 확고하게 자리 잡고 있다. 프로이트가 제안한 경로는 환자들에게서 직접 얻은 정보와 거리가 멀기 때문에 검증하기가 어렵다.

환자들의 말을 면밀하게 검토해 보면, 자기비난에 대한 보다 더 절약적인 설명을 얻을 수 있다. 많은 우울한 환자들이 이전에는 높이 평가하던 자신의 속성에 대해 비판적이라는 사실을 통해서, 우리는 자기비판의 발생에 대한 단서를 발견할 수 있다. 예를 들면, 예전에는 거울 속의 자신의 모습을 즐기던 한 여성이 "난 늙고 추해.'라며 경멸하듯이 스스로를 비난한다. 늘 뛰어난 화술로 사람들의 이목을 끄는 것을 즐겨 오던 또 다른 여성이 급성 우울증에 빠진 후에는 '나는 사람들을 즐겁게 만드는 능력이 없어. 나는 점잖은 대화조차도 할 수가 없어.'라고 자신을 비판한다. 두 사례에서, 우울증은 모두 친밀한 관계의 손상에 의해 촉발되었다.

우울한 환자들의 병력을 살펴보면, 환자는 일상 스트레스를 조절하거나, 새로이 닥친 문제를 해결하거나, 중요한 목표를 달성하는 데 필요한 자신의 능력을 지금은 평가절하하고 있지만, 이전에는 그 능력에 의지해 왔다는 것을 발견한다. 그가 자신으로서는 심각한 문제를 해결할 수 없고, 목표를 달성할 수 없으며, 상실을 회복할 수 없다는 결론에 이르렀을 때, 그는 그 자산들을 평가절하하게 된다. 이러한 자산과 능력이 사라진 것처럼 보일 때, 그는 더 이상 삶에서 만족을 얻을 수 없고 오직 남은 것은 고통과 괴로움뿐이라고 생각하기 시작한다. 그는 실망에서 시작하여 자기비난으로, 그리고 비관주의로까지 나아간다.

자기비난의 심리기제를 이해하기 위해서, 우리는 평균적인 사람이 자신을 가해한 누군가를 비난하고 처벌하는 일련의 과정을 고려해 볼 필요가 있다. 그는 먼저 가해자의 나쁜 행동을 설명하기 위해서 그 가해자의 나쁜 특질(예를 들면, 둔감함, 이기적임 등)을 찾아내려 노력한다. 그다음에 그는 이 특징적인 결점을 일반화하여 그 가해자의 전체 이미지에 덮어씌운다. '그는 이기적인 인간이야.' '그는 나쁜 인간이야.' 이렇게 도덕적인 판단을 내리고 나면, 그는 가해자를 응징할 방도를 찾는다. 그는 가해자를 깎아내릴 뿐만 아니라, 기회만 주어진다면 그에게 상처를 주기 위하여 그의 민감한 부분에 타격을 가하려 한다. 마지막으로, 그 가해자가 그에게 고통을 주었기 때문에, 그는 가해자와의 관계를 거부하고 단절하고자 할 것이다.

자기를 비판하는 우울한 환자들도 스스로 가정하는 결함에 대해서 이와 비슷한 방식으로 반응하여, 자기 자신을 공격의 표적으로 삼는다. 그는 자신에게 잘못이 있으며, 자신은 비난받아 마땅하다고 생각한다. 그는 "만약 너의 눈이 너로 죄를 짓게 하거든 그 눈을 빼 버리라."는 성경의 명령을 넘어선다. 그의 도덕적인 정죄는 어떤 특정한 특질을 넘어서 자기개념 전체로 확대되며, 종종 자기혐오감이 수반된다. 그의 자기정죄의 궁극은 전적인 자기거부로 나타나는데, 이는 그가 잘못을 저지른 타인을 전적으로 거부하는 것과 같은 모습이다.

자기비판, 자기정죄, 자기거부는 어떤 영향을 미칠까? 그 환자는 마치 다른 사람이 자신을 공격하는 때와 똑같이 자신의 공격에 반응한다. 그는 상처를 입고, 슬픔과 모욕감을 느낀다.

프로이트와 최근의 많은 이론가들은 슬픔을 내면으로 향한 분노의 변환으로 이해하였다. 일종의 '연금술'에 의해서, 반대 방향으로 향한 분노가 우울한 감정으로 전환되는 것이라고 가정되었다. 그러나 더 간단한 설명은, 슬픔이란 스스로 부추긴 자존감 저하의 결과라는 것이다. 내가 어느 학생에게 그의 학업수행이 형편없다고 알렸고, 그는 그 평가를 정당한 것으로 받아들였다고 가정해 보자. 내가 나의 평가를 화내지 않고 알렸고 오히려 후회와 공감을 표현하며 알렸다고 하더라도, 그는 슬픔을 느낄 것이다. 그의 자존감이 저하된 것만으로도 그는 충분히 슬퍼할 만하다. 이와 유사하게, 만일 그 학생이 스스로에 대해 부정적인 평가를 내린다면, 그는 슬픔을 느낄 것이다. 우울한 환자는 자기를 비하하는 그 학생과 같다. 그는 자신의 부정적인 평가로 자신의 가치를 낮춤으로써 슬픔을 느끼는 것이다.

우울한 환자가 자신에 대해 부정적으로 평가할 때, 그는 일반적으로 자신에게 분노를 느끼지 않는다. 그는 단지 자신의 참조 틀 내에서 객관적인 판단을 하고 있을 뿐이다. 마찬가지로, 다른 누군가가 자신을 부정적으로 평가한다고 생각될 때, 그는 슬픔으로 반응한다.

비관주의

비관주의는 마치 파도처럼 우울한 환자의 생각의 내용을 휩쓸고 지나간다. 우리는 모두 어느 정도는 '미래를 살아가고' 있다. 우리는 어떤 경험을 해석할 때, 그 사건이 지금 당장 무엇을 의미하는가의 관점에서뿐 아니라 그것이 어떤 결과를 가져올 것인가의 관점에서도 해석한다. 방금 전에 여자 친구에게서 칭찬을 들은 한 젊은 청년은 앞으로 더 많은 칭찬을 들을 것을 기대한다. 그는 아마도 '그녀는 나를 정말 좋아해.'라고 생각할 것이며, 그녀와의 더 친밀한 관계를 예견할 것이다. 그러나 만일 그가 거절을 당한다면, 그는 그러한 불쾌한 경험이 앞으로도 반복될 것을 예상할 것이다.

우울한 환자들은 미래의 역경과 불운을 기대하고 그것이 마치 지금 일어나고 있고 과거에도 일어났던 것처럼 경험하는 특별한 편향을 지니고 있는 것으로 보인다. 예를 들면, 사업상의 가벼운 재정난을 겪은 한 남자는 자신이 결국 파산할 것이라고 생각하기 시작하였다. 파산의 주제에 곰곰이 몰두하면서, 그는 자신이 이미 파산한 것처럼 생각하였다. 결과적으로, 그는 실제로 파산했을 때와 같은 만큼의 슬픔을 느끼기 시작하였다.

우울한 환자들의 미래 예측은 과잉일반화되고 극단적인 경향이 있다. 환자들은 미래를 현재의 연장으로 간주하기 때문에, 상실과 패배가 영원히 지속될 것이라고 기대한다. 만일 한 환자가 지금 비참한 기분을 느끼고 있다면, 그는 언제까지고 이 비참한 기분이 계속될 것이라고 생각한다. 다음과 같은 말 속에는 절대적이고 전반적인 비관주의가 잘 나타나 있다. '난 뭘 해도 안 될 거야.' '삶은 무의미해. 앞으로도 변할 건 아무것도 없어.' 그 우울한 환자는 그가 지금 목표를 달성할 수 없기 때문에 앞으로도 그럴 것이라고 판단한다. 그는 다른 보상적인 목표로 대체할 수 있는 그 어떤 가능성도 보지 못한다. 더욱이 만일 어떤 문제가 지금 해결하기 어려워 보이면, 그는 앞으로 그 문제를 해결하거나 잘 넘길 만한 어떤 방법도 찾을 수 없을 것이라고 생각한다.

비관주의로 이끄는 또 다른 흐름은 환자 자신의 부정적인 자기개념으로부터 흘러나온다. 상실의 외상은 그에게는 자신이 어떤 식으로든 결함이 있다는 것을 의미하기 때문에 특히나 큰 타격을 준다. 그는 그 결함이 자신을 정의하는 필수적인 부분이라고 생각하기 때문에, 그 결함을 영구한 것으로 간주한다. 다른 어느 누구도 자신이 이미 상실한 재능과 속성을 회복시켜 줄 수 없다. 또한 그의 비관주의적인 견해는 그의 '결점'이 갈수록 더 악화될 것이라고 기대하게끔 만든다.

　이러한 비관주의는 일반적으로 삶의 중요한 목표를 이루는 데 있어서 자기 자신만이 도구가 될 수 있다고 믿는 사람들에게 특히나 더 큰 타격을 주는 것으로 보인다. 그는 특징적으로 자신의 목표를 달성하는 데 있어서 자신의 능력과 열정, 개인적 매력에 의지한다. 예를 들어, 한 우울한 작가는 자신의 작품에 대해서 그가 기대한 만큼의 찬사를 받지 못하였다. 자신의 기대에 이르지 못하자, 그는 두 가지 결론을 내렸다. 첫째는 그의 글쓰기 능력이 퇴화되고 있다는 것이었고, 둘째는 창조적인 능력은 본래 타고난 것이어서 그의 능력 없음은 어느 누구에 의해서도 구원될 수 없다는 것이었다. 따라서 그에게 그 상실은 회복 불가능한 것이었다.

　이와 비슷한 반응은 수학경시대회에서 상을 받지 못한 한 학생에게서도 발견된다. 그의 반응은 '나는 수학능력을 다 잃어버렸어. 나는 앞으로 어떤 대회에서도 잘할 수 없을 거야.'라는 것이었다. 그에게 있어서 상을 받지 못하는 것은 완전히 실패한 것과 동등했기 때문에, 그는 과거, 현재, 미래의 전 인생이 실패라고 받아들였다.

　한 정력적인 전문직 여성은 일시적인 요통으로 꼼짝없이 침대에 누워 지내야만 했을 때 우울해졌다. 그녀는 이제부터 항상 침대에 누워서만 지내야 할 것이라고 생각하였다. 그녀는 자신의 일시적인 장애를 영원히 고칠 수 없는 것으로 간주한 것이다.

　비관주의가 환자의 실패에 대한 태도에 전적으로 스며들면서, 다음과 같은 생각들이 그를 지배하게 된다. '게임은 끝났어. 내게 두 번 다시는 기회가 없을 거야. 인생은 나를 지나쳐 버렸어. 이제 와서 뭘 한들 너무 늦었어.' 그의 상실은 회복 불가능하며, 그의 문제는 해결 불가능한 것으로 보인다.

　비관주의는 먼 미래를 삼켜 버릴 뿐 아니라, 환자의 모든 소망과 그가 맡은 모든 일에도 스며들어 간다. 집안일의 목록을 작성하던 한 주부는 어떤 일이든 새로 시작하려고만 하면 자신이 잘할 수 없을 것이라고 생각하였다. 한 우울한 내과의사는 새로운 환자를 만나기 전에 자신이 제대로 진단을 내리지 못할 것이라고 예상하였다.

부정적인 기대는 때로 너무 강해서, 설사 그 환자가 어떤 특정 과제에서 성
공한다 해도 그는 다음 번에는 실패할 것이라고 예상한다. 그는 자신의 부정적
인 기대와 상반되는 성공 경험들을 통합하지 못하거나 체로 걸러내 버린다.

눈덩이처럼 커지는 슬픔과 무감동

우울증의 시작은 갑작스러울 수 있지만, 그 발달과정은 수일 혹은 수주에 걸
쳐 점진적으로 진행된다. 환자는 그의 기분이 '바닥을 칠' 때까지 슬픔이나 다
른 증상들의 강도가 점점 증가하는 것을 경험한다. 상실에 대한 생각을 매번
반복하는 경향이 너무 강해서, 이전의 상실 목록에 새로운 상실 경험이 계속
추가된다. 매번 추가되는 연속적인 '상실'로 인해서, 슬픔도 더욱 커져 간다.

앞서 4장에서 기술한 것처럼, 각 정신병리적 상태는 특정 유형의 경험에 대
한 민감성으로 특징지어질 수 있다. 우울한 사람은 상실을 암시하는 요소들을
추출하고, 이러한 해석과 일치하지 않거나 상반되는 다른 요소들을 간과하는
경향이 있다. 이러한 '선택적 추상화'의 결과로, 그는 일상의 사건을 상실의 관
점에서 과잉해석하고, 긍정적인 해석을 염두에 두지 않는다. 그는 상실을 암시
하는 자극에 매우 예민한 반면, 이득을 나타내는 자극에 대해서는 눈을 감아
버린다. 그는 과거 경험을 회상하는 데 있어서도 비슷한 선택적 경향을 보여
준다. 그는 불행한 경험을 쉽게 회상해 내지만, 긍정적인 경험에 대해서는 잘
회상하지 못한다. Lishman(1972)은 기억에서의 이러한 선택성을 실험적으로 잘
보여 주었다.

이러한 '터널 시야'의 결과로, 그는 즐거운 감정을 유발할 수 있는 자극에
는 둔감해지게 된다. 비록 그가 어떤 사건이 우호적이라는 것을 인정할 수 있
다 해도, 다음과 같은 그의 태도들은 행복한 감정을 차단한다. '난 행복할 자
격이 없어.' '나는 다른 사람들과 달라서, 그들이 행복을 느끼는 일에서 행복
을 느낄 수 없어.' '모든 일들이 다 나쁘게 흘러가는데 내가 어떻게 행복할 수
있지?' 이와 유사하게, 그의 부정적인 태도와 자기참조 경향('내 인생에서 즐

거운 것은 없어.')으로 인해서, 그는 익살스러운 상황에서도 재미있어 하지 않
는다. 그는 분노를 경험하는 데에서도 어려움을 보이는데, 자신은 다른 사람
들의 무례하고 모욕적인 행동에 책임이 있어서 그런 행동을 받아 마땅하다고
생각하기 때문이다.

절대적인 용어로 생각하는 경향은 슬픔이 누적되는 데 많은 기여를 한다.
그는 다음과 같은 극단적인 생각들에 깊이 빠지는 경향이 있다. '삶은 의미가
없어.' '아무도 날 사랑하지 않아.' '나는 완전히 부적응자야.' '내게 남은 건
아무것도 없어.'

만족감과 긴밀하게 연결된 자신의 자질을 격하시킴으로써, 그는 자신에게
서 만족감을 빼앗는다. 한 우울한 환자는 자신의 매력적인 외모를 평가절하하
면서 다음과 같이 말한다. "나는 이제 더 이상 내 신체적인 외모를 즐길 수 없
어. 또한 더 이상 그로 인해 받았던 찬사, 그로 인해 맛볼 수 있었던 우정을 즐
길 수 없어." 만족감의 상실은 정서 흥분의 방향을 역전시키는(행복에서 슬픔
으로) 심리기제의 시동을 건다. 비관주의의 지배적인 조류는 슬픔의 상태를
지속시킨다.

상실의 일상적인 결과는 슬픔이지만, 일부 우울증 환자들이 보이는 수동적
인 체념은 슬픔과는 다른 감정 상태를 야기한다. 우울한 환자가 자신을 완전
한 실패자로 간주하여 자신의 목표를 포기할 때, 그는 무감각해질 수 있다. 무
감동은 종종 감정의 부재로 경험되기 때문에, 그는 이 상태를 자신이 감정을
느낄 수 없다는 신호, 즉 자신의 '내면이 죽어 간다.'는 신호로 잘못 해석할 수
있다.

동기의 변화

삶의 주요 목표가 뒤바뀌는 현상은 심각한 우울증 환자들에게서 나타나는
가장 곤혹스러운 특징 중 하나이다. 그는 전에는 그에게 만족을 주었거나 그
의 삶의 주류를 형성했던 경험들을 회피하고 싶어 할 뿐 아니라, 아무런 활동

도 하지 않으려는 상태에 이끌린다. 그는 심지어 자살을 통해서 삶으로부터 완전히 도피하려 한다.

환자의 동기 변화와 상실의 지각 사이의 연결을 이해하기 위해서, 그가 '포기한' 방식을 고려해 보는 것이 도움이 될 것이다. 그는 예전이라면 자발적으로 나서서 맡았을 만한 일에 더 이상 흥미를 느끼지 않는다. 사실상 그는 일상적인 활동에 억지로 참여한다. 그는 자신이 하고 싶어서가 아니라, 그렇게 해야 한다고 믿기 때문에, '그렇게 하는 게 옳은 일'이기 때문에, 혹은 다른 사람들이 그렇게 하도록 종용하기 때문에, 일상적인 일에 마지못해 참여한다. 그는 마치 브레이크를 밟은 상태로 자동차를 운전하려 하거나 강을 역류하여 수영하려고 애쓰는 것처럼, 내면의 강력한 저항을 거슬러야만 일상적인 일에 겨우 참여할 수 있는 자신을 발견한다.

가장 극단적인 경우에, 환자는 '의지의 마비'를 경험한다. 그는 식물처럼 비활동의 상태로 가만히 있는 것 외에는, 어떤 것을 하려는 자발적인 욕구가 결여되어 있다. 그는 해야만 한다고 믿는 것을 하도록 억지로라도 자신에게 강제하는 '의지력'조차 동원할 수 없다.

동기 변화에 대한 이러한 기술을 보면서, 혹자는 어쩌면 신체적인 고갈을 가져오는 어떤 질병이 환자를 압도해서 그가 조금이라도 발휘할 만한 힘이나 자원이 다 고갈된 것은 아닐까 하고 추측해 볼 수도 있을 것이다. 생각만으로는, 폐렴이나 암같이 심각한 질병의 경우라면 사람을 그러한 비활동의 상태에 빠지게 하는 것이 가능할 것처럼도 보인다. 그러나 신체적 고갈의 개념은 자신이 '건설적'이거나 '정상적'인 활동을 **회피하려는** 강력한 욕구를 지니고 있다는 우울한 환자 자신의 관찰과는 상반된다. 그의 비활동은 어떤 면에서는 기만적인데, 왜냐하면 그것이 수동적이고자 하는 욕구에서뿐 아니라 불쾌하다고 여겨지는 모든 상황을 피하고자 움츠리려는 욕구에서 나온다는 점에서 그러하다. 그는 침대에서 일어나거나, 옷을 입거나, 개인적인 필요를 챙기는 것과 같이 가장 기본적인 기능을 수행하려는 생각만으로도 거부감을 느낀다. 우울하고 행동이 지체된 한 여자 환자는 내가 병실에 들어갈 때마다 침대보 속으로 재빨리 기어들어 가곤 하였다. 그녀는 참여의 압박을 받는 활동으로부터 도피하려 할 때에는 예외적으로 각성된 모습을 보였으며, 심지어는 정력적이기까지 하였다. 이와는 대조적으로, 신체적으로 아픈 사람은 일반적으로 활동적이기를 원한다. 그가 무리한 활동을 하지 못하도록 하기 위해서는 종종 요양과 휴식을 강제할 필요가 있다. 활동을 회피하고 현재 환경으로부터 도피하려는 우울한 환자의 욕구는 그의 독특한 현실구성(미래, 환경 및 자기 자신에 대한 부정적인 견해)의 결과이다.

우리는 일상의 경험(잘 설계된 많은 실험을 포함하여)을 통해서, 한 개인이 어떤 과제에서 성공하지 못할 것이라고 믿으면 그는 포기하는 경향이 있다는 사실을 잘 알고 있다. 그는 '시도해 봤자 소용없어.'라는 태도를 취하며, 그것에 도전할 만한 어떤 자발적인 동기도 느끼지 못한다. 더욱이 그 과제가 의미가 없을뿐더러 그 과제의 성공적인 완수조차 의미가 없다는 믿음은 그의 동기를 더욱 저하시킨다.

우울증 환자는 부정적인 결과를 기대하기 때문에, 노력을 위한 어떤 내면의 자극도 경험하지 못한다. 그는 그 목표 자체가 의미 없다고 생각하기 때문에, 시도해야 할 이유를 찾지 못한다. 사람들은 일반적으로 고통스러울 것이라 기대되는 상황을 피하려고 한다. 우울한 환자는 대부분의 상황을 성가시고 따분하고 고통스러운 것으로 지각하기 때문에, 그는 일상적인 인사마저도 피하고 싶어 한다. 이러한 회피 욕구는 매우 강력하여, 건설적이고 목표지향적인 활동을 향한 성향들을 압도한다.

수동적인 상태를 추구하려는 환자의 강한 욕구의 배경은 다음과 같은 일련의 생각에서 잘 나타난다. '나는 지금 너무 지치고 슬퍼서 아무것도 할 수 없어. 내가 지금 적극적이게 되면, 나는 더 나빠지기만 할 거야. 그러나 내가 지금 눕는다면, 나는 힘을 비축할 수 있을 것이고, 안 좋은 기분도 사라질 거야.' 불행하게도, 수동적이 됨으로써 나쁜 기분에서 벗어나려는 이러한 시도는 효과를 발휘하지 못한다. 오히려 불행감만 증가시킬 뿐이다. 그는 불쾌한 생각과 감정으로부터 벗어나기보다는 오히려 그것에 더 사로잡히게 된다.

자살 행동

자살 소망과 자살 시도는 도피 욕구의 궁극적인 표현으로 간주될 수 있을 것이다. 우울한 환자는 자신의 미래가 괴로움으로 가득 차 있을 것으로 생각한다. 그는 자신의 운명을 개선할 수 있는 방도를 도저히 상상할 수 없다. 그는 자신이 더 나아질 것이라고 믿지 않는다. 이런 전제에서라면, 자살은 이성적인 과정의 행위인 것으로 보인다. 자살은 그에게 비극의 끝을 약속할 뿐 아니라, 추측상으로는 그의 가족의 짐을 덜어 줄 것이다. 일단 환자가 죽음을 삶보다 더 바람직한 것으로 간주하면, 그는 자살에 끌리기 시작한다. 그의 삶이 절망적이고 고통스러울수록, 삶을 마감하고 싶은 욕구도 그만큼 더 커진다.

자살로 삶을 마감하고 싶은 소망이 애인에게 거부당했던 한 우울한 여성의 비탄에서 잘 드러나고 있다. '삶은 의미가 없어. 지금 여기 내게는 아무것도 없어. 나는 사랑이 필요하지만, 더 이상 가질 수 없어. 나는 사랑 없이는 행복할 수 없어. 오직 비참할 뿐, 하루하루가 똑같은 비극일 거야. 이렇게 더 살아간다는 것은 무의미해.'

존재의 무익함으로부터 도피하고 싶은 욕구가 또 다른 우울한 환자의 생각의 흐름에서 잘 나타나고 있다. '삶이란 그저 똑같은 날의 반복일 뿐이야. 무슨 의미가 있어? 내게 만족을 줄 수 있는 건 아무것도 없어. 미래는 거기에 없어. 나는 단지 더 이상 삶을 원하지 않을 뿐이야. 여기서 빠져나가고 싶어. 더 산다는 건 무의미해.'

자살 소망의 기저에 있는 또 다른 전제는 자신이 죽으면 다른 모든 사람들에게도 더 나을 것이라는 믿음이다. 그는 스스로를 무가치하고 짐만 되는 사람이라고 생각하기 때문에, 그가 죽으면 가족들이 상처를 받을 것이라는 말이 그에게는 빈 말처럼 들릴 수밖에 없다. 짐이 줄어드는데 어떻게 그들이 상처를 받겠는가? 한 환자는 자신의 자살을 부모님을 편하게 해 드리는 것이라고 상상하였다. 그녀는 자신의 고통을 종식시킬 수 있을 뿐 아니라, 부모에게도 심리적 · 재정적 짐을 덜어 드릴 수 있을 것으로 생각하였다. '나는 지금 단지 부모님의 돈을 갈취하고 있을 뿐이야. 당신들도 이제 당신들을 위해서 이 돈을 쓸 수 있을 거야. 부모님이 더 이상 나를 지원할 필요가 없을 거야. 아버지는 그렇게까지 열심히 일하실 필요가 없고, 그 돈으로 여행을 가실 수 있겠지. 나는 부모님의 돈을 써서 불행하고, 부모님은 그 돈으로 행복할 수 있겠지.'

우울증에 대한 실험 연구

지금까지의 우울증에 대한 개념화는 주로 우울한 환자들에 대한 임상적 관찰과 그들의 보고로부터 나온 것이지만, 이러한 가설들을 일련의 상관 연구와 실험 연구를 통해 입증하는 것도 가능할 것이다. 많은 연구들은 내가 이 장에서 제시한 우울증의 모델을 지지하였다.

꿈 및 다른 사고 자료

나는 우울증 환자들이 우울하지 않은 다른 정신과 환자들에 비해서 심리치료에서 부정적 결과를 포함하는 꿈을 더 높은 비율로 보고한다는 것을 관찰하였다. 우울한 환자의 전형적인 꿈의 내용은 다음과 같았다. 그는 꿈에서 보통 '패배자'로 등장한다. 그는 어떤 재물을 박탈당하거나, 자존감을 상실하거나, 소중한 사람을 잃고 괴로워한다. 또한 그는 꿈에서 무능하거나, 역겹거나, 결함이 있거나, 목표 달성이 방해를 받는 인물로 묘사된다. 이러한 관찰은 한 체계적인 연구를 통해 수행되었다(Beck & Hurvich, 1959)

상실과 좌절의 주제는 우울한 환자들의 다음과 같은 전형적인 꿈에서 잘 나타난다. 한 환자는 꿈에서 그의 아내에게 전화를 걸고 싶은 마음이 간절하다. 그는 공중전화기에 동전을 넣고 전화를 건다. 그는 전화번호를 잘못 누른다. 그는 동전이 남아 있지 않아서 더 이상 아내에게 연락할 수단이 없다. 그는 슬픔에 빠진다. 또 다른 환자는 꿈에서 심한 갈증을 느낀다. 그는 바에서

맥주 한 잔을 주문한다. 그는 맥주와 보드카가 섞인 잔을 받는다! 그는 실망하고 무력감에 빠진다.

우울한 환자들의 꿈이 전형적으로 부정적인 주제를 포함하고 있다는 이러한 발견은, 228명의 우울증 및 비우울증 정신과 환자들을 대상으로 이루어진 연구에서 다시 한 번 더 타당화되었다(Beck & Ward, 1961).

이전에 언급한 장기적인 임상 연구(Beck, 1963)에서, 나는 81명의 우울증 및 비우울증 환자들이 심리치료 중에 진술한 내용을 토대로 만든 축어록을 분석하였다. 나는 우울한 환자들이 자신의 경험을 개인 특유의 방식으로 왜곡한다는 것을 발견하였다. 그들은 사건을 박탈, 실패, 거절의 관점으로 잘못 해석하였으며, 자신을 안 좋게 반영하는 사건의 중요성을 과장하기도 하였다. 그들은 또한 계속해서 미래를 부정적으로 예측하였다. 현실에 대한 평가의 왜곡은 꿈의 내용의 왜곡과 유사성을 보여 주었다.

우리 연구팀은 이러한 임상적 발견들을 검증하기 위하여 일련의 상관 연구를 수행하였다. 우리는 우울증의 심도와 비관주의 및 부정적 자기평가의 정도 간에 유의미한 상관이 있음을 발견하였다. 또한 우울증에서 회복한 후에, 환자들은 미래 전망과 자기평가에서 놀랄 만한 향상을 보여 주었다(Beck, 1972b). 이러한 연구 결과들은 우울증이 자신 및 미래에 대한 부정적 견해와 관련된다는 가설을 강력하게 지지하였다. 또한 자신에 대한 부정적 견해와 미래에 대한 부정적 견해 간의 높은 상관은 우울증에서의 인지삼제 개념에 대한 경험적인 지지를 제공하였다.

미래에 대한 부정적 견해와 자살 소망 간의 관계는 많은 연구들을 통해 지지되었다. 어떤 심리적인 요인이 자살 시도의 심각성에 가장 강력한 영향을 미치는지를 밝히고자 시도한 한 중요한 연구에서, 우리는 절망감(hopeless-ness)이 자살 시도의 심각성을 예측하는 가장 중요한 지표라는 것을 발견하였다(Minkoff, Bergman, Beck, & Beck, 1973; Beck, Kovacs, & Weissman, 1975).

우울증에서의 부정적인 태도의 우선성을 검증하는 또 다른 방법은 부정적인 태도를 수정하고 그 효과를 관찰하는 것이다. 만일 우리가 우울한 환자가 자신의 능력과 미래에 대해 지니고 있는 비현실적으로 부정적인 개념을 개선한다면, 우리는 그에 따라서 우울한 기분이나 동기의 상실과 같은 우울증의 이차적 증상들 또한 자연히 개선될 것이라고 기대할 수 있을 것이다.

　간단한 카드 분류 과제를 제시했을 때, 우울증 환자들은 비우울증 환자들로 이루어진 통제집단에 비해서 자신의 과제 성공 가능성에 대해서 유의미하게 더 비관적이었다. 우울한 환자들의 실제 수행 정도는 비우울증 환자들과 비슷하였다. 첫 번째 과제에서 자신이 언급한 목표를 달성하는 데 성공한 우울증 환자들은 두 번째 과제에서 훨씬 더 낙관적이 되었다. 더 나아가, 그들은 두 번째 과제에서 비우울증 환자들보다 오히려 더 나은 수행을 보였다(Loeb, Beck, & Diggory, 1971). 우리는 우울증 입원 환자들과 비우울증 입원 환자들을 대상으로 이 연구를 반복 수행해 보았다. 그 결과, 우울한 환자들은 과제를 성공한 후에 자존감과 낙관성이 증가하여, 그 낙관성이 실험 과제와 관계없는 다른 특성으로까지 확산되어 나타남을 알 수 있었다. 이에 따라 그들은 자신의 개인적 매력과 의사소통 능력에 대해서 더 긍정적인 태도를 보였다. 그들은 또한 자신의 미래를 더 밝게 보았고, 자신이 삶의 목표를 실현할 가능성에 대해서 더 많이 기대하였다. 자기평가에서의 이러한 변화는 기분의 개선을 수반하였다(Beck, 1974).

　우울한 환자들이 자신을 언어적으로 표현하는 데 어려움을 겪는 것에 초점을 맞춘 연구가 15명의 우울증 입원 환자들을 대상으로 진행되었다. 실험자는 그들에게 가장 간단한 단계(문장을 소리 내어 읽음)에서부터 가장 어려운 단계에 이르기까지 점진적으로 과제들을 부여하였다. 모든 환자들이 통과할 수 있었던 마지막 단계의 과제는 선택된 주제에 대해서 즉석에서 짧은 이야기를 하여 자신의 관점을 실험자에게 납득시키는 것이었다. 우리는 과제들의 성공적인 완수가 그들의 자신 및 미래에 대한 전반적인 평가를 상당히 개선시킨다는 것을 다시금 확인할 수 있었다. 그들의 기분 역시 개선되었다.

　우울한 환자가 가시적인 성공 경험에 매우 민감하다는 이러한 연구 결과는 심리치료에 중요한 함의를 지닌다. 피험자가 실험자로부터 긍정적인 피드백을 받는 그와 같은 실험 상황은 우울한 환자들에게 매우 중요한 의미를 지닌다. 환자들이 상황의 평가적인 측면을 과장하며 성공 경험 후에는 긍정적인 방향으로 과잉일반화하는 경향이 있다는 사실은 향후 우울증을 치료하는 데 좋은 지침을 제공해 줄 것이다.

우울증의 종합

우리는 우울증의 발달을 환자의 상실 경험에서부터 시작된 연쇄반응의 관점에서 분석하였다. 우리는 상실감이 어떻게 한 개인의 자신, 세상, 미래에 대한 견해에 스며들어서, 우울증의 다른 현상들로 발전할 수 있는지에 주목하였다.

우울증을 촉발하는 전형적인 상실은 배우자를 잃는 것과 같이 명백하고 극적인 것일 수 있다. 그러나 좀 더 미묘한 상실이 있을 수 있는데, 이는 환자가 감정적으로 투자한 것과 그 투자로부터 돌려받은 것 간에 합리적인 균형을 유지하는 데 실패하는 것에 기인한다. 그 불균형은 그가 다른 이들에게 베푼 것과 그들로부터 받은 것 간의 상대적 결핍, 또는 그가 스스로 기대하거나 요구한 것과 실제로 얻은 것 간의 불일치에서 초래되었을 것이다. 그는 '주고받는 균형'에서의 전복을 경험한다(Saul, 1947).

상실(실제 명백한 사건의 결과이든, 잠행적인 상실이든)을 경험한 후에, 우울 경향이 있는 개인은 자신의 경험을 부정적인 방식으로 평가하기 시작한다. 그는 자신의 경험을 패배 혹은 박탈의 관점에서 해석한다. 그는 자기 자신을 부족하고 부적절하고 무가치한 사람으로 여기며, 불행한 사건의 발생을 자신의 결함 탓으로 돌리는 경향이 있다. 그는 미래를 바라볼 때, 그가 현재 겪고 있는 어려움이나 고통이 무한히 지속될 것이라고 예상한다. 그는 고난과 좌절, 박탈이 끊이지 않는 삶을 예견한다. 그는 자신의 어려움을 자신의 결함 때문이라고 귀인하기 때문에, 자기 자신을 비난하며 점점 더 자기비판적이 된다. 따

라서 환자의 삶의 경험들은 상실의 주제를 중심으로 한 인지 패턴을 활성화
시킨다. 우울증의 다양한 정서적·동기적·행동적 증상 및 생장 증상은 이러
한 부정적 자기평가로부터 나온다.

환자의 슬픔은 그의 박탈감, 비관주의 및 자기비판의 불가피한 결과이다.
무감동은 완전한 포기에서 비롯된다. 자발성의 상실, 도피 및 회피 소망, 그리
고 자살 소망은 그가 자신의 삶을 평가하는 방식으로부터 유래한다. 동기 상
실은 절망감에서 기인한다. 그는 모든 행동에서 부정적인 결과를 기대하기 때
문에, 어떤 건설적인 활동에 참여할 내면의 동기를 상실한다. 더 나아가, 이러
한 비관주의는 궁극적으로 그를 자살 소망으로 이끈다.

비활동성, 쉽게 피로해짐, 초조 등 우울증의 다양한 행동적 증상들 또한 부
정적인 인지의 결과이다. 비활동성과 수동성은 자발적인 동기를 상실한 것의
표현이다. 쉽게 피로해짐은 그가 무슨 일을 맡든지 간에 부정적인 결과를 기
대하기 때문에 나타나는 결과이다. 이와 유사하게, 초조 또한 사고내용과 연
관된다. 자신의 '운명'에 수동적으로 굴복한 행동지체 환자와 달리, 초조한 환
자는 궁지에서 벗어날 길을 찾기 위해 필사적으로 싸운다. 해결책을 찾을 수
없기 때문에, 그는 방안을 이리저리 서성거리고 몸을 부비고 문지르는 등 쫓
기듯 몸을 움직이는 것이다.

우울증의 생장 증상(식욕 감퇴, 성욕 상실, 수면장애 등)은 우울증의 특정한 심
리장애의 생리적 부산물인 것으로 보인다. 우울증의 이러한 생리적 징후들은
불안에서 나타나는 자율신경계 징후들과 유사한 것으로 간주될 수 있다. 우울
증의 특수한 심리적 각성은 특히 식욕, 수면, 성욕에 영향을 미친다.

우울증에서의 지속적인 하강의 악순환 과정은 피드백 모델의 관점에서 설
명될 수 있다. 부정적 태도의 결과로, 그는 자신의 불행감, 상실감 및 신체 증
상들을 부정적인 방식으로 해석한다. 자신은 결함이 있고 결코 개선되지 않을
것이라는 그의 결론은 그의 부정적인 기대와 부정적인 자기상을 강화한다. 결
과적으로, 그는 더 큰 슬픔을 느끼고 환경의 '요구'를 더 피하게 된다. 따라서
악순환은 지속된다.

우울증에 대한 실험 연구들은 치료적 개입을 위한 방향을 제공한다. 환자가 어떻게 그의 경험을 일관적으로 왜곡하고 있는지를 인식할 수 있게 도움으로써, 치료자는 그의 자기비판과 비관주의 경향을 완화시킬 수 있다. 악순환에서의 이러한 핵심 연결고리들이 느슨해질 때, 우울증의 냉혹한 악순환이 서서히 멈추고 정상적인 감정과 욕구가 다시 나타나기 시작한다. 우리가 앞으로 다른 정서장애에 대해 논의할 때에도 보게 되겠지만, 건강을 회복하는 데 있어서 핵심적인 요체는 환자의 잘못된 믿음을 바로잡는 것이다.

경보음이 실제 화재보다 더 무섭다:
불안 신경증

불안이라는 문제는 매우 다양하고 중요한 질문들이 생겨나는 교점이다. 이 수수께끼에 대한 해답은 분명히 우리의 정신세계를 비추어 줄 밝은 빛이 될 것이다.

— Sigmund Freud

불안

불안은 보편적인 감정일 뿐만 아니라, 인간의 인간됨을 나타내는 표지이다. 우리 중에 소중한 것이 위협 받았을 때의 극심한 공포, 또는 불쾌한 직면을 앞두었을 때 밀려오는 쉼 없는 고통의 파도를 겪어 본 적이 없는 사람이 과연 있을까? 그 어떤 저술가보다도 불안에 대한 호기심에 불을 지폈던 프로이트(1915~1917)는 이 현상의 보편성을 강조하였다.

내가 여러분에게 굳이 불안 그 자체에 대해 소개할 필요는 없을 것이다. 우리는 모두 나름대로 한 번쯤은 그 감각, 혹은 더 정확히 표현하자면 그 정서 상태를 경험한 적이 있다. 하지만 왜 특히 신경증 환자가 다른 사람들에 비해 불안으로 인해 더 많이, 그리고 더 심하게 고통을 받는지에 대해서 진지하게 질문이 제기된 적은 없었다는 생각이 든다(pp. 392-393).

현대의 삶에서 불안의 중요성은, 그 시기를 '두려움의 세기'라고 지칭한 알베르 카뮈(1947)와 『불안의 시대』를 지은 시인 위스턴 휴 오든(1947)과 같은 작가들에 의해 잘 묘사되었다. 레오나드 번슈타인의 두 번째 교향곡과 제롬 로빈스의 현대 발레에도 〈불안의 시대〉라는 같은 제목이 붙어 있다. 또한 우리 시대의 대중서적 중에도 『불안의 시대』(Glasrud, 1960)라는 제목의 인기 있는 책이 출간된 바 있다.

물론 불안이라는 개념이 전혀 새로운 것은 아니다. 이는 이집트의 상형문자에서도 나타난다. 아랍 철학자 코르도바의 알라 이븐 하즘과 같은 중세 시대 저술가들은, 불안이 인간 존재의 기본 조건으로서 보편적인 현상이라고 주장하였다.

Rollo May(1950)는 그의 책 『불안의 의미』에서 불안의 주제가 문학, 음악, 미술, 종교, 그리고 철학에 어떻게 투영되었는지 잘 서술하고 있다. 불안의 개념은 정신과의사와 심리학자들로부터 신경증의 징후로서뿐 아니라 신경증의 추정상의 원인으로서 엄청난 주목을 받았다. 지난 20년 동안 심리학 및 의학 문헌에 불안에 관한 논문과 책이 5,000편 이상 출간된 것으로 추정된다(Spielberger, 1972).

불안의 기능

생물학자, 심리학자, 그리고 정신과의사들은 오래전부터 불안에 유용한 기능이 있다고 보아 왔다. 많은 저술가들은 불안을 생명을 보존하기 위한 싸움-도주 반응의 표현으로 간주하고, 이것이 유기체로 하여금 위험에 반응할 수 있도록 행동을 준비시키는 매우 중요한 생물학적 기제라고 생각한다. 예를 들어, 프로이트(1915~1917)는 다음과 같이 서술하였다. "현실적인 불안은 매우 합리적이고 이해 가능한 것으로 보인다. 우리는 이것을 외적 위험(즉, 예상되는 상해)의 지각에 대한 반응이라고 말할 수 있을 것이다. 이것은 도주 반사와 연결되어 있으며, 자기보존 본능의 표현으로 간주될 수 있다."(pp. 393~394)

불안은 위험에 대한 신호로 기능한다는 프로이트의 생각에 대해서, 많은 사람들이 지지를 표현하였다. 프로이트(1926)는 불안이 외적 위험 또는 내적 위험(예를 들어, 금기소망이 금방이라도 뚫고 나올 것 같은 위험)에 대한 경고라고 제안하였다. 그 경고에 대한 반응으로, 개인은 외적 위험에 대처하기 위한 행동을 준비하거나, 내적 위험으로부터 자신을 보호하기 위한 심리적 방어를 준비한다.

우리는 불안이 개인으로 하여금 위협에 대항할 수 있도록 신체적으로 그리고 심리적으로 준비시키기 위한 중요한 자극이라는 생각에 대해 재고해 볼 필요가 있다. 우리는 불안이 응급 반응의 필수적인 조건이라는 것에 대해 어떤 증거를 가지고 있는가? 우리는 불안이 생존율을 높인다는 것에 대해 어떻게 확신할 수 있는가? 우리는 불안에 의한 예비적 점화 없이도 즉각적인 행동을 준비할 수 있는 경우를 얼마든지 생각해 낼 수 있다. 운동선수는 네트 샷을 하거나 베이스로부터 벗어난 주자를 잡으려는 순간적인 동작을 위해서 그의 자원을 쉽게 동원할 수 있다. 중추신경계의 빠른 활성화와 이어지는 신체동작의 조정을 위해서는, 불안이라는 자극 없이도 경쟁 상황이라는 박차만으로 충분할 수 있다. 만일 개인이 불안(또는 분노) 없이도 응급 반응을 할 수 있다면, 위험 상황에서 적절한 행동을 준비하기 위해서는 반드시 불안이 필요하다고 생각할 이유가 있을까?

우리는 또한 불안이 실은 위험에 대처하는 능력에 방해가 될 수 있으며, 목숨이 위협받는 상황에서 개인을 더 취약하게 만들 수 있음을 알고 있다. 우리는 모두 신체적인 위협에 직면했을 때 '얼어붙는' 경우에 익숙하다. 우리는 어떻게 공중그네 곡예사나 다리에서 작업하는 인부가 불안 때문에 현기증을 느끼거나 몸이 떨려서 오히려 아래로 추락할 수 있는지를 쉽게 상상할 수 있다. 또한 오래 지속되는 불안이 취약한 사람들에게서 생리적인 장애를 유발할 수 있다는 증거도 있다(8장을 보라).

Leventhal(1969)은 위험으로부터 행동으로까지 이어지는 사건들의 연쇄과정(즉, 외적 위협 → 위협에 대한 평가 → 적절한 대처행동)을 개략적으로 보여 주는 '병렬적 반응 패러다임'을 제안하였다. 불안은 위협에 대한 평가 이후에 경험되는 것으로서, 적응적 행동에 선행하는 것이 아니라 이에 수반하여 동시에 나타나는 것이다. 다시 말해, 불안은 적응적인 연쇄과정에 기여하지 않는다. 불안이 대처행동을 침해할 때, 파괴적인 결과가 나타날 수 있다. 불안에 유용한 기능이 있다고 믿는 사람들이 자신의 입장을 지지하기 위해서는 좀 더 설득력 있는 주장을 보강해야 할 것이다.

불안이 응급 반응의 촉매제로서 기능한다거나 생존 기제를 동원하는 데 필수적인 역할을 담당한다는 생각은 또 다른 의문을 제기한다. 우리는 왜 이렇게 중요한 기능을 하나의 감정(불안)에만 부여하고, 슬픔, 당황스러움, 기쁨과 같은 다른 감정들에는 특별한 적응적 기능을 부여하지 않는가?

현실적인 불안에 목적이 있다는 생각은 신경증적 불안의 개념에도 연장되어 적용되었다. 프로이트(1926)는 신경증적 불안은 무의식적 충동으로부터의 내적 위험의 지각에 의해 야기된다고 가정한다. 즉, 신경증적 불안은 본능적인 욕구가 충동적인 행동을 통해 표출되는 것을 억압의 힘이 막지 못할 것에 대한 두려움으로부터 일어난다. 금기시된 본능의 에너지를 묶어 두는 데 실패하게 되면, 이러한 에너지 자체가 불안을 낳게 된다.

Hoch(1950)는 이러한 개념화의 논리에 의문을 던지며, 모순이 있음을 지적한다. "만일 불안이 억압된 본능적 에너지가 분출하기 시작했다는 신호라면, 왜 그 경보음이 온 집을 불태우는가?"(p. 108)

불안과 두려움

두려움(fear)의 정의는 종종 불안(anxiety)의 정의와 혼동된다. 두 단어 간의 이러한 의미상의 중복은 서로 연관되면서도 분리된 두 현상을 지칭하기 위해 별개의 두 단어를 사용하는 것의 이점을 없앤다. 예를 들어, 프로이트 (1917)는 현실적인 두려움(realistic fear)과 비현실적인 두려움(unrealistic fear)을 구분하면서, 후자를 불안(anxiety)이라고 불렀다. 그러나 일상적인 용법과 다른 전문적이고 기술적인 의미에 기대지 않고도, 두려움과 불안은 서로 분명히 구분될 수 있다. 두려움은 특정한 종류의 관념이고, 불안은 감정이다.

두려움에 대한 사전적 정의의 하나는 "상처를 입히거나 벌을 주거나 할 수 있는 것에 대한 두려운 인식(*Webster's New International Dictionary of the English Language*, 1949)"이다. 또 다른 사전에서는 두려움을 "두려워하는 일이나 원치 않는 일이 일어날 가능성"이라고 정의하고 있다(*Standard College Dictionary*, 1963). 중요한 것은, 두려움이라는 단어가 갑작스러운 재앙이나 위험을 의미하는 고대 영어 단어로부터 파생되었다는 점이다(*Oxford English Dictionary*, 1933).

이와 같은 정의는 실제적인 또는 잠재적인 위험에 대한 평가로서의 두려움의 의미를 강조한다. 이러한 의미에서, 두려움은 감정 반응이 아니라 인지과정을 나타내는 것이라고 할 수 있다. 그것의 구체적인 심리적 과정은 바라지 않는 일이 일어날지도 모른다는 인식과 예상이다.

이에 반해 불안은 "긴장된 감정 상태(*Standard College Dictionary*, 1963)"라고 정의된다. 이 상태는 긴장한, 겁먹은, 무서워하는, '속이 떨리는' 등과 같은 형용사로 묘사할 수 있다. 연구자들과 임상가들은 한편으로는 가벼운 긴장에서부터 다른 한편으로는 공포에 이르는 연속선을 아우르는 표현으로 불안이라는 용어를 사용한다.[1]

"나는 불안해."라는 말은 **지금 당장** 불안을 느끼고 있다는 것을 의미한다. 그렇다면 "나는 폭풍우가 두려워(혹은 무서워)."라는 말은 무슨 뜻일까? 이는 현재가 아니라 미래에 언젠가 일어날 수 있는 상황을 가리키는 것이다. 이러

---

1) 영어 단어 'anxiety'의 유래와 평가에 대한 학문적인 개관을 원한다면 Lewis(1970)를 보라.

한 의미에서, 두려움은 어떤 특정한 조건을 위협으로 지각하고 이러한 조건에 노출되었을 때 불안으로 반응하는 성향을 나타낸다. 성향의 의미를 부각하기 위해서, '잠재적인 두려움'이라는 용어를 사용할 수도 있을 것이다. 이는 겉으로는 단단해 보이지만 가벼운 스트레스에도 쉽게 금이 가거나 부서지는 약한 물건에 비유할 수 있을 것이다.

폭풍우가 몰아닥치기 시작하면, 두려움이 활성화되면서 '번개에 맞아 죽을지도 몰라!'라고 생각하게 된다. 이 말은 두려움의 본질(잠재적인 위해에 대한 평가)을 잘 드러낸다. 위험의 개념은 폭풍우로 인해 나타날 수 있는 결과, 즉 죽음의 가능성으로부터 서서히 발전한다. 맑은 날씨일 때는 잠재해 있던 두려움이 이 시점에서 활성화되면서 불안이 유발된다. 떨리고, 조마조마하고, 긴장되며, 맥박이 빠르게 뛰고, 심장이 쿵쾅거리며, 심하게 땀을 흘리게 된다. 두려움은 위험에 대한 평가이며, 불안은 두려움이 촉발될 때 나타나는 불쾌한 감정 상태와 생리적 반응이다.

다리가 무섭다, 또는 높은 빌딩, 전화기가 무섭다는 것은 무엇을 의미하는가? 알다시피 이는 유형의 물건이나 장비가 아니라, 특정한 상황이 두렵다는 것이다. 즉, 다리 위에 서 있음, 전화를 걸거나 받음, 또는 높은 빌딩 안에 있음으로 인해 초래될 수 있는 **가능한 결과**가 두렵다는 것을 의미한다. 특정한 상황에 처하게 되면, 자신이 해를 입을 것이라고 예상하게 된다. 다리에 대한 두려움은 다리가 무너지거나 난간에서 떨어지거나 뛰어내림으로써 다치거나 익사할 가능성에 대한 염려를 반영한다. 높은 빌딩에 대한 두려움은 창문 밖으로 떨어지거나 빌딩이 무너질지도 모른다는 생각에 기초한다. 전화를 걸거나 받는 것은 상대방에게 '바보같이 들리는' 것과 같은 사회적 외상을 겪을 가능성이 있기 때문에 두려운 것이다(이러한 사례는 공포증에 관한 장에 기술되어 있다).

두려움은 위협적인 상황에 가까워질 때 활성화된다. 어떨 때는 단순히 '위험한' 상황에 대해 이야기하는 것(또는 생각하거나 상상하는 것)만으로도 두려워질 수 있다. 두려움을 곱씹다 보면, 위협적인 상황이 더 두드러지면서 그 상황이 금방이라도 닥칠 것처럼 느껴진다. 다시 말해, 멀리 떨어진 위험이 지금 여기로 다가오는 것이다. 위협이 더 이상 멀리 떨어진 시간과 공간에 있는 것 같이 느껴지지 않고, 그 '위험한' 상황에 자신을 투영하게 된다.

주사를 맞는 것과 같은 신체적인 고통에 대한 예상으로부터 야기되는 괴로움은 사회적인 망신과 같은 심리사회적 외상에 대한 예상으로부터 초래되는 괴로움과 질적으로 다르지 않다. 예를 들면, 우리는 대부분 시험을 치르기 전의 조마조마함이나 여러 사람 앞에서 발표하거나 공연하기 직전의 긴장을 경험한 적이 있을 것이다. 사람들이 흔히 경험하는 신체적인 외상에는 부상, 질병, 죽음 등이 있다. 심리사회적 두려움은 흔히 비난, 중요한 관계의 상실, 거절의 주제를 중심으로 한다.

두려움은 본질적으로 어떤 특정한 **생각**이다. 이 생각의 내용은 미래를 향하며, 개인적인 위해의 가능성을 언급한다. 불안은 어떤 불쾌한 **감정**으로서, 우리에게 익숙한 주관적이고 생리적인 특징을 동반한다.

이와 같이 두려움과 불안을 어의적으로 구분하는 것에는 특별한 이점이 있다. 이러한 정의는 '현실적 불안' '객관적 불안' '비합리적 불안' '합리적 불안'과 같이 의미론적으로 어색한 개념구성을 배제한다. 생각이나 개념을 묘사하는 데 적합한 형용사를 사용하여 정서나 감정 상태를 수식하는 것은 혼동을 불러일으킨다. 우리가 복통을 비합리적이라고 표현할 수는 없지 않은가?

여기에서 제안한 정의에 따르면, 현실적인 위험이 존재하는 상황에서의 두려움에 대해서는 객관적 두려움 또는 현실적 두려움이라고 명명할 수 있을 것이다. 이와 비슷하게, 두려움(불안이 아니라)을 비현실적이라고 표현할 수도 있을 것이다. 합리성 또는 비합리성과 같은 속성은 생각으로서의 두려움에는 적용할 수 있다. 만약 그 두려움이 사리에 맞는 가정, 논리, 추론에 근거한다면 이를 합리적이라고 부를 수 있고, 잘못된 가정이나 추론에 근거한다면 비합리적이라고 부를 수 있을 것이다.

두려움의 미래지향성

불안을 느끼고 있는 어떤 사람에게 무슨 생각을 하고 있는지 물어보면, 그
는 미래에 불쾌한 사건이 일어날 수도 있음을 예상하고 있다는 것을 잘 알 수
있다. 예를 들어, 한 환자는 일주일 동안 불안이 엄습할 때마다 다음과 같은
생각이 함께 나타났음을 보고하였다. 그의 상사가 방으로 들어왔을 때, 그는
'그가 나를 일을 못한다고 좌천시킬지도 몰라.'라고 생각하였다. 맡은 일을 성
공적으로 하고 있을 때, 그는 '내가 일을 너무 잘하면 그가 내게 너무 많은 일
을 떠맡겨서 감당하지 못하게 될지도 몰라.'라고 생각하였다. 이러한 생각은
더 큰 불안을 불러일으켰다. 정기적인 신체검진을 받기 위해 의사를 찾아갔을
때, 그는 '내가 모르는 심각한 질병을 발견하게 되면 어떻게 하지?'라는 생각
이 들었고, 또다시 불안을 경험하였다.

또 다른 젊은 남성은 한 여성에게 데이트 신청을 할지 말지 고민하는 와중
에 '그녀가 심술궂게 굴면서 거절할지도 몰라.'라는 생각을 하게 되었다. 그
후에 그는 그녀에게 말을 꺼내는 데 어려움을 느꼈고, '말이 안 나오면 어떻
게 하지?'라는 생각이 들었다. 또한 그는 시험을 준비하면서 '이 시험에서 낙
제할지도 몰라.'라고 생각하였다. 이와 같은 생각들에는 늘 불안이 뒤따랐다.
이 생각들의 공통분모는 아직 일어나지는 않았지만 곧 일어날 수도 있는 두
려운 사건이 미래에 일어날 것이라고 지각한다는 것이다.

신체적인 위해를 예상하는 것 또한 비슷한 방식으로 불안을 유발할 수 있
다(앞차와 충돌할지도 모른다고 지각하는 운전자, 수술을 앞두고 있는 환자 등). 위
협이 지나가면 불안 또한 사라진다.

두려움과 불안의 미래지향성은 다음과 같은 흔한 경우를 통해서도 더 예시
할 수 있다. 최종 성적을 결정짓는 중요한 시험이 있을 것이라고 공표해 본 적
이 있는 선생님이라면, 시험 기간이 가까워질수록 학생들의 불안이 쌓이는 것
을 관찰해 본 적이 있을 것이다. 시험이 끝나고 성적이 발표되고 나면, 학생들
의 불안은 현저히 감소한다(물론 자신의 기준이나 기대보다 성적이 더 나쁜 학생

은 슬퍼할 수도 있고, 자신의 목표를 달성한 학생은 기뻐할 수도 있겠지만).

불안이 미래에 일어날 일과 관련된다는 원칙에 명백한 예외가 있다. 예를 들면, 전투신경증 환자들은 위험 지역에서 벗어난 한참 후에도 불안을 경험한다. 하지만 이러한 환자들에게 질문해 보면, 그들이 간헐적으로 일종의 '과거로의 시간이동'을 통해서 위험이 임박한 상황을 다시 겪고 있다는 것을 분명히 알 수 있다.

이와 비슷하게, 고속도로에서 사고가 날 뻔했던 경험을 겪고 난 이후에 뒤늦게 불안이 엄습하는 경우도 있다. 이러한 불안은 그 운전자가 그 '일촉즉발의 위기상황'에 대해 다시 생각할 때, 즉 그 사건이 마치 지금 일어나고 있고 위험이 여전히 존재하는 것처럼 느낄 만큼 생생하게 회상할 때 유발된다. 외상적인 사건 이후에 만성 불안을 겪는 사람들은 빈번하게 실제 경험에 대한 '플래시백'을 경험한다.

두려움의 미래지향성은 일반적으로 괴로움의 주제가 그 중심에 있다. 그 괴로움은 신체적 통증을 예상한 결과이거나, 심리사회적인 상처로부터 초래되는 고통스러운 정서 상태를 기대한 결과일 수 있다. 통제 상실에 대한 두려움이 모욕감, 창피함, 슬픔 등으로 이어지는 경우를 불안 신경증 환자에게서 흔히 관찰할 수 있다. 이러한 두려움 중에는, 자신의 신체적 · 정신적 기능을 통제할 수 없어서 미치게 되지 않을까 하는 두려움, 잘 기능할 수 없는 것에 대한 두려움, 중요한 목표를 이루지 못할 것에 대한 두려움, 타인을 해치는 것에 대한 두려움 등이 있다. 또한 통제 상실과 관련된 두려움 중에는 공공장소에서의 구토에 대한 두려움도 있다.

많은 불안한 환자들은 죽음에 대해 걱정한다(Lader & Marks, 1971). 죽음의 상황 자체가 고통스러운 상태라는 생각보다는, 죽음으로써 자기가 소멸된다는 생각이 불안을 유발한다. 많은 이들이 삶의 경험의 종식을 가장 끔찍한 재앙이라고 여긴다. 따라서 죽음에 대한 예상은 강력한 힘을 지닌다. 반면, 어떤 사람은 죽음을 긍정적인 것으로 여기는데, 그에게 죽음은 더 이상 두려운 게 아니다. 실제로, 자살 소망을 지닌 우울한 사람은 죽음을 견딜 수 없는 상태로부터의 도피출구로 받아들이고 환영하기도 한다.

불안 신경증

지금까지 우리는 누구나 경험하는 보편적인 감정으로서의 불안에 대해서 논의하였다. 그러나 우리는 급성 불안 신경증과 같은 심리장애에서는 불안이 더 심한 형태로 나타나며, 불안이 위궤양과 같은 정신신체장애에 영향을 미친다는 것을 알고 있다(8장을 보라). 이와 같은 사실은 한 가지 의문을 제기한다. 우리는 병적인 상태의 불안과 정상적인 불안을 어떻게 구분하는가?

불안이 실제 존재하는 위험에 의해 유발되고 그 위험이 더 이상 존재하지 않을 때 소멸된다면, 우리는 일반적으로 그 불안을 정상적인 반응으로 간주한다. 만일 불안의 정도가 실제 위험의 심각성보다 훨씬 더 크거나 어떤 객관적인 위험이 존재하지 않는다면, 이때의 불안 반응은 비정상적이라고 볼 수 있다. 그러나 정상적인 불안과 비정상적인 불안의 명확한 경계를 설정한다는 것은 쉽지 않으며, 이는 상당 부분 사회적 규범의 영향을 받는다. 만일 어떤 사람이 자신이 속한 사회의 미신을 좇아서 적이 자신을 저주하고 있다고 믿기 때문에 만성적으로 불안해한다면, 우리는 과연 그가 비정상적으로 반응한다고 말할 수 있을까? 첫 전투 임무 때 공황상태에 빠진 신참 병사에 대해서, 우리는 그를 병적으로 불안하다고 말할 수 있을까?

이와 같은 경계선상의 문제를 제외한다면, 우리는 불안 신경증을 진단함에 있어서 꽤 분명한 기준을 가지고 있다. 불안 신경증 환자들은 명백하거나 즉각적인 위험이 없을 때에도 지속적으로 불안을 느낀다. 예를 들어, 한 퇴역 군인이 이제 민간의 삶으로 돌아왔음에도 불구하고 지속적으로 불안을 경험하고 큰 소리에 깜짝 놀라는 것을 되풀이한다면, 그는 명백히 불안 신경증의 진단기준에 부합한다[제1차 세계대전 이후 이러한 퇴역 군인들은 '탄환 충격(shell shock)'의 피해자로 간주되었다]. 이 진단은 또한 집에 혼자 있거나 사회적인 상황에 처할 때마다 불안을 느끼는 한 주부에게도 적용될 수 있다. 그가 정상이라는 수없는 의학검진 결과에도 불구하고 자신의 건강에 대해 지속적으로 염려하는 사람도 불안 신경증의 범주에 포함될 수 있을 것이다.

불안 신경증은 다양한 형태로 나타날 수 있다. 어떤 급성 불안 상태는 며칠에서 몇 주까지 지속될 수 있다. 어떤 삽화는 불과 몇 분밖에 지속되지 않지만 자주 재발하기도 한다. 또 어떤 경우에는 만성 불안이 몇 개월에서 몇 년까지 지속되기도 한다. 이러한 불안 상태는 명백한 위험이 없는 상황에서 발생하는 듯 보이기 때문에, 이에 대한 몇 가지 기술적인 용어와 설명이 등장하였다. 이러한 불안 상태를 묘사하는 가장 흔한 용어 중 하나는 '부동 불안(free floating anxiety)'이라는 용어이다. 앞으로 보게 되겠지만, '부동 불안'이라는 개념은 다양한 학파로부터 수많은 서로 다른 이론들이 파생되는 데 큰 영향을 미쳤다.

'부동 불안'의 개념적 오류

한 환자가 응급실로 실려 왔다. 그의 얼굴은 공포로 일그러져 있었고, 호흡은 빠르고 얕았으며, 몸은 땀으로 범벅이 되어 있었다. 적절한 문진과 검사를 통해서 신체적 질병이 원인이 아니라는 것을 밝혀낸 후에, 의사는 이 사례를 급성 불안 신경증으로 진단하였고, 환자의 차트에는 그의 불안을 '부동 불안'이라고 기록하였다. 의사의 기준에서 보았을 때 아무런 객관적인 위험이 없었기 때문에, 그는 그 불안 상태를 환자의 정신적인 문제 또는 아직 밝혀지지 않은 생화학적 요인에 기인한 정서적 변이(emotional anomalies)의 범주에 귀속시켰다.

아무런 객관적인 위험이 없어 보이는 상황에서 불안을 경험하는 현상이 빈번하게 나타남에 따라, 불안발작의 미스터리를 설명하기 위한 다양한 가설들이 제안되었다. 한때 프로이트(1915~1917)는 막혀 있던 성적 에너지가 불안으로 변성된 것이라고 제안하기도 하였다. 그는 후에 '내적 위험'과 관련된 가설을 내놓았다(Freud, 1926). 환자의 불안은 금지된 무의식적 충동이 의식을 뚫고 표출되려는 위협에 의해 유발된다는 것이다.

Kraepelin과 같은 권위자로 대표되는 유기체적 학파는 그러한 불안을 일종의 신경상의 장애라고 보았는데, 이 이론은 후에 최근의 학자들에 의해서 자율신경계 불균형 이론으로 발전되었다. 수년 전에는 젖산 과다 또는 혈중 칼슘 부족이 불안을 일으킨다는 생화학적 가설이 상당한 인기를 끌었지만(Pitts, 1969), 이 가설은 후속 연구를 통해 뒷받침되지 않았다(Levitt, 1972). 행동주의자들은 과거의 특수한 조건 학습으로 인해서 환자가 한때 유해한 자극과 짝지어졌던 무해한 자극에 대해서 지금도 불안으로 반응하는 것이라고 생각한다(7장을 보라).

부동 불안의 개념은 불안을 겪는 사람의 입장이 아니라 관찰자의 조망에서 나온 것이다. 만일 우리가 환자의 참조 틀에서 불안을 검토한다면, 과연 위험과는 완전히 결별한, 순수한 형태의 불안을 그려 낼 수 있을까? 오히려 그 반대일 것이다. 급성 불안 환자는 의사에게 재앙이 임박한 것 같은 느낌("당장이라도 죽을 것 같다."와 같은)을 호소한다. 실제로 많은 환자들은 자신이 생명을 위협하는 질병에 걸리지 않았다는 검사 결과를 받고 나서야 자신의 두려움이 근거가 없음을 깨닫고 불안이 누그러지게 된다.

Bowlby(1970) 또한 부동 불안이라는 개념의 오류가능성에 대해서 잘 인식하고 있었다.

> 만일 우리가 환자의 사적인 세계에서 무슨 일이 진행되어 왔고 지금 무슨 일이 진행되고 있는지 알지 못한다면, 우리는 명백한 위협이 없다거나, 실제 위협에 비해서 위협으로 인해 유발된 감정이 불균형적으로 강하다고 결정할 수 있는 입장에 있지 않은 것이다.
>
> 실제로 우리의 임상 경험이 보여 주듯이, 우리가 자연적인 두려움에 대해 더 많이 알게 될수록, 그리고 우리가 환자들의 개인적인 환경에 대해 더 많이 알게 될수록, 그들이 합리적인 근거가 결여된 두려움을 겪고 있다거

나 막연한 부동 불안을 경험하고 있다는 생각이 줄어들게 된다. 따라서 우리가 불안이라는 단어를 위협이 없거나 위협이 부적절하게 판단되는 조건에 대해서만 제한하여 사용한다면, 아마도 그 단어는 조용히 사라지게 될 것이다(p. 86).

　환자의 불안 수준이 실제 스트레스나 위험의 수준에 비례하지 않고 이보다 훨씬 더 높은 것으로 보이기 때문에, 의사는 환자가 죽음에 대한 두려움에 대해서 언급하더라도 이를 무시하거나 경시하는 경향이 있다. 실제로 미국정신의학회의 진단 편람(1968)에서는 두려움을 합리화(rationalization)나 '실제' 두려움의 전치(displacement)라고, 또는 단지 불안의 표면적인 발현일 뿐이라고 기술하고 있다. 환자의 표면적인 두려움을 이런 식으로 설명해 버리게 되면, 임상가는 급성 불안 상태에서 나타나는 사고장애에 주목할 수 없게 된다. 결과적으로 임상가는 그 두려움이 환자에게는 타당하게 보일 수 있다는 점을 인식하지 못하게 된다. 사실 환자의 두려움은 위험 자극에 대한 확대해석, 유입되는 자극에 대한 왜곡된 해석, 그리고 임의적인 추론과 과잉일반화에 기초하여 생기는 것이다(4장을 보라).

　환자가 자신의 두려움에 대해 이야기할 수 있도록 격려함으로써, 임상가는 이 불가사의한 조건을 이해 가능한 것으로 만드는 데 도움이 되는 정보를 얻을 수 있게 된다. 환자의 입장에서 보면, 그 위험은 꽤 현실적이고 그럴듯한 것이다. 환자에게 무엇을 두려워하는지 물어봄으로써 우리는 무엇을 알게 될까? 처음에는 환자가 자신의 불안과 특이한 감정 상태를 걱정하느라 그 질문에 집중하는 데 어려움을 보일 수 있다. 그러나 최소한의 내성(introspection)을 통해서, 환자는 적절한 정보를 제공할 수 있게 된다. 급성 불안 환자는 종종(항상은 아니지만) 자신이 곧 죽을 것이라는 생각에 압도되어 있다. 죽음에 대한 두려움은 예기치 못한 또는 강렬한 신체 감각에 의해 촉발될 수 있다. 환자는 그 신체적 고통을 신체 질병의 징후로 해석하고, 이는 불안으로 이어지게 되는데, 이로써 연쇄반응이 시작된다.

　한 40세 남자가 급성적인 고통의 상태로 덴버에 있는 한 종합병원 응급실로 실려 왔다. 그는 몇 시간 전에 스키 리프트를 타고 산꼭대기까지 올라갔는데, 거기서 숨이 가쁘다는 사실을 알았다는 것이다. 뒤이어 그는 힘이 빠지고, 땀을 잔뜩 흘리기 시작하였으며, 정신을 잃을 것 같다는 생각이 들었다. 신체 검진과 심전도에서는 그 어떤 신체적 이상의 징후도 보이지 않았다. 환자는 '급성 불안 발작'으로 진단되었으며, 진정을 위해서 페노바르비탈을 처방받았다.

　그러나 환자의 심한 불안은 이후에도 지속되었으며, 그는 필라델피아에 있는 자신의 집으로 돌아왔다. 그 다음날 내게 자문을 받으러 왔을 때, 그는 처음에는 자신의 불안의 원천이 무엇인지 잘 짚어 내지 못하였다. 하지만 그가 최근에 있었던 사건을 훑어보기 시작하면서, 불안과 관련된 적절한 정보를 모으는 것은 어렵지 않았다. 그는 스키 리프트를 타고 산꼭대기에 다다랐을 때 숨이 가쁘다는 것을 알았다고 회상하였다(이는 아마도 산소가 희박한 환경 때문이었을 것이다). 그때 그는 숨이 가쁘다는 것은 심장병의 징후일 거라는 생각이 들었다. 이어서 그는 몇 개월 전에 관상동맥 폐색으로 숨진 형이 숨을 가빠했다는 사실이 생각났다. 관상동맥 폐색일지도 모른다는 생각을 하면 할수록, 그는 점점 더 불안해졌다. 이 시점에서 그는 힘이 빠지고, 땀을 흘리며, 현기증을 느끼기 시작하였다. 그는 이러한 증상들을 자신이 지금 심장마비를 겪고 있다는 증거로 해석하였다. 그는 응급실에서 심전도가 정상이라는 결과를 듣고도 안심하지 못했는데, 이는 그가 '병이 아직 검사로는 확인이 안 되었을 뿐'이라고 믿었기 때문이다.

　'부동 불안'이라고 믿었던 불안이 사실은 심장마비에 대한 두려움 때문에 촉발되고 유지되었다는 것이 분명해지고 난 후에, 우리는 환자의 잘못된 개념을 다룰 수 있게 되었다. 나는 환자가 처음에 숨이 가빴던 것은 산악지대에서 산소가 부족할 경우에 흔히 나타나는 생리적 반응이라고 설명해 주었다. 또한 결과적으로 나타난 심장마비에 대한 두려움이 불안을 유발하였고, 환자는 이를 죽음이 임박했다는 징후로 잘못 해석했다는 점도 설명해 주었다. 환자는 이러한 설명을 타당한 것으로 받아들였고, 심장마비에 대한 두려움은 '오경보'였다는 사실을 스스로 인정하였다. 이렇게 자신의 경험에 대한 해석을 수정한 후에, 그의 불안 증상은 사라졌고, 그는 다시 '정상적인 건강한 자기'로 돌아왔다고 느끼게 되었다. 자신의 불안 원인을 자각한 후에 증상이 빠르게 사라졌다는 사실은, 그가 생물학적 질병에 걸린 것이 아니라는 추가적인 증거를 제공해 주었다.

급성 불안 발작을 촉발하는 두려움이 반드시 신체적 재앙과 관련된 생각을 중심으로 하는 것만은 아니다. 심리사회적인 고통과 관련된 생각이 중심이 될 수도 있다.

예를 들어, 한 대학 강사가 '공황 상태에 빠져서 더 이상 잠시도 견딜 수 없기 때문에' 응급실을 찾아왔다. 담당 의사는 '부동 불안'이라는 진단을 내렸고, 그를 응급 정신과 자문에 의뢰하였다. 그가 공황 바로 전에 일어났던 일련의 사건을 묘사하면서, 다음과 같은 정황이 드러났다. 몇 시간 전에 그는 대형 강의실에서의 첫 강의를 준비하고 있었다. 그는 자신이 서투르게 강의를 할지도 모른다고 생각하기 시작하면서 점점 불안해졌다. 불안이 증가하면서, 그는 자신이 강의를 제대로 준비하지 못할지도 모른다는 생각과 학생들 앞에서 정신적 차단이 나타나서 제대로 이야기하지 못할지도 모른다는 생각을 되뇌게 되었다. 이 시점에서 그는 자신이 직업을 잃고, 생계를 꾸리지 못하게 되고, 결국에는 사회의 밑바닥으로 떨어져서 따돌림을 받고 가족의 수치가 될 것이라는 일련의 파국적인 결과를 떠올렸다.

불안을 일으킨 생각의 내용을 밝혀냄으로써, 그 환자는 자신이 당면한 문제를 더 객관적으로 볼 수 있게 되었다. 그가 일하는 학과의 주임교수에게 자신의 어려움에 대해 이야기하는 것과 같은 대안적인 행동에 대해서도 논의하였다. 그가 자신의 두려움을 덜 믿게 되면서, 그의 불안은 점점 완화되었고 그는 성공적으로 강의를 준비하고 학생들을 가르칠 수 있게 되었다. 이 사례에 대해 한 가지 재미있는 각주를 달자면, 그는 다음 해에 그 대학에서 최고의 강사로 선정되었다.

이 두 사례 모두에서, 환자를 검진한 내과의사는 불안을 유발하는 데 관여한 심리적 요인을 이끌어 내지 못하였다. 그러나 정신과의사는 최소한의 질문을 통해서, '부동 불안'을 유발하는 데 관여한 사건의 연쇄와 생각의 내용을 알아낼 수 있었다. 두 모든 사례에서, 재앙에 대한 두려움(첫 번째 사례에서는 죽음에 대한 두려움, 그리고 두 번째 사례에서는 한 인간으로서의 전적인 실패에 대한 두려움)이 불안을 일으키는 원인이 되었다. 각 환자가 자신의 두려움이 '오경보'였음을 깨닫게 됨에 따라 그의 불안은 줄어들었다.

이후에 나는 급성 불안 발작에 대해 연구하기 시작하였다. 나는 내과의사로부터 '부동 불안'으로 진단된 환자들을 면접하기 위한 계획을 세웠다. 10명의 환자와의 면접을 통해서, 나는 위의 두 사례에서 기술한 것과 같은 종류의 생각의 내용을 이끌어 낼 수 있었다(Beck, 1972a; Beck, Laude, & Bohnert, 1974).

두려움과 불안의 상승작용

통제할 수 없는 불안은 불쾌하며, 그 자체만으로도 끔찍한 경험이다. 예를 들어, 사람은 모욕이나 실패의 위협 때문에 사람들 앞에서 발표를 하거나 시험을 치르기 전에 불안을 경험할 수 있다. 그러나 그는 과거의 경험을 통해서 그가 서투른 수행으로 인해 괴로움을 겪을 뿐 아니라, '시련' 전과 그 과정에서 느끼는 불안 그 자체와도 씨름해야 한다는 것을 잘 알고 있다. 위협적인 상황이 직접적으로 일으키는 불편감에 더해서, 참기 힘든 불안으로 괴로움까지 겪게 되는 것이다.

자신의 불안한 모습이 공개적으로 드러나면 남들이 얕잡아 볼까 봐 두려워하는 상황에서도 불안이 증폭될 수 있다. 피검사 받는 것을 두려워한 한 남성은 의사가 자신의 긴장된 모습을 보고 그가 약하고 신경증적이라고 여길까 봐 특히 더 두려워하였다. 그의 일차적인 두려움은 주사바늘에 찔렸을 때의 고통과 피를 뽑는 행위에 부여된 병적인 의미와 관련된 것이었다. 그의 이차적인 두려움(의사의 경멸적인 시선에 대한 두려움)은 피검사에 대한 두려움보다 훨씬 더 컸으며, 그는 이로 인해 병원 예약을 계속 회피하였다. 일단 예약을 하고 나면, 그의 불안은 점점 더 커졌다. 불안을 더 많이 느낄수록, 진료실에서 쓰러질지도 모른다는 두려움도 더 커졌다. 이러한 생각은 더 큰 불안을 야기하였고, 악순환은 이렇게 지속되었다.

지속적인 불안의 악순환은 또 다른 방식으로 진행될 수 있다. 한 사업가가 친구로부터 그의 사업 분야의 경제적 상황이 점점 더 나빠지고 있다는 이야기를 들었다. 이 이야기를 듣고, 그는 자신이 심각한 어려움을 겪을지도 모른다고 걱정하기 시작하였다. 그가 잠재적인 문제를 더 위협적으로 볼수록, 그의 대처 능력에 대한 자신감은 더 저하되었다. 자신의 능력에 대한 자신감이 없어질수록, 그는 그 문제를 더 크게 지각하였다. 문제에 대한 생각과 자신의 능력에 대한 생각 간의 상호작용이 진행되면서, 그의 불안은 더 증가하였다.

또한 환자가 자신의 불안을 해석하는 방식이 불안의 악순환을 초래할 수도 있다. 그는 외부 자극에 대해서 그렇게 하듯이, 자신의 감정 반응에 대해서도 이를 자세히 살펴보고 해석하며 의미를 부여한다. 그는 불안을 위험과 연관 짓기 때문에, 자신의 불안을 위험을 알려 주는 신호로 해석한다. 이에 따라 또 다른 악순환이 시작된다. 어떤 위협적인 내용의 생각이 불안을 일으키는데, 이러한 불안 단서에 대한 해석이 또 다른 불안을 유발한다. 그는 다음과 같이 생각한다. '나는 지금 불안해. 따라서 이 상황은 위협적인 것임에 틀림없어.'

이러한 현상은 저혈당증 발작을 겪는 한 환자의 예를 통해 살펴볼 수 있다. 혈당의 갑작스러운 감소는 졸도할 것 같은 느낌과 몸의 떨림을 초래할 수 있다. 이때 그녀는 '나는 이 사태를 다룰 수 없어.'라고 생각하였고, '나는 자제력을 잃고 창문으로 뛰어내리거나 울부짖을지도 몰라.'라는 생각이 이어졌으며, 그녀의 불안은 더 심화되었다. 그녀는 불안의 감정에 대해서 자신을 통제할 수 없을 것이라는 믿음으로 반응하였던 것이다.

불안 신경증에서의 사고장애

우리는 이미 사고장애가 신경증의 핵심임을 언급한 바 있다(4장). 불안한 환자는 스스로 자신의 현실적인 사고가 방해받고 있다는 것을 쉽게 관찰할 수 있다. 그 특징적인 표현은 다음과 같다.

1. 위험에 대한 반복적인 생각: 환자는 위험한 사건의 발생에 관한 지속적인 언어적 또는 시각적 인지('오경보')를 지닌다.

2. 두려운 생각에 대한 '판단' 능력의 감소: 환자는 불안을 일으키는 생각이 합리적이지 않다는 것을 의심할 수는 있지만, 이를 객관적으로 평가하고 재검토하는 능력이 손상되어 있다. 그가 불안을 일으키는 생각의 합리성에 대해 의심할 수 있다 해도, 그는 그 생각이 옳다고 믿는다.

3. '자극 일반화': 불안을 일으키는 자극의 범위가 증가하여서, 거의 모든 소리, 움직임 또는 환경 변화가 위험으로 지각될 수 있다. 예를 들어, 급성 불안 발작을 겪은 한 여성은 다음과 같은 경험을 하였다. 그녀는 소방차의 사이렌을 듣고 '우리 집에 불이 났을지도 몰라.'라고 생각하였다. 동시에 그녀는 불이 난 집에 가족들이 갇혀 있는 심상을 떠올렸다. 그 후에 그녀는 머리 위로 비행기가 날아가는 것을 보았고, 자신이 비행기에 타고 있는데 그 비행기가 추락하는 시각적 심상을 떠올렸다. 그 추락 장면을 상상함과 동시에, 그녀는 불안을 느꼈다.

단어가 막히거나 단기기억이 간섭을 받는 것과 같은 불안의 특징에 대하여, 주의의 초점을 맞추는 것에 대한 수의적 통제의 상실이라는 관점에서 피상적으로 설명할 수도 있을 것이다. 불안한 사람이 당면한 과제(예를 들어, 시험을 보거나 발표를 하는 등)에 집중하는 데 어려움을 보일 때, 주의가 흩어져서 한 가지 대상이나 주제에 오랫동안 집중을 유지하지 못하는 것이라고 추측해 볼 수 있을 것이다. 이와 유사하게, 관련 없는 자극에 쉽게 주의가 분산되는 것은 그의 주의가 이리저리 이동하기 때문이라고 생각해 볼 수 있다.

그러나 조금만 더 깊이 탐색해 보면, 우리는 이러한 현상을 더 정확히 이해할 수 있게 된다. 환자의 문제는 그의 주의가 이동하기 때문이 아니라, 어느한곳에 불수의적으로 고정되어 있기 때문에 나타난다. 우리는 환자의 주의가대부분 위험의 개념과 '위험 신호'의 지각에 꽂혀 있다는 것을 발견한다. 이렇게 주의가 묶여 있는 현상은 위험에 대한 어쩔 수 없는 집착, 위험 관련 자극에 대한 과도한 경계, 주관적 감정에 대한 면밀한 탐사 등의 모습으로 나타난다. 특정 과제, 기억 또는 반성에 사용될 주의력은 거의 남아 있지 않다. 달리표현하자면, 위험과 관련된 생각이나 자극에 그의 주의의 대부분이 고정되어있기 때문에, 수의적으로 다른 내면 과정이나 외부 자극에 주의를 기울일 수있는 능력이 상실되는 것이다. 환자들은 집중이나 회상에 대한 수의적 통제의상실을 자신이 미쳐 가고 있을지도 모른다는 증거로 해석하여 더 불안해지기도 한다.

두려운 생각을 유발하는 자극이 증가하는 현상은 특정 외상 사건을 '되살리는' 사람들에게서 뚜렷이 나타난다. 전투 신경증으로 진단된 적이 있는 만성적으로 불안한 한 퇴역군인은 그의 과거 전쟁 경험과 연합된 자극에 노출될 때마다 불쾌한 시각적 심상이 떠오르곤 하였다. 예를 들어, 자동차의 요란한 시동소리, 무언가의 갑작스러운 움직임, 전쟁을 암시하는 어떤 글이나 말도 그의 반복적인 심상을 촉발하였다. 환상 속에서 그는 땅바닥에 누워 적군의 비행기에 폭격을 당하고 있었다. 이러한 환상은 그가 전쟁 중에 실제로 겪은 경험을 그대로 복사한 것이었다.

이와 유사하게, 한 운전자는 악몽과도 같은 끔찍한 사고를 겪은 이후에 반복적인 환상에 시달렸다. 그가 주차건물의 상층 주차장에서 후진으로 주차하는 도중에, 브레이크 고장으로 그의 자동차가 가드레일을 뚫고 지나갔다. 자동차는 길거리 위 난간에서 앞뒤로 흔들리며 불안정하게 버티고 있었고, 그는한 시간이 넘어서야 구조되었다. 그 이후 그는 이 외상 사건에 대한 시각적 심상에 반복적으로 시달렸다. 환상 중에서 그는 실제 사건에서 경험한 것만큼 강렬하게 불안을 경험하였다.

불안한 환자들의 사고장애의 또 다른 특징은 '파국화' 경향이다(Ellis, 1962). 부정적인 결과가 나타날 가능성이 있는 그 어떤 상황에서든, 환자들은 상상할 수 있는 가장 극단적인 부정적 결과를 떠올린다. 자동차 여행을 떠날 때는 자동차 충돌사고가 나서 죽을지도 모른다고 생각한다. 중요한 시험을 치를 때는 자신이 낙제할 것이라고 생각한다. 많은 사람들 사이에 있는 자신을 상상할 때, 그는 자신이 통제력을 잃고 기절하거나 미친 듯이 소리를 지를 것이라고 예상한다.

파국화의 한 가지 특징은 개인이 그 가설을 사실과 동일시한다는 것이다. 그는 위험의 가능성이 미미한 상황을 실제로 매우 위험한 상황인 것처럼 여긴다. 여자 친구가 그와의 약속시간에 늦을 때, 그는 그녀가 관계를 단절하기로 결심했다고 생각한다. 피부의 작은 혹은 곧 그가 암에 걸렸음을 의미한다. 갑작스러운 천둥소리는 곧 자신이 번개에 맞을 것이라는 것을 의미하며, 자신에게 가까이 다가오는 낯선 사람은 그가 공격을 당할 수도 있음을 암시하는 것으로 해석된다.

불안하지 않은 사람들은 일반적으로 적당히 무서운 자극에 반복적으로 노출되면 그 자극에 곧 적응하거나 '익숙해진다.' 그러나 매우 불안한 환자들은 그러한 자극이 연속적으로 주어질 때, 이에 적응하는 것이 아니라 오히려 불안이 증가하는 양상을 보인다. Lader, Gelder 및 Marks(1967)는 정상인 집단과 매우 불안한 환자 집단에게 각각 일련의 소리들을 들려주었다. 두 집단 모두에서, 처음에는 소리에 대한 반응으로 (피부 전도도로 측정한) 땀의 양이 증가하였다. 그러나 소리의 반복적인 제시에 대하여, 정상 집단은 그 자극에 적응하여 생리적 반응이 감소한 반면, 불안 집단의 경우 땀의 양이 계속 증가했는데, 이는 그들의 불안이 증가했음을 시사한다.

외부 자극에 대한 반응에서의 차이는 다음과 같이 설명할 수 있을 것이다. 정상인은 그 해로운 자극(소리)이 위협에 대한 신호가 아니라는 것을 빠르게 알아차릴 수 있다. 그 자극이 위험 신호라기보다는 대수롭지 않은 소리라고 여길 수 있게 되면서, 그의 불안은 줄어든다. 이와는 대조적으로, 불안한 환자는 안전과 위험 사이를 구분하지 못하고 그 소리를 여전히 위험 신호라고 여긴다. 그의 생각이 위험이라는 개념에 지배되는 것이다. 일단 어떤 자극에 위험 신호라는 꼬리표가 달리게 되면, 그 자극과 '위험'이라는 개념 사이의 연합이 고착된다.

우리가 임상적으로 관찰한 바에 따르면, 보통의 개인은 스트레스 상황(그것이 발표 상황이든 교전 상황이든)에 대한 경험이 증가할수록 자신감이 증가하고 불안은 감소한다. 그러나 매우 불안한 개인은 잇따른 경험에 직면할수록 불안이 더 증가한다.

불안 신경증의 문제는 지나치게 예민한 '경보 시스템'에 비유할 수 있다. 불안한 환자는 위해의 가능성에 너무 집중한 나머지 끊임없이 스스로에게 잠재적인 위험을 경고한다. 그의 내적 의사소통 시스템을 거쳐 흘러나오는 신호는 오직 위험이라고 하는 하나의 메시지만을 전달한다. 어떤 자극이라도 경보 시스템을 작동시켜 '오경보'를 울릴 수 있다. '오경보'가 쇄도하면, 결과적으로 환자는 피해를 경험하게 된다. 그는 끊임없는 불안 상태에 놓이게 되는 것이다.

제7장

두렵지만 두렵지 않다:
공포증과 강박증

> 내가 두려워하고 나를 두려워하는 모든 것들이, 내 마음이 그들로부터 영향
> 을 받지 않는 한, 좋은 것도 나쁜 것도 아니라는 사실을 나는 깨달았다.
>
> — Spinoza

그는 어지러움이 밀려오는 것을 느꼈고, 곧 쓰러질 것 같다고 생각했다. 그는 어떻게든 의식을 놓치지 않으려고 발버둥 쳤다. 동시에 그는 자신이 저 멀리 동떨어져 있으며 자신이 아닌 것 같이 느껴졌다. 배가 아프고 곧 터질 것 같았다. 토할 것 같은 느낌이 올라왔다. 맥박은 매우 빠르게 뛰었으며, 심장이 쿵쾅거리다 못해 가슴 벽을 심하게 두드리는 것같이 느껴졌다. 숨을 깊게 들이쉬고 싶었지만, 호흡을 가다듬기가 어려웠다. 입은 바짝 말라 있는데 나머지 몸은 땀으로 흠뻑 젖었다. 손은 통제할 수 없을 정도로 떨리고, 몸은 흔들거렸다. 말을 하려고 했지만 말이 나오지 않았고, 알아들을 수 없는 외마디 말만 튀어나왔다. 그는 곧 죽을 것 같다는 생각에만 사로잡혀 있었다.

앞선 이야기는 응급 상황에 있는 한 사람을 기술한 것처럼 들린다. 그는 심장마비나 급성 맹장염과 같은 실제 질병 때문에 고통받고 있었을 수도 있고, 극심한 불안을 일으키는 외적 재앙의 한가운데에 놓여 있었을 수도 있다. 그런데 그는 실제로는 그가 비현실적으로 두려워하는 상황에 강제로 노출된 공포증 환자였다. 이처럼 비교적 안전한 상황에서 나타나는 터무니없이 과도한 반응의 구조를 해명하는 일은 그 자체만으로도 매우 흥미롭지만, 복잡한 인간 행동을 명료하게 이해하는 데 도움을 준다.

두려워하는 대상이나 상황에 따라 공포증을 분류하는 것이 한창 유행할 때, 몇몇 박식한 의사들은 최소한 107개의 공포증 이름을 만들어 냈다(Terhune, 1949). 꽤 특이한 이름 몇 가지를 예로 들어 보면, 고양이 공포증(ailurophobia), 꽃 공포증(anthophobia), 번개 공포증(astraphobia), 천둥 공포증(brontophobia), 불결 공포증(mysophobia), 어둠 공포증(nyctophobia), 뱀 공포증(ophidiophobia) 등이 있다. 공포 반응과 관련된 대상이나 상황은, 망상의 내용이 그랬듯이, 한 시대에서 다음 시대로 넘어가면서 바뀌었다. 예를 들면, 16세기에는 악마(demonphobia) 및 사탄(satanophobia)을 주제로 한 공포증이 많았다. 매독에 대한 우려가 널리 퍼져 있던 20세기 전반기에는, 많은 사람들이 그 병이 오직 성적 접촉에 의해서만 전염된다는 것을 알고 있었음에도 불구하고, 그 병에 걸릴까 봐 두려워서 더러운 물건을 피하거나 악수를 하지 않으려 하였다.

공포증의 이름이 계속 늘어난다는 것은 곧 과도하거나 부적절한 불안을 유발할 수 있는 대상이나 상황이 한이 없다는 것을 보여 준다. 인류의 기술적인 진보에 따라서, 지하철이나 엘리베이터를 타는 것에 대한 공포, 방사능에 대한 공포 등 새로운 공포증이 등장하였다.

모든 두려움이 공포증인 것은 당연히 아니다. 우리 주변에는 우리의 건강이나 생명에 위험을 끼칠 만한 것들이 많이 있다. 추락, 자동차 충돌, 화재, 폭발 등의 사고로 인해 많은 사람들이 죽어 가고 있으며, 감염성 질병으로 죽기도 한다. 폭발이 일어날 수 있는 지역, 비상구가 없는 건물, 피복이 벗겨진 전선, 독극물, 결핵 환자, 장전된 권총 등을 피하는 사람을 보고 신경증적이라고 말할 수는 없다. 파도가 많이 치는 바다에서 수영하는 것, 더러운 물을 마시는 것, 또는 한밤중에 범죄가 자주 발생하는 지역을 걸어가는 것을 두려워하는 사람이 있다면, 그는 오히려 그 신중함에 대해서 칭찬받아야 마땅할 것이다.

이렇게 현실적인 위험이 존재하고 두려움이 널리 퍼져 있는데, 우리는 어떻게 정상적인 공포와 공포증을 구분하는가? 심리학 용어 사전에서는 공포증을 "어떤 특정한 유형의 대상이나 상황에 대한 과도한 두려움, 타당한 근거가 없거나 당사자가 합리적이라고 받아들일 수 있을 만한 근거가 없는데도 지속적으로 느끼는 두려움"(English & English, 1958)이라고 정의하고 있다. 단지 잘 몰라서 두려워하는 것을 공포증으로 분류할 수는 없다. 예를 들어, 우리는 처음 보는 거대한 동물이나 이상한 기계 장치에 대해 당연히 경계할 수 있다. Bowlby(1970)는 잘 모르는 것 또는 낯선 것에 대한 반응을 '자연적인 공포'라고 하였다.

공포증의 중요한 요소는 공포 상황을 피하고자 하는 긴박한 욕구, 그리고 그 상황에 다가갈수록 불안과 도피 욕구가 증가한다는 것이다. 환자들은 흔히, 삶이 상당히 불편하고 생활 반경이 축소됨에도 불구하고, 공포증의 대상을 회피하면서 비교적 평온한 삶을 그럭저럭 영위해 간다. 중요한 것은, 그가 자신의 공포증이 합리적이지 않다는 것을 솔직하게 인정함에도 불구하고, 자신의 공포나 공포 상황을 회피하고자 하는 욕구를 없앨 수는 없다는 것이다.

공포증에 대해서 사전적으로 정의한 것보다 더 포괄적으로 정의해 보자면 사회적 합의의 관점에서 볼 때, 그리고 개인이 그 상황에서 벗어난 상태에서 지적으로 평가하였을 때, 그 상황에 대한 공포가 실제 그 상황에 내재된 위험의 발생 가능성과 정도에 비해 더 큰 것이라고 정의할 수 있을 것이다. 공포증 환자는 결과적으로 그와 같은 상황에서 과도한 불안을 느끼며 이를 회피하려고 하는데, 이로 인해 그의 생활 반경은 사실상 축소된다.

환자가 강제로 자신을 그 공포 상황에 밀어 넣을 때(또는 다른 사람에 의해 강제로 밀어 넣어졌을 때), 그는 급성 불안 발작의 증상(극심한 불안, 빠른 호흡, 심장 두근거림, 복통, 주의집중 곤란 등)을 경험할 수 있다. 그러나 어떤 환자들은 자신이 예상한 것보다 고통이 심하지 않음을 발견하기도 한다. 그들이 지금까지 회피해 오던 정도에 비해서 말이다. 그 불편감은 어떤 사람이 벌레를 보았을 때 경험하는 것처럼, 단지 '오싹'한 느낌 정도에 불과한 것일 수도 있다. 그러나 공포 상황에서 비교적 덤덤한 반응을 경험했음에도 불구하고, 그 상황에 대한 과도한 회피 욕구는 계속 유지될 수 있다. 경험이 과장된 두려움이나 강력한 회피 경향성을 수정하지는 못한 것이다.

'객관적인 위험'의 문제

때로는 현실적인 공포와 공포증 사이에 명확한 경계선을 긋는 것이 어려울 수 있다. 전투 비행을 많이 경험한 한 전투기 조종사는 비교적 안전한 임무를 수행하기 위해 비행할 때에도 이륙 직전에는 심한 불안을 느낀다. 한 교량 건설 노동자는 그가 베테랑임에도 불구하고 다리에 가까이 다가갈수록 심한 불안을 느낀다. 이 두 사례에서 그들은 어떤 실재하는 위험에 대해서 스스로 무력해지는 반응을 보였다. 이와는 달리, 기차를 타고 출근하는 것이 두려워서 사고율이 더 높은 고속도로를 위험을 무릅쓰고 운전하려는 사람이 있다면, 우리는 그가 공포증(기차 공포증)이 있다고 더 쉽게 말할 수 있다. 실제 위험에 비해 불안의 정도가 더 클수록, '공포증'이라는 말을 적용하기가 더 쉽다. 두려움의 내용이 터무니없을수록 우리는 그 진단을 내리기가 더 쉬울 것이다. 갑작스럽게 심한 뇌우가 쏟아질까 두려워서 모든 야외활동을 피하는 사람, 그리고 질식할까 두려워서 지하철과 버스를 타지 않는 사람이 이러한 경우에 속할 것이다.

많은 사람들은 명백히 위험한 상황에서의 공포를 완충하거나 완화할 수 있는 것으로 보인다. 우리는 공중곡예사, 맹수조련사, 첨탑수리공, 산악구조요원과 같은 위험한 직종에 종사하고 있는 전문가들이 비교적 침착함을 유지하며 일하는 모습을 본 적이 있을 것이다. 실험 연구들에 따르면, 낙하산 애호가들은 낙하산을 타는 경험이 쌓일수록 불안을 점점 덜 느끼는 경향을 보인다(Epstein, 1972). 이와 비슷하게, '노련한' 군인은 신참 병사보다 전쟁터에서 불안을 덜 느낀다. 심리치료자들은 사람들이 매우 위험한 상황에 적응해 가는 이 원리를, 위험도가 낮은 대상과 상황에서 공포를 느끼는 환자들을 돕는 데 적용할 수 있다.

실제 임상 장면에서 공포증은 일반적으로 잘 정의되어 있기 때문에, 공포증과 '정상적인 공포'를 구분 지어야 할 필요성을 잘 느끼지 못한다. 공포증 환자들은 대부분 다른 사람들이 고통을 받지 않는 상황에서 자신은 고통을 겪고 있다는 것을 알기 때문에, 또는 이러한 상황을 회피함으로써 야기되는 삶의 불편을 더 이상 견딜 수 없기 때문에 치료적인 도움을 찾는다. 그들은 과거에는 쉽게 피할 수 있었던 상황에 불가피하게 직면하지 않을 수 없을 때 고통스러운 증상을 발달시키기도 한다. 예를 들면, 피를 두려워하던 한 의대생은 어쩔 수 없이 수술 견학 실습에 참여하면서 심각한 공포를 경험할 수 있다.

우리는 어떤 특정 상황에서 심한 공포를 느끼는 사람이 다른 사람들은 심한 불안을 느끼는 또 다른 상황에서는 전혀 불편하지 않을 수 있다는 것을 잘 알고 있다. 예를 들면, 발표할 때 거의 불안을 느끼지 않고 오히려 많은 청중 앞에서 연설하는 것을 즐기는 한 환자는 바퀴벌레나 다른 작은 벌레를 굉장히 두려워하였다. 그는 밤에 아파트에 혼자 있을 때마다 벌레들이 덤벼들까 봐 두려워서 심한 불안에 시달려야 했다. 그는 이러한 공포증 때문에 전문적인 도움을 찾게 되었다.

이중 믿음 체계

전문적인 문헌들 중에는 공포증에 대한 이해를 모호하게 하는 많은 주장들도 포함되어 있다. 이렇게 오해를 불러일으킬 수 있는 한 가지 주장은 공포증 환자가 실제로 위험이 없다는 사실을 알고 있다는 것이다. 예를 들어, Friedman(1959)은 공포증이 "객관적으로 위험하지 않은, 더 정확히 말하자면 그 개인이 사실은 위험하지 않다는 것을 알고 있는 대상이나 상황에 대한"(p. 293) 두려움이라고 주장한다. 이러한 주장은 공포증이 실제보다 더 이해할 수 없는 현상처럼 느껴지게 하며, 다음과 같은 의문이 들게끔 만든다. 공포증과 관련된 상황에 정말 아무런 위험이 없다고 말할 수 있는가? 환자가 실제로 그 상황에 처해 있을 때, 그는 정말로 그 상황에 위험이 없다고 **확신**하고 있는가?

공포증의 내용을 검토해 보면, 우리는 그 두려움이 좀처럼 기이하거나 비합리적이지 않다는 것을 알게 된다. 자신의 키보다 더 깊은 물속에 들어가거나, 낯선 식당에서 식사를 하거나, 긴 다리를 건너거나, 터널을 통과하거나, 엘리베이터를 타는 것에 대한 공포증을 지니고 있는 환자에 대해 생각해 보자. 우리가 과연 이러한 각각의 상황에 어느 정도 위험이 존재한다는 것을 부정할 수 있을까? 우리는 사람들이 실제 물에 빠져 죽기도 하며, 오염된 음식을 먹고 죽기도 한다는 것을 알고 있다. 다리가 실제 무너지기도 하고, 터널이 붕괴되어 그 속에 갇히기도 하며, 엘리베이터가 멈추기도 한다. 공포증이라는 이름은 그 개인이 위험의 가능성을 과장되게 지각하고 실제 위험에 비해 더 큰 고통을 경험하는 경우에만 적용될 수 있을 것이다.

이와 비슷하게, 대중 앞에서 연설을 하거나 시험을 치르는 것에는 심리적 상처의 위험이 따른다. 사람들은 대중 앞에서 연설을 하면서 '바보처럼 구는' 동료에게 무자비할 수 있으며 그를 괴롭히기도 한다는 것은 인생의 현실이다. 시험에는 실패의 위험과 그에 뒤따르는 비난, 창피, 번민의 위험이 따른다. 따라서 심리사회적 위험 상황과 관련한 공포증 또한 현실적인 위험 요소를 포함하고 있다고 할 수 있다.

좀 더 흔한 공포증을 살펴보면, 아이들이 일반적으로 발달과정 중에 흔히 겪는 두려움을 포함하고 있다는 것을 알 수 있다. 앞으로 공포증의 발달에 대해 살펴보면서, 우리는 많은 공포증이 아동기에 흔히 경험하는 두려움으로부터 비롯된 것이라는 사실을 알게 될 것이다. 대부분의 아동은 위험에 대처하는 법을 배우면서, 그 두려움을 '넘어서 성장한다'.

그 환자 자신에게는 직접적으로 위험 요소를 포함하고 있지 않은 공포증에 대해서도 설명할 필요가 있을 것이다. 타인이 다치거나, 피를 흘리거나, 수술 받는 것을 볼 때 느끼는 격렬한 불안이 그 예가 될 수 있다. 이러한 공포증은 어쩔 수 없이 이와 같은 상황에 놓이게 되는 의사나 간호사 같은 의료전문인에게 나타날 수 있다. 그들은 앞서 기술한 것과 같은 전형적인 불안 증상을 경험하는데, 대부분의 사람들은 시간이 지나면서 이에 점차 무감각해지지만 어떤 사람들은 반복적인 노출에도 불구하고 공포증에서 벗어나지 못한다.

이 수수께끼에 대한 해답은 이러한 공포증 환자들이 '피해자'와 상당한 정도로 동일시한다는 점에서 찾을 수 있다. 그 환자에게 몇 마디 질문을 던져 보면, 동일시의 기제가 명확히 드러난다. 그는 마치 자신이 피해자가 된 것처럼 그 사건에 반응하였다는 것을 암시하는 시각적 심상을 떠올릴 수 있을 것이다. 수술을 관찰하던 한 의대생은 그 수술대 위에 누워 있는 자신에 대한 시각적 심상을 떠올렸다(3장을 보라). 환자의 가슴뼈를 바늘로 찌르는 시술을 시행하던 한 인턴은 자신의 가슴뼈에서 통증을 느꼈다. 자상을 입어서 피를 흘리는 환자를 본 한 간호사는 '만일 내가 피를 흘린다면 어떨까?'라는 생각과 함께, 현기증이 나고 쓰러질 것같이 느꼈다(마치 그녀 자신이 피를 흘리고 있는 것처럼).

또 다른 유형의 공포증은 시각적 환상의 자극과 관련된다. 한 남성은 자신이 자동차 사고를 당했던 한 도시 지역을 회피하였다. 질문을 통해서, 나는 그가 그 지역에 가까이 다가갈 때마다 사고를 당하는 환상을 경험하면서 극심한 불안을 느끼게 된다는 사실을 알게 되었다. 배를 보거나 심지어 배의 그림을 보아도 소스라치게 놀라는 한 여성은 물 공포증을 지니고 있었다. 어떠한 자극이라도 그녀가 물속에 있다는 연상을 촉발시키면, 그녀는 자신이 물에 빠져 죽는 생생한 환상에 시달렸다.

공포증에 대한 이와 같은 설명은 공포증 환자의 중요한 특징, 즉 그는 어떤 자극 상황에 대해서 내적 드라마의 관점에서 반응한다는 점을 잘 말해 준다. 이를테면, 고소공포증 환자는 절벽 끝으로 다가갈수록 자신이 절벽 아래로 떨어지는 심상이나 생각을 떠올리게 된다. 그는 심지어 절벽 쪽으로 몸이 기우는 것 같은 신체 감각을 느낄 수도 있으며, 관찰자는 그의 몸이 흔들리는 것을 볼 수 있다.

이 시점에서 공포증이라는 수수께끼는 더 풀기 어려워지는 듯 보일 수 있다. 두려워하는 자극으로부터 멀리 벗어나 있을 때, 환자는 흔히 "실제 위험은 없다는 것을 알겠어요. 내 두려움은 터무니없는 것이라는 것을 이제 알겠어요."라고 말한다. 우리는 그의 반응에서 나타나는 이러한 불일치를 어떻게 설명할 수 있을까?

이에 대한 답은 환자 자신이 제공해 줄 수 있다. 사람은 서로 완전히 상반되는 개념이나 믿음을 동시에 지닐 수 있다. 환자가 공포 상황으로부터 멀리 떨어져 있을 때, 그는 그 상황이 비교적 위험하지 않다는 생각을 유지할 수 있다. 일반적으로 그는 또한 자신 속에 그 상황이 위험하다는 생각이 동시에 있다는 것을 어렴풋이 알고 있다. 그가 공포 상황에 접근함에 따라, 그 상황이 위험하다는 생각이 점점 더 커져서 결국에는 그 상황에 대한 평가를 완전히 지배하게 된다. 그의 믿음은 '그것은 위험하지 않아.'로부터 '그것은 위험해.'라는 개념으로 전환된다.

나는 공포증 환자들에게 위험 가능성을 추정해 볼 것을 요구함으로써 이러한 관찰을 여러 차례 검증하였다. 예를 들면, 어떤 환자는 공포 상황에서 멀리 떨어져 있을 때 위험 가능성이 거의 0에 가깝다고 말한다. 그가 그 상황에 가까이 다가감에 따라 확률은 변화되기 시작한다. 10%, 50%를 지나 그가 그 상황의 한가운데 처하게 되면, 그는 위험이 발생할 확률이 100%라고 믿을 수도 있다.

비행기 공포증을 치료하면서, 나는 환자들에게 비행기 추락사고의 확률을 적어 보도록 요청하였다. 가까운 장래에 비행기를 탈 계획이 없는 경우, 그는 비행기가 추락할 가능성이 1:100,000 또는 1:1,000,000이라고 느꼈다. 그러나 그가 비행기를 타기로 결정한 즉시, 추락사고의 추정 확률은 급격히 증가하였다. 비행기에 탑승할 시간이 다가올수록, 그 가능성은 점점 더 증가하였다. 비행기가 이륙하는 시점에서, 그는 사고의 확률을 50:50으로 추정하였다.

난기류로 인해 기체가 흔들릴 때, 그 확률은 100 : 1로 뒤바뀌었다.

나는 여러 차례 환자들을 동반하여 그들이 두려워하는 공포 상황에 참여하였는데(예를 들면, 함께 계단을 오르거나, 물속에 들어가거나, 엘리베이터를 타는 등), 이를 통해 환자들이 위험 가능성을 점점 더 높게 예상한다는 사실을 확인할 수 있었다. 나는 많은 환자들이 자신이 두려워하는 실제 사건을 그대로 모사하는 경험을 한다는 것을 목격하였다. 고소공포증이 있는 한 여성 환자와 함께 언덕 꼭대기까지 올라갔을 때, 그녀는 현기증을 느꼈고, 몸이 흔들리기 시작하였으며, 어떤 힘이 자신을 언덕 끝으로 끌어당기는 것을 '느꼈다.' 고층건물의 40층에 올라갔을 때, 그녀는 바닥이 가파른 각도로 기울어지는 것을 '느꼈다.' 물에 대한 공포가 있는 한 여성은, 아직 해변에 있었음에도 불구하고, 자신이 물에 빠져 죽는 시각적 심상을 떠올렸다. 그녀는 마치 물에 빠져 죽어 가고 있는 것처럼 숨을 헐떡이기 시작하였다. 병원으로부터 멀리 떨어져 있을 때 심장발작이 일어날까 봐 두려워한 한 남성은 때로 가슴에서 통증을 느끼곤 하였다. 이러한 사례들은 다음 장에서 논의할 신체적 심상(somatic imaging)이라는 현상을 잘 보여 주고 있다.

공포 상황에 대한 강한 노출, 또는 서로 다른 많은 공포 상황에 대한 반복적 노출이 급성 불안 신경증을 촉발할 수 있다는 것을 잘 인식할 필요가 있다.

하나의 특정 대상에 대해 서로 상반되는 믿음을 지니는 경향은 특히 공포증에서 가장 명백히 나타나지만, 다른 정서장애에서도 나타난다. 공포증에서 살펴본 것처럼, 한 생각은 비교적 원시적이고 비현실적이지만, 다른 한 생각은 더 성숙하고 현실적이다. 비현실적인 생각이 지배적일 때, 정서적 고통과 같은 신경증의 징후들이 나타난다.

공포증의 핵심 사고

공포증 환자가 정말 두려워하는 것은 무엇인가? 환자들이 종종 불안이 일어나는 상황에 따라 자신의 문제에 이름을 붙이기 때문에, 많은 이론가들은 의미론적인 덫에 걸리기 쉽다. 그들은 환자에게 더 많은 질문을 해 보지 않은 채, 어떤 환자가 사람들이 붐비는 곳이 무섭다고 말하면 상황 그 자체, 즉 붐비는 장소가 그의 공포의 근원일 것이라고 가정하지 않을 수 없다. 그런데 이러한 상황들이 종종 실제로는 위험하지 않은 것으로 보이기 때문에, 이론가들은 공포에 대해서 대단히 난해한 설명을 하게 되었다. 정신분석가들과 행동주의자들이 제안한 설명 간에는 몇 가지 공통점이 있는데, 여기서 간단히 기술해 보자.

행동치료자들은 공포증 환자가 공포 대상의 내재적 위험 때문에 높은 곳, 엘리베이터, 또는 말을 두려워하는 것은 아니라고 주장한다. 그들은 기본적으로 공포증의 '우연적 조건형성(accidental conditioning)' 이론을 제안한다. 예를 들어, Wolpe(1969)는 공포증이 다음과 같은 방식으로 발달한다고 주장하였다. 첫째, 무서운 사건이 발생하고 이것이 불안을 일으킨다. 그리고 또 다른 (중립적인) 자극은 그 무서운 사건이 발생하는 시기에 또는 그 이전에 존재한다. 둘째, 두 자극 간의 이러한 우연한 연합을 통해서 그 중립적인 자극이 불안과 연결된다. 그 이후에 그는 그 '중립적인' 자극에 대해서 불안해진다. 즉, 그는 그 자극에 대한 공포증을 지니게 되는 것이다.

이와 유사하게, 정신분석가들은 공포의 근원과 환자가 경험하는 공포의 내용 간의 간접적인 연결을 가정한다. 개인은 자신의 '진짜' 공포를 어떤 위험하지 않은 외부 대상으로 전치한다. 프로이트(1933)가 말한 것처럼, "공포증에서는 이러한 내부적 위험이 외부적 위험으로 전환되는 방식을 쉽게 관찰할 수 있다."(p. 84) 예를 들어 보자. 한 여자는 무의식적인 매춘 환상을 가지고 있다. 이러한 금기시된 환상은 불안을 자극할 수 있기 때문에, 그녀는 매춘부가 되는 것에 대한 두려움을 사회적으로 용납될 수 있는 대상에 대한 두려움으로 전환(혹은 전치)하게 된다. 즉, 그녀는 도로 공포증(street phobia)을 발달시키게 된다(Snaith, 1968).

많은 이론가들이 이와 같이 복잡한 설명을 하는 부분적인 이유는, 환자의 두려움이 너무 터무니없어서 분명히 그의 안전이나 가치를 위협하는 다른 무언가와 연합된 것이거나 그로부터 파생된 것임에 틀림없다고 생각하였기 때문이다. 그러나 환자에게 질문해 보면, 그의 두려움이 더 이상 그렇게 터무니없어 보이지는 않는다. 예를 들어, 한 사춘기 소녀는 단단한 음식을 먹는 것에 대한 두려움 때문에 병원을 찾았다. 그녀의 부모들과 소아과의사는 이러한 두려움을 터무니없는 것으로 여겼으며, 그녀가 정말 두려워하는 것이 무엇인지 확인해 보려 하지 않았다. 정신과 면접 중에, 그녀는 목이 막혀 죽을까 봐 무섭다고 이야기하였다. 수년 전에 그녀는 큰 고기조각이 목에 걸린 적이 있었는데, 그 때 숨이 막혀서 죽을 것 같다는 생각을 하였다. 그 이후 그녀는 사람들이 질식하여 죽는 이야기에 특히 예민해졌고, 이는 그녀의 두려움을 더 강화하였다. 이러한 맥락에서 보았을 때, 그녀의 두려움은 이해할 수 있을 만한 것이었으며, 다른 우회적인 설명을 찾을 필요가 없는 것이었다. 또한 그녀의 불안의 근원이 단순히 단단한 음식을 먹는 것 자체에 있는 것이 아니라 질식할지도 모른다는 예상에 있다는 것이 분명해졌다.

다른 종류의 공포증을 지니고 있는 환자들에게 주의 깊게 질문해 보면, 그들 또한 특정 상황이나 대상 자체를 두려워하는 것이 아니라, 그 상황에 처하거나 그 대상에 접촉함으로써 나타날 수 있는 결과를 두려워한다는 것이 분명해진다. 고소공포증 환자는 그가 추락할까 봐 무섭다고 말하며, 사회적 상황에 대한 공포증을 지닌 환자는 그가 창피를 당하거나 거부당할까 봐 무섭다고 말한다.

너무 많은 다양한 공포증이 존재하기 때문에 이들을 분류하는 것은 쉽지 않다. 아동기의 공포 및 공포증에 대한 몇몇 통계적 연구에 따르자면, 이들은 크게 세 가지 범주로 분류될 수 있는데, 첫 번째, 공격을 당하거나, 유괴를 당하거나, 수술을 받는 것과 같이 인간에 의해 이루어지는 위험에 대한 두려움, 두 번째, 천둥, 번개, 유령과 같이 자연적인 위험 또는 초자연적인 위험에 대한 두려움, 세 번째, 시험을 치르는 것, 타인을 화나게 하는 것, 부모로부터 분리되는 것과 같이 심리사회적인 스트레스를 반영하는 두려움(Miller et al., 1972)이다. 첫 번째와 세 번째 범주는 두 번째 범주보다 성인기까지 지속될 가능성이 더 높다. 여기에서는 우리의 목적에 맞게, 신체적 손상이나 죽음에 대한 예상을 '신체적 두려움', 심리적인 상처(모욕, 실망, 외로움, 비탄)에 대한 예상을 '심리사회적 두려움'이라고 지칭할 것이다. 많은 공포증은 신체적 위험에 대한 두려움과 심리사회적 위험에 대한 두려움 둘 다의 요소를 포함하고 있다.

60명의 공포증 환자들을 대상으로 한 심리치료와 공포증 환자들에 대한 체계적인 연구에 기초하여, 우리는 각 공포증마다 특수한 핵심적인 두려움이 무엇인지 확인할 수 있었다(Beck & Rush, 1975). 우리의 이러한 연구 결과는 포괄적인 면접을 통해 공포의 내용을 정확히 찾아내고자 한 다른 연구자들의 연구 결과와도 일치하였다(Feather, 1971). 각 사례에서 공포증의 핵심 사고는 환자 자신의 보고를 통해 드러났으며, 정신분석 모델에서처럼 추론과 이론적 숙고에 의존하지 않았다.

다양한 특정 공포증이 본질상으로는 서로 동일한 듯 보인다 해도, 각 사례마다 핵심적인 요소는 상당히 다를 수 있는 사실에 주목하는 것이 중요하다. 또한 이와 같은 다양성에도 불구하고, 임상 장면에서 흔히 볼 수 있는 공포증의 핵심에 있는, 가장 자주 등장하는 두려움이 무엇인지 밝혀낼 필요가 있을 것이다. 다음은 결코 모든 특정 공포증을 열거한 것이 아니며, 각 전형적인 공포증에서 핵심 사고가 무엇인지를 예시하기 위한 것이다.

광장공포증

Westphal(1872)은 광장공포증(agoraphobia)이라는 이름을 처음 지어냈는데, 이는 문자 그대로 '광장에 대한 두려움'을 의미한다. 그의 논문 '광장공포증(Die agoraphobie)'에는 다음과 같은 증상이 기술되어 있다. "…… 어떤 거리나 광장을 걸어가는 것이 불가능하고, 가능하더라도 결과적으로 극심한 불안을 겪게 된다. 그들은 거리에 사람이 없고 가게들이 문을 닫았을 때 특히 더 괴로워하였다. 그들은 다른 사람이 곁에 있을 때, 심지어는 자동차나 지팡이와 같은 무생물만 곁에 있어도 큰 안도감을 느꼈다." Marks(1969)는 사람들

앞에서 쓰러지는 것, 사람들이 붐비는 장소, 열려 있는 넓은 장소, 다리나 거리를 건너는 것에 대한 두려움과 같은 다양한 공포증을 이러한 증후군 안에 포함시켰다.

광장공포증이 있는 사람에게 질문해 보면, 그는 전형적으로 안전한 집에서 멀리 떨어지면 어떤 재난이 일어날 수 있고 아무도 자신을 도와주지 않을지 모른다는 두려움을 표현한다. 따라서 그는 자신에게 급성적인 신체적 문제가 발생했을 때 도와줄 수 있는, 자신이 아는 사람이 곁에 있을 때 안도감을 느낀다. 일반적으로 의학적인 도움을 얻을 수 있는 곳으로부터 멀리 떨어져 있을수록 그의 공포증은 더 심해진다. 어떤 환자들은 혼자 있는 것이나 길을 잃는 것에 대한 두려움을 표현하는데, 그들은 낯선 곳에 혼자 있는 것을 마치 가족 및 친구들과 영원히 분리되는 것처럼 느끼는 듯하다. 또 다른 환자들은 낯선 사람들로 붐비는 거리를 두려워한다. 그들은 자신이 통제를 잃어서 사회적으로 굴욕을 당할까봐 두려워한다. 그들은 자신이 졸도하거나, 미친 듯이 소리를 지르거나, 본의 아니게 배변을 해서 사람들의 구경거리가 될까 봐 두려워하는 것이다. 이렇듯 통제 상실에 대한 두려움은 사회적 거부에 대한 두려움과 얽혀 있다.

고소공포증

이 흔한 공포증은 환자가 빌딩의 고층에 있을 때 또는 언덕이나 산 위에 올라갔을 때 명백히 나타난다. 많은 고소공포증(acrophobia) 환자들은 또한 다리나 지하철 선로의 가장자리에 가까이 서 있는 것에 대해 두려움을 느낀다. 고소공포증에 특정적인 두려움은 일반적으로 높은 곳에서 떨어져서 심하게 다치거나 죽는 것과 관련되어 있다. 어떤 환자들은 떨어지는 것에 대한 시각적 심상이 떠오르기도 하고, 심지어는 높은 곳에 안전하고 굳건하게 서 있음에도 불구하고 몸이 아래로 떨어지는 것 같은 신체 감각을 느끼기도 한다. 또 어떤 이들은 뛰어내리고 싶은 억제할 수 없는 충동을 느낄지도 모른다는 생각 때문에 두려워하기도 한다. 또 다른 사람들은 심지어 어떤 외부의 힘이 자신을 높은 곳의 가장자리로 끌어당기는 듯한 느낌을 경험하기도 한다. 떨어지거나 미끄러지는 느낌은 신체적 심상의 예라고 할 수 있다. 많은 고소공포증 환자는 현기증을 느끼는데, 이는 불안의 생리적 증상이거나 신체적 심상의 표현일 수 있다.

발코니, 계단, 그리고 에스컬레이터에 대한 두려움은 그가 떨어질지도 모른다고 두려워하는 것이라는 점에서 고소공포증과 관련이 있다. 이러한 두려움은 종종 터무니없어 보이는데, 왜냐하면 그가 난간 보호대에 의해 보호받고 있거나, 떨어지기에는 가장자리에서 충분히 멀리 벗어나 있기 때문이다. 계단을 두려워하는 한 환자는 층계참에 다다랐을 때에야 비로소 안전하다고 느꼈다. 그러나 층계참 옆에 큰 창문이 있을 때는 다시 두려워졌다.

엘리베이터 공포증

엘리베이터에 대한 공포가 비교적 사소한 것처럼 보일 수도 있지만, 고층 빌딩과 아파트가 많은 현 시대에서는 큰 장애가 될 수 있다. 어떤 사람들은 엘리베이터로는 특정 층 이상으로 올라가지 못해서, 어디에서 일할지, 어디에서 살지, 그리고 누구를 방문할지가 그의 공포증에 따라 결정되기도 한다. 이 공포증의 가장 흔한 사고내용은, 케이블이 끊어져서 엘리베이터가 추락할지도 모른다는 두려움이다. 그는 보통 대략 지상 몇 층(많은 경우 2층 또는 3층)이 '위험한' 높이인지에 대한 나름의 생각을 가지고 있어서, 그 층에 도달하게 되면 가장 심한 불안을 느낀다. 그러나 어떤 환자들은 단순히 지상 위로 올라가는 것조차 무서워한다. 다른 환자들은 엘리베이터가 층과 층 사이에 멈춰서 꼼짝 못하거나 문이 열리지 않아서 결국에는 그 안에서 죽게 될까 봐 두려워한다. 또 다른 이들은 만일 엘리베이터가 멈추면 공기가 부족해서 질식할지도 모른다는 생각을 가지고 있다. 이러한 환자들은 일반적으로 공기 결핍에 대한 두려움을 중심으로 한 다른 공포증(예: 폐쇄 공간, 군중, 터널에 대한 공포증)을 함께 가지고 있다.

어떤 환자들은 군중을 두려워하는 사람들과 비슷하게, 신체적 두려움과 사회적 두려움을 모두 가지고 있을 수 있다. 예를 들어, 한 환자는 엘리베이터에서 쓰러져서 창피를 당할까 봐 두려워하였다. 이러한 두려움은 다른 사람들이 엘리베이터에 함께 타고 있을 때에만 나타났다.

터널 공포증

터널을 통과해 지나가는 것의 핵심적인 두려움은 다른 폐쇄 공간에 대한 것과 유사하다. 공기 결핍으로 인한 질식을 두려워하거나, 또는 터널이 무너져서 떨어진 구조물에 산 채로 묻히거나 죽는 것을 두려워한다. 여기서도 알 수 있듯이, 그 두려움은 비합리적이라기보다는 일어날 확률이 적은 것이다. 환자는 터널 사이를 지나갈 때 (또는 폐쇄된 공간에 있을 때), 마치 가슴이 조여드는 것처럼 숨이 가빠짐을 경험할 수도 있다(신체적 심상).

비행기 공포증

비행기 여행을 피하는 사람이 반드시 공포증을 지니고 있다고 말하기에는 논란의 여지가 있다. 그럼에도 불구하고, 어떤 사람들은 (자신의 건강을 위해서 꼭 먼 지역으로 떠나야 할 때조차도) 비행기 여행에 대해 극심한 불안 반응을 보이는데, 이러한 경우에는 공포증이라는 용어가 적절해 보인다. 환자들은 대부분의 경우 비행기 사고가 일어날지도 모른다는 두려움을 지니고 있는데, 다른 종류의 두려움을 지니고 있는 경우도 있다. 예를 들어, 한 여성은 비행기 사고 가능성에 대한 염려보다는, 기체 내 공기 공급이 원활하지 않아서 질식할지도 모른다는 두려움을 지니고 있었다. 사회적 상황에서의 통제 상실을 두려워하던 또 다른 환자는, 비행기 안에서 토해서 자신이 다른 사람에게 약하거나 열등한 사람으로 비칠까 봐 두려워하였다.

몇 가지 사례에서, 나는 비행에 대한 두려움이 실제로 비행기 여행을 하던 중에 겪은 외상 사건에 의해서 촉발되었음을 확인하였다. 이러한 환자들은 기상 악화나 기계 결함으로 인한 끔찍한 비행기 여행을 경험하기 전까지는 비교적 평온하게 비행기 여행을 할 수 있었다.

사회공포증

사회공포증은 우리 사회가 타인의 호감을 얻고 칭송을 받는 것을 얼마나 바람직하게 여기는지, 그리고 타인에게 인기 없고 경멸당하는 것을 얼마나 바람직하지 않게 여기는지를 보여 주는 캐리커처와 같다. 사회가 이러한 것을 강조하다 보면, 개인은 집단 규범에 동조하지 않을 수 없게 된다. 용납될 수 없는 수행에 대한 두려움은 모든 학생들이 직면하지 않을 수 없는 두 가지 상황에서 극적으로 나타난다. 시험에 대한 두려움('시험 불안')은 때로 공포증이라고 불릴 수도 있을 만큼 극심한 고통, 장애, 그리고 억제를 초래한다. 그 학생은 실패에 대한 두려움이 너무 강렬해서, 이해, 회상, 표현과 같은 특정한 지적 기능을 수의적으로 통제하는 데 어려움을 보이게 된다.

흥미로운 점을 지적하자면, 시험을 치르기 전에 학생들에게 시험 점수가 기록되지 않을 것이라든가 익명으로 시험을 칠 수 있다고 알려 주면, 그들은 미미한 수준의 불안만을 경험한다는 것이다(Sarason, 1972b). 이러한 사실은 학생들이 시험 그 자체를 두려워하는 것이 아니라, 수준 이하의 수행 결과를 두려워한다는 것을 의미한다.

학생들이 두려워하는 또 다른 상황은 발표이다. 발표와 관련된 전형적인 공포증의 모습이 다음 사례에서 잘 나타난다. 한 대학생은 강의실 앞에 나가서 발표하기 며칠 전부터, 심지어는 몇 주 전부터 느껴 온 극심한 괴로움 때문에 정신과를 찾았다. 발표에 앞서, 그는 다음과 같은 생각을 하였다. '나는 형편없이 발표할 거야.' '나는 바보같이 보일 거야.' '내 입이 떨어지지 않을지도 몰라.' 이러한 생각들은 그를 불안하게 하였고, 요구된 발표 과제로부터 도망치고 싶은 욕구를 불러일으켰다. 실제로 발표하는 중에는 "나는 불안해 보일 거야……. 남들은 내 발표를 지루해하고 있어……. 그들은 내가 형편없다고 생각하고 있어……. 이 발표가 끝나면 내 삶은 끝장이야.'와 같은 생각이 끊임없이 이어졌다. 이렇게 부정적인 생각이 계속 이어졌음을 고려할 때, 그 환자가 발표 중에 긴장을 느끼고 집중하기 어려웠던 것은 당연한 일처럼 보인다.

사회공포증의 초점은 호감을 얻거나 반감을 사는 것, 수용되거나 거부당하는 것, 칭송받거나 조롱당하는 것 등의 주제에 대한 것이다. 부정적인 평가로 인해 유발된 불쾌한 감정 때문에, 환자는 자신이 어리석고 무능하고 나약해 보일 것을 염려한다. '평가에 대한 염려'를 불러일으키는 상황은 사람마다 다르다. 어떤 사람들은 평가받을 가능성이 조금이라도 있는 거의 모든 대인관계 상황을 두려워한다. 다른 이들은 더 구체적인 상황에 대해 염려한다. 어떤 경우이든, 그가 기본적으로 두려워하는 것은 자신에 대한 다른 사람의 반응이다. 예를 들어, 사회적 모임을 두려워하여 파티를 회피한 한 사람은 다른 사람들이 자신을 못생기고 세련되지 못한 사람으로 여길까 봐 염려하였다.

사회공포증의 한 가지 특이한 유형은 자신의 행동에 대한 통제를 상실할 것에 대한 두려움이다. 환자는 자신이 용납될 수 없는 행동을 충동적으로 하게 될까 봐 두려워한다. 즉, 자신이 비합리적으로 행동하거나 부적절하게 소리를 지를지도 모른다는 것이다. 이와 관련된 공포증으로, 어떤 생리적 기능에 대한 통제 상실의 두려움이 있다. 환자는 사람들 앞에서 본의 아니게 토하거나 오줌을 싸거나 쓰러질까 봐 두려워한다. 따라서 그는 그러한 통제 상실의 모습이 다른 사람의 눈에 띌 법한 상황을 회피하게 된다.

사회공포증은 다음과 같이 요약할 수 있을 것이다. 환자는 주어진 상황에서 자신의 수행이 타인 또는 자기 자신이 정한 기준에 못 미칠까 봐 두려워한다. 그는 기준 이하의 수행은 부정적으로 평가될 것이라고 생각한다. 따라서 그는 다른 사람들이 자신에 대해서 비판적이고 거부적일 것이라고 예상한다. 시험 불안과 같은 사회적 두려움은 완벽하지 않는 수행이 상을 받거나 성공적인 직업을 얻거나 인기를 누리는 것과 같은 특정 목표를 달성하는 데 방해가 될 것이라는 예상에 기반을 두고 있을 수 있다.

다중 의미: 이발소 공포증

이발소 공포증이 있는 환자들에 대한 한 연구는, 겉으로 보기에는 비슷한 증상이 각기 다른 의미를 지닐 수 있음을 잘 보여 준다(Stevenson & Hain, 1967). 이 논문의 저자들은 이발소 공포증 환자들이 몇 가지 서로 다른 두려움을 지니고 있다는 것을 발견하였다. 예를 들어, 한 환자는 자신의 차례가 오기 직전에 이발소에서 뛰쳐나갔다. 그의 기본적인 두려움은, 사람들이 많이 모여 있는 교회나 공연장에 가는 것과 같은 다른 상황에서도 나타났는데, 다른 사람들이 자신을 세밀하게 주시하는 것과 관련되었다. 그는 다른 사람들이 자신의 행동을 유심히 관찰할 것 같은 상황에서 당황해하는 것을 두려워하였다.

또 다른 환자는 차례가 오기를 기다리는 시간을 견딜 수 없었다. 그는 교통 체증에서도 마찬가지로 참지 못하였다. 어떤 환자들은 이발소 의자에 앉아 있는 것을 구속으로 느끼고 불안해한다. 그들에게 본질적으로 문제가 되는 것은 빠져나가지 못할지도 모른다는 염려이다. 이들은 자신이 마치 죄수같이 느껴진다고 말한다.

예상할 수 있듯이, 어떤 환자들의 이발소 공포증의 기저에는 날카로운 칼에 상처를 입을지도 모른다는 두려움이 있다. 또 다른 환자는 자신의 특이한 반응에 대해 묘사하였는데, 그는 이발소 의자에 앉아 있을 때 얼굴이 붉어지는 것에 대해 민감하였다. 그는 붉어진 얼굴이 너무 확연히 드러나서 조롱감이 될까 봐 두려워하였다.

다중공포증의 핵심 요소

많은 환자들은 매우 다양한 공포증을 동시에 지니고 있는데, 이 증상들은 표면적으로 보았을 때 서로 연관이 없어 보이기도 한다. 그러나 우리는 이와 같이 서로 이질적으로 보이는 공포증에서 공통적인 핵심 주제를 찾을 수 있다. 이 주제는 일반적으로, 외견상 서로 다른 상황에 처했을 때 나타나는 동일한 결과에 대한 어떤 두려움과 관련되어 있다.

한 여성은 비행기로 여행하는 것, 더운 날에 해변에 누워 있는 것, 사람들이 붐비는 장소에서 가만히 서 있는 것, 바람이 많이 부는 날에 오픈카를 타는 것, 문이 닫힌 차에 타는 것, 엘리베이터, 터널, 그리고 언덕에 대한 두려움을 지니고 있었다. 그녀가 각 상황에서 무엇을 두려워하는지 확인하고 나니, 우리는 그녀의 두려움의 공통분모를 찾아낼 수 있었다. 그녀는 어떤 미신, 민간 전승, 또는 실제 가능성에 근거하여, 이와 같은 각각의 상황에서 **자신이 질식할지도 모른다는** 생각을 가지고 있었다.

이 사례에서의 핵심적인 두려움은 공기 결핍과 관련된 것이었다. 예를 들어, 폐쇄된 공간에 있을 때 나타날 수 있는 두려운 결과는 공기가 부족해지는 것이었다. 그녀는 또한 어릴 때 "바람이 강하게 불면 네 입에서 공기를 앗아 갈 수 있어."라는 말을 자주 들었다. 그녀는 또한 "너무 더워서 숨을 쉴 수가 없어."와 같은 말에 많은 영향을 받았다. 비행기 여행에 대한 두려움은, 공기의 압력을 받은 선실에 구멍이 뚫려 산소가 새어 나갈지도 모른다는 생각에 기반을 두고 있었다.

우리는 또한 그녀가 물에 대한 잠재적인 두려움을 지니고 있음을 발견하였다. 그녀는 수영을 하려면 누군가가 반드시 옆에 있게 함으로써, 물에 대한 두려움에 근근이 대처할 수 있었다. 그녀는 혼자 수영을 하다가 물에 빠질 때 자신을 구해 줄 사람이 아무도 없을까 봐 두려워하였다. 이 사례는 왜 많은 공포증 환자들이 종종 다른 사람에게 의존하는지에 대한 중요한 이유 중 하나를 잘 보여 준다. 그들은 두려워하는 사건이 발생했을 때 자신을 도와줄 수 있는 사람이 필요한 것이다.

Feather(1971)가 보고한 첫 번째 환자는 문이 흔들리는 것, 차를 운전하는 것, 그리고 사업 기밀을 누설하는 것을 두려워하였다. 이에 더하여, 그는 정교한 의식을 치르듯 조심스레 약을 먹었다. 그의 모든 증상들을 관통하는 놀라운 공통점은 **자신이 타인에게 해를 끼칠지도 모른다는** 두려움이었다. 흔들리는 문에 누군가가 다칠 수도 있고, 운전을 하다가 보행자를 칠 수도 있으며, 기밀 정보를 누설했다가 그것이 치명적인 비행기 사고의 원인이 될 수도 있고, 약한 알을 빠뜨렸다가 다른 사람이 그것을 먹고 치명적인 해를 입을지도 모른다는 것이었다.

Feather는 또한 두 번째 사례로서, 비행기로 여행하는 것, 전문적인 회의나 강의, 콘서트에 참석하여 객석에 앉아 있는 것, 여러 사람들 앞에서 이야기하는 것, 그리고 칵테일파티에 참석하는 것을 두려워하는 한 의사의 사례를 보고하였다. 얼핏 보기에는 사회적 거부에 대한 두려움이 그 증상들의 핵심 주제일 것으로 추측할 수 있지만, 이는 비행기 여행에 대한 두려움을 설명하지 못한다. 치료자는 그 환자와의 면담을 통해서, 그가 각각의 상황에서 **통제**를 상실할까 봐, 그리고 이로 인해 타인에게 상처를 입힐까 봐 두려워한다는 사실을 확인하였다. 흥미롭게도, 그는 비행기가 추락할까 봐 두려워한 것이 아니라, 그가 자신을 통제하지 못하여 미쳐 날뛰고 다른 승객들에게 주먹을 휘두를까 봐 두려워하였다. 콘서트나 이와 유사한 모임에서는, 자신이 벌떡 일어나서 팔을 흔들고 다른 관객들을 향해 음란한 말을 외칠까 봐 두려워하였다. 그는 콘서트 객석의 두 번째 줄에 앉아서 앞줄에 앉아 있는 사람에게 구토를 하고, 자리에서 일어나면서 다른 사람의 발을 밟고, 소리를 질러서 다른 사람들이 음악에 집중할 수 없도록 만듦으로써 공연을 완전히 망치는 것에 대해 반복적으로 상상하였다.

전문적인 모임에서 발표하는 것에 대한 두려움은 다른 사람의 이론을 뒤집어엎는 것에 대한 두려움과 관련이 있었다. 칵테일파티에서의 불안은 술을 엎지를지도 모른다는 생각 및 다른 사람들에게 충동적으로 그들이 멍청하다고 말할지도 모른다는 생각과 관련되었다. 그의 다중공포증의 공통 주제는 타인에게 해를 입히는 것에 대한 두려움, 그리고 이차적으로 그의 통제 상실로 인해 창피를 당하는 것에 대한 두려움이라는 것이 다시금 분명히 확인되었다.

다중 사회공포증을 지닌 대부분의 사람들은 타인의 거부를 두려워한다. 한 여성은 전화 응답 공포증의 문제로 치료를 받았다. 그녀는 상대가 친구이건 낯선 사람이건 관계없이 전화 받기를 두려워하였고, 응답을 피하기 위해 갖은 방법을 동원하였다. 이에 더하여, 그녀는 남들 앞에서 소리 내어 읽는 것, 은행에서 예금하는 것, 사교 모임에서 이야기하는 것, 그리고 식당에서 음식을 주문하는 것을 두려워하였다.

이러한 두려움들의 공통 주제를 찾아내는 것은 그리 어렵지 않았다. 그 환자는 말을 잘 못해서 거부당하는 것을 두려워하였다. 실제로 환자는 학창시절에 말더듬과 일과성 언어장애를 겪은 적이 있었다. 가령 그녀는 고등학교 시절에 특정 단어들이 막혀서 소리 내어 읽는 데 어려움이 있었다. (그러나 이러한 문제들은 이내 사라졌다.) 그녀는 창피당할 가능성이 클 때, 거부에 대한 두려움이 가장 심하였다(Feather, 1971).

이러한 사례들은 공포증의 사고내용에 대해 선험적으로 예단하지 않는 것이 중요하다는 사실을 잘 보여 준다. 공포의 특정한 대상 혹은 상황의 의미가 환자마다 매우 다양할 수 있듯이, 한 환자가 두려워하는 다양한 대상 혹은 상황의 기저에는 공통적인 의미가 있을 수 있다.

불안 신경증과 공포증 간의 구분

다중공포증에 대해 생각하다 보면, 자연스럽게 공포증과 불안 신경증 간에는 어떤 차이가 있는가에 대한 질문이 제기될 수 있다. 이들 간의 비교는 중요한데, 왜냐하면 다중공포증 환자는 모든 공포 상황을 피할 수는 없어서 지속적으로 불안을 겪을 수 있기 때문이다. 또한 특정 상황에 대한 공포증이 있는 사람은 그 상황에 노출되어 도피할 수 없을 때 급성 불안 발작을 경험할 수 있는데, 이때의 불안 발작은 다른 급성 불안 발작과 본질적으로 다르지 않다.

그렇다면 공포증과 불안 신경증 간의 차이는 무엇인가? 일반적으로 공포증은 그 대상이나 상황이 매우 구체적이며, 공포증 환자는 그 상황을 회피함으로써 비교적 불안으로부터 자유롭게 지낼 수 있다. 고소공포증이 있는 사람을 생각해 보자. 그는 단순히 고층빌딩이나 산꼭대기와 같은 상황에 절대 노출되지 않도록 자신의 생활 패턴을 조정하면 된다.

그러나 불안 신경증 환자는 위험한 자극을 쉽게 피할 수 없다. 예를 들어, 그의 두려움은 자신이 어떤 심각한 질병에 걸릴지도 모른다는 생각과 관련될 수 있다. 결과적으로, 이상하거나 설명할 수 없는, 어떤 강렬한 신체 감각도 그에게는 치명적인 질병의 징후로 해석될 수 있는 위험한 자극으로 간주되는 것이다. 그는 신체 감각을 회피하거나 이로부터 도피할 수 없기 때문에 불안을 경험할 것이다. 그의 불안은 종종 더 많은 신체 감각을 불러일으키고, 이는 또한 질병에 대한 그의 두려움을 강화한다.

이와 유사하게, 타인이 자신을 비웃거나 창피를 주거나 신체적으로 공격할지도 모른다는 두려움을 가지고 있는 사람은, 타인이 곁에 있을 때 지속적으로 불안을 느끼기 쉽다. 만일 그가 타인과의 관계로부터 스스로를 완전히 고립시킨다면, 그는 불안 신경증보다는 공포증을 지니고 있다고 볼 수 있다.

'모든 것을 두려워하는' 환자의 사례에서, 공포증과 불안 신경증 간의 경계는 더 분명해진다. 예를 들면, 타인과 함께 있는 것과 혼자 있는 것, 집안에 있는 물건과 집밖에서의 상황을 모두 두려워하는 사람이 이에 속할 수 있을 것이다. 이와 같은 사례에서, '위험 신호'가 너무 만연해 있어서 불안이 끊임없이 활성화될 수 있다는 것이 명백히 드러난다. 이와 같은 환자는 전형적인 불안 반응을 보인다. 그가 안전하다고 여기는 장소에서조차도, 그의 생각은 위험과 관련된 관념과 환상에 지배될 수 있다.

공포증의 발달

성인의 공포증이 대략 두 가지 범주로 분류될 수 있다는 증거가 많이 있다. (1) 많은 아이들이 흔히 가지고 있는 인생 초기의 강렬한 두려움으로부터 벗어나지 못한 경우. 이는 이러한 두려움과 관련된 개념적 성숙이 발달의 초기 단계에 묶여 있음을 나타내는 용어로서, '고착된 공포증(fixation phobias)'이라고 부를 수 있을 것이다. (2) 외상 신경증과 유사하게, 비일상적이거나 불쾌하거나 해로운 경험으로 인해 개인이 그 특정 상황에 예민해진 경우로서의 '외상으로 인한 공포증(traumatic phobias)'으로서, 극적인 예로는 '탄환 충격('전투 신경증')' 또는 자동차 사고 이후에 나타나는 자동차 여행에 대한 두려움이 있다.

특정 공포증을 치료하기 위해 찾아오는 성인 환자들의 두려움의 사고내용이 일반적으로 정상인 집단의 두려움의 분포를 따른다는 사실은 주목할 만하다. 공포증 환자들에 대한 Snaith(1968)의 연구에 따르면, 그의 환자들이 보고한 두려움은 많은 정상인들이 경험하는 두려움과 그 종류와 내용이 거의 같았으며, 단지 환자들의 두려움이 더 증폭된 강도로 나타났을 뿐이었다. 예를 들면, 공포증 환자들은 (광장공포증을 제외하고) 폭풍우와 강풍, 동물, 사회적 외상, 질병, 그리고 신체적 위험에 대한 두려움을 가장 흔히 보고하였는데, 공포증 환자들에서의 이러한 두려움의 분포는 정상인 집단에서의 분포와 대략적으로 일치하였다.

공포와 공포증의 관계를 이해함에 있어서, 많은 '정상인'들이 경험하는 공포와 공포증 간의 차이를 강조하는 것이 중요하다. 첫째, 공포증 환자는 다른 사람들보다 유해한 자극을 훨씬 더 위험한 것으로 여긴다. 둘째, 그는 그 상황이나 대상을 더 위험한 것으로 지각하기 때문에 훨씬 더 큰 불안을 경험하게 된다. 셋째, 공포증 환자는 매우 강한 회피 반응을 보이며, 일반적으로 그 공포 자극으로부터 '안전한 거리'를 유지하려 한다. 어떤 환자들은 '숨겨진 공포증(hidden phobia)'을 지니고 있는데, 이는 상황적으로 그 공포 대상 또는 상황을 더 이상 회피할 수 없게 되었을 때 드러난다. 이들은 불가피한 직면으로 인해 야기되는 고통스러운 불안과 삶의 제약 때문에 비로소 치료적인 도움을 찾는다.

초기 아동기의 두려움은 신체적 손상이나 죽음의 주제를 중심으로 나타나는 경향이 있다. 이러한 두려움은 보통 평생을 통해 지속된다. 또한 좀 더 나이가 많은 아동들은 거부와 같은 사회적 상처에 대해 염려한다(Berecz, 1968).

23개월에서 6세 사이의 아동을 가진 어머니들은 자신의 아이들이 (빈도가 높은 순서로 나열하자면) 개, 의사, 폭풍, 깊은 물, 그리고 어둠을 가장 두려워한다고 보고하였다. 중요한 점은 아동이 두려워하는 것이 어머니가 두려워하는 것과 명백히 상응한다는 것이다. 또한 아동이 두려워하는 대상의 수와 어머니가 두려워하는 대상의 수가 유의미한 상관을 보였는데, 이는 가족 패턴이 있음을 시사한다. 이에 대해서는 '고착된 공포증'을 설명할 때 다시 살펴보도록 하겠다.

　Jersild, Markey 및 Jersild(1960)는 5세에서 12세 사이의 아동 398명을 대상으로 면접을 실시하여 아동기에서의 두려움의 빈도를 확인하였다. 초자연적인 대상(유령, 마녀, 시체, 불가사의한 사건)은 19.2%, 낯선 곳이나 어두운 곳에 혼자 있는 것, 길을 잃는 것, 그리고 이러한 상황들과 관련된 위험은 14.6%, 동물로부터의 공격은 13.7%, 신체적 손상, 질병, 추락, 교통사고, 수술, 상처와 고통은 12.8%이다. 연구에 따르면, 일반적으로 더 어린 아동들의 두려움은 주로 신체적 위험과 관련되어 있고, 더 나이가 많은 아동들은 이에 더하여 또래의 거부, 실패, 조롱당하는 것과 같은 심리사회적 상처에 대한 두려움을 보인다(Miller et al., 1972; Angelino & Shedd, 1953). 그러나 주목해야 할 점은, 아동들이 이러한 사회적 외상 사건에 중요성을 부여할 경우에만, 다시 말해서 그 사건의 결과(슬픔, 외로움, 수치, 죄책감 등)에 대해 염려할 경우에만 이러한 사회적 외상을 두려워한다는 것이다.

　아동들이 보고한 두려움이 환경에 실제로 존재하는 위험과 관련되어 있다는 점은 굉장히 중요하다. 하류층의 소년들은 날이 튀어나오는 나이프, 채찍질, 강도, 살인자, 총, 폭력을 두려워하는 반면, 상류층의 소년들은 자동차 사고, 살해당하는 것, 비행 청소년, 재난, 그 밖의 막연한 사건을 두려워한다. 하류층의 소녀들은 동물, 낯선 사람, 폭력 행동을 두려워하는 반면, 상류층의 소녀들은 유괴범, 높은 곳, 그리고 열차 사고와 배 사고처럼 하류층의 소녀들이 언급하지 않은 여러 가지 외상 사건을 두려워한다.

　고착된 공포증은 환자가 기억하는 한 아주 어린 시절부터 가지고 있었지만 아직 극복하지 못한, 아동기에 흔히 나타나는 두려움으로부터 파생된다. 전형적인 예로는 물, 강풍, 폭풍우, 의사, 피에 대한 두려움이 있다. 자신이 기억하는 한 오래전부터 공포증을 가지고 있었던 젊은 성인 환자들에게, 나는 그들의 부모가 같은 공포증을 가지고 있는지 구체적으로 물어보았다. 그들이 잘 모를 경우, 부모에게 가서 알아보라고 요청하였다. 12명 중에서 5명의 환자들은 자신의 부모 중 한 분이 비슷한 공포증을 가지고 있음을 확실히 알고 있었으며, 이를 증명할 수 있었다. 7명의 환자들은 다른 가족 구성원이 같은 공포증을 가지고 있는지 여부를 알지 못하여 부모에게 구체적으로 알아보았다. 이 7명 중에서 3명은 자신의 부모 중 한 분이 실제로 자신과 비슷한 두려움(각각 물, 폐쇄 공간, 폭풍우에 대한 두려움)을 가지고 있음을 발견하였다. 이와 같이 '일생을 지속하는 공포증'을 지니고 있는 12명의 환자 중에서 8명이 같은 공포증을 지닌 부모를 가지고 있었다.

많은 다른 아동들은 이러한 두려움으로부터 벗어날 수 있었는 데 반해, 왜 이 특정 환자들은 자신의 공포증에 '고착'되었을까? 그 두려움이 부모들에 의해 강화되어 결국 극복되지 못한 것으로 보인다. 전형적으로, 환자들은 자신의 부모들의 회피 행동을 관찰하고, 두려움을 느낄 때 같은 패턴으로 행동하였다. 한편, 아이가 이미 특정한 두려움을 가지고 있던 시기에 어떤 외상 사건이 일어나는 경우도 있었다. 예를 들면, 폭풍을 두려워한 한 여성은, 어린 시절 한 소년이 번개에 맞는 것을 목격한 이후로 그 두려움이 악화되어 지속적인 공포를 느끼게 되었다고 회상하였다('외상으로 인한 공포증'을 보라).

부모가 이와 같은 공포증을 지니고 있지 않은 경우에도, 환자의 회피는 공포증을 지속시키는 데 중요한 역할을 하는 것으로 보인다. 그는 두려워하는 사건을 회피하기 때문에 그 두려움을 극복하지 못한다. 연속적인 회피로 인하여, 그 공포증은 더 깊이 자리 잡게 되는 것이다.

외상으로 인한 공포증을 지니고 있는 환자들은 일반적으로 어떤 특정 외상 사건에 대한 공포증의 발병 시기를 잘 추정할 수 있다. 신체 손상과 관련한 특정 공포증에는 개에게 물린 이후의 개 공포증, 계단 아래로 굴러 떨어진 경험 이후의 고소공포증, 주사를 맞으며 심하게 불안했던 경험 이후의 주사 공포증, 교통사고를 당한 이후의 자동차 공포증 등이 포함될 수 있다. 다음과 같은 사례들은 신체 손상에 대한 공포가 시작되는 과정을 잘 묘사하고 있다.

1. 한 8세 아동은 큰 수술을 받은 이후에, 병원, 의사 그리고 마취제 냄새에

대해서 매우 강한 두려움을 느끼고 기절하는 반응을 보이기 시작했다. 그 두려움은 성인이 되어서도 지속되었다.

2. 고소공포증을 지닌 한 여성의 경우, 높은 다이빙 도약대에서 떨어져서 다친 이후에 공포증이 나타났다.

3. 운전을 두려워하는 많은 환자들은 자동차 사고로 자신이나 자신이 동일시하는 가까운 사람이 다치는 외상 사건을 경험한 이후에 공포증을 겪기 시작하였다.

4. 많은 환자들은 가까운 누군가가 치명적인 질병을 앓았을 때 공포증이 발달하였다. 이러한 경우는 암, 심장병, 뇌출혈에 대한 두려움을 지닌 환자들에게서 많이 나타났다.

5. 한 23세 여성은 천둥과 번개에 대한 두려움을 지니고 있었다. 그녀는 검은 구름을 볼 때마다 불안해졌다. 천둥이 치기 시작할 때, 그녀는 겁이 나서 하던 일(직장이든 집이든 다른 어느 곳에서든)을 멈추고 벽장처럼 창문이 없는 곳으로 숨으려 하였다. 이 공포증은 그녀가 8세 때 한 소년이 번개에 맞아 죽는 것을 목격한 이후에 시작되었다.

6. 어떤 대인관계 공포증 또한 외상 사건 이후에 발달할 수 있다. 예를 들면, 현기증이 나서 쓰러지는 경험을 한 이후로 공공장소에 가는 것을 두려워하게 된 환자, 공공장소에서 예기치 않게 토한 이후로 구토에 대한 두려움을 느끼게 된 환자, 설사를 동반한 장염을 앓은 이후로 법정에 서는 것을 두려워하게 된 변호사 등이 여기에 포함될 수 있을 것이다.

7. 일상적이지 않은 공포증 또한 외상 사건에 의해 시작될 수 있다. 한 노동자는 도로에서 차선 도색 작업을 하는 중에 자동차에 치인 이후로, 도로에서 작업하는 것에 대한 공포증이 생겼다. 이 공포증은 어떤 길에서든 오토바이나 자전거를 타는 것에 대한 두려움으로 확장되었다(Kraft and Al-Issa, 1965a).

한 소녀는 불타는 집에서 시커멓게 탄 두 아이들의 시체가 운반되어 나오는 화재사고 광경을 목격한 이후로, 지속적인 열 공포증이 생겼다. 그녀는 따뜻한 물로 씻거나 뜨거운 음식을 먹거나 뜨거운 물을 마시는 것을 두려워하였다. 또한 전원이 켜져 있든 꺼져 있든 전자식 열판에 손을 대지 못하였으며, 다리미를 사용하는 것을 두려워하였다(Kraft & Al-Issa, 1965b).

　외상으로 인한 공포증은 공포 형성에 포함된 인지과정을 잘 보여 준다. 외상적인 경험의 결과로, 개인은 그 상황이나 대상의 위험 가능성에 대한 추정치를 완전히 수정한다. 즉, 전에는 비교적 안전한 것으로 여겼던 상황을 이제는 위험한 것으로 생각하게 되는 것이다.

제8장

신체를 지배하는 마음:

정신신체장애와 히스테리

우리가 전적으로 몸 안에서 온다고 보는 신체 질병은 단지 우리 영혼이 병 든 증상일지도 모른다.

—Nathaniel Hawthorne

심신 문제

행동과학자들이 정신신체장애(psychosomatic disorder)나 히스테리와 같은 조건에 대해서 이론화를 시도하려 할 때, 그들은 신체의학과 정신의학 사이의 안개 자욱한 해안선 지대로 들어가게 된다. 그들은 감정이나 상상력, 또는 그 것들의 신체기능과의 관계를 쉽게 우회하여 지나칠 수 없다. 그들은 오랜 세월 동안 철학자들을 혼란스럽게 만들었고 아직도 만족스러운 해결책을 찾지 못 한 까다로운 심신 문제(mind-body problem)에 대면하지 않을 수 없게 된다.

실제적인 사람들은 상상력과 같은 현상을 천상의 영역으로 추방시켜 버릴 지도 모른다. 그들에게는 뇌막염 때문에 마비가 일어난 사람은 '실제' 질병에 걸린 사람이고, 히스테리성 마비가 일어난 사람은 '상상의' 고통을 겪는 사람 일 뿐이다. 실제라는 개념이 상상이라는 개념과 정반대인 것으로 간주된다. 그

럼에도 불구하고 상상으로 인해 마비나 고통을 겪는 환자들은 자신의 증상을
기질적인 질병에서와 마찬가지로 실제로 경험한다.

정신신체장애의 병인론을 고찰해 보려 할 때, 심리적 원인 대 생리적 원인
의 문제는 훨씬 더 복잡해진다. 정신신체장애의 사례들에서, 우리는 위궤양
이나 피부염과 같은 분명한 병변을 관찰할 수 있고, 측정 도구를 통해서 혈
압이나 맥박의 변화와 같은 생리적 장애의 증거를 확인할 수 있다. 이에 더하
여, 연구자들은 '자율신경계의 과잉활성화'가 그 장애에 책임이 있다는 식의
학설을 제안할 수 있다. 그 장애를 볼 수 있고 만질 수 있다는 것은 그것이 실
제라는 사실을 입증한다. 그러나 우리가 자율신경계의 과잉활성화를 촉발하
는 것은 무엇인지에 대해 질문하고 어떤 상황이 그 장애를 초래하는지에 대
해 탐색해 가다 보면, 배타적인 생리학적 원인론에 대한 확신은 흔들리기 시
작한다.

어떤 정신신체장애의 발병 혹은 악화를 경험한 사람은 전형적으로 이전의
감정적인 동요를 그 장애와 관련시킨다. 그는 어떤 문제에 대해 걱정할 때 위
궤양이 심해졌다거나 분노로 속을 끓이고 있을 때 피부염이 악화되었다고 말
한다. 단지 걱정과 분노를 어떤 시험관으로 검사하거나 어떤 잣대로 잴 수 없
었을 뿐이다. 더욱이 의사나 심리치료자는 이러한 증상을 경감시키기 위해서
생리적이지 않은 요인을 언급한다. 그는 환자에게 걱정이나 분노를 감소시키
기 위한 방법을 제안하며, 이러한 처방이 피부나 십이지장의 증상에 어떤 변
화를 가져오는지 관찰한다. 그는 때로 진정제를 처방하는데, 환자는 자신의
불안이 감소함에 따라 신체 증상도 개선된다는 것을 발견한다.

신경증과 정신신체장애를 설명하면서, 심리적인 지향의 학파와 기질적인
지향의 학파 간에 오랜 논쟁이 이어져 왔다. 심리적인 현상과 생리적인 현상
중에 어느 것이 먼저 오는가? 많은 기질론자들은 감정, 생각, 심상과 같은 모
호한 실체가 인과적인 역할을 할 수 있다는 온화한 입장을 거부한다. 이러한
정신적 사건에 대해서는 기껏해야 부수현상(epiphenomena)으로서의 위치를
부여할 수 있을 뿐이다. 즉, 정신적 사건은 실제 현상이라기보다는 생리적 활

동의 부산물이라는 것이다.

정신신체장애와 히스테리의 문제는 심신 문제를 두고 씨름해 온 철학자들이 제시한 것과 같은 종류의 개념화로 이해되어 왔다. 하나의 철학적 입장으로서의 **관념론**(idealism)에서는 관념에 전적인 우선성을 부여한다. 반면, **유물론**(materialism)에서는 오로지 신체만이 실제이며 마음이라는 개념은 인간이 고안한 것이라고 주장한다. **상호작용론**(interactionism)에서는 마음과 신체는 독립적으로 존재하며 하나가 다른 하나에 서로 영향을 미친다고 주장한다. 또한 마음의 과정과 신체의 과정은 동시에 발생하는데 각각은 서로에게 영향을 미치지 않는다는 입장이 있는데, 이는 **병행론**(parallelism)이라고 불린다. 어떤 것이 마음에 영향을 미치면, 이와 동시에 그것은 신체에도 병렬적으로 영향을 미친다는 것이다. 게슈탈트 심리학에서는 의식 경험과 신체 경험 간에는 일대일의 상응관계가 있다고 가정한다.

최근에는 행동주의의 영향을 받아 심신 문제를 무시하는 경향이 있다. Watson(1914)과 같은 일부 행동주의자들은 생각과 감정을 심리학적 탐구에서 배제한다. 다른 행동주의자들은 생각과 감정을 '행동'으로 명명하는 의미적 장치를 사용하여 이를 종속변인으로 연구할 뿐 이에 독립적이거나 일차적인 역할을 부여하지 않는다. 또한 몇몇 철학자들은 심신 문제를 실재하지 않는 것으로 간주하여 결과적으로 잘못된 가정에서 출발하고 있다는 것도 주목할 필요가 있을 것이다.

우리가 여기서 심신 문제를 해결하려고 시도할 수는 없지만, 우리의 현재 목적에 가장 잘 맞는 설명 모델을 추출하여 사용할 수는 있다. 정신신체장애와 히스테리에 대한 논의로부터 명백히 알 수 있는 것은, '상호작용 모델'이 이러한 조건들을 이해하는 데 가장 유용하다는 것이다. 이 모델은 심신 문제에 대한 다른 모델들보다 다양한 임상적 관찰을 설명하는 데 더 적합하다. 다양한 사례에 대해서, 오직 상호작용 모델만이 정서적 흥분, 관찰 가능한 신체 병변, 심리적 처치에 따른 병변의 개선, 그리고 진정제에 의한 정서적 스트레스의 완화와 같은 자료들 간의 의미 있는 관계를 포괄하고 조직할 수 있다.

많은 임상가들은 심리적 요인이 신체적 기능장애를 일으키는 데 중요한 역할을 하는 다양한 장애들을 기술하였다. 때로 이러한 심리적 요인은 스트레스를 구성하는 어떤 사건 혹은 상황의 관점에서 정의되었다. 정서장애와 밀접하게 연결된 것으로 간주되는 신체장애는 크게 다음과 같은 세 가지 범주로 분류될 수 있을 것이다. (1) 심리적 요인과 체질적 요인이 결합하여 그 장애를 만들어 내는 생리적 장애 혹은 구조적 이상. 이러한 정신신체장애[1]는 십이지장궤양, 유문경련, 대장염과 같은 조건들과 피부염, 고혈압, 심장박동의 발작적인 증가, 두통과 같은 특수한 형태의 장애들을 포함한다. 이러한 조건들은 일반적으로 정서적 흥분 상태에 의해 촉발되거나 악화된다. (2) 일차적인 신체장애가 심리적인 과정에 의해 악화되는 경우. 이 범주는 일차적인 흉부 병리에 기초하여 나타나는 심한 호흡곤란처럼 '심리적인 덧씌움(psychological overlay)'의 사례들을 포함한다. (3) 감각기능이나 운동기능의 이상이 나타나지만 이를 입증할 만한 조직 병리나 생리적 장애가 없는 경우. 이 범주는 '신체적 심상'과 히스테리로부터 신체 망상에 이르는 광범위한 스펙트럼의 조건들을 포함한다. 이 범주는 심리적 요인과 관련된 신체장애의 전체 범주들 중에서 많은 측면에서 가장 흥미를 자아낸다.

정신신체장애

정신신체장애는 어떤 신체기관 혹은 생리적 체계(피부, 위장 계통, 비뇨생식기 계통, 심혈관 계통, 호흡 계통 등)의 기능이나 구조에서 입증할 만한 이상이 나타나는 경우를 말한다. 이러한 체계들은 수의적인 통제하에 있지 않고 자율신경계에 의해서 자극되는 평활근을 포함한다. 그러나 수의적인 통제하에 있

---

1) '심리생리학적 장애(psychophysiological disorder)'라는 용어가 점차 '정신신체장애'라는 옛 용어를 대체하고 있다.

는 횡문근으로 구성된 근육골격체계에서도 두통이나 요통과 같은 심리생리학적 장애가 나타날 수 있다(American Psychiatric Association, 1968).

지난 50년 동안, 정신신체장애의 발생에 있어서 심리적 요인과 생리적 요인 간의 관계를 명확히 밝히기 위하여 다양한 상호작용 모델이 제안되었다. 이러한 모델들에 대한 비판적인 개관이 다른 문헌에 잘 나와 있다(Mendelson, Hirsch, & Webber, 1956; Beck, 1972a).

그 모델들은 일반적으로 두 가지 유형으로 분류될 수 있다. 첫째, **심리적 특수성 모델**(psychological specificity model)에서는 한 개인에게서 어떤 종류의 정신신체장애가 나타날지는 그 개인의 특정 성격 프로파일, 갈등 혹은 태도에 달려 있다고 가정한다. 둘째, **생리적 특수성 모델**(physiological specificity model)에서는 특정한 개인은 다양한 스트레스에 대해서 동일한 정신신체장애로 반응한다고 가정한다.

초기 정신분석적 견해에 따르면, 어떤 특정 정신신체장애는 어떤 추동 혹은 관념의 상징적 표현으로서의 전환(conversion) 현상이다. 예를 들면, 설사는 유아기적 추동의 전환으로 간주되었다(Ferenczi, 1926). Garma(1950)는 위궤양이 환자가 내면화한 공격적인 어머니의 상징이라고 주장하였다. 그는 위장에 생긴 구멍의 가장자리는 내면화된 어머니의 턱을 상징한다고 믿었다.

많은 정신분석적 이론가들은 정신신체장애는 유아기에 특징적인 신체기능 모드로의 생리적 퇴행을 나타낸다고 주장하였다. 예를 들어, Margolin (1953)은 생리적 퇴행과 심리적 퇴행의 정도 간에는 직접적인 관계가 있다고 주장하였다. Szasz(1952)는 많은 의학적인 증상들의 원인을 '만성적이고 국재화된 부교감신경계의 흥분'에 돌리면서, 부교감신경계는 교감신경계보다 더 일찍 발달하기 때문에 부교감신경계의 그러한 흥분은 퇴행적인 것으로 간주되어야 한다고 주장하였다.

정신신체장애 연구의 개척자 중 한 사람인 Flanders Dunbar(1935)는 이러한 전환이론을 비판적으로 공격하였다. 그녀는 특정한 정신신체장애가 특정한 성격유형과 상관을 보인다는 통계적인 증거들을 보고하였다. 그녀는 편두통, 관상동맥 폐색, 위궤양과 같은 장애의 원인이 특정 성격 프로파일에 있다고 주장하였다. 그러나 그녀의 이러한 개념화는 후속 연구를 통해 의문이 제기되었다.

Spitz(1951)와 Gerard(1953)는 아동의 특정 정신신체장애를 어머니의 성격과 연관시켰다. 예를 들어, Gerard는 천식 아동의 어머니들은 언제나 '매력적이고 사회적으로 매혹적이며 외관상 적응을 잘하는' 모습을 보이면서도 '의존적이고 요구가 많으며 애정에 인색한' 경향이 있다고 주장하였다.

Alexander(1950)는 전환 이론과 Dunbar의 성격 프로파일과 질병 간의 상관 개념을 모두 거부하였다. 그는 정신신체장애의 원인은 무의식적 갈등에 있다고 보았다. 같은 사람이 다양한 갈등을 연속적으로 경험하면, 각각의 갈등에 상응하는 특정 유형의 정신신체장애를 겪게 된다는 것이다. 예를 들어, Alexander는 위궤양이 사랑과 도움에 대한 억압된 욕구의 생리적 반응으로 나타난다고 생각하였다. 사랑에 굶주린 위는 사랑의 음식을 갈구한다는 것이다. 또한 그의 주장에 의하면, 천식은 도움을 갈구하는 억압된 외침이다. 더 나아가, 위경련은 '나는 그 상황을 삼킬 수 없어.'라고 표현될 수 있는 무의식적 의미를 드러내는 것으로 보았다.

생리적 특수성 모델의 주창자 중 한 사람인 Wolff(1950)는 사람마다 스트레스에 대하여 전형적이고 일관적이며 유전적으로 결정된, 각자 고유한 신체 반응 패턴을 지니고 있다고 가정하였다. 그러나 환자마다의 민감한 영역은 오랫동안 드러나지 않을 수도 있다. 그가 충분한 스트레스에 노출되었을 때, 그는 자신의 생리적 취약성에 따른 특정 장애(예를 들어, 대장염, 편두통, 피부염 등)를 겪게 된다.

Lacey와 Lacey(1958)는 다양한 스트레스 상황에서 나타나는 생리적 반응의 특수성에 관한 확실한 증거를 보여 주었다. 각 피험자는 자신의 생리적 체계 중에서 적어도 하나의 체계에서 과잉 반응하는 경향을 보여 주었다. 예를 들면, 어떤 사람은 모든 유형의 스트레스 조건에 대해서 심장박동이 증가하는 반면, 위장에서는 변화가 거의 나타나지 않았다. 다른 사람은 눈에 띄게 식은 땀을 흘리는 데 비해서, 심장박동의 변화는 미미하였다.

심리적 스트레스와 신체적 이상

많은 실험적인 증거들을 통해서 각 개인은 스트레스를 받으면 특정·생리적 체계에서 과잉으로 반응한다는 것이 분명해짐에 따라, 물리학과 공학에서 빌려온 용어로서의 '스트레스'가 무엇을 의미하는지에 대해 정의할 필요가 있다. 많은 이론가들은 스트레스를 신체장애로 이끄는 내적 긴장을 유발하는 것으로 추정되는 외적 조건이라는 관점에서 정의해 왔다. 이러한 내적 긴장은 주관적으로 분노, 불안, 기쁨 등으로 경험되는 흥분 상태로 드러난다.

정서적 흥분은 자율신경계의 증가된 활동을 수반한다. 이러한 자율신경계의 흥분은 하나 혹은 그 이상의 생리적 체계 혹은 기관에 영향을 미친다. 어떤 체계가 활성화되는지는 유발된 감정의 종류(예를 들어, 분노, 불안 등)에 따라 달라지는 것이 아니라, 개인마다 특징적인 반응이 있는 것으로 보인다. 어떤 생리적 체계가 과도하게 반응하느냐에 따라서, 그 신체적인 표현은 각각 위장 계통(위궤양, 십이지장궤양), 피부(신경성 피부염), 기관지(천식), 심혈관계(고혈압, 발작적 심계항진)의 손상이나 장애로 나타날 수 있다.

이러한 개념화가 그럴듯해 보이기는 하지만, 연쇄과정에서의 많은 연결고리를 건너뛴 것은 분명하다. 이러한 중간 변인들을 확인하기 위해서는, 스트레스의 본질 및 스트레스에 대한 반응에서의 인지체계와 정서체계의 상호작용에 대해서 자세히 검토해 볼 필요가 있다. 정신신체장애를 촉발하는 데에는 다양한 유형의 스트레스 유발 상황이 포함된다.

첫 번째 범주의 스트레스는 전투 상황과 같은 압도적인 상황으로 이루어진다. 전투와 같은 스트레스 상황은 매우 현실적이면서도 강력한 위협을 주기 때문에, 불안은 거의 불가피하다. 그러나 전투에 익숙해진 노련한 병사는, 아마도 위험에 대처하는 자신의 능력에 대한 자신감이 발달함으로써, 그리고 생명을 위협하는 상황을 식별하는 눈이 예리해짐으로써, 시간이 지남에 따라 일반적으로 불안에 대한 역치가 높아지는 경향을 보인다. 그럼에도 불구하고 사실상 거의 모든 참전병사들은 저항의 한계점을 지니고 있는 것으로 보인다. 예를 들면, 제2차 세계대전 중에 대부분의 조종사들은 모종의 전투 임무를 수행한 후에 정서적 혹은 정신신체적 증상을 나타냈다.

전투만큼 극적이지는 않아도, 사회경제적 지위를 위태롭게 하는 학업상의 혹은 사업상의 절박한 위기, 건강이나 안녕을 위협하는 사건, 중요한 대인관계의 위기 등도 위협적인 스트레스 상황에 포함될 수 있다. 어떤 유형의 상황들은 외견상으로 명백한 스트레스 상황이 아니어서, 개인이 그 유해한 상황에 대처하기 위해 합리적인 계획을 수립하는 것이 쉽지 않을 수 있다. 마음의 동요를 일으키는 사건이 예측 불가능하게 발생하는 근무환경이 그 예가 될 수 있을 것이다. 종업원은 경계를 풀고 마음껏 쉴 수 있는 '안전한' 시간을 구획할 수 없기 때문에, 그는 지속적으로 주관적인 긴장 상태를 경험하기 쉽다. 화를 잘 내는 상사를 모시고 일하는 비서는 상사가 언제 화를 낼지 예측할 수 없다. 그 비서는 결국 대장염이 생겼다. 보다 안정적인 분위기의 직장으로 이직하고 난 후, 그녀의 대장염은 개선되었다. 이와 비슷하게, 어떤 아동은 예측하기 어려울 정도로 기분의 심한 기복을 보이는 부모에 의해서 심한 스트레스를 받을 수 있다. 이러한 종류의 상황에서 도피하게 되면, 일반적으로 불안과 이와 관련한 정신신체장애가 경감된다. 그러나 스트레스에 오랜 기간 노출된 후에, 정상으로의 회복은 매우 천천히 진행될 수 있다.

스트레스의 두 번째 범주는 만성적이고 잠행적인 압박이다. 그 침식과정이 점진적으로 이루어지고 수많은 미묘한 압박이 누적되어 나타나기 때문에, 그 하나만으로는 결코 압도적이지 않다. 좌절, 거부, 불안 유발 상황 등의 불리한 조건들이 오랫동안 누적되다 보면, 점차적으로 높은 수준의 정서적 흥분 상태가 나타나고 개인의 적응 능력이 잠식된다.

세 번째 유형의 스트레스는 한 개인에게 매우 특정적인 스트레스이다. 어떤 특정한 상황은 개인의 특정한 취약성에 영향을 미친다. 대부분의 사람들은 자신에게 특수한 예민성을 지니고 있어서, 그 취약한 영역을 건드리는 사건에 대한 반응으로 정서적으로 과도하게 동요되는 경향을 보인다. 한 사람에게 매우 큰 영향을 미치는 조건이 다른 사람에게는 별로 영향을 미치지 않을 수 있다. 어떤 사람은 거부에 과잉 반응을 보인다면, 다른 사람은 임의적인 처벌에 대해서, 또 다른 사람은 건강의 위협에 대해서 과도한 감정 반응을 보일 수 있다. 어떤 사건이 그 사람에게 스트레스가 되는가 하는 것은 그 사람의 개인적인 의미와 함축에 따라 달라진다(3장을 보라).

　이러한 환자들의 한 가지 중요한 성격 특징은 일반적으로 쉽게 불안해지거나 쉽게 화를 내는 환자들에게서 발견할 수 있다. 이들은 어떤 삶의 경험을 개인 특유의 방식으로 개념화하는 경향이 있다. 예를 들어, 불안과 심리생리학적 장애에 취약한 한 환자는 무해한 사건을 위협적인 사건으로 구조화하며, 쉽게 대처할 수 있는 가벼운 위협을 심각한 재앙으로 확대하여 해석한다.

　최근의 연구들은 스트레스 상황과 정신신체장애의 인과 관계를 확립하려고 시도하였다. 연구자들은 생활사건 질문지(Holmes & Rahe, 1967)를 사용하여 스트레스와 신체장애 간의 객관적인 관련성을 보여 주었다. 그러나 임상적인 관찰에 따르면, 불안과 신체장애의 발생에서 스트레스 상황 그 자체는 이러한 상황이 지각되는 방식에 비해서 덜 중요한 것으로 보인다. 한 연구에서, 더 높은 빈도로 신체장애를 겪는 사람들은 신체장애에 덜 취약한 사람들에 비해서, 같은 사건을 스트레스가 더 많은 것으로 지각하는 경향을 보였다(Hinkle et al., 1958).

　어떤 조건이 스트레스를 구성하는가를 구체화하는 문제의 복잡성은 천식 아동에 대한 한 연구에서 잘 나타난다. 천식 아동들이 부모와 분리되어 별도의 주거지에서 살게 되었을 때, 그들은 큰 임상적 개선을 보여 주었다. 그러나 그들이 다시 집으로 돌아왔을 때, 그 개선은 이내 사라졌다(Sarason, 1972a). 추정하기로는, 부모의 특성과 아동의 특성이 서로 복합되어 아동에게 스트레스를 준 것으로 보인다. 다른 아동들에게, 부모와의 분리는 그 자체로 스트레스가 될 수 있다.

내적 스트레스

지금까지 우리는 스트레스를 긴장을 초래하는 외적 상황의 관점에서 논의하였다. 그러나 전형적인 정신신체장애는 그것을 설명할 만한 외적 조건이 없는 경우에도 나타날 수 있다. 이러한 경우에 스트레스는 내부적으로 생성되며, 개인이 자신에게 부과하는 요구, 반복적인 두려움, 자책 등과 같은 심리적인 현상으로 구성된다. 이렇게 스스로 부과하는 스트레스 기제는 그의 '내적 의사소통 체계'를 살펴봄으로써 탐지할 수 있다. 어떤 측면에서 보자면, 이는 프로이트의 초자아 개념에 비유될 수 있을 것이다.

정신신체장애로 의사를 찾아오는 환자들 중 상당수는 어떤 외적 스트레스의 증거를 보이지 않는다. 그들은 불안해 보이며, 종종 '신경증' 혹은 '사이코'의 진단명을 얻는다(전자는 의사의 눈으로 볼 때, 후자는 환자 자신의 눈으로 볼 때). 의사는 종종 그들에게 너무 걱정하지 말고 너무 진지하게 생각하지 말라고 말해 준다. 그러나 그러한 말들은 환자에게 어떤 통찰을 제공하기보다는, 일반적으로 자신이 열등하다는 환자의 자기개념을 강화하는 역할을 하는 것 같다.

위궤양을 앓고 있으면서 일을 몰아붙이는 한 사업가는 정신신체장애에 취약한 사람의 전형적인 실례를 잘 보여 준다. 비록 이와 동일한 심리적인 모습의 윤곽이 고혈압이나 피부염과 같은 다른 정신신체장애로 이끌 수도 있지만, 정신신체장애의 일반적인 모습을 잘 보여 주는 대표적인 사례로서 이 사례를 잘 살펴보는 것이 도움이 될 것이다. 이러한 '경영간부 궤양(executive ulcer)' 유형의 사람은 높은 목표를 설정하고, 이를 달성하기 위해서 자신과 다른 사람들을 강하게 몰아붙인다. 그가 외면적으로 보이는 행동은, 끊임없는 긴장 상태를 초래하는 그의 목표 및 신념 체계를 잘 반영하는 것이다. 그가 일을 몰아붙일 수 있는 추진력은 자신이 설정한 목표에 미달할지 모른다는, 혹은 아랫사람들이 치명적인 실수를 저지를지 모른다는 그의 만성적인 염려에서 나온다. 그는 매번 새로운 과제에 대해서 강한 의심으로 반응한다. 그는 일상적으로 과제의 중요성과 어려움을 과대평가하고(잘못된 인지적 평가), 이를 다루는 자신의 능력을 과소평가한다(잘못된 인지적 평가). 그는 과제를 완수하는 과정에서 나타나는 장애물을 극대화하여 지각할 뿐 아니라, 실패의 궁극적인 결과를 과장한다. 예를 들어, 재정을 투자한 결과가 아직 불확실해 보일 때마다, 그는 파산 상태에 빠진 자신의 모습을 상상한다. 그는 물론 실패에 대한 두려움이 아닌 다른 이유로 자신을 몰아붙일 수도 있다. 행복에 이르는 유일한 길은 오로지 전적인 성공에 있다고 믿는 사람은 실패를 두려워하는 사람과 마찬가지로 자신에게 강한 압박을 가할 수 있을 것이다.

외부적인 압박의 객관적인 증거가 없음에도 불구하고, 그가 일을 지각하는 방식으로 인해서 그의 직업은 그에게 스트레스가 된다. 그가 모든 과제를 중요한 대결로 간주하고 상상 속의 재앙에 대항하기 위해서 끊임없이 질주하기 때문에, 그는 지속적인 스트레스 아래 있게 된다. 스스로 부과한 심리적 스트레스는 그의 생리적 체계의 하나 혹은 그 이상에 과중한 부담을 지우게 된다.

불안과 심리생리학적 장애의 성향을 지닌 사람들은 자신의 목표에 미달한 무서운 **결과**를 과장할 뿐만 아니라, 이러한 결과가 나타날 **가능성**을 과대 지각한다. 예를 들면, 궤양에 취약한 한 학생은 늘 마감시간까지 과제를 완수하지 못할까 봐 걱정할 뿐 아니라, 시험에 적절히 대비하지 못할까 봐 걱정하였다. 시험 몇 주 전에 질문해 보면, 그는 자신이 시험 범위의 교재 분량을 다 읽지 못할 확률을 50%로 추정하였다. 이전의 반복적인 성공 경험에도 불구하고, 그가 시험을 제대로 준비하지 못할 확률에 대한 추정치는 시험 기간이 다가옴에 따라 점차 증가하다가, 시험 기간이 시작되는 무렵에는 99%에까지 이르렀다. 이와 동시에, 실패의 부정적인 **결과**에 대한 추정치도 점차 증가하였다. '나는 우등생 과정에서 탈락할 거야. 나는 어떤 시험도 통과하지 못할 거야. 나는 학교에서 쫓겨나서 파멸의 길로 접어들 거야.' 모든 학생에게 과제와 시험이 필수적으로 주어지는 것이라면, 제대로 준비하지 못했다는 그의 두려움은 외부적 스트레스보다는 그의 내면적 사고 패턴에서 기인하는 것으로 보아야 한다.

왜 어떤 환자들은 과도한 불안과 함께 심리생리학적 증상을 발달시키는 반면, 다른 환자들은 신체장애 없이 만성적인 불안만을 경험하는가 하는 문제는 추가적인 연구가 필요하다. 여하튼 그들의 사고 패턴이 서로 유사하다는 사실만큼은 분명해 보인다. 그들의 주의는 부적절한 수행에 대한 두려움, 심지어는 재앙에 대한 두려움에 고정되어 있다. 그들은 만성적으로 걱정하는 사람들이다. 현재의 지식 수준으로는, 불안에 더하여 심리생리학적 증상이 발달할 것인가의 여부에는 유전적 요인이 관여하는 것으로 보인다.

심리생리학적 순환

대부분의 사례에서, 심리생리학적 장애의 발생과 유지는 인지, 감정 그리고 신체 증상의 끊임없는 상호작용에 달려 있다. 48세 주부의 사례에서 이러한 순환이 잘 나타난다. 그녀는 주기적으로 일정 기간 동안 하부 복통과 설사를 겪은 병력을 보고하였다. 그 기간은 2주에서 6개월 동안 지속되었으며, 분명히 외부적 스트레스에 의해 촉발되었다. 그녀는 지난 30년 동안 엑스레이를 포함한 수많은 의학적 검사를 받았지만, 기질적 질환의 증거는 발견되지 않았다. 진단은 '과민성 대장 증후군'이었다. 복통이 매우 심하고 설사에 피가 섞여 나올 만큼 심한 최근의 일화는 그녀가 47세이던 1년 전, 그녀의 어머니가 말기 암을 겪고 있는 동안 시작되었다. 이 기간 동안 그녀는 불안과 초조를 경험하였고, 며칠이 지나면서 대장 증상이 시작되었다. 그녀의 엑스레이 결과는 이제 대장궤양을 확실히 보여 주고 있었다. 높은 수준의 정서적 각성은 장의 경련을 일으켜서, 점막의 변화를 초래하였다.

대부분의 사람들은 부모의 질병이나 죽음과 같은 힘든 사건에 대해 심한 정신과적 장애나 정신신체장애를 겪지 않고도 잘 견뎌 낼 수 있는 데 비해, 이 환자는 왜 그와 같은 반응을 보이게 되었는가 하는 질문이 자연스레 제기될 수 있을 것이다. 대부분의 정신신체장애 사례에서와 마찬가지로, 이 환자는 (어떤 생리적 성향뿐만 아니라) 어떤 심리적 성향을 지니고 있었다. 그녀가 기억하기로, 그녀가 학교에 들어갈 무렵인 5세 때부터 그녀는 '걱정스러운 상황'에서 일과적인 설사 일화를 보이곤 하였는데, 이러한 반응이 어떤 심각한 어려움을 초래하지는 않았다. 그러나 그녀가 18세에 이르렀을 때, 언니가 대장암이 발병하였다. (그리고 결국 사망하였다.) 이에 따라 그녀는 자신 또한 암으로 죽을지도 모른다고 걱정하기 시작하였다. 그녀는 어떤 신체 증상도 암과 연결 지어 해석하려 하였다. 예를 들면, 배에서 불편함이 느껴지면(그 원인이 과식과 같은 일상적인 요인임이 분명할 때에도), 그녀는 '아마도 암일 거야.'라고 생각하곤 하였다. 이로 인해 그녀는 더 큰 복통을 느끼게 되고, 결국 설사를 하곤 하였다. 따라서 스트레스에 대한 반응으로 위협 → 불안 → 장의 경련 → 통증 → 불안과 같은 악순환의 과정이 형성되었다.

　우리는 이 사례를 통해서 경미한 대장궤양의 발달과정을 이해할 수 있다. 그녀의 어머니의 질병은 어머니의 죽음에 대한 생각을 끊임없이 불러일으켰다는 점에서 이 환자에게는 커다란 스트레스였다. (그녀는 또한 자신의 죽음에 대한 두려움도 경험하였다.) 좀처럼 누그러지지 않은 위협은 불안과 그 생리적인 증상들을 유발하였다. 그 환자의 표적 영역은 대장이었기 때문에, 자율신경계의 과잉활성화는 대장의 경련과 설사로 이어졌다. 그녀는 대장의 신체 감각을 대장암의 징후로 해석하였고, 이에 따라 더 증폭된 불안과 대장 증상을 경험하였다.

신체장애와 '심리적인 덧씌움'

　많은 환자들은 실제로 입증된 기질적 질병을 가지고 있지만, 심리적 요인으로 인해서 실제 질병에 비해 그 장애나 괴로움을 훨씬 더 심하게 겪기도 한다. 사실상 이러한 심리적 요인에 기인하는 장애와 스트레스가 의학적 개입의 주된 이유가 될 수 있다. 많은 '심장 허약'의 사례들이 이 범주에 해당된다. 예를 들면, 심장질환을 지니고 있는 환자는 신체적으로 불편을 느끼지 않을 때에도 늘 죽는 것을 두려워할 수 있다. 그는 심장발작이나 갑작스러운 죽음을 촉발하지나 않을까 두려워서 좀처럼 어떤 식으로든 몸을 움직이려 하지 않을 수 있다. 그 결과, 그는 활동을 극도로 제한하게 된다. 일상적인 만족감의 박탈과 만성적인 불안의 불쾌감이 결합하면, 그를 우울증으로 이끌 수 있다.

Katcher(1969)는 심리적 요인이 실제 기질적 질병의 증상에 상당한 정도의 고통과 장애를 덧씌우고 있는 한 사례를 보고하였다. 40세의 한 남성은 수년 동안 협심증을 겪어 오고 있었다. 심전도는 관상동맥 질환의 전형적인 증거(운동 후에 ST분절의 하강이 심화됨)를 보여 주었다.

그 환자는 협심증으로 몸을 잘 움직이지 않아서, 가슴의 심한 통증을 겪지 않고는 좀처럼 몇 발짝 이상을 걸을 수 없는 정도였다. 만일 멈춰서 쉬지 않으면, 그는 반복적으로 가슴 통증을 경험하였고 이는 심근경색에 대한 두려움으로 이어졌다.

정신과의사는 이 환자를 치료하면서 행동치료와 인지치료를 결합한 방식을 사용하였다. 그와 같은 사례에서는 점진적인 운동이 유익하며 운동을 피하는 것이 치명적이라는 통계 자료를 강조함으로써, 그는 운동이 심근경색을 촉발할 것이라는 그 환자의 믿음을 약화시키려고 노력하였다.

그 환자에게 점진적인 운동 스케줄이 부여되었다. 그는 실제 통증을 느끼지 않는다면 일정 거리를 걷고는 그 지점에서 멈추었다. 그 일정 거리는 점차적으로 연장되어, 나중에는 가슴의 통증을 느끼지 않는다면 멈추지 않고 마음대로 걸을 수 있었다. 그는 두려움을 느낄 때마다, '운동은 좋은 거야.'라는 말을 속으로 되뇌었다. 이러한 자기위안은 그의 불안을 완화하였을 뿐 아니라, 계속 걷고자 하는 그의 동기를 강화하였다.

훈련기간이 끝난 후 심전도를 다시 측정하였다. 안정하는 동안의 ST분절은 여전히 하강되어 있지만, 운동 후에 ST분절의 추가적인 하강은 나타나지 않았다!

심리적인 덧씌움은 다음과 같이 설명될 수 있을 것이다. 첫 협심증 증상 이후, 그 환자는 심근경색으로 인한 갑작스러운 죽음을 예상하였다. 그는 자동적으로 운동이 심장발작을 촉발할지도 모른다고 생각하였다. 따라서 그는 어떤 과격한 신체적인 동작에 대해서도 두려워하였다. 걷기도 전부터 먼저 불안이 유발되면, 이는 심장박동의 증가와 기타 자율신경계의 반응으로 나타나고, 이는 또다시 심장에 대한 긴장 증가와 관상동맥부전증의 증가로 이어진다. 결과적으로, 몇 발짝을 걷고 나면 그는 실제로 협심증의 증상을 겪게 된다. 이는 자기 충족적 예언(self-fulfilling prophecy)의 고전적인 예에 해당될 수 있을 것이다.

협심증이 그의 불안에 의해서 촉발된 것일 뿐 운동의 필연적인 결과가 아니라는 것을 어느 정도 확신하고 나서, 그는 자신의 증상으로부터 자유로워질 때까지 운동 훈련 계획에 따라 진전해 갈 수 있었다.

신체장애에 심리적 덧씌움이 나타날 수 있는 또 다른 집단은 폐질환 환자들이다. 그들은 모든 호흡과 모든 가슴 움직임에 대해 의식적일 수 있다. 그들의 알려진 폐 병리학으로 인해, 그들은 종종 살기 위해서는 의지적으로 숨을 들이쉬고 내쉬는 노력을 해야 한다고 믿고 있다.

호흡에서 만성적인 어려움을 보이는 환자들에 대한 한 체계적인 연구(Dudley, Martin, & Holmes, 1964)는 이와 같은 문제를 잘 보여 준다. 기도 폐색을 야기할 수 있는 폐결핵이나 다른 폐질환을 앓고 있는 20명의 환자들을 대상으로 한 연구에서, 연구자들은 호흡이 짧아진 느낌이 폐기능상에서의 객관적인 장애와 아무런 관련이 없다는 것을 발견하였다. 자연스럽게 일어나는 삶의 상황에 대한 반응으로 화가 나거나 불안해졌을 때, 환자들은 과호흡과 호흡곤란을 보이는 경향이 있었다. 호흡곤란과 실제 기능장애와는 관련이 없었다. 이 연구는 호흡곤란이 폐기관계에서 나오는 신호를 어떻게 지각하느냐에 달려 있다는 것을 잘 보여 주었다. 이 환자들은 다른 사람이라면 정상적으로 경험하고는 무시해 버릴 만한 심폐체계에서의 변화에 매우 예민하였다. 이 환자들에게 호흡의 변화는 생명에 대한 위협으로 지각되고, 이는 주관적인 고통의 느낌으로 연결되었다. 악순환은 불안 → 과호흡 → 호흡곤란 → 불안과 같은 과정으로 일어난다.

신체적 심상

우리는 앞에서 공포증을 논의하면서 신체적 심상의 현상에 대해 이미 언급하였다. 예를 들어, 고소공포증 환자는 높은 곳의 가장자리 근처에 가게 되면 종종 몸이 기울어지거나 떨어지는 것 같은 신체 감각을 느끼며, 가장자리 쪽으로 몸이 이끌리는 감각을 경험하기도 한다. 물을 두려워하는 환자는 자신이 물속에 있는 시각적 심상을 떠올리면, 자신이 마치 지금 물에 빠져 있는 것처럼 느낀다. 이와 비슷하게, 많은 사람들은 다른 사람들이 상처 입은 것을 보았을 때 대리적인 고통을 경험한다. 그들은 마치 자기 자신이 상처를 입은 것처럼 반응한다.

3장의 논의에서, 나는 개인적 영역의 중요한 요소로서 개인의 유형의 소유물과 추상적인 가치뿐 아니라 개인의 자신에 대한 의견을 포함하였다. 자기개념의 또 다른 필수요소는 '신체적 자기' 혹은 '신체상'이다(Epstein, 1973). 개인이 지닌 신체적 자기에 대한 개념은 어떤 특정 시기에 그가 즐겁게 혹은 고통스럽게 느낄지, 강하게 혹은 약하게 느낄지, 정력적으로 혹은 열의 없게 느낄지를 지시할 수 있다. 그의 신체 상태에 대한 개념은, 감정과 감각을 결정하는 데 있어서 그의 실제 신체 컨디션보다 더 중요할 수 있다.

시각 자극은 신체상에 영향을 미쳐서 다양한 신체 감각을 일으킬 수 있다. 예를 들어, 곡면 스크린에 투영된 동영상은 관객이 마치 지금 봅슬레이를 타고 있거나 아래로 추락하고 있는 것 같은 착각을 불러일으킬 수 있다. 그는 마치 실제 봅슬레이를 타고 있거나 아래로 추락하고 있는 것과 똑같은 신체 감각을 경험한다. 이와 비슷하게, 다른 사람이 칼에 찔리는 동영상은 관객의 고통과 불안을 유발할 수 있다. 이렇듯 시각적 착각에 의해 신체 감각이 유발되는 현상은 신체적 심상의 또 다른 예가 될 수 있을 것이다.

물론 신체적 심상은 시각 자극 없이도 나타날 수 있다. 프랜시스 골턴 경(1883)은 감각적 심상이 널리 퍼져 있는 현상이라는 것을 많은 자료들을 통해 보여 주었다. 골턴의 피험자들 중 몇몇은 신체 감각을 너무도 생생하게 경험하여서, 그들은 종종 자신의 신체 감각이 상상에 기초한 것인지 아니면 실제 신체 자극에 의한 것인지 구별하지 못할 정도였다.

환상이나 백일몽(어떤 외부적 시각 자극이 없는) 또한 강렬한 신체 감각을 불러일으킬 수 있다. 정신과 환자들은 종종 이와 같은 종류의 신체적 심상을 보고한다. 예를 들어, 한 환자는 그의 성기가 손상되는 반복적인 심상을 경험하였다. 가령 창문이 닫히는 소리를 들을 때, 그는 창문이 자신의 성기 위로 쾅 닫히는 시각적 심상이 떠오르고, 마치 성기가 으깨지는 듯한 신체 감각을 느꼈다. 만일 예기치 않게 날카로운 칼을 보게 되면, 그는 그 칼에 자신의 성기가 잘리는 상상을 하였고, 그와 동시에 자신의 성기에서 예리한 고통을 느끼곤 하였다.

신체적 손상에 대한 **생각** 또한 신체 감각을 불러일으킬 수 있다. 한 어린 청소년은 피를 보거나 보기 흉한 신체를 접하면 불안 반응을 보였다. 그는 특히 뼈가 부러지는 것을 암시하는 어떤 자극에 예민하였다. 치료자가 그에게 뼈를 보여 주었을 때, 그는 '내 다리가 부러질 수도 있어.'라고 생각하였고, 다리에서의 통증과 함께 다리뼈가 살갗을 뚫고 나오는 것 같은 감각을 느꼈다. 또 다른 환자는 피해자와의 강렬한 **동일시**를 경험하였다. 예를 들어, 그가 책을 읽으면서 어떤 사람의 팔에 못이 박히는 이야기를 접하면, 그는 자신의 팔에서 예리한 통증을 느꼈다. 또한 점차 시력을 잃어 가는 어떤 환자에 대한 이야기를 읽으면, 그는 일시적으로 시야가 희미해지는 것을 경험하였다. 이들 사례에서는, 시각 자극이 아니라 생각이 고통스러운 신체 감각을 유발하였음이 분명하다.

히스테리

히스테리는 신체적 심상 과정이 병리적으로 확장된 것이다. 요즈음 가장 흔히 볼 수 있는 형태의 히스테리는 어떤 입증할 만한 기질적 질병이나 생리적 이상에 기초하지 않은 신체적 기능장애이다. 사지의 힘의 상실(마비 또는 쇠약), 어떤 신체 부위의 감각의 상실, 통증 수용기에 어떤 자극이 주어지지 않았음에도 통증을 지각함, 근육의 과잉활동(예를 들어, 유사뇌전증) 등의 신체적 현상이 나타날 수 있다.

히스테리 환자를 검진하면서, 의사는 종종 히스테리의 증상 패턴이 신체의 실제 해부학적 구조에 따르지 않고 신체장애 증상 표현에 대한 환자의 개념에 따른다는 것을 발견한다. 가령 다리나 팔의 마비를 호소하는 히스테리 환자는 '양말-장갑'형 마비('stocking-glove' anesthesia)를 보이기도 하는데, 이러한 분포의 감각 상실은 실제 어떤 손상에 의해서도 나타날 수 없는 것이다. 이와 비슷하게, 만일 그가 자신의 뇌가 손상되었다고 믿는다면, 그는 손상되었다고 믿는 뇌 부위와 같은 편에 있는 팔다리의 마비를 경험하는데, 신경계의 해부학에 따르면 마비는 다른 편에서 나타나야 한다. 다음 사례들은 정신적 개념의 힘을 잘 보여 준다.

한 환자는 심근경색에 의한 기질성 뇌손상을 호소하였다(Stein et al., 1969). 심리검사 결과는 즉각적 회상 및 집중력의 저하를 나타냈다. 심리치료 과정에서 치료자의 질문을 통해, 그 환자가 심장발작의 결과에 대해 왜곡된 인지를 지니고 있음이 드러났다. 그는 심근경색이 일어나는 시점에 심장에서 '뇌에 이르는 동맥'에 문제가 생긴다고 믿고 있었다. 그의 믿음에 따르면, 이 동맥이 폐색되어 결과적으로 불가역적인 뇌손상이 발생했다는 것이다. 치료자는 환자에게 **해부학적 그림**을 보여 주면서 그의 결론이 잘못된 것임을 알려 줄 수 있었고, 그의 기질성 뇌손상 증상은 말끔히 사라졌다.

샤르코는 최면으로 많은 히스테리 환자들을 치료하였다. 샤르코(1890)에 인용된 다음 사례들은 운동 및 감각 증상들이 기질 병리에 대한 환자의 잘못된 개념의 표현이라는 것을 잘 보여 주고 있다.

한 환자가 마차에 치였다. 그는 마차 바퀴가 자신의 다리를 치고 지나갈 때 다리가 부스러졌다고 잘못 믿고 있었다. 그에 따라 그는 양쪽 다리에 히스테리성 마비 증상을 겪게 되었다.

실제 손상의 결과에 대한 환자의 잘못된 '진단'에 기초하여 히스테리 증상을 겪는 사례들도 있다. 다리에 총상을 입은 상처가 남아 있는 한 병사는 후에 '양말'형 마비 증상을 겪게 되었다. 그는 총상으로 인해 다리에 있는 신경이 끊어졌다고 믿고 있었다. 의사가 그에게 다리 신경이 온전하다는 것을 보여 주자, 그의 마비 증상은 감쪽같이 사라졌다.

이러한 사례들은 히스테리가 정신과적 장애에서의 인지 왜곡 현상에 대한 **탁월한 예시**가 될 수 있음을 잘 보여 준다. 환자는 자신이 어떤 특정 신체장애를 지니고 있다고 믿고는, 그 가정된 장애의 증상을 경험한다. 그는 팔이나 다리를 들지 못하기도 하고, 특정 신체 부위의 감각을 상실하기도 하며, 시력이나 청력을 잃기도 한다. 암시, 최면, 설명 또는 인지치료에 의해서 잘못된 믿음이 수정될 때, 그 증상은 이내 사라진다.

19세기의 많은 의사들은 히스테리 환자는 그릇된 개념을 지니고 있고 이것이 그의 신체장애로 표현된다는 것을 암시하였다. 영국의 의사인 Reynolds(1869)는 부정확한 관념으로부터 유발되는 마비 증상을 기술하였다. 그러나 샤르코는 이러한 관찰을 더 확장하고 대중에 알린 사람으로 알려져 있다. 당대의 가장 위대한 신경학자의 한 사람이었던 그는 기질적 장애를 모사하는 증후군과 실제 신경계의 손상에 기원하는 증후군을 구분하려고 노력하였다. 환자들에게 최면을 실시한 결과로, 그는 히스테리 증상이 어떤 '병인적인 생각(pathogenic idea)'으로부터 발생한다는 결론에 이르렀다. 어떤 오류적인 가정에 기초한 이러한 잘못된 생각은, 최면을 통해 히스테리 증상이 제거되자 명백히 사라졌다. 신체장애는 심리과정의 결과일 수 있다는 샤르코의 주장은 프로이트가 신경증의 문제에 심리치료를 적용할 수 있도록 하는 자극제가 되었다.

샤르코의 작업 중에서 가장 중요한 것 중 하나는 최면을 통해 피험자에게 실험적으로 마비를 유도한 것이었다. '내 오른손이 마비된다.'는 생각은 히스테리성 마비에서 관찰되는 것과 동일한 임상적 증후군을 일으켰다. 어떤 사람들은 임상적 현상과 실험적 현상의 이러한 연결을 파스퇴르와 코흐의 실험실에서 인간과 동물의 질병을 재현한 것에 비견되는 것으로 간주하였다. Havens(1966)는 "정신의학적 사례에서의 병인은 비브리오 콜레라나 결핵균이 아니라 생각, 암시……"(p. 510)라고 언급하였다.

프로이트는 샤르코의 작업을 관찰하면서 한동안을 지낸 후에, 히스테리 치료에 최면을 적용하기 시작하였다. 나중에 그는 최면을 자유연상 기법으로 대체하였다. 이러한 접근방법상의 변화는 또한 객관적인 신경학적 검진에서 환자의 생각, 환상, 감정, 소망, 꿈에 대한 관심으로 초점이 변화한 것을 알리는 신호이기도 하였다. 프로이트는 히스테리 증상은 잘못된 생각에서 비롯된다는 샤르코의 단순한 개념을 훨씬 더 넘어서 자신의 정교한 이론을 발전시켜 나갔다. 무의식적인 성적 소망이 히스테리 증상으로 전환된다는 프로이트의 명제가 샤르코의 개념을 대체하였고, 오늘날에도 일반적으로 받아들여지는 우세한 이론이 되었다. 사실상 1952년에는 미국정신의학회의 공식적 전문용어가 히스테리에서 '전환 반응(conversion reaction)'(프로이트의 전환 개념에서 파생됨)으로 바뀌었다. 미국의 정신의학 교과서들은 일반적으로 히스테리에 대한 프로이트의 개념을 받아들여 왔다.

히스테리를 설명하는 데 있어서 샤르코의 '병인적인 생각'이라는 개념은 점차 그 영향력이 쇠퇴해 왔지만, 그의 개념화는 분명히 히스테리 환자들과의 체계적인 면접을 통해 얻은 임상 자료와 잘 들어맞는 것으로 보인다. 히스테리 증상은 일반적으로 그 환자의 경험 및 그 경험의 특별한 의미를 탐색하면 이해할 수 있다. 환자의 잘못된 생각은 그 증상에 대한 설명을 제공한다. 히스테리는 어떤 기질적 장애를 가장하는데, 이는 환자가 그 장애를 가장하고 싶어 하기 때문이 아니라, 그 장애에 대해 잘못된 생각을 가지고 있기 때문이다.

많은 히스테리 환자들은 히스테리 증상과 유사한 신체장애 혹은 심인성장애를 지닌 어떤 다른 환자와 동일시한다. 이러한 특수한 히스테리 증상형성 기제에 대한 단서는, 샤르코가 일했던 사르페토리에르 병동에서 히스테리 환자들이 보이는 모방 경향을 관찰하면서 밝혀지기 시작하였다. 샤르코의 제자

중 하나였던 쟈네는 후에, 샤르코의 많은 환자들은 병동 내에서 그들의 히스테리를 '학습'하였다고 말하였다. 실제 뇌전증 사례들을 접하고 관찰하면서, 환자들은 훗날 히스테리성 뇌전증을 발달시켰다(Havens, 1966).

이러한 동일시는 경련성 발작이 이 사람에서 저 사람으로 확산되는 '전염' 현상을 연상시킨다. 한때 귀신들림이나 주술로 믿어졌던 그 현상은, 좀 더 현대화된 우리의 견해로는, 귀신들림보다는 심리적인 요인에 기인하는 것으로 생각된다.

많은 히스테리성 발작을 지닌 환자들은 뇌전증 발작을 지닌 친척과 접촉한 적이 있다고 보고하였다. 다른 종류의 히스테리 증상을 지닌 환자들은 이전에 비슷한 증상을 지닌 다른 사람을 보고 매우 큰 영향을 받은 적이 있다는 사실을 회상하였다. 예를 들면, '심장 신경증'을 지닌 한 환자는 어머니의 심장병이 진행되는 것을 수년 동안 보고 자랐다. 어머니는 당시 나이 32세에 결국 심장병으로 사망하였다. 환자의 회상에 따르면, 그녀가 어머니의 나이에 이르면 그녀 또한 결국 심장병으로 죽게 될 것이라는 생각이 늘 반복되었다. 28세가 되어서 그녀는 어머니가 그랬던 것처럼, 가슴에서 통증을 느끼고 쉽게 피로해지고 숨이 가빠지기 시작하였다. 반복적인 의학적 검진에서는 심장병의 어떤 객관적인 증거도 나타나지 않았지만, 이러한 증상은 이후 10년 동안 지속되었고, 그녀는 활동의 심한 제약 속에서 살아갔다. 그녀의 히스테리 증상은 인지치료와 행동치료가 결합된 치료를 통해서 마침내 사라졌다.

이와 비슷하게, 질식과 관련한 히스테리 증상을 겪는 환자들의 과거를 추적해 보면, 그들이 비교적 어린 나이에 다른 사람이 음식을 먹다가 숨이 막혀 죽었다는 이야기를 듣거나 읽은 적이 있었다는 것을 확인할 수 있다. 그 환자는 당시 '그런 일이 내게도 일어날 수 있어.'라고 생각하였다고 회상하였다. 나중에 스트레스를 받는 기간 동안, 그는 특히 먹을 때 그의 목이 단단하게 조여 온다는 것을 인식하였다. 그는 '이건 앞으로 음식을 제대로 삼키지 못할 것이라는 신호야.'라고 생각하였다. 그가 이러한 생각을 더 신뢰할수록, 그는 삼키기가 더 어려웠다. 삼키는 것이 더 어려워지자, 이는 '목 근육에 뭔가 이상이 있고 나는 숨이 막혀 죽을 것'이라는 그의 믿음을 더 강화하였다.

이제 히스테리 증상의 발달과정을 요약할 수 있게 되었다. 자신이 손상을 입었거나 다른 사람이 겪는 증상과 동일시한 결과로, 히스테리 환자는 자신이 신체장애를 지니고 있다고 믿게 된다. 자신에게 장애가 있다고 생각하면, 그는 신체 감각을 경험한다(신체적 심상). 악순환의 기제가 설정된다. 그는 그 신체 감각을 자신이 그 신체장애를 지니고 있다는 증거로 '이해한다'. 그의 믿음은 더욱 공고해지고, 신체 증상 또한 더욱 강렬해진다.

히스테리 증상에 대한 치료접근은 이와 같은 악순환 과정의 반대 순서를 따른다. 치료자는 환자에게 그가 통제를 상실하지 않았다는 것, 예를 들면 그가 마비된 팔다리를 움직일 수 있다는 것을 보여 줄 수 있다. 이러한 입증은, 그것이 암시에 의한 것이든 설득이나 최면에 의한 것이든, 환자의 잘못된 믿음을 약화시킬 수 있다. 더 나아가, 환자에게 자신의 팔다리를 움직이는 것을 상상하게 함으로써, 치료자는 상상력을 건설적으로 이용할 수 있다. 이와 비슷하게, 치료자는 환자의 잘못된 개념에 대해 질문을 던지고 그를 재교육하는 것으로 시작할 수도 있다(관상동맥 혈전증을 겪고 난 후 인지적 퇴화를 모사하는 증상을 보인 환자의 경우에서처럼). 잘못된 '병인적인 생각'의 근거가 흔들리면 그 증상은 감소하며, 이는 다시 환자에게 자신의 병리에 대한 믿음이 잘못되었다는 추가적인 근거로 작용하여 증상의 경감을 촉진한다.

이와 같은 방식으로, 히스테리의 치료는 환자의 상상력을 건설적으로 이용하여, 그 증상에 대한 '심상을 바꿈으로써' 증상의 감소를 가져온다. 더 나아가, 정신신체장애에서처럼 악순환의 반대과정은 점진적인 개선을 가져온다. 히스테리 치료의 핵심은 부정확한 믿음을 정확한 믿음으로 변화시키는 것이다. 이런 측면에서, 증진의 기제는 우울증, 불안 상태, 공포증에서의 기제와 기본적으로 동일하다. 즉, 잘못된 믿음을 수정하면 증상이 경감된다는 것이다.

인지치료의 원리

만일 우리가 감정을 바꾸고자 한다면 무엇보다도 그것을 만들어 낸 생각을 수정하는 것이 필요하며, 또한 생각은 그 자체로 옳지 않을 수도 있고 우리에게 도움이 되지 않을 수도 있다는 것을 인식할 필요가 있다.

– Paul Dubois

우리는 지금까지 심리장애는 공통적으로 사고에서의 어떤 이탈을 중심으로 나타난다는 것을 보아 왔다. 심리치료에서의 도전은 환자가 자신의 맹점, 흐릿한 지각, 그리고 자기기만을 극복할 수 있도록 그에게 효과적인 기법을 제공하는 것이다. 한 개인이 자신의 신경증과 관련되지 않은 상황에 대해서 현실적이고 효과적으로 반응한다는 사실은 우리에게 희망적인 전망을 제공한다. 그의 특수한 취약성의 경계를 넘어서는 경험 영역에서 그가 보이는 판단과 행동은 그가 높은 수준으로 잘 기능하고 있음을 반영해 준다. 이에 더하여, 신경증 환자들은 흔히 장애가 시작되기 전에 삶의 문제들을 다루기 위한 개념적인 도구들을 적절히 잘 발달시켰음을 보여 준다.

심리적인 기술들(경험을 통합하고 이름 붙이며 해석하는 것)은 심리적인 이탈을 수정하는 데 활용될 수 있다. 중심적인 심리적 **문제**와 심리적 **수정방법**이 모두 환자의 생각(혹은 인지)과 관련되어 있기 때문에, 우리는 이와 같은 형태의 치료를 인지치료라고 부른다.

광의의 의미에서 볼 때, 인지치료는 잘못된 개념과 자기신호를 수정하는 매개수단을 통하여 심리적인 고통을 경감시키려는 모든 접근들을 포함한다. 그러나 생각을 강조함으로써 고통의 직접적인 원천으로서의 감정 반응의 중요성이 흐려져서는 안 된다. 그것은 단지 우리가 생각을 통해서 감정에 다가갈 수 있다는 것을 의미한다. 잘못된 믿음을 수정함으로써, 우리는 과도하거나 부적절한 감정 반응을 약화시키거나 바꿀 수 있다.

환자가 자신과 세상에 대해 더 현실적으로 인식할 수 있도록 돕는 많은 방법들이 있다. 이 '지적인(intellectual)' 접근은 잘못된 개념을 찾아내고, 그것의 타당성을 검토하며, 보다 더 적절한 개념으로 대체하는 것을 포함한다. 환자는 종종 그가 의지해 온 규칙들이 오히려 그를 속이고 패배하도록 이끌어 왔다는 것을 인식하게 되는데, 이때 폭넓은 태도 변화의 필요성이 제기된다.

이 '체험적인(experiential)' 접근은 그 자체로 잘못된 개념을 변화시킬 수 있을 만큼 충분히 강력한 경험에 환자를 노출시킨다. 인카운터 그룹이나 통상적인 심리치료와 같이 어떤 조직화된 상황에서 다른 사람들과 상호작용함으로써, 환자는 다른 사람들을 더 현실적으로 지각할 수 있게 되고, 결과적으로 그들에 대한 부적절하고 부적응적인 반응들을 수정할 수 있게 된다. 인카운터 그룹에서의 대인관계 체험은 친밀감의 표현을 막는 부적응적인 태도를 녹여 낼 수 있다. 이와 비슷하게, 환자들은 종종 심리치료자의 따뜻함과 수용의 태도를 접하면서 권위적인 인물에 대한 자신의 고정관념을 수정한다. 이와 같은 변화는 '교정적인 정서체험(corrective emotional experience)'(Alexander, 1950)이라고 불려 왔다. 때로 환자가 그의 잘못된 개념으로 인하여 지금까지 회피해 온 상황에 직면할 수 있도록 격려하는 것이 도움이 된다.

이 '행동적인(behavioral)' 접근은 자신과 세상을 바라보는 방식에서의 전반적인 변화를 이끌 수 있는 구체적인 형태의 행동 발달을 격려한다. '주장훈련'에서와 같이 자신이 두려워하는 사람들에게 대처하는 기술을 연습함으로써, 환자는 다른 사람을 보다 더 현실적으로 인식할 수 있게 될 뿐 아니라 자신감을 향상시킬 수 있게 된다.

신경증이 환자의 부적응적인 태도의 결과적인 산물이라면, 그는 왜 삶의 경험을 통해서나 부모와 친구들의 도움을 통해서 이러한 태도를 변화시킬 수 없을까? 그는 왜 전문적인 도움을 필요로 할까? 많은 경우에 고통을 겪는 사람들은 혼자 힘으로, 또는 '지혜로운 이웃 어르신'의 도움을 얻어서 자신의 문제를 해결해 나간다. 많은 사람들은 두려운 상황에 점진적으로 스스로를 노출시키거나, 이러한 상황에 처한 자신을 상상하거나('체계적 둔감화'), 다른 사람들의 행동을 따라 함으로써('모델링'), 행동치료자들이 전문적으로 사용하는 다양한 기법들을 스스로 독립적으로 (그리고 성공적으로) 활용한다. 또 다른 이들은 친구나 친척의 조언이나 제안을 통해서 전달되는 '민간 지혜(자신이 속한 문화 집단의 누적된 경험)'를 적용하기도 한다.

전문가에게 찾아와서 환자 또는 내담자라는 이름을 얻게 되는 사람들은 자신의 문제를 스스로 극복하는 데 실패한 사람들이다. 어쩌면 그들의 감정 반응이 너무나도 갑작스럽고 격심해서, 일상적인 삶의 경험에 평소처럼 반응하기 어려웠을 수 있다. 환자가 너무 취약해서 대처기술을 발달시키지 못하였을 수도 있고, 그의 문제의 뿌리가 너무 깊을 수도 있다. 어떤 경우에는, 단지 주위의 '나쁜 충고'를 받아들이고 따랐기 때문에 환자가 되었을 수도 있고, 비전문적인 도움조차도 받을 만한 사람이 주변에 전혀 없기 때문에 전문가를 찾아올 수도 있다. 또한 민간 지혜는 종종 도움이 되며 많은 심리치료의 핵심을 이루고 있지만, 그것은 종종 신화, 미신 그리고 잘못된 개념과 혼합되어 있어서 개인의 비현실적인 태도를 더 강화시키기도 한다. 더욱이 많은 사람들은 전문적인 환경에서가 아니면 '자기향상' 프로그램에 참여할 동기가 생기지 않는다.

어쨌든 심리치료는 치료자에게 부여되는 상당한 권위, 문제를 적시해 내는 치료자의 능력, 그리고 적절하고 체계적인 치료 절차를 제공하는 치료자의 기술 덕분에, 환자의 문제에 가장 큰 영향력을 미칠 수 있다.

인지치료의 표적

인지적 기법은 내성의 능력과 자신의 생각과 환상을 반성할 수 있는 능력을 지닌 사람들에게 가장 적합하다. 이러한 접근은 본질적으로 사람들이 지적 발달의 초기 단계에서부터 다양한 정도로 실행해 온 것들을 확장하고 다듬은 것이다. 대상과 상황에 이름을 붙이고, 가설을 세우며, 그 가설을 검증하는 것과 같은 특정 기법들은 사람들이 그에 포함된 작동법을 인식하지 못하면서도 자동적으로 적용하는 기술에 기초한다.

이러한 종류의 지적인 기능은 규칙과 그것의 적용을 의식하지 못하면서도 발음과 문법의 규칙을 적용하여 말을 하는 것과 유사하다. 한 성인이 언어장애를 고치거나 새로운 언어를 배우고자 할 때, 그는 단어와 문장의 형성에 주의를 집중해야만 한다. 이와 비슷하게, 현실의 어떤 측면을 해석함에 있어서 어떤 문제가 있다면, 그는 자신이 판단을 할 때 적용하는 규칙에 주의를 집중할 필요가 있다. 그 문제 영역을 검토하면서, 그는 그 규칙이 틀렸다거나 또는 그것을 잘못된 방식으로 적용해 왔다는 것을 알게 된다.

부정확한 판단을 내리는 것은 아마도 자신이 의식하지 못하는, 깊이 뿌리박힌 습관이 되었기 때문에, 그것을 수정하기 위해서 몇 개의 단계들이 필요할 것이다. 첫째, 그는 자신이 무엇을 생각하고 있는지를 자각해야 한다. 둘째, 어떤 생각이 뒤틀려 있는지를 인식해야 한다. 다음으로, 그는 부정확한 판단을 정확한 것으로 대체해야 한다. 마지막으로, 그의 변화가 옳은지를 알려 줄 수 있는 피드백이 필요하다. 이러한 단계는 스포츠에서 폼을 향상하거나 악기 연주에서 실수를 수정하는 것과 같이 행동 변화를 이루기 위해서도 필요하다.

인지 변화의 과정을 예시하기 위해서, 모든 낯선 이들을 두려워하는 한 사람을 예로 들어 보자. 우리는 그의 반응을 탐색하면서, 그가 '모든 낯선 이들은 비우호적이며 적대적이다.'라는 규칙하에서 행동하고 있다는 것을 알게 되었다. 이 경우에 그 규칙은 틀렸다. 다른 한편에서, 그는 낯선 이들도 매우 다양하다는 것을 깨달았을 수 있지만, 아직까지 낯선 이들 중에서 우호적인 사람, 중립적인 사람, 비우호적인 사람을 구별하는 것을 배우지 못했을 수 있다. 이와 같은 경우에, 그는 그 규칙을 적용하는 것, 즉 주어진 상황에서 그가 갖고 있는 정보를 적절한 판단으로 전환하는 것에 어려움이 있다고 볼 수 있다.

잘못 생각하는 모든 사람이 자신의 생각을 바로잡을 필요가 있는 것은 분명 아니다. 잘못된 생각이 그의 삶에 방해가 되거나 그를 힘들게 할 때, 그는 어떤 형태의 도움이 필요한 후보자가 된다.

한 사람에게 도움을 구하도록 자극하는 어려움이나 문제는, 주관적인 성질의 고통(예를 들어, 우울이나 불안), 외현적인 행동상의 어려움(예를 들어, 지나친 억제나 과도한 공격성), 어떤 반응의 결핍(예를 들어, 따뜻한 감정을 느끼거나 표현하지 못함) 등의 모습으로 나타난다. 이와 같은 문제들의 기저에 있는 사고의 종류는 다음과 같이 요약될 수 있을 것이다.

직접적이고 명백한 현실 왜곡

한 편집증 환자가 다른 사람들(심지어 그에게 분명히 우호적인 사람들)을 보면서 무분별하게 '저 사람들은 나를 해치려고 해.'라고 결론을 내릴 때, 우리는 누구라도 그 생각이 왜곡되었음을 알 수 있다. 한 환자가 "내가 케네디 대통령을 암살했어요."라고 말할 때에도 마찬가지이다.

모든 신경증에서는 이보다 덜 명백한 현실 왜곡이 나타난다. 예를 들어, 한 우울한 환자가 "나는 타이핑하고 읽고 운전하는 능력을 잃어버렸어."라고 말할 수 있다. 그러나 그가 실제 그 일을 수행하게 될 때, 그는 자신의 수행이 여전히 괜찮다는 것을 발견할 수 있다. 한 우울한 사업가가 자신이 파산 지경에 이르렀다고 불평할 수 있지만, 실제 그의 은행계좌를 들여다보면 그가 아직 재정적으로 지급 능력이 충분하다는 것을 확인할 수 있다. 개인의 주관적인 평가가 상황에 대한 객관적인 평가와 상반될 때, '현실 왜곡'이라는 명칭은 정당화될 수 있다.

비교적 점검하기 쉬운 왜곡의 또 다른 예로, '나는 점점 살이 찌고 있어.' 또는 '나는 가족들에게 짐이 될 뿐이야.'와 같은 생각들이 있다. 그러나 어떤 생각들(예를 들어, '아무도 나를 좋아하지 않아.')은 왜곡을 입증하기 위해서 더 많은 작업이 요구될 수 있다. 치료 회기는, 특히 환자가 자신의 자동적 사고를 보고하도록 훈련되었을 경우, 왜곡을 드러내어 검토할 수 있는 훌륭한 실험실을 제공한다. 예를 들어, 자신은 치료자로서 한 환자를 따뜻한 감정으로 대하고 있는데 그 환자가 '치료자가 자신을 좋아하지 않는다.'는 생각을 보고하는 경우에, 치료자는 특정한 왜곡을 쉽게 확인하여 다룰 수 있을 것이다.

비논리적인 사고

환자의 현실 평가는 왜곡되지 않았지만, 그가 관찰한 것으로부터 추론을 하거나 결론을 이끌어 내는 시스템이 잘못되었을 수 있다. 예를 들어, 그는 멀리서 들려오는 소리를 듣고서 누군가가 자신을 향해 총을 쏘았을지도 모른다고 결론을 내린다. 이와 같은 경우에, 기본 전제가 잘못되었거나 논리적인 과정이 잘못되었을 수 있다. 한 우울한 환자는 화장실 수도꼭지에서 물이 새고, 가스 스토브의 점화장치가 고장 나고, 계단의 발판 하나가 부서진 것을 발견하고는, '이 집 전체가 무너져가고 있어.'라고 결론을 내렸다. 사실상 이러한 사소한 문제를 제외하면 집은 전반적으로 아주 훌륭한 상태에 있었다. 그는 과잉일반화의 오류를 범한 것이다. 같은 방식으로, 자신의 외현적인 행동의 결과로 어려움을 겪는 환자들은 종종 부정확한 전제에서 출발한다. 예를 들어, 자신의 과도한 공격성 때문에 잠재적인 친구들을 잃게 되는 사람은 '내가 먼저 다른 사람들을 냉혹하게 대하지 않으면 그들이 나를 그렇게 대할 거야.'라는 규칙에 따라서 행동한 것일 수 있다. 소심하고 억제된 사람은 '내가 입을 열면 모두가 나를 공격할 거야.'라는 규칙을 적용하고 있을 수 있다.

치료적 협력

어떤 특정한 요인들은 실제적으로 모든 형태의 심리치료에서 중요하지만, 인지치료에서는 중추적인 중요성을 지닌다. 효과적인 심리치료를 위한 명백한 일차적 요인은 치료자와 환자 간의 진정한 협력이다. 치료자와 환자가 서로 다른 방향으로 움직일 때, 치료자는 좌절을 겪고 환자는 고통을 겪게 된다. 서비스 제공자(치료자)와 수혜자(환자)는 치료관계를 마음속에서 서로 아주 다르게 그릴 수 있다는 것을 깨닫는 것이 중요하다. 예를 들면, 어떤 환자는 치료에 대해서, 전능하고 전지한 하느님과 같은 인물이 찰흙으로 이상적인 조형물을 빚어내는 것과 같은 모습으로 그리고 있을 수 있다. 이와 같은 위험을 최소화하기 위하여, 환자와 치료자는 어떤 문제에 대해서 도움이 필요하며, 치료의 목표는 무엇이고, 그 목표를 달성하기 위해서 어떻게 할 것인가에 대하여 합의에 도달해야 한다. 치료의 본질과 기간에 대한 동의는 치료 성과를 결정하는 데 중요한 영향을 미친다. 예를 들어, 한 연구 결과에 따르면, 환자가 치료에 대해서 기대한 것과 그가 실제로 받은 치료 유형 간의 괴리가 클수록 치료 성과는 더 저조하였다. 반면에, 앞으로 진행될 치료의 유형에 대하여 환자에게 미리 알려 주었을 때 치료 효과는 더 상승하였다(Orne & Wender, 1968).

더욱이 치료자는 환자의 문제가 회기와 회기 사이에 변화하는 것에 대하여 민감하게 조율할 필요가 있다. 환자들은 종종 그 회기에서 논의하고 싶은 '의제'를 가지고 치료실을 찾는다. 만일 치료자가 이것을 무시한다면, 그는 치료 관계에 불필요한 긴장을 부과할 수 있다. 예를 들어, 전날 아내와의 심한 말다툼으로 우울해진 환자는, 치료자가 지하철 공포증에 대한 노출과 같이 미리 정해진 치료형식을 경직되게 고수할 때 심한 소외감을 느낄 수 있다.

환자-치료자 관계를 연대적 노력으로 이해하는 것이 필요하다. 환자를 재구성하고 개정하려고 애쓰는 것은 치료자의 역할이 아니다. 오히려 그의 역할은 환자의 문제를 해결하기 위해서 환자와 함께 작업하는 것이다. 환자의 결함이나 나쁜 습관보다는 문제를 해결하는 것에 강조점을 두면, 그는 좀 더 떨어진 자세로 자신의 어려움을 검토할 수 있고, 수치나 열등감을 덜 느끼고 덜 방어적이 될 수 있다. 치료자는 동반자 개념을 통하여 치료 기법의 효율성에 대한 소중한 '피드백'을 얻을 수 있고, 환자의 생각과 느낌에 대한 상세한 추가 정보를 얻을 수 있다. 예를 들어, 체계적 둔감화 기법을 사용할 때, 나는 습관적으로 각 심상에 대해 상세하게 묘사하도록 요청한다. 환자의 보고는 종종 많은 정보를 담고 있으며, 많은 경우에 이전에는 파악하지 못했던 새로운 문제를 드러낸다. 동반자적 관계를 설정할 때, 환자는 치료자에게 슈퍼맨의 역할을 부여하려는 경향이 줄어들 수 있다. 연구자들(Rogers, 1951; Truax, 1963)은 치료자가 진정성, 수용, 그리고 정확한 공감의 특성을 보일 때 성공적인 치료 결과가 촉진된다는 것을 발견하였다. 협력자로서의 환자와 함께 작업함으로써, 치료자는 자신이 신과 같은 역할을 맡은 것으로 가정할 때보다 이와 같은 특성을 더 잘 보여 줄 수 있을 것이다.

신뢰의 확립

치료자가 환자에게 어떤 제안이나 개념화를 제시할 때 종종 문제가 발생한다. 치료자를 슈퍼맨으로 보는 환자들은 치료자의 해석이나 제안을 성스러운 선언처럼 받아들이는 경향이 있다. 이처럼 치료자의 가설을 분별없이 섭취하게 되면, 치료 장면에서 환자의 비판적인 평가를 통한 교정 효과는 사라지게 된다.

다른 유형의 문제는 치료자의 말에 자동적으로 의심과 회의로 반응하는 환자들에 의하여 제기된다. 이와 같은 반응은 편집증이나 심한 우울증 환자들에게서 가장 두드러지게 나타난다. 현실 왜곡을 드러내려고 노력하는 과정에서, 치료자는 깊이 뿌리내린 환자의 믿음 체계에 빠져 버릴 수도 있다. 따라서 치료자는 어떤 공통 기반을 확립하고, 어떤 동의 지점을 발견하고, 거기서부터 합의 영역을 확장해 가도록 노력해야 한다. 우울한 환자들은 종종 그의 정서장애가 지속되거나 더 악화될 것이며 그가 치료에 반응하지 않을 것이라고 염려한다. 치료자가 마음에서 우러난 낙관적 태도를 보인다 해도 환자는 치료자가 꾸미고 있거나, 자신이 지닌 장애의 심각성을 잘 이해하지 못하고 있거나, 아니면 치료자가 단순히 바보라고 생각해 버릴 수도 있다. 이와 비슷하게, 편집증 환자를 현실에 대한 왜곡된 견해에서 빠져나오도록 설득하면, 그는 자신의 편집적인 생각에 대해서 더 강한 믿음을 갖게 될 수 있다. 편집증 환자가 치료자를 '반대세력'의 한 사람으로 간주하기 시작하면, 그는 치료자에게 자신의 망상체계 내에서의 핵심적 역할을 부여할 수 있다.

신뢰를 형성하는 데 보다 더 적절한 접근법은 다음과 같은 메시지를 전달하는 것이다. "당신이 지닌 어떤 생각들이 지금 당신을 괴롭히고 있습니다. 그 생각들은 맞을 수도 있고 틀릴 수도 있습니다. 그들 중 일부를 함께 검토해 보면 어떨까요?" 중립적인 자세를 취함으로써, 치료자는 환자가 자신의 왜곡된 견해를 표현해 보도록 격려할 수 있고, 그 생각들을 주의 깊게 경청할 수 있는 기회를 갖게 된다. 나중에 치료자는 '시험 풍선'을 보내서, 환자가 이러한 왜곡에 대한 증거를 검토할 준비가 되어 있는지 타진해 볼 수 있다.

편집증 환자들의 박해 사고와 우울증 환자들의 자기비하 사고는 전통적으로 심리치료를 통하여 치료되기 어려운 것으로 간주되어 왔는데, 그 이유 중 하나는 치료자가 환자의 생각을 너무 조급하게 수정하려고 했기 때문이다. 그러나 고정된 망상조차도 치료자가 예민하고 인내심이 있다면 결국 수정할 여지가 생겨난다(Beck, 1952; Davison, 1966; Salzman, 1960; Schwartz, 1963).

사회심리학자들의 연구에 따르면, 독단성은 서로 의견이 다른 두 사람 사이의 간격을 더 크게 벌리며, 각자의 대립하는 견해를 더 극단적이고 경직되게 만드는 경향이 있다. 이와 비슷한 현상이 심리치료에서도 나타난다. 환자는 종종 자신이 동의하지 않는다는 것을 드러내어 표현하지 않기 때문에, 독단적인 치료자는 환자와 합의에 이른 것으로 속아 넘어갈 수 있다. 그러므로 세심한 치료자조차도 환자가 반대의견을 지니고 있음을 나타내는 단서에 민감할 필요가 있다. 환자가 진실로 치료자의 말에 동의하는지를 결정하는 방법이 다음의 대화에 나타나 있다.

> 치료자: 문제에 대한 저의 개념화를 방금 들으셨는데, 이에 대해서 어떻게 생각하세요?
> 환 자: 괜찮은 것 같아요.
> 치료자: 제 이야기 중에서 동의하지 않는 부분이 있다고 느끼셨나요?
> 환 자: 잘 모르겠네요.
> 치료자: 제가 말한 것에 대해서 불분명하다고 느끼신 부분이 있으면 말씀해 주실 수 있나요? 아시다시피, 어떤 환자들은 치료자에게 동의하지 않는 것을 꺼려 할 수 있어서요.
> 환 자: 글쎄요, 당신이 말한 것이 논리적이라는 것은 알겠지만, 제가 정말로 믿는지는 확신이 서질 않네요.

이와 같은 발언들은 환자가 최소한 부분적으로라도 치료자에게 동의하지 않음을 시사한다. 치료자는 환자의 의견 유보를 확인하고, 환자가 치료자의 개념화를 반박할 수 있도록 격려해야 한다.

많은 환자들은 치료자에게 도전하는 것에 대한 두려움과 치료자를 기쁘게 하려는 욕구 때문에 치료자에게 동의하는 것으로 보인다. 그러한 피상적인 동의를 나타내는 단서는 "나는 당신의 말에 지적으로는 동의하지만 감정적으로는 그렇지 않아요."와 같은 환자의 말에서 찾을 수 있다. 이와 같은 말은 일반적으로 치료자의 의견이나 해석이 환자에게 논리적으로 보일지는 모르지만, 그것이 환자의 기본적인 믿음 체계에 스며들지는 못했다는 것을 나타낸다(Ellis, 1962). 그 환자는 여전히 자신의 잘못된 생각을 따라서 살 것이다. 또한 환자가 자신의 불행에 대한 설명을 갈망할 때 치료자는 강한 권위적인 말로 자신의 개념화를 제시할 수 있는데, 만일 환자가 치료자의 개념화 속에서 허점을 찾아낸다면 이는 환자에게서 환멸을 불러일으키는 첫 단계가 될 수 있다. 치료자가 전문가로서 갖는 확신은 언제나 겸손과의 균형을 요구한다. 심리치료는 종종 어느 것이 가장 잘 맞는지 결정하기 위해서 다양한 접근법과 개념화를 가지고 실험해 보는 시행착오 과정을 동반한다.

치료자가 망상적인 사고를 어떻게 대하는가 하는 것은 분명히 환자가 치료자를 신뢰할지 말지를 결정하는 시금석이 될 수 있다. 망상을 직접적으로 공격하는 것은 일반적으로 지혜롭지 못하다. 치료자는 망상에 직접적으로 도전하지 않고도 환자가 그것에 대처할 수 있도록 도울 수 있다. 예를 들면, 심한 신체 질환을 앓고 있는 한 노년의 남성은 자신의 아내가 자신을 치료하는 젊은 의사와 바람을 피우고 있다는 망상을 갖게 되었다. 그는 아내를 다그치며 부정한 여자라고 힐난하기 시작하였다. 그의 비난이 너무 고통스러워서, 그녀는 결국 그를 떠나는 것을 진지하게 고려하기 시작하였다. 그의 정신과의사는 그에게 다음과 같이 말하였다. "나는 당신의 비난이 정확한지 아닌지에 대해서 아무런 증거도 가지고 있지 않아요. 그러나 당신이 자신의 행동의 결과에 대해서는 진지하게 고려해 볼 필요가 있다고 생각해요. 당신이 계속 그녀를 다그치고 비난한다면, 당신에게 어떤 일이 일어날 것이라고 생각하나요?" 처음에 그는 전혀 신경 쓰지 않는다고 대답하였다. 정신과의사는 재차 질문하였다. "만일 그녀가 당신을 떠난다면, 누가 당신을 돌볼 것입니까?" 이 질문을 듣고, 그는 자신의 행동의 현실적인 결과를 고려하지 않을 수 없었다. 그는 아내를 향한 비난을 멈추었고, 아내와의 관계는 향상되었다. 사실상 그는 아내가 더 다정하게 느껴졌다. 어쩌면 그가 비난을 멈춤으로써 부정 망상이 약화되었을 수도 있는데, 이러한 추측을 지지할 만한 직접적인 증거는 없었다.

덜 극단적인 경우에는, 비합리적인 생각을 직접적으로 다루는 것이 가능할 수 있다. 그러나 치료자는 비합리적인 생각에 도전하는 질문에 대한 환자의 '수용의 관용도(latitude of acceptance)'를 꼭 평가해야 한다. 환자는 그의 생각이 틀렸다는 말에 반감을 표할 수 있다. 그러나 그는 "당신 아내의 행동을 해석하는 다른 방법이 있을까요?"와 같은 질문에는 호의적으로 반응할 수 있다. 명료화를 위한 치료자의 노력이 환자가 수용할 수 있는 범위 내에 있다면, 신뢰의 문제는 최소화될 수 있을 것이다.

문제 축소

많은 환자들은 수많은 증상 혹은 문제들을 가지고 치료자에게 온다. 문제 각각을 하나씩 분리하여 해결하려면 일평생이 걸릴지도 모른다. 한 환자가 대인관계 문제에 더하여, 두통, 불면증, 불안과 같은 다양한 증상에 대한 도움을 구할 수 있다. 비슷한 원인을 가진 문제들을 파악하고 이들을 함께 묶는 것을 '문제 축소(problem reduction)'라고 한다. 일단 다양한 어려움들이 소수의 범주로 압축되면, 치료자는 각 범주의 문제들에 대해서 적절한 치료 기법을 선택할 수 있다.

다중공포증을 지닌 환자를 예로 들어 보자. 7장에서 기술한 여성 환자는 엘리베이터, 터널, 언덕, 폐쇄 공간, 오픈카 타기, 비행기 타기, 수영, 빨리 걷기, 달리기, 강한 바람, 그리고 무더운 날씨로 인하여 삶에 상당한 지장을 받았다. 체계적 둔감화 기법을 이용하여 각각의 공포증을 개별적으로 치료하려면 수많은 치료 회기가 필요했을 것이다. 그러나 그녀의 증상들에서 어떤 공통분모를 찾을 수 있었다. 그것은 질식에 대한 두려움이었다. 그녀는 각 공포 상황들이 산소 결핍과 이에 뒤따르는 질식의 위험을 내포한다고 믿었다. 치료는 이러한 중심적인 두려움에 직접적으로 초점을 맞추었다.

문제 축소의 원리는 우울증과 같은 특정한 장애를 구성하는 다양한 증상들에 대해서도 적용할 수 있다. 낮은 자존감 또는 부정적인 기대와 같이 장애의 어떤 핵심 요소에 초점을 맞춤으로써, 치료는 기분, 행동, 식욕, 그리고 수면에서의 개선을 가져올 수 있다. 예를 들면, 한 환자는 만족스러운 상황에 처할 때마다 스스로 '즐거운 기분을 망치는' 생각을 하곤 하였다. 음악을 들으며 즐거움을 느끼기 시작할 때 그는 '이 음반은 곧 사라질 거야.'라고 생각하였고 그의 즐거움은 이내 사라지곤 하였다. 영화를 보거나, 데이트를 하거나, 산책을 하다가도, 그는 '이것은 곧 끝날 거야.'라고 생각하였는데, 그 생각과 함께 곧 그의 만족감은 사라져버렸다. 이러한 경우, '모든 것이 곧 끝날 것이기 때문에 그것을 즐길 수 없다.'고 하는 사고 패턴이 치료의 초점이 되었다.

또 다른 경우에, 치료의 주된 초점은 환자가 삶의 부정적인 측면에만 과도하게 몰두하면서 긍정적인 일에 대해서는 선택적으로 주의를 기울이지 않는 것이었다. 치료는 긍정적인 경험을 기록하여 보고하는 것으로 이루어졌다. 그녀는 자신이 긍정적이고 만족스러운 경험을 매우 많이 하고 있음에도 불구하고 곧바로 잊고 살아왔음을 발견하고 놀랐다.

또 다른 형태의 문제 축소는 증상의 연쇄과정에서 첫 번째 연결고리를 발견하는 것이다. 흥미로운 점은 첫 번째 연결고리가 결과적인 증상들에 비해 비교적 작고 쉽게 예방할 수 있는 문제라는 것이다. 비유적으로 표현하자면, 한 개인이 고통으로 몸부림치고, 걷거나 먹거나 말할 수 없고, 최소한의 건설적인 활동에 참여할 수 없는 것이 눈에 있는 티 때문일 수 있다는 것이다. '눈의 티' 증후군은 일반적으로 인식하는 것보다 정신과 환자들에게서 더 자주 발생할 수 있다. 그러나 초기 문제를 파악하고 다루는 것이 지연됨으로써, 뒤따르는 어려움들이 깊이 자리 잡게 된다. 아이를 베이비시터에게 맡기고 집을 나서는 것을 두려워하던 한 엄마는 아이가 다 자란 후에도 계속하여 집 밖을 나서지 못하였다.

환자의 증상과 과거 역사를 면밀히 검토해 보면, 종종 인과적인 연쇄과정을 그릴 수 있게 된다. 일반적으로 일차적 요인, 즉 다른 증상들을 만들어 내는 원인이 되는 것으로 보이는 요인에 초점을 맞추는 것이 가장 간결하다. 예를 들면, 오랜 기간의 우울증 병력을 지닌 한 대학원생은 그의 자존감을 증진하고 그의 자기비판을 중화하려는 소득 없는 시도들로 이루어진 심리치료를 받아오고 있었다. 이에 더하여, 그는 사실상 거의 모든 항우울제 처방을 받았다. 그럼에도 불구하고 그는 지속적으로 슬픔과 외로움을 느꼈고, 자기비하적인 생각에 빠졌으며, 수면장애, 식욕 상실, 만성 피로를 겪었다.

그의 과거 및 현재 상황을 상세히 분석하였을 때, 다음과 같은 양상이 드러났다. 이 젊은이는 오랫동안 지속되어 온 많은 공포증(혼자 나가는 것, 공개적인 장소, 그리고 사회적 거절에 대한 두려움)을 지니고 있었다. 그는 학창시절 동안에는 이러한 공포증을 보상할 수 있었다. 즉, 그는 집에서 살았기 때문에 늘 누군가가 그를 학교까지 데려다줄 수 있었다. 또한 그가 새로운 사회적 상황에 대면해야 할 때는 그의 친구들이 늘 함께함으로써 그의 거절에 대한 두려움을 완충해 줄 수 있었다. 이러한 보상 및 완충 체계를 통해서, 그는 대학생활까지 마칠 수 있었고 만족스러운 사회생활을 할 수 있었다. 그는 두려움을 우회함으로써, 공포증으로 인한 삶의 장애를 겪지 않을 수 있었다.

그의 우울증은 그가 대학원에 진학하기 위해 먼 도시로 이사한 후에 그 모습을 드러냈다. 혼자 남겨진 그는 강렬한 불안을 경험하기 시작하였다. 교실을 향해 걷기 시작할 때, 그는 자신이 어떤 신체적인 재앙을 겪을 수도 있으며 자신을 도와줄 사람이 아무도 없을지도 모른다는 것을 두려워하였다. 그는 자신의 아파트에 있을 때 더 안전하다고 느꼈는데, 그곳에는 항상 전화기가 가까이 있어서 언제라도 자신과 연락이 닿는 몇몇 의사들에게 전화할 수 있었기 때문이다. 그는 억지로 교실까지 갈 수는 있었지만 그 이동과정에 상당한 불안이 수반되었고, 수업이 끝나고 그의 아파트로 돌아갈 수 있는 시간만을 기다렸다. 다른 학생들과 관계를 맺으려고 할 때마다 심한 불안을 느꼈기 때문에, 그는 새로운 친구를 사귈 수 없었다. 결과적으로 그는 가능한 한 불안을 유발하는 상황을 회피하였다. 사회적 교류의 결핍이 누적된 결과는 외로움, 비관주의, 무감각, 그리고 우울증에 수반되는 신체 증상들로 나타났다.

이렇게 인과적 연쇄를 재구성한 것에 기초하여, 우리는 우울증 자체보다는 공포증에 우선적으로 초점을 두었다. 그가 공포증을 극복할 수 있도록 돕기 위하여, 우리는 그로 하여금 신체적인 재앙의 장면과 사회적 거절의 장면을 상상하도록 하는 체계적 둔감화 기법을 주로 사용하였다. 우리는 그가 자신의 회피 경향에 저항하도록 격려하였고, 그가 두려운 상황에 점진적으로 노출할 수 있도록 하였다. 결국 그는 큰 불안을 느끼지 않고 자신의 아파트를 떠날 수 있게 되었고, 또한 낯선 사람과 대화할 수 있게 되었다. 그의 우울 증상은 성취감을 통하여 어느 정도 완화되었지만, 아직까지는 상당한 정도로 남아 있었다. 그러나 그가 자신의 공포 반응을 극복하게 됨에 따라, 그는 점차적으로 새로운 관계를 맺고 그동안 느껴 오지 못한 만족감을 느끼기 시작하였다. 사회적 활동으로부터의 만족감이 증가하면서, 그의 우울증은 사라졌다.

배움을 배우기[1]

앞에서 지적한 것처럼, 심리치료자는 환자가 그의 모든 문제들을 해결할 수 있도록 도와줄 필요는 없다. 또한 치료가 종결된 후에 일어날지도 모르는 모든 문제들을 예상할 필요도 없으며, 그것들을 미리 예방하거나 해결하려고 애쓸 필요도 없다. 협력적인 치료관계를 통해서, 환자는 자신의 경험으로부터 배우고 스스로 문제를 해결하는 새로운 방식을 발달시키게 된다. 어떤 면에서 환자는 '배움을 배우고' 있다. 이러한 과정은 제2의 학습(deutero-learning)이라고 불리기도 하였다(Bateson, 1942).

심리치료에서의 문제해결 접근방식은 치료자의 책임감을 상당 부분 덜어 주며, 환자가 자신의 어려움을 해결하는 데 더 적극적으로 참여할 수 있게 한다. 이러한 접근방식에서는, 환자가 치료자에게 덜 의존함으로써 환자의 자신감과 자존감이 증가한다. 아마도 더 중요한 점은, 환자가 스스로 문제를 정의하고 다양한 선택을 고려하는 데 적극적으로 참여함으로써 더 풍부한 정보가 생성될 수 있다는 것이다. 그가 결정을 내리는 데 참여하면, 그것을 실행하는 데에도 많은 도움이 된다.

나는 환자들에게 문제해결 개념을 다음과 같은 말로 설명한다. "심리치료

---

1) 역주: 원문 'learning to learn'을 여기서는 '배움을 배우기'로 번역하였다. 심리치료 중에 구체적인 한 가지(예를 들면, 특정 문제의 해결)를 배우는 과정에서, 배움의 태도, 배움의 과정, 그리고 배움의 방법을 배운다는 포괄적인 의미를 담고 있는 표현이다.

의 목표 중 하나는 당신이 문제에 접근하는 새로운 방식을 배울 수 있도록 돕는 것이다. 다음에 다른 새로운 문제가 나타나면, 당신은 이미 배운 공식을 적용할 수 있을 것이다. 예를 들면, 산수를 배우는 과정에서 당신은 단지 연산의 기본 규칙을 배운다. 모든 숫자들의 실례를 가지고 덧셈과 뺄셈을 배울 필요는 없다. 일단 공식을 배우면, 당신은 그 어떤 연산 문제에 대해서도 그 공식을 적용할 수 있게 된다."

'배움을 배우기'를 실례를 들어 설명하기 위해서, 환자의 실제적인 대인관계 문제가 그가 겪고 있는 다양한 증상들에 기여하고 있는 경우를 살펴보도록 하겠다. 한 여성은 지속적으로 두통, 긴장된 느낌, 복부의 통증, 그리고 불면증으로 고통을 받았다. 직장과 집에서의 문제들에 초점을 맞춤으로써, 그녀는 그 문제들에 대한 해결책을 찾을 수 있었고, 그 증상들을 덜 경험하게 되었다. 희망했던 대로, 그녀는 이러한 실제적인 교훈을 삶의 다른 문제를 해결하는 데 적용할 수 있었고, 우리는 치료에서 그녀의 모든 문제를 다룰 필요가 없게 되었다.

그녀의 증상을 야기한 문제 중 하나를 자세히 살펴보면 다음과 같다. 그녀의 상사는 매우 비판적인 사람이어서, 그녀는 직장에서 늘 긴장감을 느꼈다. 그녀의 업무 수행은 나무랄 데 없이 매우 뛰어났음에도 불구하고, 그녀는 상사의 노여움을 불러일으킬까 봐 실수를 하지 않으려고 노력하였다. 그녀는 혼자 힘으로는 이러한 상황에서 빠져나올 방법을 생각해 낼 수 없었다. 우리는 그녀가 상사와 그 문제를 직접적으로 논의하는 데 활용할 수 있는 몇 가지 방법을 함께 연습하였다. 그녀는 준비가 되었다고 느꼈을 때, 상사에게 다음과 같이 말하였다. "저는 언제 당신이 저를 비판할까 두려워서, 당신이 제 주변에 있을 때는 늘 긴장하며 지내왔어요. 당신이 저를 비판하면, 저는 오히려 더 실수를 하곤 했어요. 저는 당신과 이 점에 대해서 이야기하고 싶었어요." 상사는 이 말을 듣고 놀랐으며, 이후에는 그녀를 덜 비판적으로 대하였다.

또한 그 환자는 상사와의 이러한 경험을 통하여, 자신이 다른 사람에게 맞설 수 있다는 것과 다른 유사한 상황에서 자기주장을 통해 비판에 대한 두려움을 극복할 수 있다는 것을 배웠다. 이에 더하여, 그녀의 자존감이 향상됨으로써 그녀는 비판에 대하여 덜 예민하게 되었다.

'배움을 배우기'는 다양한 상황에서 사용할 수 있는 몇 가지 기술을 터득하는 것 그 이상이다. 기본적으로 이러한 접근은 환자가 경험으로부터 배우는 것과 자신의 내적·외적 문제를 다루는 적절한 방식을 개발하는 것을 가로막아 온 장애물을 제거하려고 한다. 대부분의 환자들은 어떤 부적응적인 태도와 행동 패턴으로 인해서 심리사회적 발달이 방해를 받아 왔다. 예를 들어, 직장과 가정에서 많은 문제들을 안고 있었던 그 여성은 예민한 대인관계 문제에 부딪히면 어떤 특징적인 반응을 보였다. "어떻게 해야 하지? 아, 몰라." 치료가 진행되면서, 잇따른 성공 경험을 통해서 이러한 부정적인 태도는 점차 줄어들어 갔다. 결과적으로, 그녀는 완전히 새로운 상황에 대응하면서 자신 속에서 창의성을 끌어낼 수 있게 되었다.

환자들은 일반적으로 불편함을 주는 상황을 회피하려고 한다. 결과적으로, 그들은 많은 문제를 해결하는 데 꼭 필요한 시행착오적 방법을 배우지 못한다. 또한 어려운 상황을 비껴 감으로써, 그들은 자신의 왜곡하거나 과장하는 경향을 어떻게 없앨 수 있는지 배우지 못한다. 낯선 사람에 대한 두려움 때문에 집에만 머무르려는 사람은 자신의 두려움의 타당성을 어떻게 검증하는지, '안전한' 낯선 사람과 '위험한' 낯선 사람을 어떻게 구별하는지를 배우지 못한다. 치료를 통해서 그는 이러한 두려움뿐 아니라 다른 두려움들에 대해서도 '현실 검증'하는 법을 배울 수 있다.

한 가지 문제를 해결했다는 성취감은 환자를 고무시켜서, 그가 오랫동안 회피해 온 다른 문제들에 접근하여 해결하고 싶은 마음을 불러일으킨다. 따라서 성공적인 치료의 추가적인 혜택은 그 해결된 문제로부터의 자유뿐만이 아니라, 새로운 도전에 대처할 수 있도록 준비된 심리적 변화이다.

제10장

인지치료의 기법

정치적인 의미에서가 아니라 심리적인 의미에서의 자유의 문제는 상당 부분 기술적인 문제이다. 달인이 되기를 바라는 것으로는 충분하지 않으며, 심지어 이와 같은 정통함과 통달함에 이르고자 열심히 노력하는 것으로도 충분하지 않다. 정통함에 이르는 최선의 수단에 대해 올바른 지식을 갖는 것 또한 필수적이다.

–Aldous Huxley

실험적인 방법

환자가 자신의 인지 왜곡을 찾아내고 수정하도록 돕기 위해서는 인식론의 어떤 원리들(지식의 본질, 한계 및 기준)을 적용하는 것이 필요하다. 치료자는 환자에게 직접적으로 또는 간접적으로 그 원리들을 전달한다. 첫째, 현실에 대한 지각은 현실 자체와 결코 동일하지 않다. 기껏해야 현실에 근접한 대략적인 모사일 뿐이다. 우리가 접하는 현실의 표본은 우리의 타고난 감각 기능(보고, 듣고, 냄새를 맡는 등)의 한계로 인해 제한될 수밖에 없다. 둘째, 우리의 감각 입력에 대한 해석과정은 자극을 통합하고 변별하는 것과 같이, 오류를 포함하는 타고난 인지과정에 의존한다. 생리적 및 심리적 과정은 현실에 대한 지각과 이해에 많은 영향을 미친다.

잘 알고 있는 것처럼, 개인이 약물의 영향 아래 있거나 피로하거나 의식이 흐릿한 상태에 있거나 높은 각성 상태에 있을 때, 왜곡이 나타날 수 있다. 우리는 또한 비현실적인 사고 패턴으로 인하여 현실에 대한 평가가 왜곡될 수 있다는 것을 보아 왔다. 예를 들면, 불안 신경증에서는 무해한 자극이 위험을 나타내는 것과 같은 방식으로 통합될 수 있다. 이러한 신경증을 완화시키기 위해 심리적 기법들을 적용하기 위한 선행 조건은 환자가 외부 현실(무해한 자극)과 심리 현상(위험의 지각) 간의 구별을 받아들일 수 있어야 한다는 것이다. 중독 상태의 환자나 급성 정신병 환자는 일반적으로 이들 간을 구분하지 못한다.

이에 더하여, 환자는 어떤 가설을 타당한 것으로 수용하기 전에 먼저 그 가설을 검증할 수 있어야 한다. 대안적인 가설들 가운데에서 선택을 할 수 있을 만큼 충분한 정보를 가지고 있을 때, 신뢰할 만한 지식을 얻을 수 있다. 예를 들어 보자. 한 가정주부는 문이 꽝 닫히는 소리를 듣는다. 그녀는 몇 가지 가설을 떠올리게 된다. '딸이 학교에서 돌아왔나?' '도둑인가?' '바람에 문이 닫혔나?' 관련된 모든 주변 상황들을 고려할 수 있을 때에는, 그 가설들 중에서 더 그럴듯한 가설을 받아들이게 된다. 그러나 이러한 가설 검증의 논리적인 과정은 그녀의 심리적인 상태에 의해서 방해를 받을 수 있다. 만일 그녀의 생각이 위험의 개념에 의하여 지배된다면, 그녀는 '도둑이다'라는 결론으로 비약할 수 있다. 그녀는 임의적인 추론을 하는 것이다. 비록 이 같은 추론이 반드시 부정확한 것은 아닐 수 있지만, 그것은 실제적인 정보에 기초한 것이 아니고 주로 내면의 인지과정에 기초한 것이다. 만일 그녀가 어디론가 달려가 숨는다면, 그녀는 그 가설을 검증할 기회를 잃거나 늦추게 된다.

부적응적인 생각을 인식하기

이전의 장들에서 언급했듯이, 감정 반응, 동기 그리고 외현적 행동은 생각에 의해서 인도된다. 우리는 우리가 무엇을 느끼고 어떻게 행동하는지에 큰 영향을 미치는 자동적 사고를 충분히 자각하지 못할 수도 있다. 그러나 우리는 훈련을 통해서 이러한 생각에 대한 자각을 증진시킬 수 있으며, 그 생각을 정확하게 파악하는 법을 배울 수 있다. 우리는 어떤 감각(예를 들어, 고통)이나 외부 자극(예를 들어, 말로 하는 진술)을 인식하고 반성할 수 있듯이, 어떤 생각을 지각하고 그것에 주의를 기울이며 그것을 평가할 수 있다.

'부적응적인 생각'이라는 용어는 삶의 경험에 대처하는 능력을 방해하고, 내면의 조화를 흩트리며, 부적절하거나 과도한 고통스러운 감정 반응을 만들어 내는 생각에 적용된다. 인지치료에서 환자는 이처럼 불필요한 불편감이나 괴로움을 만들거나 자기패배적인 행동으로 이끄는 생각 또는 심상에 초점을 맞춘다. '부적응적'이라는 용어를 적용하는 데 있어서, 치료자가 환자에게 자신의 가치체계를 강요하지 않도록 유의할 필요가 있다. 이러한 용어는 일반적으로 환자와 치료자 모두가 그 자동적 사고가 환자의 안녕에, 또는 그의 중요한 목표 달성에 방해가 된다고 동의할 수 있을 때 적용하는 것이 좋다.

이러한 정의에 대하여 몇 가지 예외적인 상황들이 떠오른다. 만일 불편함을 주는 생각이 현실과 일치하는 것이라면, 우리는 이를 부적응적이라고 표현할 수 있을까? 위험에 대한 정확한 평가(그리고 그에 따르는 불안), 또는 실제 상실에 대한 정확한 인식과 결과적으로 일어나는 비탄에 대해서 '부적응적'이라고 표현하는 것은 정당화하기 어려운 듯 보인다. 그럼에도 불구하고 어떤 상황에서는, 그러한 현실에 기초한 생각이 삶의 기능을 방해한다면, 우리는 이를 부적응적인 것으로 간주할 수 있다. 예를 들어, 높은 탑에서 일하는 수리공, 다리를 건설하는 노동자, 그리고 암벽을 등반하는 등산가는 추락에 대한 지속적인 생각 또는 심상으로 인해 심한 불안을 경험할 뿐만 아니라, 더 큰 위험에 처할 수도 있다. 이러한 생각들로 인해서 눈앞의 과제에 대한 집중이 방해를 받으며, 그와 연관된 불안으로 말미암아 어지러워지고 몸이 떨리거나 흔들림으로써 자칫 몸의 균형을 잃을 수도 있다. 이와 비슷하게, 외과의사가 수술 중에 메스로 실수를 하는 생각을 반복적으로 한다면, 환자의 생명이 위태로워질 수 있다. 위험한 활동에 종사하는 사람들은 일반적으로 이러한 생각들을 무시하거나 없애는 능력을 습득한다. 그들은 경험을 통해서 이러한 생각들의 강도와 빈도를 감소시키는 심리적인 완충장치를 습득하는 것으로 보인다. 이러한 완충장치의 존재 여부는 경험 많은 전문가와 초보자를 구분해 준다.

실제 임상 장면에서, 치료자가 부적응적인 생각과 현실적인 생각을 세심하게 구분해야 하는 경우는 많지 않은 것으로 보인다. 생각의 왜곡이나 자기패배적인 속성이 비교적 분명하게 드러나기 때문에, 부적응적인 생각이라고 부르는 것이 쉽게 정당화될 수 있다. 아내가 죽은 이후로 여러 해 동안 우울하였던 한 남자는 상실의 현실적인 결과를 넘어서서, '아내가 죽은 것은 내 실수였어.' '나는 아내 없이는 더 이상 살 수 없어.' '나는 앞으로 그 어떤 만족도 누릴 수 없을 거야.'와 같은 극단적인 생각들에 사로잡혔다. 이와 비슷하게, 시험 직전에 극도의 불안을 느낀 한 학생은 '낙방하면 끝이야. 친구들의 낯을 절대로 볼 수 없을 거야.' 또는 '나는 밑바닥 인생이 되고 말 거야.'라고 생각하였다. 시험을 마치고 난 후 그는 이러한 생각이 과장되고 비현실적이었음을 쉽게 깨달을 수 있었다.

Ellis(1962)는 이러한 종류의 부적응적인 생각을 '내면화된 진술(internalized statements)' 또는 '자기진술(self-statements)'이라고 부르면서, 환자들에게 '당신이 스스로에게 하는 말'이라고 설명해 주었다. Maultsby(1968)는 이러한 생각을 '혼잣말(self-talk)'이라고 불렀다. 그러한 설명은 환자들에게 부적응적인 생각은 자발적인 것인 만큼 그가 자발적으로 그 생각을 끄거나 바꿀 수 있다는 것을 암시한다는 점에서 실용적인 가치가 있다. 나는 이러한 용어들의 실제직인 유용성을 인정하면서도 '자동적 사고(automatic thoughts)'라는 용어를 더 선호하는데, 왜냐하면 이 용어가 생각이 경험되는 방식을 더 정확하게 반영하기 때문이다. 개인은 이러한 생각을 마치 반사적으로, 사전의 어떤 반성이나 추론 없이 일어나는 것처럼 지각한다. 또한 그는 이러한 생각이 그럴듯하고 타당한 것으로 지각한다. 이러한 생각은 부모의 말을 잘 믿는 아이에게 부모가 한 말에 비유될 수도 있을 것이다. 환자들은 이러한 종류의 생각을 멈출 수 있도록 훈련받을 수 있지만, 정신증과 같이 심한 경우에는 부적응적인 생각을 멈추기 위해서 약물치료나 전기충격치료와 같은 생리학적 개입이 요구될 수 있다.

부적응적인 생각의 강도와 현저성은 환자의 장애 정도에 비례하여 증가하는 것으로 보인다. 심각한 장애에서는 이러한 생각이 일반적으로 더 두드러지며, 사실상 사고 영역의 중심을 차지할 수 있다. 이러한 현상은 우울증, 불안 또는 편집 상태의 급성 사례 또는 심각한 사례에서 관찰될 수 있다. 우울한 환자는 '나는 쓸모없어……. 나의 내면이 사라졌어……. 모든 나쁜 일이 내게 일어나고 있어.'와 같이, 반추에 대하여 자발적인 통제를 하지 못할 수도 있다. 비슷한 유형의 위험에 대한 집착이 불안 상태에서 나타나며, 학대에 대한 집착이 편집 상태에서 나타난다.

다른 한편으로, 급성적이지 않고 심하지 않은 강박적인 환자들은 어떤 유형의 반복적인 생각들을 매우 잘 의식할 수 있다. 이러한 멈추지 않는 생각들은 이 장애의 진단적인 지표이다. 신경증을 겪고 있지 않는 사람들도 이와 비슷한 집착적 사고를 경험할 수 있다. 자녀의 아픔에 놀란 엄마나 눈앞에 닥친 시험에 긴장한 학생은 그 특정 문제에 대한 불쾌한 생각이 끊임없이 반복되는 것을 경험한다. 그와 같은 '걱정'을 해 본 사람이라면 누구라도 이러한 생각들이 얼마나 비자발적으로 느껴지는지에 대해서 증언할 수 있을 것이다.

감정 또는 행동에서 가벼운 장애를 경험하고 있는 사람은, 자동적 사고들이 의식에 근접해 있음에도 불구하고 이들을 자각하지 못할 수 있다. 이러한 경우에, 자동적 사고들은 그가 어떻게 느끼고 어떻게 행동하는가에 영향을 미치고 있음에도 불구하고 그의 주의를 끌지 못한다. 그러나 이러한 생각들에 집중함으로써, 그는 쉽게 이들을 인식할 수 있다. 우리는 이러한 현상을 심리 장애의 급성기로부터 막 회복한 사람들이나 가벼운 장애를 겪고 있는 사람들에게서 관찰할 수 있다.

공포증 환자들처럼 자신을 불편하게 하는 상황을 습관적으로 회피하는 사람들은 그 위협적인 상황으로부터 편안한 거리를 유지하고 있는 한, 자신의 부적응적인 생각을 의식하지 못할 것이다. 그러나 그들이 어쩔 수 없이 그 상황에 처해야 하거나 그 상황에 처해 있는 장면을 상상할 때, 이러한 부적응적인 생각들이 활성화되어 쉽게 파악될 수 있다.

환자가 자신의 자동적 사고를 관찰할 수 있도록 훈련받기 전까지는 이를 결코 자각할 수 없었다고 말할 때, 우리는 한 가지 철학적인 문제를 마주하게 된다. 우리는 어떻게 자신의 의식 영역 안에 있는 무언가를 자각하지 못할 수가 있는가? 그럼에도 우리들 중 상당수는 특정 자극에 노출되었지만 그것을 꼭 집어서 지적하기 전까지는 그것을 의식적으로 자각하지 못했던 경험이 있을 것이다. 이 지점에서, 우리는 "나는 그것이 내내 거기에 있었지만 그것에 그저 주목하지 않았음을 지금 알았다."라고 말할 것이다. 그와 같은 상황에서, 지각은 일어났지만 우리가 그에 대해 주의를 기울이지 않은 것으로 보인다. 그럼에도 이러한 지각은 우리의 생각과 감정의 흐름에 영향을 미쳤을 것이다. 잠을 못 이루고 뒤척이는 어떤 사람은 그가 잠들지 못하는 것이 시계 바늘 소리나 자동차 소리와 같은 소음 때문이라는 것을 자각하지 못할 수 있다. 이와 비슷하게, 자동적 사고는 의식 영역 내에서 일어나지만, 훈련을 받기 전까지는 이를 관찰하지 못할 수 있다. 자신의 주의를 이러한 생각에 돌림으로써, 그는 이를 더 자각하게 되고 그 내용을 구체화할 수 있게 된다.

빈 괄호 채우기

자동적 사고가 의식의 중심에 있을 때에는, 그것을 파악하는 데 아무런 문제가 없을 것이다. 경미한 수준에서 중간 수준에 이르는 신경증의 사례에서는, 환자가 이러한 생각을 묘사할 수 있도록 훈련하기 위해서 일반적으로 교육과 연습의 회기들이 필요하다. 때로는 외상적인 상황을 상상하게 함으로써 이러한 생각들을 불러일으킬 수 있다.

환자가 자신의 자동적 사고를 파악할 수 있도록 돕는 기본 절차는, 그가 외적 사건과 이에 대한 자신의 반응의 연쇄과정을 관찰할 수 있도록 훈련하는 것이다. 환자는 설명할 수 없게 마음의 동요를 느낀 몇몇 상황들을 보고할 수 있다. 대개의 경우 자극과 감정 반응 사이에는 간극이 있다. 만일 그가 이러한 간극 사이에 일어난 생각들을 회상할 수 있다면, 그의 정서적 동요는 이해 가능한 것이 된다.

Ellis는 환자에게 이러한 절차를 설명하기 위해서 다음과 같은 기법을 가르친다. 그는 이 연쇄과정을 'A-B-C'라고 부른다. 'A'는 '선행 자극(Antecedent stimulus)'이며, 'C'는 과도하고 부적절한 '조건 반응(Conditioned response)'이다. 'B'는 환자의 마음속에 있는 '빈 괄호(Blank)'로서, 환자가 이것을 채울 때 'A'와 'C'를 잇는 가교 역할을 한다. 환자의 믿음 체계로부터 도출되는 그 공백을 채우는 것이 곧 치료적 과제가 된다.

한 환자는 오랜 친구를 만나서(A) 슬픔을 느낀(C) 연쇄과정을 서술하였다. 다른 환자는 어떤 사람이 자동차 사고로 죽었다는 얘기를 듣고(A) 불안을 느낀(C) 연쇄과정을 보고하였다. 이와 같은 경우에 환자들은 그 사건들을 느린 동작으로 재생할 수 있었으며, 그 간극 사이에서 발생한 생각들을 성공적으로 회상할 수 있었다. 오랜 친구를 만난 것은 다음과 같은 일련의 생각(B)을 불러일으켰다. '내가 톰에게 반갑게 인사했는데, 그는 나를 기억하지 못할 수도 있어. 그는 나를 모른 체할 수도 있어. 서로 너무 오래만이어서 우린 어떤 공통관심사도 없을지 몰라. 옛날과 같을 리 없겠지.' 이러한 생각들은 슬픈 감정을 불러일으켰다. 자동차 사고 얘기를 듣고 불안을 느낀 환자는, 자신이 그 사고의 희생자가 되는 상상을 했다는 것을 회상함으로써 그 공백을 메울 수 있었다.

개에 대한 두려움의 예시를 통해서, A-B-C의 연쇄과정을 설명할 수 있을 것이다. 어떤 사람은 자신이 개를 두려워할 이유가 없음에도 불구하고 개를 볼 때마다 불안을 느낀다고 주장할 수 있다. 한 환자는 그가 공격당할 가능성이 전혀 없음에도 불구하고 개에 가까이 있게 되면 두려워하게 된다는 사실에 당혹스러웠다. 그는 개가 사슬로 묶여 있거나 울타리에 갇혀 있을 때, 또는 자신을 해치기에는 개가 너무 작을 때에도 불안을 느꼈다. 나는 그에게 다음 번에 개를 볼 때 어떤 생각이 드는지 그 생각에 주의를 기울여 볼 것을 권유하였다.

다음 회기의 면접에서, 그는 그동안에 여러 마리의 개를 보았다고 하였다. 그는 이전에는 주목하지 못하였던 현상, 즉 그가 개를 볼 때마다 '나를 물지도 몰라.'와 같은 생각을 하였다고 보고하였다. 중간에 개입되는 생각에 초점을 맞춤으로써, 그는 자신이 왜 불안을 느끼는지를 이해할 수 있었다. 그는 자동적으로 모든 개를 위험한 것으로 간주하였던 것이다. 그는 토이푸들을 볼 때조차도 물릴까 봐 두려워한다고 하였다. 그는 "작은 푸들이 나를 해칠 수 있다고 생각하는 것이 얼마나 우스꽝스러운 일인지를 깨달았어요."라고 말하였다. 그는 또한 가죽 끈에 매인 큰 개를 볼 때마다 가장 해로운 결말(예를 들면, '개가 내게 달려들어 내 눈을 물어 버릴 거야.' '개가 나를 덮쳐서 내 목을 물고 나를 죽일 거야.')을 생각하곤 하였다는 것을 깨달았다. 3주 이내로, 개에 노출되었을 때 반복적으로 드는 생각을 인식함으로써, 그는 오랫동안 지속되어 온 두려움을 극복할 수 있었다.

'빈 괄호 채우기' 기법은 대인관계 상황에서 과도한 수치, 불안, 분노 또는 슬픔으로 고통을 겪는 환자들이나 특정한 대상 또는 상황에 대한 두려움으로 지장을 받는 환자들에게 큰 도움이 될 수 있다. 한 대학생은 공적인 모임에서 설명하기 어려운 수치와 불안, 슬픔을 느껴서 이러한 모임을 회피하였다. 자신의 인지를 인식하고 기록하도록 훈련을 받은 후에, 그는 자신이 사회적 상황에서 다음과 같은 생각을 하였다고 보고하였다. '어느 누구도 니에게 말을 걸고 싶지 않을 거야. 그들은 나를 애처롭게 볼 거야. 나는 덜 떨어진 사람이야.' 이러한 생각을 할 때 그는 수치와 불안, 슬픔을 경험하였고, 그 자리를 뜨고 싶은 욕구가 강렬해졌다.

다른 환자는 낯선 이들과 교류할 때마다, 가령 물건을 산다든가 길을 묻는다든가 그저 단순한 대화를 할 때에도, 거의 통제하기 어려울 정도로 화가 난다고 호소하였다. 두 번의 훈련 회기 후에, 그는 자신이 다음과 같은 생각을 하고 있다는 것을 인식하였다고 보고하였다. '그는 나를 매정하게 대하고 있어.' '그는 나를 만만한 사람으로 보고 있어.' '그녀는 나를 이용하려고 하고 있어.' 이러한 생각을 할 때 그는 그 상대에게 분노를 느끼곤 하였다. 이때까지 그는 자신이 다른 사람을 적으로 간주하는 경향이 있다는 사실을 미처 깨닫지 못하였었다. 또 다른 환자는 이유는 모른 채 다른 사람들과 함께 있으면 만성적으로 짜증을 느꼈다. 자신의 생각에 초점을 기울인 후에, 그는 자신이 다른 사람들에 대해서 지속적으로 비판적인 생각을 하고 있다는 것을 깨달았다.

많은 경우에 부적응적인 생각은 언어적인 형태 대신에, 또는 그에 부가하여 영상적인 형태로 나타난다(Beck, 1970c). 혼자 걷는 것을 두려워하는 한 여성은 길에서 심장마비가 나타나서 아무런 도움도 받지 못하고 혼자서 죽어가는 심상을 지니고 있었다. 이러한 심상이 떠오를 때마다, 그녀는 급성적인 불안을 경험하였다. 운전하여 다리를 건널 때마다 불안이 솟구치는 것을 경험한 또 다른 여성은, 차가 보호벽을 뚫고 다리 밑으로 떨어지는 시각적 심상이 불안에 선행한다는 것을 인식할 수 있었다. 한 학생은 밤에 기숙사를 떠나는 것에 대한 불안이 자신이 괴한에게 습격을 당하는 시각적 환상에 의해서 촉발된다는 것을 알게 되었다.

거리 두기와 탈중심화

자신의 자동적 사고를 파악하는 것을 배운 환자들 중 일부는 그러한 생각이 신뢰할 만하지 않고 적응적이지 않다는 것을 자연스럽게 인식한다. 자신의 생각을 반복적으로 관찰하면서, 그들은 점점 더 자신의 생각을 객관적으로 바라볼 수 있게 된다. 생각을 객관적으로 간주하게 되는 과정은 **거리 두기**(distancing)라고 불린다. 거리 두기의 개념은 로르샤하 검사와 같은 투사 검사를 수행할 때 잉크반점의 배열과 그 배열로부터 자극된 연상이나 환상 간의 구분을 유지할 수 있는 능력을 나타내는 용어로부터 차용되었다. 잉크반점의 배열이 유발한 지각에 대한 강렬한 감정 반응에 '휩쓸려 버린' 환자들은 종종 그 잉크반점을 마치 그것이 그려 낸 대상과 동일한 것처럼 간주한다. 이러한 연상으로부터 주의를 철수하여 그 자극을 단순히 잉크반점으로 지각할 수 있는 환자는 그 반점으로부터 '거리를 둘' 수 있다고 말할 수 있다.

이와 유사한 방식으로, 자신의 자동적 사고를 현실과 동일한 것으로 간주하지 않고 하나의 심리적 현상으로 검토할 수 있는 사람은 거리 두기의 역량을 발휘하고 있는 것이다. 예를 들어, 정당한 이유 없이 '저 사람은 나의 적이야.'라고 생각하는 환자의 예를 고려해 보자. 만일 그가 그 생각을 현실과 자동적으로 동일시한다면, 그의 거리 두기 능력은 빈약한 것이다. 만일 그가 그 생각을 사실로 받아들이지 않고 하나의 가설이나 추론으로 간주할 수 있다면, 그는 거리 두기를 잘하고 있는 것이다.

거리 두기, 현실 검증, 관찰을 입증하기, 결론을 타당화하기와 같은 개념들은 인식론과 관련된 것이다. 거리 두기는 '나는 믿어(타당화를 필요로 하는 의견)'와 '나는 알아(논박할 수 없는 사실)' 간의 차이를 구분할 수 있음을 포함한다. 이러한 구분을 할 수 있는 능력은 환자의 반응 중에서 왜곡되기 쉬운 부분을 수정하는 데 매우 중요하다.

불안, 우울증, 편집 상태와 같은 다양한 심리장애에서, 생각의 주된 왜곡은 환자가 자신과는 아무런 인과적인 연결이 없는 사건을 개인화하려는 경향에서 비롯된다. 한 우울한 남성은 자신이 계획한 가족 소풍이 비로 인하여 취소되었을 때 자신을 질책한다. 한 불안한 여성은 불에 탄 건물을 보고는 **자신의** 집도 불에 타고 있다고 생각한다. 한 편집증 환자는 지나가는 사람의 찡그린 얼굴을 보고는 그 사람이 자신을 해치려 한다고 결론짓는다. 환자가 자신을 모든 사건의 중심으로 간주하는 경향으로부터 벗어날 수 있도록 돕는 기법은 **탈중심화**(decentering)라고 불린다. 이 방법을 성공적으로 적용한 사례가 다음에 나와 있다(Schuyler, 1973).

한 대학원생은 시험을 치르기 전에 늘 심한 불안을 경험하였다. 그는 생리적인 증상들(숨 가쁨, 심계항진 등)을 심장마비의 신호로 해석하였기 때문에 그의 불안은 더 악화되었다. 자신의 운명론적인 철학을 따라서, 그는 자신이 특별한 고난을 위해 선택된 운명을 타고난 것이라고 결론을 지었다. 그는 대학원 학위를 위한 필기시험을 통과하였지만 구술시험에는 낙방하였다. 자신의 불안이 구술시험 수행을 방해하였다는 것을 알고 있었음에도 불구하고, 그는 구술시험에서의 낙방을 운명이 그의 길을 가로막은 증거라고 해석하였다.

그가 두 번째 구술시험을 보러 가는 날, 길 위에는 많은 눈이 쌓여 있었다. 시험장으로 가는 도중에, 그는 미끄러져 넘어졌다. 그는 상당히 불안해졌다. 그는 자신 속에서 다음과 같은 생각을 확인할 수 있었다. '내가 넘어지도록 눈이 내린 거야.' 그때 그는 치료자가 자신에게 외적 사건을 개인화하는 경향이 있다고 지적해 준 것을 회상하였다. 그는 주변을 돌아보았다. 그는 다른 사람들이 넘어지는 것과 자동차가 빙판 위에서 미끄러지는 것을 보았다. 심지어는 개조차도 미끄러져 넘어지고 있었다. 폭설이 오직 그만을 향한 특별한 고난이 아닐 수 있다는 것을 깨닫는 순간, 그는 충격을 받았고 그의 불안은 이내 사라졌다.

결론을 입증하기

우리가 자신이 지니고 있는 생각의 타당성에 대해 의문을 제기하는 일은 일반적으로 잘 일어나지 않는다. 우리는 자신의 생각을 외부 세계의 축소판으로 간주하는 경향이 있다. 우리는 외부 세계에 대한 자신의 지각에 대해서 진리의 가치를 부여하는 것처럼, 자신의 생각에 대해서도 똑같은 가치를 부여한다.

환자가 그의 내면의 정신과정과 그것을 자극하는 외부 세계 간을 명확하게 구분할 수 있게 된 후에도, 그에게 정확한 지식을 획득하는 절차에 대해 교육할 필요는 여전히 남아 있다. 사람들은 끊임없이 가설을 세우고 추론을 이끌어 낸다. 그들은 추론을 현실과 동등한 것으로 여기며, 가설을 마치 사실인 것처럼 받아들이는 경향이 있다. 일상적인 상황에서는, 그들의 생각이 삶의 적응을 방해하지 않을 만큼 현실 세계와 충분히 일치하기 때문에 그들은 적절하게 기능할 수 있을 것이다.

신경증의 경우에, 왜곡된 개념은 개인을 무력하게 하는 영향력을 지닐 수 있다. 이러한 왜곡된 개념은 어떤 제한된 경험 영역에서 잘못된 생각으로 이끌 수 있다. 이러한 특정 영역에서, 그들은 현실과의 조화를 유지하는 데 필요한 섬세한 변별보다는 전반적이고 미분화된 판단을 내리는 경향이 있다. 4장에서 언급한 것처럼, 그들은 자주 논리를 우회하여 임의적 추론과 과잉일반화로 비약한다.

심리치료자는 환자의 결론이 부정확하거나 정당화되지 않는지를 결정하기 위해서 어떤 기법들을 적용할 수 있다. 환자는 지금껏 습관적으로 왜곡을 해 왔기 때문에, 치료 절차는 본질적으로 그의 결론을 탐색하고 이를 현실에 비추어 검증하는 것으로 구성된다. 치료자는 환자와 함께 작업하면서, 환자의 결론에 증거의 규칙을 적용한다. 이는 초기에는 그의 관찰을 점검하고 결론에 이르는 경로를 추적하는 것으로 구성된다.

규칙을 바꾸기

우리는 사람들이 자신의 삶을 조절하는 데, 그리고 다른 사람의 행동을 수정하려는 데 규칙(공식, 등식, 전제)을 적용한다는 것을 보아 왔다. 이에 더하여, 사람들은 일련의 규칙에 따라서 이름을 붙이고, 해석하며, 평가한다. 이러한 규칙이 절대적인 용어로 짜여 있거나, 비현실적이거나, 부적절하거나, 과도하게 사용될 때, 이는 자주 부적응을 초래한다. 그 궁극적인 결과는 종종 불안, 우울증, 공포증, 조증, 편집 상태, 강박증 등의 심리장애로 나타난다. 규칙이 장애를 초래할 때, 그 규칙은 부적응적이라고 정의할 수 있다.

Ellis(1962)는 그와 같은 규칙을 '비합리적인 사고'라고 칭하였다. 그의 용어는 강력하지만 정확하지는 않다. 생각은 일반적으로 비합리적인 것이 아니라, 너무 절대적이고 개략적이며 극단적이고, 너무 개인화되어 있고, 삶의 절박한 문제를 다루기에는 너무 임의적으로 사용된다. 규칙이 더 잘 사용되기 위해서는, 더 정확하고 더 세밀하며 덜 자기중심적이고 더 유연해지도록 다시 주조될 필요가 있다. 규칙이 잘못되었거나 자기패배적이거나 잘 작동하지 않는다면, 그것을 레퍼토리에서 없애야 한다. 그러한 경우에, 더 현실적이고 적응적인 규칙으로 대체하기 위해서 치료자와 환자는 함께 작업한다.

다른 이론가들이 태도, 관념, 개념, 구성개념 등의 용어를 우리가 규칙이라고 부르는 것을 지칭하는 용어로 사용하는 한, 이 용어들은 이후의 논의에서 상호 교환적으로 사용될 것이다. 어떤 용어를 사용하든 관계없이, 많은 치료자들은 환자가 자신의 부적응적인 생각을 수정하거나 더 현실적인 태도로 대체할 수 있도록 돕는 것이 불안, 공포증, 우울증의 감소를 가져온다고 보고하였다. 치료자들은 때로, 환자의 부정확한 가정이나 개인적인 신화가 그의 어려움과 관련되어 있지 않다면 굳이 그것을 바꿀 필요가 없다는 명백한 진리를 간과한다. 치료자의 위임장에는 자신의 환자가 르네상스 인간이 될 수 있도록 교육하는 것이 포함되어 있지 않다.

경험을 입력하거나 행동을 지시하기 위한 규칙의 내용은 주로 두 가지 중심축의 주변을 맴도는 것으로 보인다. 하나의 축은 **위험 대 안전**이고, 다른 하나의 축은 **고통 대 쾌락**이다. 환자의 어려움은 위험과 안전에 대한 평가, 또는 고통과 만족에 대한 개념에서 발생한다.

안전과 위험을 다루는 규칙은 신체적인 위해와 심리적인 위해를 포함한다(7장을 보라). 신체적인 위해에 대한 염려는 넓은 범위의 위험한 상황들을 망라한다. 다른 사람이나 동물에게 공격을 당하거나 죽임을 당하는 것, 높은 곳에서 떨어져서 다치거나 죽는 것, 자동차 사고로 다치거나 죽는 것, 산소 결핍으로 질식하거나 음식 결핍으로 굶어 죽는 것, 다양한 질병으로 고통을 당하는 것 등이 이에 포함될 수 있을 것이다. 이러한 유해한 사건들은 현실 세계에서 분명히 일어난다. 생존의 목적을 위해서, 사람들은 위험한 상황을 해석하고 위험의 정도를 평가하기 위해 자신의 규칙을 적용한다. 불필요하게 염려하거나 무모하게 행동함으로써 어려움을 겪는 사람은 올바른 규칙을 가지고 있지 않거나 규칙을 올바르게 적용하지 않는 것으로 볼 수 있다.

심리사회적인 위해는 개인이 모욕이나 비판, 거부를 당한 후에 발생하는 다양한 모멸감, 창피함, 당황스러움, 슬픔 등을 포함한다. 주목해야 할 점은, 이러한 감정은 개인이 실제로는 그렇지 않았음에도 그가 모욕이나 비판, 거부를 당했다고 단순히 **생각만 할** 때에도 발생할 수 있다는 것이다. 더 나아가서, 일반적으로 외상의 정도에 대한 신뢰할 만한 지표(예를 들면, 출혈, 특정 부위의 손상)를 제공하는 신체적 손상과 달리, 거부나 비판은 어떤 감출 수 없는 흔적을 남기지 않는다. 그 사람은 단순히 기분이 나쁘지만, 우리는 그 나쁜 기분이 실제적인 모욕에 기초한 것인지, 아니면 상상의 모욕에 기초한 것인지 구별할 수 없다.

위험을 최소화하기 위해서, 사람들은 일반적으로 위해의 확률 및 정도, 그리고 그 위협을 성공적으로 다룰 수 있는 가능성을 추정하기 위해 규칙을 적용한다. 잠재적인 위해와 대처기제 간의 비율은 위험도가 될 것이다. 만일 어떤 사람이 위험도를 과대평가한다면, 그는 불필요하게 불안해져서 삶의 반경이 축소될 것이다. 만일 그가 위험을 과소평가한다면, 그는 사고를 당하기 더 쉬울 것이다.

대인관계가 워낙 복잡하고 다른 사람의 가해 의도에 대한 신뢰할 만한 지표 또한 부족하기 때문에, 대인관계 상황에서 사용되는 규칙들은 더 모호해질 수 있다. 어떤 사람들은 자신이 모든 대인접촉에서 매우 취약하다고 생각하기 때문에, 늘 칼날 끝에 서 있는 것처럼 느낀다. 이와는 반대로, 다른 사람들로부터의 신호를 잘 알아차리지 못하는 사람들은 물론 일상적으로 대인관계에서 어려움을 겪을 수 있다.

환자들이 호소하는 대부분의 문제들은 대인관계 맥락에서 발생하는 것으로 보이기 때문에, 대인관계 태도에서의 공통적인 부분들을 먼저 고려할 필요가 있을 것이다. 대인관계에서의 위험은 '다른 사람이 나에 대하여 안 좋게 생각한다는 것은 끔찍하다.'와 같은 규칙으로 요약될 수 있을 것이다. 이때 다른 사람은 가까운 친구일 수도 있고, 부모, 동료, 단순히 아는 사람 또는 낯선 사람일 수도 있다. 임상 실제에서, 우리는 환자들이 일반적으로 동료집단의 구성원(같은 반 친구, 직장동료, 또는 친구)으로부터 평가절하되는 것을 가장 두려워한다는 것을 알았다. 그러나 많은 환자들은 자신이 낯선 사람들에게 우스꽝스럽게 보일 수 있는 가능성에 대해서 훨씬 더 두려워한다. 이들은 가게 점원, 웨이터, 택시기사, 지하철 승객 또는 길을 지나는 보행자의 반응에 대해서 염려한다. 이들에게 낯선 사람의 반응이 더 위협적일 수 있는 것은, 이들이 무엇을 기대할지에 대해서 직접적인 경험을 통하여 배우지 못했기 때문일 수 있다.

어떤 사람은 자신에 대한 부정적인 비판(겉으로 표현되든 표현되지 않든)으로 자신이 상처를 받을 수 있다고 생각하는 상황을 두려워할 수 있다. 그는 자신의 약점이나 잘못이 드러날 수 있는 상황에서 매우 예민해진다. 그는 자신을 잘 표현하지 못하는 것, 너무 공격적으로 행동하는 것, 다른 사람과 다르게 보이는 것, 심지어는 자신이 비판을 두려워하는 것처럼 보이는 것에 대해서 비판을 당할까 봐 두려워한다. 극단적인 경우에, 그는 지나치게 감정적이거나 기절하거나 미친 사람처럼 행동하는 것을 포함하여 자신이 통제를 상실할까 봐 두려워할 수 있다.

우리는 냉담한 눈초리에서부터 맹렬한 비난에 이르기까지 모든 다양한 부정적인 반응들을 그려 볼 수 있을 것이다. 우리는 그 사람이 다른 사람들의 그와 같은 반응들을 매우 나쁜 것으로 간주한다는 사실을 이해할 필요가 있다. 환자들에게 낯선 사람으로부터 비판을 당하는 것이 왜 그렇게 나쁠 수 있는지에 대해 질문해 보면, 이들이 단순히 그 비판을 **정의상** 나쁜 것으로 간주한다는 것이 명백하게 드러난다. 이들은 대개 비판이 왜 그렇게 나쁜지에 대해서 어떻게 설명해야 할지 몰라 당황스러워한다. 이들은 거부나 비판이 어떤 식으로든 자신의 사회적 이미지를 영원히 그리고 회복할 수 없이 훼손할 것이라는 모호한 생각을 지니고 있다.

한 의대생의 사례를 통해서, 이러한 비판에 대한 두려움을 다루는 치료적 접근방식을 예시해 보자. 그는 자기주장이 필요한 수많은 상황들, 예를 들면 낯선 사람에게 길을 묻거나, 점원에게 계산서의 청구액을 확인하거나, 누군가의 부탁을 거절하거나, 누군가에게 도움을 청하거나, 집단 앞에서 말을 하는 등의 상황에서 위축되고 억제된 모습을 보였다. 그와의 면접에서 발췌한 다음의 대화문은 그를 돕기 위해서 사용한 접근방식을 잘 예시하고 있다.

환　자: 전 내일 제 수업 때 앞에 나가서 발표를 해야 해요. 전 벌써부터 두려움으로 몸이 굳었어요.

치료자: 무엇이 두려우세요?

환　자: 제가 망신을 당할 것 같아요.

치료자: 당신이 망신을 당한다고 가정할 때, 그것이 왜 그렇게 끔찍한가요?

환　자: 저는 절대 만회할 수 없을 거예요.

치료자: '절대'는 긴 시간이에요. 자, 보세요. 그들이 당신을 놀린다고 가정해 봅시다. 당신이 이 때문에 죽을 수 있나요?

환　자: 물론 아니지요.

치료자: 만일 그들이 당신이야말로 지금까지 존재해 온 연설자 중 최악의 연설자라고 생각한다고 가정해 보세요. 이로 인해 당신의 미래 진로가 망가질까요?

환　자: 아니요. 하지만 제가 좋은 연설자일 수 있다면 좋겠어요.

치료자: 물론 좋겠지요. 그렇지만 만약 당신이 발표를 망친다고 할 때 당신의 부모나 아내가 당신을 내칠까요?

환　자: 아니요. 그들은 아주 공감적이에요.

치료자: 그렇다면 발표를 망치는 것이 왜 그토록 끔찍할까요?

환　자: 저는 기분이 꽤 나쁠 것 같아요.

치료자: 얼마 동안이나요?

환　자: 하루나 이틀?

치료자: 그다음에는?

환　자: 그다음에는 괜찮을 거예요.

치료자: 그런데 당신은 마치 당신의 운명이 위기에 처한 것처럼 두려워하고 있
네요.

환　자: 맞아요. 제 모든 미래가 위태로운 것처럼 느껴져요.

치료자: 자, 어딘가에서 당신의 생각이 혼란스러워졌네요. 그리고 당신은 어떤
실패든 마치 이를 세상의 끝인 것처럼 간주하는 경향이 있네요. 자신
의 실패에 대해서 올바로 이름을 붙여야 해요. 실패는 재앙이 아니라
목표를 달성하는 과정에서 겪게 되는 경험이지요. 자신의 잘못된 전제
들에 대해서 도전해 보기 시작할 필요가 있어요.

환자가 예측한 대로 그의 두려움으로 인하여 다소 정돈되지 못한 발표를
마치고 난 후, 다음 약속시간에 우리는 그의 실패에 대한 개념을 함께 검토하
였다.

치료자: 지금 어떻게 느껴지시나요?

환　자: 지금은 기분이 한결 나아졌어요. 하지만 며칠 동안은 우울했어요.

치료자: 더듬거리며 발표하는 것은 재앙이라는 생각에 대해서 지금은 어떻게
생각하세요?

환　자: 물론, 재앙은 아니지요.

치료자: 그럼 무엇인가요?

환　자: 불쾌한 일이지만, 그래도 전 살아갈 수 있어요.

환자는 실패는 곧 재앙이라는 그의 생각을 변화시키는 것에 대해서 더 훈
련을 받았다. 그는 일주일 후에 있을 다음 발표에 대해서 예기불안을 훨씬 덜
느꼈으며, 발표할 동안에도 더 편안하게 느꼈다. 다음 회기에서 그는 자신이
동급생들의 반응이 어떠할지에 대해서 과도하게 중요성을 부여했다는 것에
전적으로 동의하였다. 다음은 그 회기에서 이루어진 대화의 일부이다.

환　자: 이번 발표 동안에는 훨씬 더 편했어요. 경험의 문제인 것 같아요.

치료자: 많은 경우에 다른 사람이 당신을 어떻게 생각하는지는 실제로 그다지 중요하지 않다는 개념에 대해서 어렴풋이 감을 잡으셨나요?

환　자: 만일 제가 의사가 되고자 한다면, 제 환자들에게는 꼭 좋은 인상을 남겨야 해요.

치료자: 당신이 훌륭한 의사인지 아닌지는 당신이 얼마나 환자들을 제대로 진단하고 치료하는가에 달려 있지, 당신이 얼마나 발표를 잘하는가는 중요하지 않아요.

환　자: 음, 저도 제가 환자들을 잘 치료한다는 것을 알아요. 그리고 그게 중요하다는 것도요.

　　치료의 나머지 부분은 다른 상황들에서 불편감을 낳는 부적응적인 태도에 도전하는 것으로 이루어졌다. 환자는 그가 새롭게 습득하고 있는 태도에 대하여 다음과 같은 말로 표현하였다. "나는 이제 전혀 낯선 사람들에 대해서 걱정하는 것이 얼마나 우스꽝스러운 일인지 정말 알 수 있어요. 나는 그들을 다시는 보지 않을 텐데요. 그러니 그들이 나를 어떻게 생각할 것인지가 과연 어떤 차이를 만들어 내겠어요?"

　　신체적인 두려움과 관련된 가정에 대해서도 이와 비슷한 방식으로 도전하고 수정할 수 있다. 부적응적인 태도는 종종 환자가 두려워하는 상황에 다가갈 때 비로소 활성화된다. 그러나 그 태도는 또한 환자가 공포증의 상황에 대해 논의할 때, 또는 그 상황에 처해 있다고 상상할 때 활성화될 수 있다(그 상황에 대해 상상하도록 하는 것은 Wolpe의 체계적 둔감화의 기본적인 기법 중 하나이다). 그 기저의 규칙은 다음과 같이 표현될 수 있을 것이다. "만일 내가 계단을 오른다면(자동차로 터널을 통과한다면, 사람들이 북적대는 상점에 들어간다면, 높은 빌딩의 꼭대기에 올라간다면), 심장마비가 일어날 것이다(질식할 것이다, 기절할 것이다, 떨어질 것이다)."

　　많은 환자들은 안전한 치료실에 있을 때에는 위험에 큰 신빙성을 부여하지 않기 때문에, 먼저 두려움을 활성화한 후에 그에 따라 나타나는 태도를 다룰 수 있도록 돕는 책략을 사용하는 것이 유용하다. 우리는 7장에서 비행기 여행을 두려워하는 한 남성을 소개한 적이 있다. 그는 구체적으로 여행을 계획하기 전까지는 비행기 추락의 가능성이 매우 희박하다고 생각하였다. 다음의 사례에서는, 한 여성이 사람들이 북적이는 장소에 있는 것을 두려워하고 있다.

치료자: 사람들이 밀집된 공간에 있을 때 무엇이 두렵나요?

환　자: 호흡을 제대로 가다듬을 수 없을까 봐 두려워요.

치료자: 그래서요?

환　자: 전 졸도하고 말 거예요.

치료자: 졸도하는 것뿐인가요?

환　자: 알겠어요. 우습게 들리겠지만, 제가 숨이 멎고…… 죽을까 봐 두려워요.

치료자: 지금은, 당신이 질식해서 죽을 수 있는 확률이 얼마나 된다고 생각하나요?

환　자: 지금은 1:1000 정도 되는 것 같아요.

　이후 그 환자에게는 다음과 같은 기법이 적용되었다. 치료자는 그녀가 실제로 사람들이 밀집된 백화점에 다가감에 따라 그녀가 죽을 수 있는 확률이 어떻게 달라졌는지를 기록장에 표기해 오도록 지시하였다. 다음 약속시간에 그녀는 다음과 같은 기록을 가져왔다.

1. 집을 나섬—백화점에서 죽을 확률 – 1:1000
2. 운전해서 백화점으로 향함—백화점에서 죽을 확률 – 1:100
3. 주차장에 주차함—백화점에서 죽을 확률 – 1:50
4. 백화점으로 걸어감—백화점에서 죽을 확률 – 1:10
5. 백화점에 들어섬—백화점에서 죽을 확률 – 2:1
6. 군중의 한가운데에 있음—백화점에서 죽을 확률 – 10:1

치료자: 그러면…… 당신이 사람들이 밀집된 속에 있었을 때, 당신은 죽을 수 있는 확률이 10:1이라고 생각했네요.

환 자: 너무 북적였고 공기가 탁해서 숨을 쉴 수가 없었어요. 제가 의식을 잃고 있다고 느꼈어요. 저는 정말로 공황상태가 되어 바로 그곳을 빠져나왔어요.

치료자: 지금 다시 생각해 본다면, 당신이 백화점에 더 머물렀다면 실제 죽었을 확률이 얼마나 된다고 생각하나요?

환 자: 아마도 백만분의 일이었을 거예요.

환자가 다음 번에 백화점에 갔을 때, 죽을 수 있는 확률에 대한 추정치는 이전에 백화점을 방문했을 때보다 훨씬 더 낮아졌다. 이에 대한 추가적인 논의를 거친 후에, 그녀는 사람들이 붐비는 백화점이 그녀의 생명에 위협이 되지 않는다는 개념을 통합할 수 있게 되었다. 백화점에 들어서면서, 그녀는 백화점은 안전한 장소라는 이성에 기초한 결론에 이미 도달했다는 것을 스스로에게 상기시켰다. 그 후에 그녀는 백화점이나 다른 밀집된 공간에서 경미한 정도의 불편감만을 경험하였다.

쾌락 및 고통과 관련된 규칙들은 서로 비슷하다. 대개의 경우 하나는 다른 하나의 반대이다. 어떤 규칙들은 너무 거칠고 개략적이어서, 현실과 완전히 상충되기도 하며, 환자가 높은 가치를 부여하고 있는 삶의 목표를 방해하는 장기적인 결과를 초래하기도 한다. 이러한 태도의 한 가지 예는 '유명해진다면 멋질 텐데.'와 같은 것이다. 그 반대적인 표현의 태도는 '유명하지 않다면 절대 행복할 수 없어.'일 것이다. 이러한 규칙에 지배되는 사람들은 끊임없이 긴장 아래 놓여 있게 된다. 그들은 명예, 인기 또는 힘을 얻으려고 자신을 몰아붙이면서, 그것을 얻을 때는 점수를 주고 그렇지 않을 때는 점수를 깎는다. 이러한 규칙을 노예처럼 맹종할 때, 건강하고 평온한 삶을 영위하거나 다른 사람들과 만족스러운 관계를 맺는 것과 같은 삶의 다른 목적들이 도외시된다.

이보다 더 중요한 사실은, 어떤 사람들은 이러한 규칙을 과도하게 강조함으로써 우울해지기 쉽다는 것이다. 다음과 같은 순차적인 과정은 우울증으로 발전하는 사람들에게서 자주 발견된다. 처음에, 그들은 그 순간의 목표(예를 들면, 명성)를 달성하지 못했다고 판단한다. 그러나 이로부터 일련의 연역적 추론이 뒤따른다. '유명해지지 않으면, 나는 실패한 거야……. 나는 정말로 중요한 것을 잃었어……. 나는 실패자야……. 더 이상 앞으로 나아갈 이유가 없어. 차라리 이 삶을 끝내는 게 좋을 거야.' 그 환자가 최초의 전제를 검토할 때, 그는 명성을 얻는 것 이외에는 다른 만족을 외면해 왔다는 것을 깨닫게 된다. 그는 또한 자신의 행복을 오로지 명성의 관점에서만 정의함으로써 얼마나 스스로를 가둬 왔는지를 깨닫게 된다. 이와 비슷하게, 자신의 행복을 오로지 특정한 사람 또는 사람들로부터 사랑받는 것으로만 정의하는 사람들은, 자신이 사랑받았다고 느끼는가 아니면 거부당했다고 느끼는가에 따라서 행복과 슬픔 사이의 변화무쌍한 감정을 경험하게 된다. 그들도 마찬가지로 우울증에 취약할 수 있다.

사람들을 과도한 슬픔 또는 우울증에 빠지기 쉽게 만드는 몇 가지 태도는 다음과 같다.

1. 행복해지기 위해서는, 나는 내가 맡은 모든 일에서 성공해야 한다.
2. 행복해지기 위해서는, 언제나 모든 사람에게서 인정(사랑, 칭찬)을 받아야 한다.
3. 최고가 되지 않으면 실패자가 될 것이다.
4. 인기 있고 유명하고 부자여야 행복할 수 있다. 인기가 없고 평범하다는 것은 끔찍하다.
5. 만약 내가 실수를 한다면, 그건 내가 무능하다는 것을 뜻한다.
6. 한 인간으로서의 나의 가치는 다른 사람들이 나를 어떻게 생각하느냐에 달렸다.
7. 나는 사랑 없이는 살 수 없다. 내 배우자(애인, 부모, 자녀)가 나를 사랑하지 않는다면, 나는 무가치하다.

8. 만약 누군가가 나에게 반대를 한다면, 그건 그가 나를 싫어한다는 뜻이다.

9. 만약 나 자신을 발전시키기 위해 주어진 모든 기회를 활용하지 않는다면, 나는 나중에 후회하게 될 것이다.

이러한 규칙들은 불행으로 이끄는 것 같다. 한 사람이 모든 사람에게서 언제나 전적으로 사랑을 받는다는 것은 불가능하다. 사랑과 수용을 받는 정도는 지극히 다양하다. 그러나 규칙이 이와 같은 방식으로 되어 있다면, 사랑의 아주 적은 감소도 거절로 받아들여질 수 있을 것이다.

수용, 칭송 또는 사랑에 과도하게 의존함으로써 야기되는 또 다른 문제는 다른 사람이 실로 우리를 거부하거나 비난하고 있다는 것을 평가할 수 있는 신뢰할 만한 도구가 없다는 것이다. 앞에서도 언급하였듯이, 우리는 어떤 사람이 우리를 신체적으로 공격했을 때 그 손상부위를 점검함으로써 이를 객관적으로 증명할 수 있다. 그러나 어떤 사람이 우리를 거부하고 있는 듯 보일 때, 우리가 그의 행동을 올바르게 해석하고 있는지를 어떻게 알 수 있는가? 우리의 주관적인 고통의 느낌은 우리의 해석을 타당화하는 데 사용하기 어려운데, 왜냐하면 이러한 느낌은 그 해석이 맞고 틀림에 관계없이 발생할 수 있기 때문이다. 이렇게 타당화할 수 있는 정보가 부족함으로 인해서, 심리적 외상은 신체적 손상보다 다루기가 훨씬 더 어려워진다.

인지치료의 주요 기법은 환자의 태도를 더 명백하게 드러나도록 하여 환자가 자신의 태도가 자기패배적인지를 스스로 결정할 수 있도록 돕는 것으로 이루어진다. 이에 더하여, 환자가 그의 특정한 태도로 인해서, 더 온건하고 현실적인 규칙에 의해 인도되었을 때보다, 덜 행복해지고 더 불행해진다는 것을 그 자신의 경험을 통해 배우는 것이 중요하다. 치료자의 역할은 환자를 세뇌하는 것이 아니라, 환자가 대안적인 규칙을 고려할 수 있도록 제안하는 것이어야 한다.

'당위의 폭정(tyranny of the shoulds)'(Horney, 1950)이라고 불리는 일련의 규칙들이 쾌락 및 고통의 규칙과 관련하여 나타날 수 있다. 만일 한 개인이

'행복해지려면, 나는 모든 이들에게 사랑을 받아야 해.'와 같은 규칙을 가지고 있다면, 그는 '나는 모든 이들이 나를 사랑하도록 만들어야 해.'와 같은 또 다른 규칙을 가지고 이를 실행하려 할 것이다. '해야만 한다(should)'와 '해서는 안 된다(should not)'는 우리를 노예처럼 몰아붙이는 성질을 지니고 있는데, 이는 프로이트의 초자아 개념과 많은 공통점을 지니고 있다.

흔한 '해야만 한다'의 예는 다음과 같다.

1. 나는 최상으로 관대하고, 사려 깊고, 품위 있고, 용감하고, 이타적이어야 한다.
2. 나는 완벽한 친구, 부모, 교사, 학생, 배우자여야 한다.
3. 나는 모든 역경을 침착하게 이겨 낼 수 있어야만 한다.
4. 나는 모든 문제에 대해 신속한 해답을 찾을 수 있어야만 한다.
5. 나는 아픔을 느껴서는 안 된다. 나는 언제나 기쁘고 평온해야 한다.
6. 나는 모든 것을 알고, 이해하고, 예견할 수 있어야만 한다.
7. 나는 항상 자발적이어야 한다. 나는 언제나 나의 감정을 통제할 수 있어야 한다.
8. 나는 나 자신을 주장할 수 있어야 한다. 나는 그 어느 누구도 해쳐서는 안 된다.
9. 나는 절대 피곤하거나 아파서는 안 된다.
10. 나는 항상 최상의 효율성을 유지해야 한다.

전반적인 전략

인지치료자는 다양한 치료 기법을 수없이 많이 지니고 있어서, 만일 그가 주어진 사례에 대한 전반적인 전략을 개발하지 않으면, 치료는 시행착오를 거쳐 주먹구구식의 경로를 따를 수 있다. 인지치료의 기본 틀을 구성하는 원리들은 이 장의 앞부분에서, 그리고 앞선 장들에서 개략적으로 설명하였다. 즉, 인지치료는 환자가 고통과 장애로 이끄는 왜곡, 자기지시 및 자기비난을 명료화할 수 있도록 돕고, 이러한 잘못된 자기신호를 낳는 기저의 규칙을 수정할 수 있도록 돕는다. 인지치료자들이 사용하는 몇몇 방법들은 환자들이 이전에 자신의 문제를 성공적으로 해결하는 데 사용했던 방법들과 비슷하다. 치료자는 환자와 함께 그가 독립적으로 해결할 수 없었던 심리적인 문제들을 보다 더 체계적인 방식으로 다룬다. 구체적인 기술은 문제영역을 정확하게 정의하고, 빠진 정보를 채우며, 자료들 간의 관계를 수립하고, 일반화를 형성하는 것으로 이루어진다. 그런 다음에 치료자는 환자가 경험을 해석하고 행동을 조절하는 방식을 적절하게 조정하기 위해서 자신의 문제해결장치를 사용할 수 있도록 돕는다.

심리치료의 기법은 심리치료의 과정과 상당부분 맞물려 있어서, 치료자가 하는 일과 환자의 반응 사이에 경계선을 긋기가 쉽지 않다. 이에 더하여, 치료자는 몇 가지 절차들을 동시에 진행할 수 있고, 환자 또한 이에 대해 일련의 치료적인 반응들을 할 수 있다. 예를 들면, 치료자는 환자가 자동적 사고를 인식할 수 있도록 훈련하면서, 또한 직접 또는 간접으로 그 생각의 타당성에 대하여 의문을 제기할 수 있다. 다른 한편으로, 환자가 이러한 형태의 생각에 대한 자각을 확장하는 과정은 그 생각에 대한 확대된 객관성을 수반한다(거리 두기). 환자가 이러한 자기신호가 현실과 부합하지 않거나 부적응적이라는 것을 인식하게 됨에 따라, 그는 이를 자동적으로 수정하기도 한다. 더욱이 이러한 유형의 자기성찰은 그 기저의 전제와 규칙을 직접적으로 인식할 수 있도록 이끌기도 한다. 다음 사례는 치료자의 절차와 환자의 심리과정의 상호작용을 잘 보여 준다.

세 자녀를 둔 매력적인 젊은 여성이 하루에 6~7시간까지 지속되는 불안 삽화로 인해서 대학병원 정신과 치료실을 찾아왔다. 이러한 불안 삽화는 4년 이상의 기간 동안 사실상 거의 매일 발생하였다. 그동안 그녀는 자주 가정의에게 자문을 구하였고, 그 의사는 다양한 진정제 계열의 약물을 처방하였지만 어떤 뚜렷한 개선은 나타나지 않았다.

내가 그녀를 처음으로 면담하였을 때, 다음과 같은 사실들이 밝혀졌다. 그녀의 첫 번째 불안 삽화는 그녀가 아이를 유산하고 2주 후에 발생하였다. 그녀는 자신의 한 살 된 아들을 목욕시키려고 몸을 구부리다가, 갑작스럽게 어지러움이 느껴지기 시작하였다. 이후 그녀는 첫 불안 발작을 겪었는데, 이는 몇 시간 동안 지속되었다. 그녀는 자신의 불안에 대해서 설명할 방도를 찾을 수 없었다. 내가 그녀에게 어지러움이 느껴지기 직전에 어떤 생각이 들었는지 질문하였을 때, 그녀는 '내가 의식을 잃어서 아이를 놓칠지도 몰라.'라는 생각을 하였다고 회상하였다. 그녀의 어지러움(아마도 산후 빈혈의 결과일 수도 있는)이 그녀가 기절하면서 아이를 떨어뜨릴지도 모른다는 두려움을 이끌었다는 것은 하나의 작업가설로서 그럴듯해 보였다. 이러한 두려운 생각은 불안을 유발하였고, 그녀는 그 불안을 자신이 '산산조각 나고 있다.'는 신호로 해석하였다.

유산을 경험하기 전까지, 환자는 비교적 근심걱정에서 자유로웠고, 그 어떤 불안 삽화도 겪은 적이 없었다. 그러나 유산 이후로, 그녀는 주기적으로 '어떤 나쁜 일이 내게 일어날 수 있어.'라는 생각이 떠올랐다. 그 이후로 어떤 사람이 아프다는 소리를 들었을 때, 그녀는 종종 '이런 일이 내게도 일어날 수 있어.'라고 생각하고는 불안해지기 시작하였다.

나는 그 환자에게 이후에 불안 삽화를 경험하면 그 직전에 어떤 생각들이 들었는지 정확히 찾아내려고 노력해 볼 것을 지시하였다. 다음 면접시간에 그녀는 다음과 같이 보고하였다.

1. 어느 날 저녁, 그녀는 친구의 남편이 심한 폐렴에 걸렸다는 소식을 들었다. 그녀는 즉시 불안 발작을 경험하였고, 이는 여러 시간 지속되었다. 그녀는 지시에 따라 불안에 앞선 인지를 회상해 보려고 노력하였다. 그녀는 '톰(남편)도 그처럼 병에 걸려 죽을지도 몰라.'라는 생각을 회상해 낼 수 있었다.

2. 그녀는 언니 집을 방문하기 위한 여행을 떠나기 바로 전에 심한 불안을 경험하였다. 그녀는 자신의 생각에 집중하였고, '여행 도중에 아플 수 있어.'라는 생각을 반복적으로 하였음을 인식할 수 있었다. 그녀는 이전에 언니 집에 가는 도중에 심한 위염을 겪었던 적이 있었고, 언제라도 또다시 아플 수 있다고 믿고 있었다.

3. 또 다른 경우에, 그녀는 불편함을 느끼고 있었고, 사물이 다소 현실 같지 않게 느껴졌다. 그때 그녀는 '내가 정신을 잃어 가고 있는 게 아닐까?'라고 생각하였고, 즉시 거의 한 시간가량 지속된 불안 발작을 경험하였다.

4. 그녀는 친구 중 한 명이 주립정신병원에 입원하였다는 것을 알게 되었다. 이 한 가지 정보는 '이런 일이 내게도 일어날 수 있어. 나도 미칠 수 있어.'라는 생각을 유발하였다. 미치는 것과 관련된 구체적인 세부내용에 대해서 질문했을 때, 그녀는 만일 자신이 미친다면 아이들이나 자신에게 해가 될 수 있는 어떤 일을 할지도 모른다는 것이 두렵다고 대답하였다.

환자의 주된 두려움은 통제 상실의 예기, 즉 자신이 기절하거나 미치게 됨으로써 어떤 해로운 일을 하게 될 수도 있다는 것을 중심으로 하였다. 나는 그녀가 정신병적이 되어 간다는 어떤 증거도 없음을 설명하였다. 또한 나는 그녀의 불안 발작과 이러한 불안 발작의 의미에 대한 그녀의 이차적인 정교화(불안 증상은 자신이 정신병의 경계선에 있음을 나타낸다는 기저의 생각)에 대해서도 설명하였다. 다음 몇 주 동안, 그녀의 불안 발작은 그 빈도와 강도가 점차 감소하였으며, 4주가 지난 즈음에는 완전히 사라졌다.

이 사례에 대한 치료에서의 주된 요점은 환자가 불안 발작에 선행하는 생각을 회상하고 그 생각의 타당성을 평가할 수 있도록 지도한 것이다. 이러한 발작이 어떤 모호하고 신비로운 힘에 의해서가 아니라 어떤 생각에 의해서 시발되었다는 것을 인식함으로써, 그녀는 자신이 전적으로 취약하다는 생각이 옳지 않음을 확신하게 되었다. 그녀는 자신의 반응을 통제할 수 없다는 믿음 또한 옳지 않다는 것을 알게 되었다. 불안을 낳는 생각을 정확하게 파악하는 것을 배움으로써, 그녀는 그 생각으로부터 거리감을 얻을 수 있고, 또한 그 생각을 현실적으로 검증할 수 있게 되었다. 이에 따라, 그녀는 이러한 생각의 영향을 무효화할 수 있었다.

이제 이 환자의 치료과정에 대한 개념화를 치료적 모델에 맞추어 기술할 수 있게 되었다. (1) 불안에 선행하는 생각에 대한 **자기관찰**, (2) 그 생각과 불안 발작의 관계를 수립함, (3) 생각을 사실이 아니라 가설로서 간주하는 것을 배움, (4) 그 가설을 검증함, (5) 이러한 가설들의 기반이 되며 이들을 생성한 가정들을 서로 연결 지음, (6) 그녀의 믿음 체계를 구성하는 이러한 규칙들이 옳지 않다는 것을 확인함 등이다. 그녀의 믿음 체계는 심리적 질병과 신체적 질병의 발생가능성, 통제의 상실, 그리고 누군가를 의도치 않게 가해할 가능성과 관련한 공식들로 이루어졌다. 이에 더하여, 그녀는 만일 누군가에게 나쁜 일이 발생하면 자신이나 가족 구성원에게도 그 일이 발생할 수 있다는 미신을 발전시켰다. 그녀의 공식들과 자기참조적인 규칙들의 오류를 입증함으로써, 우리는 그녀의 잘못된 믿음 체계를 수정할 수 있었다.

우울증의 인지치료

> 만일 그대가 어떤 외부의 사물로 인해 고통을 받는다면, 그대를 괴롭히는 것
> 은 그 사물이 아니라 그에 대한 그대 자신의 판단이다. 그리고 지금 그 판단을
> 씻어 내는 것은 그대의 힘 안에 있다.
>
> — Marcus Aurelius

인지적 접근의 이론적 근거

다양한 시기에 나는 현대의 문헌들에 나타난 우울증에 대한 접근들의 대부분을 사용해 보았다. 따뜻함과 공감을 표현하는 것, '분노를 표출하도록 하는 것', 슬픔 또는 죄책감을 표현하도록 격려하는 것, 환자의 '고통의 욕구'를 해석하는 것, 자신을 수용하도록 설득하는 것 등과 같은 특정한 방법들은 때로는 도움이 되고, 다른 때에는 반대의 효과를 지니는 듯 보였다. 그러나 그가 얼마나 비참하고 절망적이라고 느끼는지에 대해 얘기하는 것과 분노를 짜내려고 노력하는 것은 종종 그의 우울을 더 심화시키는 것으로 보였다. 그의 부정적인 자기상과 비관주의를 수용하는 것은 오히려 그의 슬픔과 수동성, 자기비난을 증가시켰다.

시간이 흐르면서, 나는 환자의 성격은 물론 우울 증후군의 선별적 특징들에 맞추어 기법을 적용하는 것이 이전의 접근들보다 훨씬 더 효과적이라는 것을 발견하였다. 또한 고도로 구조화되고 문제 중심적인 접근이 다른 방법들보다 더 즉각적인 결과를 낳는 것으로 보였다. 부가적으로, 나는 구체적인 인지적 및 행동적 기법들이 기분과 행동에 영향을 미치는 데 가장 효과적이라는 것을 알게 되었다.

우울증 치료에 대한 인지적 접근을 이해하기 위해서는, 우울한 환자들의 문제를 인지적 용어로 개념화하는 것이 필수적이다. 우울증의 특성들은 우울한 환자들의 인지조직의 기저에서 어떤 전환이 일어난 것의 표현으로 볼 수 있다. 특정 인지도식이 지배적이 되면서, 그는 자기 자신, 자신의 경험, 자신의 미래를 부정적인 방식으로 보게 된다. 이러한 부정적 개념은 환자가 자신의 경험을 체계적으로 오해석하는 방식에서, 그리고 그의 반추의 내용에서 명백하게 드러난다. 특히 그는 자신을 '패배자'로 생각한다. 첫째, 그는 자신이 개인적 관계와 같은 실제적인 가치가 있는 어떤 소중한 것을 잃어버렸거나, 자신이 중요한 목표라고 여기는 것을 달성하는 데 실패했다고 믿는다. 둘째, 그는 자신이 맡게 될 어떤 일도 그 결과가 부정적일 것으로 예상한다. 따라서 그는 목표를 설정할 동기가 없고, 사실상 어떤 '건설적인' 활동에도 참여하는 것을 회피한다. 이에 더하여, 그는 자신의 모든 미래가 만족이나 성취가 없을 것이라고 기대한다. 셋째, 그는 자신을 일상적 의미 그대로 '패배자'로 생각한다. 그는 스스로에게 열등하고, 무능하고, 무가치하고, 서투르고, 사회적으로 달갑지 않은 존재이다.

환자의 부정적 개념은 슬픔, 수동성, 자기비난, 즐거움의 상실, 자살 소망과 같은 우울증의 다른 증상들에 기여한다. 악순환의 결과로서, 부정적 사고, 불쾌한 정서 및 자기패배적 동기는 서로를 강화한다. 우울증에 대한 인지적 접근은 환자가 자신을 '패배자'보다는 '승리자'로, 무력한 사람보다 능숙한 사람으로 볼 수 있도록 해 주는 기법을 사용하는 것으로 이루어진다.

인지적 접근은 우선적으로 우울 증후군을 특정 요소들로 나누는 것을 포함한다. 생각할 수 있는 바로는, 치료자는 다양한 증상들(정서적·동기적·인지적·행동적·생리적 증상) 중 어느 한 증상군에서 시작하여, 이 증상군을 변화시키는 데 자신의 노력을 집중할 수 있다. 각 증상군은 하나의 문제로서, 그리고 개입의 잠재적인 표적으로서 개념화될 수 있다. 우울증의 각 요소는 다른 요소들에 영향을 미치기 때문에, 어느 한 문제영역에서의 개선은 다른 문제영역들에서의 개선으로 이어지고, 결국에는 우울증의 전체 증후군으로 확산될 것으로 기대할 수 있다.

우리가 고려해야 할 구체적인 문제들은 복잡하며, 환자가 언어적으로 보고하는 특정한 어려움보다 더 많은 것들로 이루어져 있다. 하나의 특정 문제는 일반적으로 세 '수준'으로 개념화될 수 있다. (1) 관찰 가능한 이상 행동 또는 증상, 예를 들면 쉽게 피로해짐, 한동안 계속 욺, 자살 위협, (2) 기저의 동기 장애, 예를 들면 활동을 피하고 싶거나 삶으로부터 도피하고 싶은 소망, (3) 동기 기저의 인지, 예를 들면 목표를 이루려고 애쓰는 것이 쓸데없다든지, 앞으로 더 이상 만족을 줄 게 없다든지, 자신은 패배자이며 결함투성이라는 믿음.

각 경우에, 구체적인 문제 및 기법의 선택은 다양한 요인들에 달려 있다. 치료자는 어떤 문제를 '표적'으로 삼을지, 그리고 어떤 방법을 사용할지에 대해서 환자의 의중을 타진하여 환자와 합의에 이를 필요가 있다. 더 심하게 우울한 환자에 대해서는, 일반적으로 비활동성과 같은 행동 표적을 선택하여 특별한 활동 프로그램(예를 들면, '점진적 과제 부여')을 시행한다. 물론 몇 가지 표적과 방법에 동시에 초점이 맞춰질 수도 있다. 어느 정도의 시행착오와 독창성은 필수적이다. 어떤 기법을 선택하여 적용할 때에는, 환자의 필요와 성격에 맞게 그 기법을 조정하여야 한다.

어떤 호소 증상에 대한 접근은 그 문제의 덜 명백한 요소들을 포함해야 한다. 예를 들어, 환자가 활동에 참여할 수 있도록 돕기 위해서는, 그의 동기를 증가시키는 것뿐 아니라 그의 자존감을 향상시키는 것이 필요하다. 자신이 목표 달성에 성공했다는 환자 자신의 자기관찰은 자신에 대한 태도에 영향을 미치는 중요한 정보를 제공한다.[1] 그가 환경을 통제하는 능력과 매일의 상황에서 효율성을 발휘하는 능력의 측면에서 자기 자신을 더 좋게 생각할수록, 그는 스스로 노력한 결과가 어느 정도 소용이 있을 것이라고 기대하기 시작한다. 결과적으로, 그의 낙관성이 증가한다. 이미 언급한 것처럼, 긍정적 기대의 증가는 동기를 향상시킨다. 동기의 증가는 훨씬 더 나은 수행으로 이어진다.

환자가 자신의 향상된 수행을 관찰하고 정확하게 평가함에 따라, 그는 자존감의 추가적인 상승을 경험하게 된다. 동시에 그는 무언가 눈에 보이는 것을 성취했다는 느낌과 자존감의 상승으로부터 만족감을 경험하기 시작할 수도 있다. 우리는 수행의 향상 → 자존감의 상승 → 동기의 증가 → 수행의 향상과 같은 선순환이 완성되었음을 볼 수 있다. 그러나 이 선순환의 어떤 요소도 잠재적으로 개입의 지점으로 사용될 수 있다.

환자가 자신의 개인적 영역에 어떤 의미 있는 것이 추가되었다고 지각할 때, 즐거운 감정을 느낄 수 있다. 그러나 우울한 사람은 긍정적인 사건을 믿지 않고 그 의미를 축소시키는 경향을 지니고 있어서, 그가 이전이라면 긍정적 경험으로 받아들였을 많은 사건들을 걸러 낸다. 환자가 이러한 경향을 보일 때, 그의 선택적인 부주의(selective inattention)가 논의의 초점이 되어야 한다.

요약하자면, 표적 접근은 우울증의 문제를 특정 요소들로 나누고, 그 사례에서 다루고자 하는 중다수준의 특정 문제를 선별하고, 그 환자에게 어떤 유형의 치료적 개입이 적절한지를 결정하는 것으로 이루어진다.

증상, 기법 및 부적응적 태도

치료자는 우울증에 대한 접근을 개념화하면서, 증상, 기법 및 기저의 태도 간을 구별할 필요가 있다. 예를 들면, 한 환자의 증상은 슬픔, 한동안 계속해서 욺, 만족감의 상실, 유머감각의 상실, 무감동과 같이 **정서적**인 것일 수 있

---

1) Bem(1967)과 Wilkins(1971)는 행동 변화에 대한 자기관찰이 태도 변화를 이끈다는 증거들을 열거하였다. 사람은 자신의 외현적인 행동으로부터 추론을 이끌어 낼 때, 외부 관찰자들이 그의 기저의 태도에 대해 판단할 때와 동일한 정보를 사용한다.

다. 이에 대한 치료적 접근은 그 환자가 더 많은 활동에 참여하도록 하고 특정 유형의 활동을 정적으로 강화하는 것과 같이 **행동적**인 것일 수 있다. 그러나 우울증 전체에 영향을 미치기 위해서는, 궁극적으로 기저의 태도가 변화되어야 한다. 따라서 그 목표는 **인지 수정**(cognitive modification)에 있는 것이다.

구체적인 성공으로 이어지는 활동에 참여하는 것(행동적 방법)은 '나는 그 어떤 생산적인 일도 할 수 없으므로 미래는 절망적이야.'라는 태도를 약화시키는 데 도움이 될 수 있다. 이와 비슷하게, 즐거운 장면을 시각화함으로써 '모든 것이 불행해.'라는 부정적인 인지적 세트가 변화될 수도 있다. 즐거운 장면을 그려 봄으로써 어떤 만족감을 경험하게 되면, 이에 따라 그 개인의 인지적 세트가 '내가 그저 끊임없는 고통만을 경험하기보다는 어떤 만족을 경험하는 것이 가능할 수도 있어.'로 수정될 수 있다(Beck, 1967).

증상 변화와 함께 동시적으로 나타나는 태도 변화를 포함하는 프로그램을 고안하지 않고 단순히 증상(예를 들어, 슬픔, 자살 소망, 행동지체)에만 초점을 맞추는 것은 단지 일시적인 결과만을 낳을 수도 있다. 사실상 우울증의 한 가지 외현적인 특징이 뚜렷이 변화되었다고 해도 우울증의 중심핵은 건드리지 않았다는 점에서, 이와 같은 '개선'은 실망스러운 것이 될 수 있다. 더 많은 활동에 참여하도록 설득당한 한 환자가 일시적으로 '더 좋아' 보이다가, 그 후에 자살을 할 수도 있다. 따라서 치료자는 증상 개선의 신호뿐만 아니라 근본적인 태도 변화의 신호에도 민감해야 한다.

비록 개선의 기제는 인지 변화에 기초를 두고 있을지라도, 정서적이거나 동기적인 증상을 포함하여 다양한 표적들에 초점을 맞출 필요가 있다. 이렇게 다중적인 접근을 사용하는 데에는 중요한 이유들이 있다.

우울증에서의 하강식 나선형의 악순환은 연쇄반응에서의 특정한 요소들을 수정함으로써 그 방향을 역전시킬 수 있다. 예를 들면, 치료자의 지시를 통해서 환자는 더 건설적인 방향으로 행동할 수 있다. 그는 자신의 행동을 관찰하고는, '나는 생각했던 것보다 더 많은 것을 할 수 있구나.'라고 생각하게 된다. 이러한 자기관찰을 통해서, 활동 반경을 넓히고 싶은 동기가 증가할 수 있다.

추가적인 구체적 목표에 도달하면서, 그는 자신과 미래를 향한 태도가 향상되는 것을 경험하게 된다. 자아상이 향상되고 낙관주의가 증가하면서, 자기비판과 슬픔은 감소하고, 그는 어떤 만족감을 경험하기 시작할 수 있다. 이렇듯 치료가 몇 가지 증상군에 동시에 영향을 미치는 방식으로 진행됨으로써, 치료자는 개선을 가속화할 수 있게 된다.

단순히 환자가 덜 우울하게 **행동하도록** 유도하는 것이 그가 덜 우울하다는 것을 의미하는 것은 아님을 분명하게 인식할 필요가 있다. 결핵환자가 약을 먹고 기침이 멎을 수도 있고, 강제 섭식을 통해 살이 붙어서 더 이상 쇠약해 보이지 않을 수도 있지만, 그렇다고 그의 결핵이 다 치료된 것은 아니다. 우울증에서의 개선을 적절히 평가하기 위해서는, 외현적인 행동에서의 변화뿐만 아니라 정서, 동기, 인지 및 생리적 기능(수면과 식욕)에서의 변화에 대해서도 면밀하게 평가할 필요가 있다.

인지적 재조직화의 기제

Kelly(1955)는 환자와 치료자를 환자의 개인적 구성개념(personal construct)을 탐구하는 데 서로 협력하는 과학자들로 이해하였는데, 이는 인지 수정 기법을 이해하는 데 매우 유용한 비유가 될 수 있다. 환자들은 자신의 가정 또는 구성개념을 매우 당연한 것으로 여기기 때문에, 치료자가 이에 대해 질문하기 전까지는 대체로 이를 분명하게 인식하거나 표현하지 못한다. 치료자는 환자가 우울증의 기저에 있는 가정들을 분명하게 드러낼 수 있도록 도울 뿐 아니라, 환자와 협력하여 이러한 가정들을 함께 자세히 조사하고 검증한다.

우울증 환자들처럼 인지 조직이 본질적으로 '폐쇄 체계'로 이루어진 환자들을 치료할 때에는, 기본적인 가정들에 도전하는 것이 매우 중요하다. 폐쇄 체계는 상반되는 정보를 받아들이지 않는다. 가정들과 전제들이 사실로서 받아들여진다. 개선이란 새로운 정보와 다양한 관점에 체계를 개방하는 것과 관련된다. 이때 특정한 인지 도식은 더 유연하고 탄력적이며 침투 가능한 것이 된다.

질문을 통해서, 특정한 가정이 논의의 대상이 될 수 있다. 그 절차는 (1) 환자가 우울생성 가정을 믿는 이유를 이끌어 내고, (2) 토론에서처럼 그 가정을 옹호하거나 반박하는 증거를 열거하는 것으로 이루어진다. 이는 소크라테스 대화에서처럼, 어떤 주어진 주제에 대해서 반대 입장을 언어화함으로써 '진리'를 발견하려는 것이다.

환자의 믿음을 검증하는 또 다른 중요한 접근은 경험적인 증명을 통한 것이다. 두 협력자(치료자와 환자)는 가정을 검증하여 즉각적인 답을 얻을 수 있는 실험 상황을 설정할 수 있다. 우리는 특정 과제를 가지고 이러한 절차에 대한 모의연구를 수행하였으며, '점진적 과제부여'와 같은 치료법에서 이러한 실험적 패러다임을 임상적으로 적용해 보았다. 비우울 집단에서는 실패가 이후의 수행을 향상시킨 반면, **우울 집단에서는 성공이 수행을 향상시켰다**(Loeb et al., 1971).

우울한 환자들이 성공적인 수행에 대한 유형의 증거에 긍정적으로 반응한다는 실험 결과(5장)는 인지적 재구조화에 유용한 단서를 제공한다. 자신의 수행에 대한 즉각적이고 구체적이며 긍정적인 정보가 환자에게 주는 의미는 그의 자기개념과 기대에 강력한 효과를 미친다. 우울한 환자가 '성공' 후에 긍정적인 방향으로 과잉일반화하는 경향이 있다는 것은 그의 부정적인 인지 세트가 신축성이 있음을 보여 준다. 치료는 환자의 구체적인 인지 왜곡을 적시한 후에 그것이 타당하지 않음을 실험적으로 입증하는 기법을 고안하는 것으로 이루어질 수 있다. 행동 기법과 면접 기법을 통해서 이러한 인지적 재조직화를 달성함으로써, 환자는 우울증의 모든 증상들이 빠르게 감소하는 것을 경험할 수 있다.

다음 절에서는, 구체적인 문제영역들('표적')에 대한 다양한 접근이 기술될 것이다. 또한 많은 구체적인 기법들이 논의될 것이다. 다음 절에서의 논의를 더 명확히 이해할 수 있도록 돕기 위해서, 여기서는 먼저 이러한 기법들에 대해 간단하게 소개하도록 하겠다.

환자와 함께 활동 계획표 짜기

환자는 스스로를 비효과적이고 무력한 사람으로 생각하기 때문에, 자신이 잠재적으로 더 효과적인 사람이라는 것을 관찰할 수 있으려면 그가 활동적이 되는 것이 중요하다. 활동 계획표는 그 자체로 환자가 자신의 하루를 구조화할 수 있도록 돕는다. 우울한 환자들은 종종 자신을 '바쁘게' 하려는 시도에 저항을 보이기 때문에, 더 활동적이 되면 그의 불쾌한 감정이 어느 정도 감소될 수 있다는 격려와 같은 다양한 유인책을 사용하는 것이 필요하다.

점진적 과제부여(graded task assignment)

이 방법의 목적은 환자에게 일련의 성공 경험을 주는 것이다. 그렇기 때문에 이는 때로 '성공 치료(success therapy)'라고도 불린다. 치료자는 환자의 능력 범위 안에 있는 간단한 과제에서부터 시작한다. 치료자와 환자는 협력하여, 복잡성과 지속기간의 차원을 따라 더 많은 활동들을 계획한다. 예를 들어, 우울한 주부에게 처음에는 단순히 계란을 삶으라고 격려할 수 있다. 연속적인 과제들에 성공함에 따라서, 그녀는 전체 식사를 준비하는 것으로까지 나아갈 수 있다.

숙달 및 즐거움 치료(mastery and pleasure therapy)

이 치료의 핵심은 환자가 자신의 활동을 하나하나 기록하고, 각 활동에 대해서 숙달 경험의 정도는 M으로 표시하고 즐거움 경험의 정도는 P로 표시하는 것이다. 이 절차의 목적은 우울한 환자가 자신이 성공적으로 수행한 경험과 만족감을 느낀 경험을 쉽게 잊어버리거나 간과하는 경향이 있음을 깨닫게 하려는 것이다.

인지적 재평가

전에도 기술하였듯이, 인지치료는 잘못된 사고 패턴을 수정하는 다양한 기법을 사용한다. 환자와 치료자는 환자의 전형적인 부적응적 인지와 태도를 확인하고, 이러한 사고의 타당성을 검증하고 평가한다. 이를 위해서 적어도 일곱 단계가 이루어질 수 있다. (1) 우울한 인지와 슬픔 간의 연결을 확인함, (2) 인지와 동기(회피 소망과 자살 충동) 간의 연결을 확인함, (3) 우울한 인지를 탐색함, (4) 이러한 인지를 검토하고, 평가하고, 수정함, (5) 과잉일반화, 임의적 추론, 이분법적 사고를 확인함, (6) 기저의 가정을 확인함, (7) 기본 전제와 가정을 검토하고, 평가하고, 수정함.

대안 치료(alternative therapy)

이 방법은 두 가지 다른 접근으로 이루어진다. (1) 경험에 대한 대안적인 설명을 고려하는 것. 우울한 환자는 자신의 경험을 해석할 때 체계적인 부정적 편향을 나타낸다. 다른 대안적인 설명을 고려해 봄으로써, 그는 자신의 편향을 인식하고 더 현실적인 해석으로 대체할 수 있게 된다. (2) 심리적 문제나 상황적 문제를 다루는 대안적인 방식을 고려하는 것. 자신의 문제를 다룰 수 있는 다양한 방식에 대해 논의함으로써, 환자는 해결할 수 없다고 생각했던 문제들에 대한 해결책을 발견하게 된다. 그는 또한 이미 포기한 방안들이 실행 가능할 수 있으며, 자신을 딜레마에서 벗어나게 할 수도 있음을 깨닫게 된다.

인지적 시연

이 기법은 환자가 목표지향적 활동을 수행하는 것을 방해하는 문제들을 드러내는 데 사용된다. 환자는 자신이 구체적인 활동의 단계들을 거쳐 가는 것을 상상해 봄으로써, 자신이 예상하고 있는 구체적인 '장애물'과 갈등을 보고할 수 있게 된다. 또한 환자와 치료자는 이러한 행동의 장애물에 대하여 함께 논의할 수 있다.

숙제 부여

우울증의 인지치료는 치료 회기 밖에서 실제적으로 많은 작업을 요구한다. 숙제는 매 시간마다 부여된다. 치료자는 일반적으로 환자에게 그의 우울 증상을 감소시킬 수 있는 특정 활동을 수행하도록 권유한다. 또한 환자는 일상적으로 자신의 자동적 사고를 기록한다. 그 구체적인 기법은 한쪽 칸에 부정적 인지를 기록하고, 다른 쪽 칸에 합리적 반응을 기록하는 것이다. 구체적인 문제영역들과 추천되는 치료 기법들이 〈표 11-1〉에 기술되어 있다.

〈표 11-1〉 우울증에 대한 표적 접근

구체적인 문제영역(표적)	환자가 제시한 이유	치료적 접근
I. 행동 증상		

1. 비활동성
  2. 철수
  3. 회피
	1. 너무 피곤하거나 약해서
	2. 시도해 봤자 소용없으니까
	3. 활동을 한다면 기분이 더 나쁠 것 같아서
	4. 어떤 일을 시도하든 실패할 테니까
		1. 탐색 질문
		(a) 시도해 보면 무엇을 잃을까요?
		(b) 수동적인 게 어떤 도움이 되었나요?
		(c) 수동적이 되면 기분이 더 나아질까요?
		(d) 그걸 어떻게 알 수 있나요?
		2. 활동 계획표
		3. 점진적 과제부여
		4. 인지적 시연

II. 자살 소망		
	1. 살 의미가 없어서 2. 너무 불행해서 도피할 필요가 있으니까 3. 다른 사람에게 짐이 되니까 4. 책임/문제에 대처할 수 없어서	1. 양가감정에 노출시킴 (a) 죽고 싶은 이유 묻기 (b) 살고 싶은 이유 묻기 2. 대안치료 (a) 문제에 대한 대안적 관점 (b) 대안적 행동 3. 다루기 쉬운 단위로 문제를 축소시킴
III. 절망감		
	1. 어떤 것도 잘되지 않을 테니까 2. 자살소망의 이유와 같음	1. 부정적인 예측의 오류를 경험적으로 입증함 2. '이유들'에 대해 질문함

IV. 만족의 결핍

1. 어떤 것도 즐겁지 않으니까	1. '시야를 가리는 막'을 제거함
2. 만족감이 없어서	2. 숙달 및 즐거움 치료: 만족의 근원을 찾음
3. 활동이 의미가 없으니까	3. 목표의 의미를 탐색함
	4. '만족감을 없애는 생각'에 도전함

V. 자기비판, 자기혐오

1. 나는 약하고 결함투성이다	1. 자기비판적 사고를 확인하고 논의함
2. 나는 더 적합한 사람이 되어야 한다	2. 역할연기: 자기연민
3. 내 잘못이다	3. 논의: '당위의 폭정'
	4. 세 칸 기법

VI. 고통스러운 정서

1. 나는 이 고통을 참을 수 없어	1. 주의분산
2. 어떤 것도 내가 더 좋게 느끼도록 만들 수 없어	2. 정서를 무시함으로써 고통의 역치를 높임
	3. 유머로 반응함
	4. 심상을 유도함
	5. 세 칸 기법

VII. 외부의 요구와 압력을 과장함

1. 나는 압도당하고 질렸어	1. 문제해결
2. 할 일이 너무 많아서 제대로 해낼 수 없을 거야	(a) 할 일의 목록 작성
	(b) 우선순위를 정함
	(c) 성취한 일을 지워 나감
	(d) 문제를 구체화하고 세부 단위로 나눔
	2. 인지적 시연

인지 수정의 표적

표적: 비활동성, 회피, 쉽게 피곤해짐

우울증에서 나타나는 전형적인 수동성과 무기력은 역사적으로 신경생리적 억제의 한 형태(정신운동지체)로 간주되어 왔다. 그러나 수많은 연구와 임상 경험을 통해, 환자들은 실험자나 치료자에 의해 동기가 유발되었을 때 더 활동적이 되고 더 효과적으로 수행할 수 있다는 것이 밝혀졌다(Loeb et al., 1971; Friedman, 1964). 따라서 주어진 환자에 맞게 고안된 활동 계획은 그의 뚜렷한 지체와 무기력을 줄일 수 있는 정당한 근거를 지닌다.

합리적으로 고안된 활동 프로그램은 많은 긍정적 이득을 준다. 이 중 일부는 다음과 같다. (1) 환자의 자기개념이 변화된다. 그는 자신을 더 능숙하고 덜 무능력하다고 보게 된다. 자기개념의 증진에 동반하여, 그는 더 낙관적이 된다. (2) 활동으로 주의를 전환함으로써, 우울한 생각이나 고통스러운 정서로부터 주의가 분산된다. (3) 환자에 대한 다른 사람들의 반응이 더 긍정적으로 변한다. '중요한 타인들'은 일반적으로 환자의 건설적 활동을 유익한 방식으로 강화한다. (4) 그의 감정 반응에서 변화가 생길 수 있다. 그는 그 활동을 즐기게 되고, 이로 인해 그의 기분이 더 좋아지기 시작한다.

처음에는 환자에게서 활동을 위한 동기를 불러일으키는 것이 가장 중요하다. 또한 활동을 권유하기 위해서는, 환자가 이해할 만한 논리적 근거가 있어야만 한다. 활동의 동기를 자극하는 데에는, 치료자에게 상당한 정도의 이해와 기술이 요구된다. 우울한 환자들과 작업해 본 경험이 있는 사람이라면, 그들이 더 활동적이 되려고 부단히 애써 왔다는 사실을 잘 알고 있을 것이다. 더욱이 그들의 가족과 친구들은 일반적으로 그들에게 더 활동적으로 살라고 어르고 달래고 타일러 왔다(그러나 별 성과는 없었다). 이러한 노력은 대체로 실패하는데, 왜냐하면 환자와 그 주변 사람들이 우울증의 심리를 잘 모르기 때문이다.

환자가 활동에 참여할 수 있도록 돕기 위해서, 치료자는 먼저 환자로부터 그가 활동하지 않는 이유를 이끌어 내야 한다. 이러한 정보를 얻기 위해서, 치료자는 분명히 환자의 능력 범위 안에 있는 특정 활동 또는 과제를 권면할 수도 있다. 만일 환자가 그 제안에 응하기를 주저하거나 응할 수 없음을 표현한다면, 치료자는 그가 주저하는 이유를 자세히 말해 달라고 요청한다. 이러한 '이유들'은 이후에 어떤 구체적인 프로젝트를 고안하여 검증해 볼 수 있는 하나의 가설로서 취급될 수 있다.

우울한 환자들이 자신의 수동성, 비활동성 및 과제참여에 대한 저항의 이유로 통상적으로 내세우는 것들은 다음과 같다. "시도해 봤자 소용없어요." "난 그 같은 일을 할 수 없어요." "만일 내가 어떤 일을 시도한다면, 결국 해내지 못할 것이고 기분만 더 나빠질 거예요." "무슨 일을 하기에는 너무 지쳤어요." "그저 가만히 앉아 있는 게 훨씬 더 쉬워요."

환자는 일반적으로 자신이 더 활동적이지 않은 이유들을 타당한 것으로 받아들이기 때문에, 그 이유들을 말로 표현해 보기 전까지는 그 이유들이 오류를 포함할 수도 있다는 생각을 해 본 적이 없을 것이다. 후에 치료자가 환자와 함께 활동 과제를 고안할 때, 이러한 '이유들'의 타당성이 검증된다. 만약 환자가 그 구체적인 목표를 달성한다면, 치료자는 그 성공 경험이 그의 태도(예를 들어, "난 그 같은 일을 할 수 없어요.")와는 상반된다는 것을 그에게 확인해 주어야 한다.

과제를 착수하기 전에, 치료자는 증상의 의미와 함축을 탐색하고 논의해야 한다. 예를 들어, 비활동적이라는 것의 함축적 의미 중 하나는 환자가 '게으르다'는 것이다. 환자는 자신의 주변 사람들이 그렇듯이, 이러한 견해를 유지하려는 경향이 있다. 그 결과로, 그는 중요한 타인들이 자신을 비판하는 것처럼 스스로를 비판한다. 환자가 활동에 참여하도록 함으로써, 치료자는 환자가 경멸적인 자기평가와 싸울 수 있도록 도울 수 있다.

인지행동적 접근에서의 다음 단계는 환자의 흥미나 호기심을 불러일으켜서, 그가 적어도 간단한 과제를 시도하는 정도로까지 협력하게 되는 것이다.

이는 특정한 절차의 논리적 근거를 설명하고, 그가 지금 느끼고 있는 우울한 기분보다 덜 고통스러운 대안, 즉 치료자와 협력하여 어떤 구체적인 활동에 참여하는 대안이 있다는 생각을 환자에게 전달함으로써, 그 과제를 신선하게 제시하는 것을 통해 성취될 수 있다. 만일 환자가 이러한 제안에 반응한다면, 다양한 인지적 및 행동적 방법들이 사용될 수 있을 것이다.

우울한 환자들은 일상의 활동으로부터 도피하고 싶은 욕구가 강하고 그의 부정적 믿음은 견고한 참호를 구축하고 있기 때문에, 치료자는 환자가 자기패배적 태도를 받아들이고 퇴행적인 소망에 굴복함으로써 부지불식간에 얼마나 자신을 좌절시키고 있으며 스스로를 더욱 비참하게 만들고 있는지를 환자에게 명확하게 언급하는 것이 중요하다. 치료자는 환자에게 직접적으로 또는 간접적으로, 그가 자신의 생각에 의문을 제기함으로써 기분이 더 나아질 것이라고 말해야 한다.

치료자가 환자의 자기패배적 사고와 소망에 대해 질문과 주장을 제기할 때, 비판단적이고 반영적인 방식을 취하는 것이 중요하다. 치료자는 환자를 꾸짖어서 그가 방어적으로 나오게끔 하는 양상을 피해야 한다. 우울한 환자들은 일반적으로 '비판'에 대해서 한발 더 나아간 자기비판과 자기부동성으로 반응하기 때문에, 치료자는 자신의 언급에 대한 환자의 반응을 이끌어 내야 한다. 치료자는 환자가 치료자의 말을 스스로를 비판하는 말로 사용하고 있지는 않은지 살펴봐야 한다.

더 나아가, 치료자는 자신의 말이 단지 '긍정적 사고의 힘'을 기원하는 설교로 이해되지 않도록 경계해야만 한다. 치료자는 그와 환자가 문제를 정확히 집어내고 그에 대한 치료책을 찾으려고 노력하고 있는 것임을 명확하게 표현해야 한다. '긍정적으로 생각하라.'는 전반적인 훈계는 비합리적인 부정적 사고를 수정하는 데 거의 도움이 되지 않으며, 오히려 환자를 더 실패했다는 느낌으로 이끌 수 있다.

자신의 실용적인 접근의 윤곽을 그린 후에, 치료자는 환자가 동의하는 점과 동의하지 않는 점에 대해 자유롭게 말할 수 있도록 격려해야 한다. 이러한 접근이 상당히 뻔하고 피상적으로 보일 수도 있을 것이다. 또한 혹자는 이것이 환자의 강력한 퇴행적 소망과 부정적 사고를 줄이는 데 과연 얼마나 효과적일 수 있을지에 대해서 의아해할 수도 있을 것이다. 그러나 나는 우울한 환자들과 일하면서, 그들이 자신의 회피 소망과 허무주의적인 태도를 한 번도 검토해 보지 않은 채 그대로 받아들여 온 것에 대해서 반복적으로 깊은 인상을 받았다. 이렇게 안으로 굳게 잠긴 태도들을 드러내어 검토하고 숙고함으로써, 치료자는 환자에게 이들을 수정할 기회를 제공한다. 인지치료의 궁극적인 목표는 환자가 치료자의 도움 없이도 스스로 자신의 부정적 사고를 파악하고 수정할 수 있도록 훈련하는 것이다. 환자가 이러한 자동적 사고들이 어떻게 자신을 좌절시키고 있는지 인식하게 됨에 따라, 그는 자발적으로 이들에 도전하기 시작할 수 있다. 이후의 단계에서, 환자는 이들을 수정하고 더 합리적인 반응으로 대체할 수 있을 것이다.

환자가 자신의 믿음을 검토할 수 있도록 촉진하는 데 도움이 될 것이라고 생각되는 몇 가지 질문과 진술이 다음에 나와 있다. 치료자는 단순한 수사학적인 질문은 피해야 하며, 또한 환자에게 그 질문에 반응할 시간을 주어야 한다.

환　자: 시도해 봤자 소용없어요.

치료자: 당신은 움직이지 않음으로써 아무 데도 이르지 못하고 있다는 것을 알고 있어요. 당신은 오랜 시간 동안 계속 이렇게 해 오고 있고, 그런다고 기분이 더 나아지지 않는다는 것을 알고 있어요. 다른 접근법으로 실험을 해 본다면, 당신이 잃게 되는 것이 무엇일까요?

환　자: 내가 무언가를 해 보려고 시도한다면 기분이 더 나빠질 거예요.

치료자: 당신은 그저 누워 있는 것이 기분을 더 좋게 해 줄 수 있을 거라고 생각하나요? 지금까지 아무런 활동을 하지 않은 것이 기분을 더 좋게 해 줬나요? 지금까지 수동적인 모습으로 있는 것이 도움이 되지 않았으면, 지금 와서 수동적인 것이 도움이 될 것이라고 믿을 만한 다른 이유가 있나요? 적어도 당신이 어떤 다른 패턴을 시도해 본다면, 향상의

기회가 주어지는 거죠. 물론 기분이 더 나빠질 가능성도 생각해 볼 수 있어요. 하지만 한 가지는 분명해 보이네요. 만일 당신이 지금처럼 누워만 있다면, 기분이 더 좋아질 기회는 거의 없는 거죠. 만일 당신이 활동을 피한다면, 당신은 그저 자신을 비판하면서, 스스로를 게으르고 부적절하고 무력한 사람이라고 부르겠죠. 당신은 아무것도 하지 않으면 스스로 자기비판적인 사고에 계속해서 사로잡히게 된다는 것을 잘 알고 있지요. 당신은 스스로를 이러한 고통스러운 사고와 감정에 희생되도록 내어놓는 거죠.

환　자: 나는 그 일을 할 수 없어요.

치료자: 당신은 시도해 보지도 않고 이 과제를 할 수 없다는 것을 어떻게 그렇게 절대적으로 확신할 수 있나요? 만일 당신이 한 번에 조금씩 해 나간다면, 당신은 그것을 다 할 수도 있을 거예요.

환　자: 나는 그걸 시도하기에는 너무 지쳤어요.

치료자: 만일 당신이 첫걸음을 떼기만 하면, 계속 진행해 나가는 것은 생각보다 더 쉽다는 것을 알게 될 거예요. 당신은 그 일을 계속 진행하기에 자신이 그렇게 지치지 않았다는 것을 알게 될 거예요……. 기차가 출발하는 데에는 많은 석탄이 들지만, 계속 운행하는 데에는 훨씬 더 적은 석탄만이 소요됩니다.

　　치료자가 환자의 저항을 뚫고 그의 관심을 이끌어 낼 수 있다면, 치료 프로그램의 다음 단계로 나아가게 된다. 치료자는 단지 인지 부조화를 만들어 낸 것에 만족해서는 안 되고, 논의를 통해 얻은 이득이 즉시 행동으로 이어지도록 해야 한다.

　　치료 프로그램은 다음의 단계로 개념화될 수 있다. (1) 환자에게 구체적인 과제를 제안하기, (2) 그 제안에 반대하는 환자의 이유를 이끌어 내기, (3) 환자가 자신의 이유(또는 부정적 태도)의 타당성을 평가해 보도록 요청하기, (4) 왜 이러한 이유(또는 태도)가 자기패배적이고 타당하지 않은지를 환자에게 보여 주기, (5) 제안한 과제를 수행하는 데 있어서의 환자의 흥미를 자극하기, (6) 환자의 수행이 그의 생각의 타당성을 검증해 보는 기회가 될 수 있는 방식으로 과제를 설정하기. 이에 따라 과제의 성공적인 수행은 자신이 그것을 할 수 없을 것이라는 환자의 가설을 반박하게 될 것이다. (7) 성공적인 경험 후에, 양호한 결과가 어떻게 환자의 자기패배적인 예측을 반박하는지를 보여 주기, (8) 치료자가 이전에 제안한 '건설적인' 태도를 환자와 함께 검토하기. 이러한 개념화는 후에 환자가 자신의 부정적 사고 및 태도와 맞서 싸우는 데 사용될 수 있을 것이다. (9) 환자가 부정적 사고를 파악하고, 이에 도전하고, 이에 대한 합리적인 반응을 할 수 있도록 훈련하기. 이 기법은 숙제 부여를 통해 이행될 수 있을 것이다.

　환자는 세 개의 칸에 각각 불쾌한 감정을 유발한 상황, 부정적인 자동적 사고, 부정적 사고에 대한 합리적인 반응을 기록한다(세 칸 기법). 환자에게 무리하게 보일 수도 있는 활동을 제안함으로써 어떻게 환자의 흥미를 이끌어 낼 수 있는지가 다음의 대화 발췌문에 나타나 있다.

　환자는 병원에서 좀처럼 침대를 떠나지 않고 1년 이상의 시간을 보낸 52세의 남성이다. 그는 많은 항우울제 처방을 받았지만 별다른 개선은 보이지 않았다. 나는 딱 한 번 그의 병실을 방문하여 그를 만났다. 당시 그는 침대 옆 의자에 앉아 있었다. 잠깐의 소개 인사와 일반적인 사회적 대화를 나눈 후에, 다음과 같이 면접이 진행되었다.

　　치료자: 나는 당신이 매우 오랜 기간 동안 침대 곁을 벗어나지 않았다고 알고
　　　　　 있습니다. 그 이유가 무엇 때문인가요?
　　환　자: 나는 걸을 수 없어요.
　　치료자: 왜 그렇죠? 다리가 마비되었나요?
　　환　자: (짜증을 내면서) 물론 아닙니다! 난 그저 힘이 없어요.
　　치료자: 만일 당신이 한번 걸어 본다면 무슨 일이 일어날까요?
　　환　자: 아마도 앞으로 고꾸라지겠죠.

치료자: 만일 내가 당신은 병원 어느 곳으로든 걸어갈 수 있을 거라고 말한다면, 뭐라고 말씀하시겠어요?

환　자: 당신이 미쳤다고 말하겠죠.

치료자: 그걸 한번 시험해 보면 어떨까요?

환　자: 무엇을요?

치료자: 내가 미쳤는지 아닌지요.

환　자: 나를 더 이상 귀찮게 하지 마세요.

치료자: 당신은 당신 생각에 걸을 수 없다고 말했어요. 많은 우울한 사람들도 그렇게 생각하지요. 하지만 그들은 막상 걸어 보면 자신이 생각보다 더 잘 걷는다는 것을 알게 되지요.

환　자: 나는 내가 걸을 수 없다는 것을 알아요.

치료자: 몇 발짝을 걸을 수 있다고 생각하나요?

환　자: 한 걸음도 못 가서 땅으로 꺼져 버릴 거예요.

치료자: 나는 당신이 여기서 저 문까지[약 5야드] 걸어갈 수 있을 거라고 장담합니다.

환　자: 내가 만일 못한다면 어떻게 하지요?

치료자: 내가 당신을 잡아 드릴 거예요.

환　자: 난 진짜 약해서 못해요.

치료자: 내가 당신의 팔을 붙잡고 있다고 상상하세요. [환자는 치료자의 부축을 받아 몇 발짝을 걸어갔다. 이후 그는 더 이상의 도움 없이 계속해서 5야드 이상을 더 걷고는, 역시 도움 없이 걸어서 의자로 다시 돌아왔다.]

치료자: 스스로 기대했던 것보다 더 잘하셨네요.

환　자: 그런 것 같네요.

치료자: 이제 복도 끝까지[약 20야드] 걸어 보는 게 어때요?

환　자: 나는 그렇게 멀리까지 걸을 힘이 없다는 것을 알아요.

치료자: 어느 정도까지 걸을 수 있다고 생각하나요?

환　자: 아마도 옆방까지요[약 10야드].

　　환자는 쉽게 옆방까지 걸어갔고, 이어서 복도 끝까지 갔다. 치료자는 계속
하여 구체적인 목표를 제안하고 이에 대한 환자의 반응을 이끌어 냈다. 각 과
제를 성공적으로 완수하고 나면, 더 먼 거리를 제안하였다.

　　45분만에, 환자는 병동 주위를 자유롭게 걸어 다닐 수 있었다. 그는 자동판
매기에서 음료수를 뽑는 것으로 자신의 활동 증가에 대해서 스스로를 '보상'
하였다. 이후에 그가 활동범위를 넓힘에 따라, 그는 병원 내의 다양한 장소까
지 걸어갈 수 있었고 다양한 여가활동에서 만족감을 얻을 수 있었다. 며칠 내
로 그는 탁구를 치고 스낵바에 갔으며, 일주일 내로 병원 주위 정원을 걸으며
꽃과 나무들을 감상할 수 있었다. 또 다른 자동적인 보상은 병원 치료진과 다
른 환자들로부터 받은 우호적인 반응이었다. 환자는 자신에 대해 긍정적인 말
로 이야기하기 시작하였고, 영구히 병원을 떠나기 위한 구체적인 계획을 세웠
다. 그 퇴원의 목표는 한 달 후에 완수되었다.

　　이 사례는 환자의 부정적인 믿음을 어떻게 돌파해 나갈 수 있는지를 잘 보
여 준다. 성공적인 경험 후에, 자신을 바라보는 그의 견해가 바뀌었다(아프고
약한 인간 이하의 존재에서 적절히 기능하는 인간으로). 만일 환자가 그의 자기개
념 및 기대에서 변화를 보여 주지 않았다면, 치료자는 그의 실제 수행이 그의
부정적 견해와 어떻게 상반되는지를 그에게 지적해 줄 필요가 있었을 것이다.

　　더 복잡한 과제에서는, 치료자는 환자가 과제의 각 단계에서마다 부정적인
생각을 지닐 수도 있다는 것을 알아야 한다. 환자는 이러한 부정적 사고들에
대처할 수 있도록 적절히 준비되어 있어야 한다. 예를 들어, 한 환자에게 고장
난 축음기를 고치는 과제가 주어졌다. 이 과제의 구체적인 단계들을 계획하면
서, 그는 자신을 좌절시키는 부정적인 생각이 떠올랐다('나는 스크루드라이버를
찾을 수 없을 거야'). 환자는 이러한 생각을 표현하고, 치료자와 함께 논의하였
다("보통은 스크루드라이버를 어디에 보관하나요?"). 이러한 논의를 통해 자기패
배적 사고를 극복한 후에, 다음 단계의 과제와 이에 수반하는 부정적 사고에
대해 논의하였다. 이러한 인지적 시연의 결과로 환자는 그 계획을 실행할 수

있었고, 불가능해 보였던 과제를 완수했다는 성취감뿐 아니라 음반을 들을 수
있는 즐거움을 누릴 수 있게 되었다.

표적: 절망감과 자살 소망

환자에게 왜 자살을 원하는지 물어보면, 환자는 보통 이렇게 대답한다. "사
는 의미가 없어요. 나는 더 이상 기대할 것이 없어요." "난 너무 비참해요. 이
것이 도망칠 수 있는 유일한 길이에요." "나는 가족에게 짐이에요. 내가 사라
지면 가족에게 도움이 될 거예요." "미래는 암흑이에요." "어떻게 하더라도 내
가 원하는 것을 얻을 수 없는데, 더 노력하는 게 무슨 소용이 있겠어요?"

이러한 태도들은 모두 명백하게 절망감과 관련되어 있다. 환자는 전형적으
로 자신이 해결할 수 없는 삶의 상황에 갇혀 있고 자살 외에는 도망칠 곳이
없다고 생각한다. 절망감이 자살 소망의 핵심부에 자리 잡고 있다면, 치료자
는 다양한 방법들을 사용하여 삶의 상황에 대한 대안적인 해석과 미래에 대
한 다른 해석이 존재하며, 그에게는 자신을 막다른 골목으로 인도하는 현재의
행동이 아닌 다른 대안적인 행동의 선택지가 있다는 것을 환자에게 전달해야
한다. 우리는 이러한 접근을 '대안 치료'라고 부른다.

치료자는 환자가 자살을 불행이나 견딜 수 없는 삶의 상황으로부터 도피하
는 유일한 출구로 간주하는 이유를 반드시 탐색해야 한다. 환자는 일반적으로
대안적 해결책을 고려해 보았으나, 이를 쓸모없는 것으로 폐기하였다. 치료
자는 이러한 대안들을 환자와 함께 다시 검토해 보아야 한다. 환자는 종종 그
가 도움을 받을 수 없다거나 삶의 상황이 나아지지 않을 거라고 결론을 내리
기 때문에 자살을 결심한다. 그의 기본 가정을 검토함으로써, 생명 보존의 소
망과 자기 파괴의 소망 간의 균형이 변화될 수 있도록 환자를 인도할 수 있을
것이다.

한 십대 소녀가 자신의 미래는 냉혹하기만 하며 자신은 자살을 심각하게
고려하고 있다고 보고하였다. 그녀는 자살의 이유를 자신의 아동기가 너무 불

행했기 때문이라고 하면서, "아동기는 인생에서 가장 행복한 시기라고 생각해요."라고 말하였다. 그러니까 그녀는 나이가 들수록 불행은 더 커져만 갈 수밖에 없는 것으로 생각하고 있었다. 나는 내가 아는 대부분의 사람들은 아동기보다 성인기에 더 행복하다고 주장한다는 것을 그녀와 함께 논의하였다. 그녀는 이 말을 듣고 놀라워했다.

그녀는 또한 자신의 예술작품에 대해서 스스로 설정한 높은 기준에 도달하지 못하고 있기 때문에 미래는 황량하기만 할 뿐이라고 주장하였다. 나는 나를 포함한 많은 사람들이 직선조차 제대로 그리지 못해도 여전히 행복하다는 점을 지적하였고, 그녀는 이에 놀라움을 표현하였다. 그녀는 자신을 위해 좀 더 유연한 기준을 설정할 필요가 있다는 것에 기꺼이 동의하였다. 이에 더하여, 그녀는 자신의 수행에 대한 주관적 판단을 삶의 가치에 대한 전반적인 판단으로 일반화하는 것은 지혜롭지 않다는 것을 알게 되었다. 더욱 핵심적으로, 나는 그녀가 자신을 자신의 작품과 어떻게 동일시해 왔는지 지적하였다. 그녀의 작품이 실패라면, 그녀 자신이 실패자가 되었던 것이다.

이 한 시간의 논의 후에, 그녀는 자신의 생각을 수정하였다. 수년이 지난 후에, 그녀는 내게 그날 이후로는 절망감이나 자살 소망이 다시 출현하지 않았다고 말하였다.

절망감과 자살 소망의 기저에 있는 가정은 숙련된 질문을 통해 미묘하게 침식될 수 있다. 치료자의 예리하면서도 친근한 질문을 통해서, 환자는 자신의 가정의 일부에서 부조화를 인식하기 시작한다. 부조화의 인식은 그의 잘못된 믿음 체계를 뒤흔드는 데 도움이 된다. 최소한의 목표로서, 치료자의 질문은 환자가 자신의 가정을 반박할 여지가 없는 현실이나 흔들리지 않는 사실이 아니라 검토할 수 있는 생각으로 볼 수 있도록 격려하는 것이 되어야 한다.

환자가 어떻게 자신의 믿음 체계에서의 논리적 비일관성을 인식하게 되는지에 대한 실례가 다음의 대화에 제시되어 있다. 환자는 최근에 자살을 시도하였고 여전히 자살 시도를 원하는 여성이다. 그녀는 남편이 불성실하기 때문에 더 이상 기대할 것이 없다고 하였다. 치료 기법이 다음에 나와 있다.

치료자: 왜 삶을 끝내고 싶으신가요?

환　자: 레이먼드 없이는 나는 아무것도 아니에요. 나는 레이먼드 없이는 행복할 수 없어요. 하지만 나는 우리 결혼을 되살릴 수 없어요.

치료자: 지금까지 결혼생활은 어땠나요?

환　자: 처음부터 비참했어요……. 레이먼드는 항상 충실하지 않았어요. 나는 그를 지난 5년간 거의 보지 못했어요.

치료자: 당신은 레이먼드 없이는 행복할 수 없다고 말했어요……. 레이먼드와 함께 있을 때는 행복했나요?

환　자: 아니요, 우리는 항상 싸웠고 나는 기분이 더 나빠졌어요.

치료자: 당신은 레이먼드 없이는 자신이 아무것도 아니라고 말했어요. 레이먼드를 만나기 전에도, 자신이 아무것도 아니라고 생각했나요?

환　자: 아니요, 나는 내가 소중한 사람이라고 생각했어요.

치료자: 레이먼드를 만나기 전에 당신이 소중한 사람이었다면, 지금은 왜 소중한 사람이 되기 위해 그를 필요로 하는 거죠?

환　자: (당황해 하며) 음…….

치료자: 레이먼드를 알기 전에 남자 친구들이 있었나요?

환　자: 나는 그때 꽤 인기가 있었어요.

치료자: 당신은 왜 지금 레이먼드 없이는 자신이 인기가 없을 것이라고 생각하나요?

환　자: 왜냐하면 나는 어떤 다른 남자에게도 매력을 끌 수 없을 거니까요.

치료자: 결혼 후에 당신에게 관심을 보인 남자가 있었나요?

환　자: 많은 남자들이 나에게 구애를 했어요. 하지만 나는 그들을 무시했죠.

치료자: 만약 당신이 이 결혼에서 자유로워진다면, 남자들이 당신에게 관심을 보일 수도 있을 거라고 생각하나요? 그들이 당신에게 상대가 없다는 것을 안다면 말이죠.

환　자: 내 추측에는 그럴 것 같네요.

치료자: 당신이 레이먼드보다 더 충실한 남자를 찾는 것이 가능할까요?

환　자: 모르겠어요……. 가능할 것 같아요.

치료자: 당신은 이 결혼생활이 끝난다는 생각을 견딜 수 없다고 말했어요. 지난 5년간 남편을 거의 보지 못했다는 게 맞나요?

환　자: 맞아요. 나는 그를 1년에 두세 번 만났을 뿐이에요.

치료자: 그와 다시 합치게 될 가능성이 있나요?

환　자: 아니요. 그는 다른 여자가 있어요. 저를 원하지 않아요.

치료자: 그렇다면 당신이 이 결혼을 깰 때 실제로 잃을 것이 무엇인가요?

환　자: 모르겠네요.

치료자: 당신이 이 결혼생활을 끝내면, 더 잘 지내는 것이 가능할까요?

환　자: 보장은 없어요.

치료자: 당신은 진정한 결혼생활을 누리고 있었나요?

환　자: 아니요.

치료자: 당신이 진정한 결혼생활을 하고 있지 않았다면, 이 결혼을 끝내기로 결심할 때 실제로 잃을 것이 무엇인가요?

환　자: (긴 중단) 아무것도 잃을 게 없을 것 같아요.

이 면접을 마치고, 환자는 더 명랑한 모습을 띠었고 자살 위기가 지나간 듯 보였다. 다음 면접에서, 그녀는 집에서도 다음과 같은 점이 마음을 울렸다고 말하였다. 자신이 레이먼드를 알기 전에는 행복하게 살았고 꽤 괜찮은 사람이었는데, 어떻게 그가 없이는 자신이 '아무것도 아닌 사람'이 될 수 있는가? 그녀는 결국 이혼하였고, 더 안정된 삶을 살게 되었다.

이 사례에서 '대안 치료'는 그녀의 잘못된 믿음, 즉 (1) 자신이 행복하고 잘 기능하고 정체성을 갖기 위해서는 남편이 필요하고, (2) 결혼이 끝난다는 것은 삶이 끝난다는 것이며 끔찍한 상실이고, (3) 남편 없이는 미래의 삶을 살 수 없다는 믿음에 의문을 제기하는 것에 기초하였다. 그녀는 이러한 믿음의 오류를 볼 수 있었고, 이에 따라 의미 없는 결혼을 유지하는 것과 자살하는 것 외에 자신에게 또 다른 선택지가 있을 수 있다는 것을 깨닫게 되었다. 다른 사례들에서는, 자기파괴적인 행동에 대한 현실적 대안을 치료자가 구체적으로 제시해야 할 경우가 있을 수 있다.

심각한 자살 사고와 자살 시도에서 절망감이 핵심 요인으로 작용한다는 것은 많은 체계적인 연구에서 입증된 바 있다(Minkoff, Bergman, Beck, & Beck, 1973; Lester & Beck, 1975; Beck, Kovacs, & Weissman, 1975; Wetzel, 1976). 환자가 자살하고 싶은 이유에 직접적으로 초점을 맞추는 것의 치료적 가치 또한 한 체계적 연구에서 입증되었다(Kovacs, Beck, & Weissman, 1975).

'대안 치료'를 사용하면서, 치료자는 환자가 비관주의의 두터운 층을 가지고 있어서, 이것이 제안되는 모든 건설적인 대안들을 뒤덮어 버린다는 것을 명심해야 한다. 환자는 그 대안을 부정적으로 왜곡된 방식으로 생각하기 때문에, 치료자는 환자가 어떤 계획을 무턱대고 거부할 때 이를 액면 그대로 수용하지 않도록 조심해야 한다. 최후의 도피 수단으로 자살을 선택하는 것은 종종 다른 형태의 도피(예를 들어, 약물, 입원, 휴가)에 대한 예후를 비현실적으로 부정적으로 평가하는 것에 기초한다.

표적: 자기비판과 자기비난

다른 사람들과 마찬가지로, 우울한 환자는 그의 문제의 원인을 찾으려 한다. 인과성의 개념에서, 우울한 환자는 자신의 어려움의 원인을 자신에게서 찾으려는 경향이 있다. 그는 자기인과성(self-causality)의 개념을 터무니없는 극단으로까지 몰아가기도 한다. 자기비난이 부적응적이라는 점을 지적하면, 그는 자신을 비난한 것에 대해서 또다시 자신을 비난한다. 자기비판은 다음과 같은 진술의 형태를 띤다. "나는 쓸모없어. 나는 실패자야. 내 잘못이야." 물론 이러한 생각은 환자의 기분을 더 악화시킬 뿐이다.

자기비판에 대한 인지적 접근은 먼저 환자가 자기비판의 지속적인 흐름을 인식할 수 있도록 돕는 것으로 이루어진다. 이는 일반적으로 어렵지 않은데, 왜냐하면 환자들은 대개 자기비판 후에 기분이 더 나빠지기 때문이다. 따라서 그가 불쾌한 기분을 경험하고 있다면, 그의 자기비판을 확인하기 위해서 그가 앞서 했던 생각들을 단지 '되감아서 재생'해 보도록 요청할 필요가 있다.

다음 단계는 환자의 자기혐오에 대한 객관성을 증가시키는 것이다. 이 단계는 중요한데, 왜냐하면 환자들은 공통적으로 자기비판이 정당하다고 믿고 있기 때문이다. 한 가지 방법은 환자에게 다음과 같은 질문을 던지는 것이다. "내가 당신이 한 것과 비슷한 실수를 했다고 칩시다. 당신은 그것 때문에 나를 경멸할 건가요?" 환자가 자신이 다른 사람에게는 그렇게 비판적이지 않다는 것을 인정하는 한, 그는 자기비판이 얼마나 가혹하고 과장되어 있는지를 깨닫게 될 것이다. 가벼운 정도에서 중간 정도로 우울한 환자들은, 치료자가 다음과 같이 말할 때, 자기비판의 자기패배적 속성을 인식할 수 있을 것이다. "만일 누군가가 내 어깨 위에 앉아서 내가 하는 일마다 평가하거나 비판한다면 내가 하는 일이 어떻게 될 것 같아요? …… 어떤 의미에서, 이것은 당신이 의도적으로는 원하지 않는 것이면서도 실제로는 그렇게 하고 있는 일입니다……. 그러나 그 효과는 당신의 기분이 더 나빠질 뿐 아니라, 당신이 일을 제대로 할 수도 없게 된다는 것입니다. 만일 자기 평가를 인식하고 이를 무시하려고 애쓴다면, 당신은 자신으로부터 더 자유로워지고 더 성공적으로 수행할 수 있게 된다는 것을 알게 될 것입니다."

자기비판의 비합리성과 자기파괴성에 대한 객관성을 얻는 과정은 때로 역할연기를 통해 가속화될 수 있다. 예를 들면, 만일 환자가 자신을 부적절하고 무능하고 약한 사람으로 본다면, 치료자는 그런 환자의 역할을 맡는다. 환자는 그 '환자(치료자)'가 어떤 실수를 보이거나 인정할 때 그를 언어적으로 공격하는 가혹한 비판자의 역할을 맡는다. 능숙한 치료자라면 환자의 왜곡이나 임의적 추론을 드러내는 방식으로 그 역할을 연기할 수 있을 것이다. 만약 환자가 비판자의 역할에 적절히 '워밍업'되면, 그는 비판과 비난을 행동화하면서 동시에 그 부정적 판단의 터무니없음을 관찰할 수 있을 것이다.

환자가 자기비하로 날이 선 자동적 사고를 인식할 수 있게 됨에 따라, 그는 이러한 자기비판에 도전할 수 있게 된다. 환자는 이러한 부정적 사고의 타당성에 도전하고 이를 자신에 대한 더 합리적인 평가로 대체하는 법을 배운다. 앞에서 기술한 '세 칸 기법'은 환자가 자신의 부정적 사고를 정확히 찾아내고 그것이 왜 틀렸거나 부적응적인지를 구체화할 수 있도록 돕는다. 이러한 숙제는 치료시간에 공식화된 전략들을 이행하는 데 매우 중요하다.

표적: 고통스러운 정서

우울증에서의 심리적 고통이 매우 크기 때문에, 환자의 슬픔과 다른 고통스러운 정서를 가능한 한 빨리 누그러뜨릴 필요가 있다. 우울한 환자들은 종종 일상적인 만족의 원천이 더 이상 즐거움을 가져다주지 못한다고 보고한다. Costello(1972)의 용어를 빌자면, 환자는 '강화물 효과의 상실'을 경험한다.

다양한 기법을 통해서, 환자가 자신에 대해 안쓰러움을 느끼고, 울고, 진정으로 기뻐하도록 유도하는 것이 가능하다. 이러한 경험은 그의 얼어붙은 정서를 녹이는 데 도움을 준다. 얼어붙은 정서를 '녹이는 것'은 심한 우울증을 치료하는 데 있어서 중요한 기술이다. 환자가 자신의 불쾌한 정서를 언어적으로 표현하거나 눈물로 표현하도록 격려하는 것은 때로 그 정서의 강도를 감소시키고, 환자로 하여금 자신이 더 살아 있고 '온전한 인간'으로 느껴지도록 한다(물론 어떤 환자들은 정서적 발산 이후에 기분이 더 나빠질 수도 있으므로, 이러한 방법은 조심스럽게 사용되어야 한다).

환자가 울 때, 그는 자신에 대해 연민을 느낄 수 있다. 그러므로 그의 자신에 대한 인지적 세트는 거부적이거나 경멸적인 것에서 동정적인 것으로 바뀐다. 자신에 대한 연민은 자기비난의 인지적 세트와 불일치한다.

자신에 대해 안쓰럽게 느끼는 것은, 영화에서 부당한 취급을 받거나 불운하게 그려진 캐릭터에 대해 우리가 공감을 경험하는 것과 유사할 수 있다. 관객들은 그 불운한 캐릭터에 대해 **마음을 쓰기** 때문에, 눈시울을 적시거나 흐느껴 울기도 한다. 이와 유사하게, 자신에게 진정한 연민을 느낌으로써, 우울한 환자들은 덜 자기비판적이 되는 것 같다(Efran, 1973). 이러한 과정은 다양한 기법에 의해 촉진될 수 있다. 환자에게 그와 비슷한 문제를 가지고 있으면서 그가 쉽게 동일시할 수 있는 다른 불운한 사람의 이야기를 들려주는 것은 환자에게서 연민을 불러일으킬 수 있다. 유사한 상황에 처한 다른 사람에게 연민을 느끼는 것은 환자가 자신을 동정적으로 바라보게 하는 데 도움을 준다. 치료자가 우울한 환자의 역할을 맡는 역할연기와 같은 극화된 기법들은 환자가 자신의 인지적 세트를 비판적인 것에서 동정적인 것으로 변화시키는 데 도움을 줄 수 있다.

어떤 치료자들은 특히 즐거운 감정을 불러일으키는 데 능숙하다. 이러한 반응은 치료자가 한 상황의 역설적인 측면을 드러냄으로써 불러일으킬 수 있다. 일상적인 유머에는 잘 반응하지 않는 우울한 환자들이 역설에 대해서는 민감성을 유지하고 있을 수 있다. 즐거움의 경험은 슬픔에 대한 일시적인 해독제가 될 수 있는데, 왜냐하면 이는 자기비난 및 비관주의와 양립할 수 없는 인지적 세트로의 전환을 포함하고 있기 때문이다.

가벼운 수준에서 중간 수준의 우울증에서, 환자가 분노를 표현하는 것은 느슨한 긍정적 정서를 일깨우는 역할을 할 수 있다. 이는 아마도 분노 표현이 그의 인지적 세트가 자기비난에서 타인비난으로 변화하도록 돕기 때문일 것이다. 환자가 분노를 표현할 때, 그는 자신을 더 효과적인 사람으로 바라보기 시작하게 되는 것 같다. 분노를 느끼는 것은 슬픔을 느끼는 것보다는 더 즐거울 뿐 아니라, 힘, 우월성, 또는 지배의 함축적 의미를 지닌다. 잘 조절된 분노 표현은 종종 타인의 행동을 조절하거나 변화시키는 강력한 방법이다. 따라서 분노 표현은 인지적 결과가 뒤따르는데, 환자는 자신을 더 우호적인 방식으로 지각하게 된다. 그럼에도 불구하고 분노 표현은 종종 환자 자신에 의해서 부정적으로 간주되고 다른 사람의 분노를 유발할 수도 있기 때문에, 치료적 진전을 위한 항상 신뢰할 만한 수단은 아니다.

마지막으로, 불쾌한 기분에 대한 환자의 역치를 높이는 기법을 사용할 수 있다. 예를 들어, 치료자와 중요한 타인은 환자가 잠재적으로 흥미로운 어떤 활동에 참여하도록 함으로써, 환자가 슬픈 감정에 빠져 지내는 것으로부터 주의를 전환하게 할 수 있다. 이때 활동의 선별은 임의적이어서는 안 되고, 환자와 협력적으로 계획할 필요가 있으며, 종종 상당한 독창성이 요구된다.

치료자는 환자에게 불쾌한 감정에 빠져들기보다는 이를 무시함으로써 심리적 고통에 대한 그의 역치를 높일 수 있다는 것을 강조할 수 있다. 치료자는 또한 환자에게 불쾌한 감정은 보통 정점으로까지 올라갔다가 이내 감소하는 경향을 보인다는 것을 알려 줄 수 있다. 불쾌한 감정이 최고조에 다다랐을 때, 환자는 그것이 머지않아 점차로 감소하거나 멎을 것이라고 예측할 수 있다. 불쾌한 기분이 일시적일지라도 멎을 것이라고 예상할 수 있는 능력은 그의 무력감과 취약하다는 느낌을 감소시킨다. 일시적일지라도 고통으로부터 잠시 안식할 수 있을 것이라는 기대는 그 고통을 좀 더 견딜 만한 것으로 만들 수 있다.

숙달 및 즐거움 치료

또 다른 중요한 표적은 만족감의 결핍이다. '강화물 효과의 상실'은 다음과 같이 이론적으로 설명될 수 있을 것이다. 즉, 환자의 부정적인 인지적 세트 때문에, 환자가 자신의 경험에 대해 긍정적인 의미를 부여하는 것이 어렵다는 것이다. 그럼에도 불구하고 우울한 환자들은 그가 회상하거나 보고하는 것보다 실제로는 즐거운 경험을 더 많이 한다는 임상적 증거들이 많이 있다(Rush, Khatami, & Beck, 1975). 회상에서의 이러한 선택적 차별성은 "나는 더 이상 어떤 것도 즐겁지 않아."와 같은 태도로부터 나타난다. 이러한 태도는 그가 즐거운 경험을 통합하는 데 실패하면서 더 굳건해진다. 따라서 그의 즐거움은 찰나적일 뿐, 그의 지배적인 기억은 불쾌한 경험들로 이루어지게 된다. 만일 환자가 기꺼이 하루의 사건들을 체계적으로 기록하고 자신이 경험한 만족감의 정도에 따라 이들을 평정하려고 한다면, 그는 자신이 기대한 것보다 즐거운 경험을 훨씬 더 많이 한다는 것을 알게 될 것이다.

환자가 긍정적 경험에 민감해질 수 있도록 돕는 많은 기법들이 있다. 치료자는 중요한 타인의 도움을 통해서, 환자가 즐거운 사건들을 회상할 수 있도록 도울 수 있다. 예를 들어, 환자가 당시에는 즐겁다고 인정했지만 이제는 남의 도움 없이는 회상할 수 없는 최근의 즐거운 사건들을 배우자의 보고를 통해서 알려 줄 수 있다. 면접 회기 동안의 회상은 실제적으로 환자의 기분을 향상시킨다(Rush, Khatami, & Beck, 1975).

또 다른 기법은 환자가 깨어 있는 시간 동안의 활동을 시간 단위로 기록하도록 하는 것이다. 우리는 환자에게 이렇게 기록된 각각의 활동에 대해서 그가 느낀 즐거움의 정도에 따라서, 그리고 숙달의 정도에 따라서 숫자로 평정할 것을 요구하였다. 환자들은 자신이 숙달 또는 즐거움을 실제로 경험한 횟수가 생각보다 더 많음을 깨닫게 되면서, 더 지속적인 만족감을 느끼기 시작하였다. 특히 숙달 경험을 인식하고 이름 붙이고 회상하는 것은 환자의 유능감과 대처능력을 향상시키는 데 중요하다. 골치 아픈 문제들을 다루려고 할 때 환자는 자신의 대처능력을 동원한다. 만일 환자가 체계적인 코딩 기술을 통해 이러한 성공 경험을 통합할 수 있다면, 그는 긍정적인 자기상을 더욱 강화할 수 있다. 숙달 경험의 통합은 점진적인 과제부여 프로그램을 시행하는 데 있어서도 매우 중요하다.

한 위축되고 우울한 대학생은 치료자와 협력하여 해야 할 과제의 목록을 작성하였다. 목록은 그 과제를 수행할 때 부과되는 어려움 또는 스트레스의 정도에 따라서 점진적인 순서로 배열되었다. 예를 들면, 첫 주 동안 그는 어려움의 수준이 점증하는 순서로 다음과 같은 과제들이 부여되었다. 첫째, 서점에 가서 수업을 위한 교재들을 사기, 둘째, 하루에 한 시간씩 도서관에서 공부하기, 셋째, 몇몇 오랜 친구들에게 전화하여 이야기를 나누기, 넷째, 기한이 지난 보고서의 개요를 잡기, 다섯째, 보고서 작성을 위한 자료를 검색하기, 여섯째, 보고서의 첫 번째 초안을 작성하기 등이다.

비록 이러한 과제들이 하찮아 보일 수도 있지만, 오랜만에 처음으로 성취감을 경험한 환자에게는 이들을 성공적으로 완수하는 것이 일련의 승리의 기쁨을 가져다주었다.

치료자는 우울증 이전에는 환자에게 만족감을 주었지만 그가 이제는 하지 않는 활동들의 목록을 제시함으로써, 환자의 삶에 더 많은 만족감을 가져오려고 노력할 수 있다. Lewinsohn(1974b)은 좋은 기분과 가장 높은 상관을 보인 10개의 활동들을 선택하였다. 환자가 이러한 즐거운 활동들에 참여할 때, 그 활동에 들인 시간에 비례하여 환자에게 치료시간을 늘려 주었다. 그는 이처럼 치료시간을 환자의 활동 수준을 증가시키기 위한 보상으로 활용하였다.

과제 참여에 대한 '보상'은 환자가 과제를 성공적으로 완수한 것에 대해 친구 또는 가족이 칭찬하거나 인정해 주는 것을 통해서 주어질 수 있다 (Gathercole, 1972). 또한 명시적인 자기강화는 점진적 과제부여의 가치를 증진시킬 수 있다. 환자는 자신이 목표를 달성한 것에 대해서 스스로 자신의 활동 기록표에 'A'라는 점수를 주거나(Rush, Khatami, & Beck, 1975), 스스로를 칭찬하거나, 자신이 좋아하는 것을 하거나, 일정한 수의 포커 칩과 같은 상징적인 보상을 자신에게 줌으로써(Jackson, 1972), 스스로를 강화할 수 있다.

환자가 자신의 삶을 회고하면서 특히 성공적인 경험과 즐거운 경험에 주의를 기울이도록 하는 것은 종종 유용한 결과를 낳는다. 환자는(또한 치료자도) 자신이 우울해지기 전까지는 비교적 성공적이고 즐거운 삶을 영위했다는 것을 발견하고는 종종 놀라곤 한다. 그러나 그의 부정적인 인지적 세트 때문에, 그는 과거를 전반적으로 재구성하면서 긍정적인 경험들을 배제하였을 것이다.

심상 기법을 사용하여 숙달 또는 즐거움을 포함하는 과거의 일화를 재생할 수도 있다. 환자는 과거의 어떤 구체적인 긍정적 일화가 마치 지금 일어나고 있는 것처럼 상상하면서, 그 실제 일화에 포함된 즐거운 정서를 다시 포착할 수 있다. 또한 환자가 사건을 부정적인 방식으로 해석하는 경향을 깨달을 수 있도록 돕기 위하여 심상 기법이 사용될 수도 있다. '시간 투영(time projection)' 기법(Lazarus, 1968; Beck, 1970c)은 현재의 '외상적인' 상황에 대한 더 확장된 관점을 제공하기 위해 사용된다. 환자가 현재 상황으로 괴로워하고 있을 때, 치료자는 그에게 먼 미래의 시점에서 그 상황을 시각화하여 보라고 지시한다. 미래의 관점에서 문제를 상상할 때, 그 문제는 종종 적절한 크기로 줄어든다.

물론 환상 유도 기법을 모든 우울증 사례에 적용할 수 있는 것은 아니지만, 그 기법은 종종 도움이 된다. 어떤 사례들에서는, 외상 사건에 대한 심상을 반복적으로 떠올리면 그와 연관된 고통이 완화될 수 있다. 다른 사례들에서는, 미래의 재앙에 대한 예상을 반복적으로 시각화하면 그 사건에 대한 파국적 기대가 현실에 걸맞은 수준으로 줄어들 수 있다(Beck, 1967).

외부적 요구의 과장

많은 우울한 환자들은 삶의 일상적인 문제들에 압도당하는 느낌을 받는다. 우울하지 않을 때는 흥미로운 도전으로 여겨졌던 책임이 이제는 더 이상 짊어질 수 없는 무거운 짐처럼 느껴진다. 어떤 환자들은 이러한 압도적인 부담에 짓눌려서, 자살만이 유일한 탈출구라고 생각한다. 그러나 문제들에 대해 함께 논의하면서, 그는 자신이 문제의 크기와 중요성을 과장했다는 것을 깨닫게 된다. 환자는 합리적인 탐색을 통해서 자신의 시각을 다시 회복하고, 무엇을 해야 하며 어떻게 그것을 해야 하는지를 정의하는 일에 착수한다. 치료자는 일반적으로 주도권을 가지고, 환자가 해야 할 일의 목록을 만들고, 우선순위를 정하고, 적절한 행동과정을 계획하는 것을 도와야 한다.

계획의 실행이 자기패배적인 생각에 의해 좌절될 수 있기 때문에, 치료자는 이러한 부정적 사고를 이끌어 내기 위해서 앞서 기술한 인지적 시연 기법을 사용할 수 있다. 예를 들어, 한 우울한 주부는 시장 보는 것을 생각하면 머리가 마비되는 것을 느꼈다. 환자와 함께 쇼핑 목록을 작성한 후에, 치료자는 환자에게 슈퍼마켓에 가는 것을 상상하도록 지시하였다. 상상 속에서, 그녀는 어떤 물건을 고르려고 할 때마다 자신의 우유부단함 때문에 좌절을 느꼈다. 그녀의 우유부단함은 자신이 잘못된 결정을 내릴지도 모른다는 생각의 흐름에서 비롯되었음이 드러났다. 이러한 자기의심이 치료시간에 다뤄지면서, 그녀는 쇼핑 목록에 있는 각각의 물건을 성공적으로 사는 상상을 할 수 있었다.

그녀는 더욱 낙관적인 기분을 느꼈고, 실제로 시장을 보는 데도 성공하였다.[2]

인지행동치료의 효과 연구

만성적이고 재발하는 우울증을 지닌 세 명의 환자들이 인지적 기법과 행동적 기법이 결합된 치료를 받았다. 행동적 기법은 주로 활동 계획표를 사용하는 것으로 이루어졌다. 인지적 접근은 주어진 활동을 할 때 드러나는 부정적 왜곡을 파악하고 수정하는 것을 목표로 하였다. 약물치료로 실제적인 도움을 받지 못했던 이 환자들은 인지행동치료를 통해 신속하면서도 지속적인 향상을 보였고, 이는 Hamilton 우울척도와 Beck 우울척도 점수에 반영되었다(Rush, Khatami, & Beck, 1975).

우울증의 행동치료에서의 최근의 혁신은 주로 고도로 구조화되고 지시적인 기법으로 구성된다[인지적 기법과 행동적 기법에 대한 문헌 개관을 위해서는 Beck & Greenberg(1974)를 보라]. 많은 사례 보고, 모의 연구, 이론 연구들은 인지적 또는 행동적 기법의 사용을 지지하고 있다(Beck, 1974; Lewinsohn, 1974b; Lewinsohn & Atwood, 1969; Lewinsohn, Shaffer, & Libet, 1969; Lewinsohn & Shaw, 1969; Lewinsohn, Weinstein, & Alper, 1970; Seitz, 1971; Wahler & Pollio, 1968). 그러나 양적인 추적 성과 연구는 아직까지는 거의 보고되지 않았다(Rardin & Wetter, 1972). 지지적인 심리치료가 항우울제 치료에 비해 우울 증상을 경감시키는 데 상대적으로 덜 효과적임을 보고한 최근 연구에서는 심리치료에서 치료적 기법을 더 세밀하게 다듬어야 할 필요가 있다는 점을 강조하였다(Klerman & Weissman, 1974).

Taylor(1974)의 통제된 연구는 인지적 및 행동적 기법의 향후 발전 가능성에 대한 긍정적 전망을 제공한다. 그는 우울증 척도에서 높은 점수를 얻은 대

---

2) 이 사례와 환상 유도 기법에 대해서는 Beck(1967)의 329~330쪽에 더 자세히 기술되어 있다.

학생 자원자들을 대상으로 몇 가지 치료적 접근을 실시하였다. 그들은 경미한 수준에서 중간 수준의 우울증을 보였다. 각 집단마다 7명의 피험자가 배정되었다. 각 피험자는 3주의 기간 동안 일주일에 두 차례씩 치료를 받았다. 그 결과, 인지치료 또는 행동치료를 받은 피험자들은 대기자 통제집단보다 유의미한 향상을 보였다. 이에 더하여, 인지치료와 행동치료를 **결합한** 치료는 각각의 단독치료보다 유의미하게 더 효과적인 결과를 보여 주었다.

Shaw(1974)의 양적 연구는 임상 집단에서의 인지치료의 효과성을 보여 준다. 그는 전통적인 치료가 실패한 후 가정의에 의해서 정신과 외래 클리닉으로 의뢰된 우울증 환자들을 대상으로 인지치료를 적용하였다. 환자들은 5주 동안 일주일에 두 차례씩 총 10회기의 개인치료를 받았다. 5주의 치료가 끝났을 때 7명 중 6명의 환자에게서 의미 있는 향상이 나타났고, 10주 후의 추수 평가는 평균 우울 점수가 경미한 우울 범위 이내로 유지되고 있음을 보여 주었다.

Shaw(1975)는 한 통제된 연구에서, 우울증 때문에 도움을 얻고자 학생건강 진료소를 찾아온 대학생 집단을 대상으로 세 가지 유형의 집단치료를 실시하여 위와 비슷한 결과를 얻었다. 그는 인지치료 집단, 행동치료 집단, 비지시적 치료집단, 대기자 통제집단에 각각 8명의 환자를 무선적으로 배정하였다. 세 가지 치료집단은 각각 4주 동안 주 2회기씩(1회기는 2시간), 총 8회기(16시간)를 만났다. 세 가지 치료집단은 대기자 집단보다 치료 후 측정치에서 유의미한 향상을 보였다. 인지치료 집단은 행동치료 집단보다 우울증 척도에서 거의 두 배의 향상을 보여 주었는데(인지치료 집단은 29점에서 12점으로, 행동치료 집단은 26점에서 17점으로 변화함), 이는 통계적으로 유의미한 차이였다.

펜실베이니아 대학교의 우리 연구팀은 만성적으로 또는 간헐적으로 우울한 자살 시도 외래환자들을 대상으로 인지치료의 효과성을 검증하기 위한 일련의 연구를 수행하였다. 이 두 개의 체계적 연구에는 정신과 레지던트들이 치료자로 참여하였다. 환자들은 잘 치료되지 않는 단극성 우울증을 겪고 있었다. 첫 우울증 발병 후 경과기간의 평균은 8년이었고, 현재 일화의 지속기간의 중앙값은 6개월이었다. 모든 환자들은 우리 클리닉에 의뢰되기 전에 시행된 치료에서 만족할 만한 반응을 보이지 않았다. 첫 번째 연구에서는, 23명의 환자들이 6명의 정신과 레지던트에게 최대 20주 동안 최대 20번을 방문하여 치료를 받았는데, 마지막까지 치료에 남은 환자들 중에서 향상을 보인 비율은 70퍼센트였다. 우리는 경험에 근거하여, 더 짧은 기간에 더 자주 방문하는 것이 더 나은 결과를 만들어 낸다는 것을 알 수 있었다.

두 번째 연구는 31명의 외래환자들을 대상으로 이루어졌는데, 효과가 입증된 항우울제(imipramine) 약물치료와 인지치료의 효과를 비교할 수 있도록 설계되었다. 첫 번째 연구와는 대조적으로, 이 연구에 참여한 환자들은 최대 12주 동안 일주일에 두 번씩 치료자를 방문하였다. 방문의 빈도는 치료 종결이 가까울수록 줄어들도록 하였다. 몇 가지 흥미로운 발견은 다음과 같다.

1. 심리치료 집단과 약물치료 집단은 모두 치료에 유사하면서도 신속한 반응을 보여 주었다. 12주가 지나고, 심리치료를 받은 12명의 환자들 중에서 10명은 완전히 회복되었고, 1명은 현저한 향상을 보였으며, 1명은 중간 정도의 향상을 보였다. 약물치료를 받은 18명의 환자들 중에서는 5명이 부작용이나 다른 이유로 치료 도중에 탈락한 반면, 심리치료 집단에서는 탈락자가 없었다.

2. 심리치료 집단의 환자들은 약물치료 집단의 환자들보다 절망감의 정도에서 더 빠른 향상을 보였다. 절망감은 자살 위험의 한 지표이기 때문에, 이러한 심리치료가 약물치료보다 자살 위험의 기간을 단축시키는 데 더 효과적이라는 결론이 가능할 것이다.

3. 첫 6주의 치료기간 동안, 주 2회의 치료를 받은 환자들이 첫 번째 연구에서 주 1회의 치료를 받은 환자들보다 두 배 더 빠른 향상을 보였다.

4. 6개월 후의 추적 연구에서, 심리치료 집단의 환자들은 약물치료 집단의 환자들보다 치료 효과를 더 잘 유지하였고 임상적 경과도 더 좋았다(Rush, Beck, et al., 1975).

　요약하면, 인지 왜곡과 기저의 부적응적 태도를 수정하는 데 다양한 기법들을 활용할 수 있다. 최근의 통제된 성과 연구들은 이러한 기법들의 효과성을 입증해 주고 있으며, 우울한 환자들을 위한, 경험적인 근거에 기초한 심리치료의 발전과 일반적인 수용에 대하여 밝은 긍정적 전망을 제공해 주고 있다.

인지치료와 정서장애

제12장

인지치료의 지위

> 모든 위기는 한 패러다임이 희미해지고, 이에 따라 정상적인 연구의 규칙이
> 느슨해짐으로 시작된다. 한 위기는 새로운 패러다임의 후보자가 출현하고, 그
> 것의 수용을 놓고 잇따라 싸움이 일어남으로써 끝날 수 있다.
>
> – Thomas S. Kuhn

심리치료의 평가: 기준

심리치료의 과잉을 고려할 때, 인지치료를 위한 공간이 있는가? 현재의 인기 있는 심리치료 체계들은 현존하는 기준을 얼마나 잘 충족하고 있는가? 인지치료는 심리치료의 진화과정에서 진보를 보여 주는가, 아니면 단지 조기에 소멸될 운명을 타고난 또 다른 돌연변이에 불과한가?

심리치료들을 평가하기 전에, 우리는 심리치료 체계와 기법들의 단순한 군집 간을 구별해야 한다. 하나의 심리치료 체계는 그것이 치료하고자 하는 심리장애를 이해하기 위한 체제, 그리고 치료의 일반적인 원칙과 구체적인 절차에 대한 명확한 청사진을 제공한다. 잘 발달된 체계는 (1) 정신병리에 대한 포괄적인 이론 혹은 모델[1], 그리고 (2) 이 모델과 관련된 치료 기법에 대한 상세한 기술과 안내를 제공한다.

정신병리 이론을 평가하는 기준

1. 이론은 좋은 과학이론의 요구조건을 충족해야 한다. 즉, 그 영역 내의 현상을 최소한의 복잡성을 가지고 설명해야 한다. 절약성의 법칙에 따르면, 최고의 이론은 가장 단순한 개념을 사용하여 대부분의 자료를 설명하는 것이다. 이에 더하여, 이론은 내적인 비일관성으로부터 비교적 자유로워야 하며, 그 기본 가정과 가설은 서로 논리적으로 일관되어야 한다.

2. 정신병리 이론은 그 동류의 심리치료와 밀접하게 관련되어 있어서, 그 정신병리 이론에서 어떻게 치료 원리가 논리적으로 파생되는지가 분명해야 한다.

3. 이론은 거기에서 파생된 치료 기법이 왜 효과적인지를 이해하기 위한 기초를 제공해야 한다. 치료가 작용하는 논리적 근거와 양식이 그 이론 내에 내포되어 있어야 한다. 달리 표현하면, 그 이론은 대안적인 이론들에 비해서 치료 효과에 대해 더 만족스러운 설명을 제공할 수 있어야 한다. 의학의 역사는 부정확한 이론 혹은 미신에 기초한 효과적인 치료의 예들로 가득 차 있다.

4. 그 이론은 느슨해지거나 복잡해지지 않고도 새로운 기법의 개발을 허용할 수 있을 만큼 충분히 유연해서, 어떤 치료자가 즉석에서 만들어 적용하고자 하는 어떤 기법이 있다면 이에 대한 정당성을 친절하게 제공할 수 있어야 한다.

5. 과학적인 모델에 대한 중요한 도전은 그것이 얼마만큼 입증된 증거에 기

---

1) 여기서는 '이론'과 '모델'을 구분 없이 사용할 것이다. 좋은 이론의 속성에 대한 포괄적인 기술은 Ep-stein(1973)에 제시되어 있다.

초하고 있는가 하는 것이다. 이와 관련하여, 그 가정, 공리 및 가설이 어느 정도로 체계적인 조사와 실험을 통해 검증될 수 있는가 하는 것도 중요하다.

심리치료 체계를 평가하는 기준

1. 심리치료 절차의 체계가 잘 정의되고 분명하게 기술되어 있어야 한다.
2. 유사한 환자들의 동일한 문제를 다루는 서로 다른 치료자들이 유사한 기법을 사용할 수 있을 만큼 일반적인 치료 원리가 충분히 분명하게 표현되어 있어야 한다. 이에 더하여, 초심 치료자가 각 환자에 대해서 동일한 공식을 따르는 자동 로봇처럼 치료를 진행하지 않을 만큼 치료의 청사진이 충분히 명확하고 포괄적이어야 한다.
3. 치료 원리의 타당성을 지지하는 경험적인 증거가 있어야 한다. 예를 들어, 어떤 치료가 추정상으로 유아기 혹은 아동기의 외상적 일화를 '다시 살리는' 기법에 기초하고 있다면, (1) 그러한 일화가 실제로 발생하였고, (2) 그것이 외상적이었으며, (3) 그것이 환자의 현재 문제에 기여하고 있고, (4) 그 일화의 재경험이 그의 현재 문제를 해결하는 데 도움이 된다는 증거가 있어야 한다.
4. 치료 효과에 대해서 다음과 같은 경험적인 지지가 있어야 한다. (1) 치료에서 사용된 것과 동일하거나 유사한 절차가 고도로 통제된 조건하에서 피험자에게 적용되는 모의 연구. (2) 치료의 각 단계와 추적 단계에서 향상을 보여 주기 위해 양적인 측정치를 사용한 단일 사례 연구. (3) 양적 측정치, 통제집단, 독립적인 평정자의 평정, 장기추적측정 등을 포함한 잘 설계된 치료 비교 연구. 자발적 회복이나 암시에 의한 '치유'와 같은 잘 알려진 현상에 비추어 볼 때, 우리가 어떤 치료의 가치를 판단하기 위해서는 치료자의 주장이나 환자의 증언 이상의 것이 요구된다.

현재 인기 있는 치료들 중에서 단지 일부 치료들만이 심리치료 체계를 위한 최소한의 요구조건을 충족하고 있다. Rogers의 치료, 즉 내담자중심치료는 그 규정된 절차들이 상당히 구체적이지만, 정신병리에 대한 포괄적인 모델은 명시적으로 피한다(Rogers, 1951). 그 치료 기법들은 (극히 소수의) 이론적 전제들과 밀접하게 연결되어 있고, 치료 원리는 쉽게 검증이 가능하다. 많은 수의 연구들은 최소한 어떤 장애들에 대해서는 이러한 형태의 치료가 유익한 효과가 있음을 보여 주고 있다.

상당한 대중의 관심을 끌어온 다른 치료들은 경험적 및 이론적 기초가 약하다. 교류분석(Berne, 1961), 게슈탈트치료(Perls et al., 1951), 원초치료(primal therapy; Janov, 1970), 그리고 현실치료(Glasser, 1965)는 비슷한 한계를 보인다. 정신병리 이론이 빈약하거나 결여되어 있고, 치료 원리를 지지하는 실험적인 증거를 제공하지 않으며, 특정 기법의 효과성을 보여 주는 잘 설계된 연구가 거의 없다. 결과적으로, 이러한 치료 접근들은 하나의 심리치료 체계로서의 요구조건을 충족할 만큼 충분히 발전하지 않은 것으로 보인다.

이와 비교하여, 인지치료, 정신분석 및 행동치료는(이들보다는 적은 정도로, 내담자중심치료 또한) 하나의 심리치료 체계로서의 기준을 충족하고 있다. 인지치료의 이론과 기법에 대해서는 이 책 전반을 통해서 제시하였고, 이 장에서는 인지치료의 경험적 기초를 검토할 것이다. 또한 인지치료를 정신분석 및 행동치료와 비교할 것이다. 마지막으로, 하나의 심리치료 체계로서의 인지치료의 현재 지위를 평가할 것이다.

치료의 인지적 체계

정신병리에 대한 인지 모델 및 이 모델과 관련된 치료 원리를 검증하기 위하여, 수많은 경험적 연구들이 수행되었다. 이 이론과 치료의 모든 측면을 타당화하기 위해서는 앞으로 더 많은 연구가 필요하겠지만, 지금까지의 연구는

이 이론과 치료의 많은 측면을 지지하고 있다.[2]

이 이론의 핵심 속성은 개인의 사고내용이 그의 기분에 영향을 미친다는 것이다. 많은 연구들은, 피험자가 자기고양적 또는 자기비하적 내용의 생각에 초점을 맞추도록 유도하면 그는 각각 고양된 기분 또는 슬픔을 경험한다는 것을 보여 준다(예를 들어, Velten, 1967; Coleman, 1970).

의미가 한 상황에 대한 감정 반응을 결정한다는 개념은 Pastore(1950, 1952)에 의해 지지되었다. 그는 좌절 그 자체가 아니라 좌절을 준 사람에게 원인을 돌리게 되면 분노가 유발된다는 것을 보여 주었다. Lazarus와 그의 동료들(1966)은 동일한 상황을 위협적인 것으로 또는 무해한 것으로 개념화하면 각각 불안 또는 중성적 반응이 유발된다는 것을 보여 주었다.

특정 상황에서 불안을 경험하는 사람들에 대한 연구는 자기신호 혹은 자동적 사고가 어떻게 불안의 유발에 기여하는지를 잘 보여 준다. 예를 들면, Meichenbaum, Gilmore 및 Fedoravicius(1971)는 자동적 사고가 발표불안을 일으키는 것뿐 아니라, 발표불안이 인지치료에 의해서 감소된다는 것을 보여 주었다. Meichenbaum은 자신의 연구 결과를 시험불안을 포함한 다른 문제들로까지 확장하였다. 또한 또 다른 연구들은, 시험을 걱정하는 학생들에게서 부정적 사고가 불안을 유발한다는 것을 보여 주었다(Liebert & Morris, 1967; Marlett & Watson, 1968). 이와 유사하게, Horowitz와 그의 동료들(1971)은 스트레스에 뒤따라서 자동적 사고들이 강박적으로 침투한다는 것을 보여 주었다.

우리의 연구는 우울증에서의 인지요인의 역할을 잘 보여 준다.[3] 우리의 연구는 또한 미래에 대한 비합리적인 생각이 자살 행동에 기여하는 역할을 잘 보여 준다(Beck, Kovacs, & Weissman, 1975; Lester & Beck, 1975). 다른 연구들은 불안 신경증 환자들(Beck, Laude, & Bohnert, 1974)과 공포증 환자들

---

2) Mahoney(1974)는 인지치료의 이론적 기초를 직간접으로 지지하는 400편 이상의 연구를 개관하고 있다. 또한 이보다 훨씬 더 폭넓은 목록이 Ellis와 Murphy(1975)에 제시되어 있다.

3) 5장과 11장, 그리고 Seligman(1974)과 Beck(1974)을 보라.

(Beck & Rush, 1975)에게서 불안을 경험하기 직전에 위험에 대한 시각적 환상이나 언어적 생각이 존재한다는 것을 보여 주었다. 이러한 체계적인 연구들은 신경증에 대한 인지모델의 주요 원리, 즉 어떤 생각이나 시각적 심상이 부적절하거나 과도한 불안이나 우울의 유발에 기여한다는 원리가 타당하다는 것을 잘 입증해 주고 있다.

많은 통제된 연구들은 인지치료의 효과성을 보여 주고 있다.[4] Ellis(1962, 1971)에 의해서 창시된 합리적 정서치료의 특수한 기법들을 통해서, 또는 이 책에 기술된 다양한 기법들을 통해서 다양한 신경증이 성공적으로 치료되고 있다는 사실은 인지치료의 타당성을 입증해 준다.

통제된 연구들은 인지치료를 통해서 대인불안 및 일반적 불안(DiLoretto, 1971)과 시험불안(Maes & Haimann, 1970)이 감소된다는 것을 보여 주었다. Karst와 Trexler(1970), 그리고 Trexler와 Karst(1972)는 대중연설불안에서 인지치료의 효과를 보여 주었다. Meichenbaum과 그 동료들의 시험불안 및 대중연설불안 치료에 대한 연구는 이미 언급한 바 있다.

Taylor(1974), Shaw(1975), 그리고 Rush, Beck 등(1975)의 잘 통제된 연구들은 우울증에 대한 인지치료의 효과성을 잘 보여 주었다. 또한 약물치료와 전통적인 심리치료에 잘 반응하지 않는 만성 우울증 환자들이 인지치료에는 반응적임이 밝혀졌다(Rush, Khatami, & Beck, 1975).

인지치료에 대한 통제된 연구의 두드러진 특징은 치료가 주로 이론에 의해서 지시된다는 점이다. 치료 매뉴얼은 치료전략이 어떻게 인지 모델로부터 도출되는지를 명확히 묘사해 준다. 더욱이, 치료의 결과로 나타나는 다양한 태도척도와 증상척도에서의 변화는 증상 개선이 사고 변화에서 비롯된다는 치료 원리를 분명하게 증명해 주고 있다. 인지치료 체계를 지지하는 증거들을 검토해보면서, 우리는 인지치료의 이러한 특성들이 다른 심리치료 체계들에서도 공통적으로 나타나는지 질문해 보게 된다.

---

4) 인지치료의 성과 연구에 대한 포괄적인 개관을 위해서는 Mahoney(1974)를 보라.

정신분석과의 비교

　　정신분석과 인지치료는 많은 부분에서 서로 겹친다. 두 치료에서 환자는 자신의 사고, 감정 및 소망을 내성적으로 관찰하여 보고하도록 요구된다. 심리내적 문제에 대한 치료자의 개념화는 이러한 자료를 기초로 형성된다. 이러한 의미에서, 두 치료는 모두 통찰치료(insight therapy)이다.

　　통찰은 사고, 감정 및 소망을 파악하고, 이들 간의 관계를 심리적으로 연결하는 것으로 이루어지는 인지과정이다. 이에는 삶의 사건과 심리적 반응 간의 의미 있는 관계를 확인하는 것이 포함된다. 치료자는 감정 반응과 부적응적 행동의 다양성을 설명할 수 있는 기본 패턴을 그려 내려고 노력한다. 인지치료와 정신분석은 모두 개인이 환경, 다른 사람, 그리고 내적 경험에 부여한 의미를 밝히는 데 관심을 갖는다. 심리내적 현상을 파악하고 이해를 얻으려는 두 치료에서의 중심적인 과정은 모두 **인지과정**이다.

　　이에 더하여, 두 치료는 구조적인 변화를 이루려 한다. 행동치료와 달리, 통찰치료는 개인의 비정상적인 반응의 지속적인 변화를 가져오기 위해서는 단순히 나쁜 습관을 없애는 것보다는 더 뿌리 깊은 성격의 변화가 요구된다고 가정한다. 통찰치료는 환자가 자신의 욕구와 추동을 더 잘 조화시키고 외적 요구와 어려움을 더 성공적으로 다룰 수 있도록 성격 구조를 재편성하려 한다. 이러한 목표를 달성하고 미래에 발생할 수 있는 다른 스트레스에 환자를 준비시키기 위해서, 치료자는 환자가 이미 지니고 있는 문제해결 기법의 사용을 방해하는 그의 성격요소들을 제거하거나 감소시키려고 한다.

　　정신분석과 인지치료는 모두 비현실적 사고를 낳는 인지 조직을 수정함으로써 구조적인 변화를 이루려 한다. 정신분석에서의 미성숙한 사고에 대한 관심은 프로이트(1900)의 일차 과정(primary process)의 개념으로까지 거슬러 올라간다. Sullivan(1954)은 그와 같은 생각을 '병렬적 왜곡(parataxic distortion)'이라고 불렀다. 인지치료는 정신분석보다 비현실적 사고를 수정하려는 목표에 대해 훨씬 더 명시적이다. 인지치료자는 정신분석가보다 잘못된 인지 반응(자동적 사고)과 그 기저의 믿음 체계를 탐색하고 파악하고 검토하는 데 있어서 더 세심하다.

인지치료와 정신분석은 모두 심리내적 문제들에 대한 '훈습(working through)'에 의존한다. 두 치료에서 이러한 반복적인 작업의 구체적 성격은 서로 다르지만, 서로 간에 공통적인 요소가 있는 것으로 보인다. 분석가가 지속적으로 무의식적 환상과 동기, 그리고 통찰에 대한 '저항'을 해석할 때, 그는 끊임없이 환자의 부적응적 태도를 조금씩 침식하고 있는 것이다. 비현실적 태도에 대한 그의 공격은 간접적이지만, 그럼에도 불구하고 강력할 수 있다. 분석가가 관찰을 하거나 탐색적인 질문을 던질 때, 그는 그 태도가 비현실적임을 암시하여 환자로 하여금 그 태도의 타당성에 의문을 제기하도록 유도하고 있는 것이다. 예를 들어 보자. (1) "나는 당신이 왜 모든 권위자들을 전능하다고 생각하는지 궁금하네요." (2) "당신은 더 공격적이 되는 것에 대한 생각을 억압하는 것 같아요." (3) "당신이 아버지에 대해 적대감을 느끼고 어머니에 대해 성적 매력을 느끼는 것에 대해 자식으로서 죄책감을 느낀다고 해서, 당신이 왜 자신을 무가치한 사람으로 여기는지 모르겠어요."

이와 같은 말에 직면할 때, 환자는 자신의 뿌리 깊은 믿음을 검토하기 시작하는 것 같다. 분석가의 탐색적인 질문은 환자가 자신의 비합리적인 사고에 도전하도록 격려하는 역할을 한다. (1) '내가 교수님은 강하고 나는 약하고 무력하다고 생각하는 것은 아마도 잘못되었을 수도 있어.' (2) '공격적이 되는 것은 내가 생각하는 것처럼 위험하지 않을 수도 있어.' (3) '분석가는 분명 나를 무가치한 사람으로 여기지 않고 있어. 나는 단지 어린 시절에 일어난 일 때문에 스스로를 무가치하다고 **생각하고** 있는 거야.'

다음 사례는 해석이 (그것이 정확하든 그렇지 않든) 어떻게 자신의 비합리적인 생각을 다른 빛에서 보게 하는지를 잘 보여 준다. 고소공포증이 있는 한 환자는 분석가에게서 다음과 같은 해석을 들었다. "당신이 빌딩 꼭대기에 올라가는 것을 두려워하는 것은 당신이 직업의 꼭대기에 다다르는 것을 두려워하는 것에 기초합니다. 당신은 무의식적인 수준에서 당신이 꼭대기에 도달하면 거세당할 것이라는 것을 두려워하고 있습니다. 어린 시절, 당신은 아버지를 능가하면 그가 당신의 성기를 자를지도 모른다고 두려워했습니다. 이제는 어떤 성공이 이와 동일한 의미를 지니고 있습니다."

나와의 논의가 이어지면서, 그 환자는 그의 분석가의 해석에 대해서 다음과 같은 생각을 했다고 보고하였다. "나는 진정 빌딩 꼭대기에 올라가는 것을 두려워하지 않아. 나는 내 성기가 거세되는 것을 두려워하고 있어. 정말 어리석은 일이야." 이러한 추리과정을 통해서 그는 실제 객관적인 위험은 존재하지 않는다는 것을 스스로 확신하였다. 그는 엘리베이터를 타고 빌딩 꼭대기에 올라가는 실험을 해 보려는 동기가 생겨났다. 그는 이 실험을 하면서 불안을 느낄 때마다, 스스로에게 다음과 같은 말을 반복적으로 하였다. "나는 두려워할 필요가 없어. 나는 그저 거세당하는 것에 대한 심적 부담을 가지고 있을 뿐이야."

무의식적 의미에 대한 정신분석적 탐사와 해석의 효능은 **의식적** 믿음에 대한 설득력 있는 공격 안에 있을 수 있다. 결과적으로, 환자는 그의 잘못된 개념을 서서히 잠식하는 일련의 단계를 거치게 된다. 첫째, 그는 '모든 권위자는 전능하다, 공격성은 위험하다, 나는 무가치하다, 높은 곳은 위험하다'와 같은 개념으로 구성되는 폐쇄된 믿음 체계를 점검을 위해 개방한다. 자신의 염려가 비합리적일 수 있을 거라는 자신감이 뒷받침되어, 그는 권위적 인물에 더 주장적이고, 더 공격적이며, 엘리베이터를 타는 데 더 용기를 낼 수 있게 된다. **긍정적인 행동**을 취한 결과로, 그는 자신의 부정적 기대가 잘못되었음을 알게 된다. 이러한 행동의 반복은 실제적인 학습 경험을 제공하며, 이에 따라 그의 잘못된 개념을 수정하게 된다.

인지치료는 많은 정신분석적 개념을 차용하고 변용하지만, 이 두 심리치료 체계들 간에는 뚜렷한 차이가 있다. 정신분석과 달리, 인지치료는 의식적 경험으로부터 즉각적으로 도출할 수 있는 것을 다룬다. 인지치료자는 환자의 생각에서 숨은 의미를 찾지 않는 반면, 정신분석가는 그 숨은 의미를 무의식적 환상의 상징적 변환으로 취급한다. 환자의 의식적인 생각에 가까이 머묾으로써, 인지치료자는 분석가에 비해 어떤 이점을 지니게 된다. 첫째, 논의가 본질적으로 환자의 인식 내에 있는 개념을 중심으로 이루어지기 때문에, 치료자의 추론, 연결 및 일반화는 환자에게 쉽게 이해할 수 있는 것이 된다. 이에 따라, 환자는 그 개념화를 의식적 경험에 직접적으로 맞추거나, 자료에 맞게 그 개념화를 재구성한다. 치료자와 환자는 적극적으로 협력하여 환자에게 '옳게 느껴지는' 개념화를 만들어 내고, 잘 맞지 않는 개념화를 버리게 된다. 분석가의 '깊은' 해석에 비교하여, 인지치료자의 '피상적인' 개념화는 환자가 그의 경험을 통해 끊임없이 검증하고 거부하고 가다듬을 수 있다. 반면에, 무의식적 과정에 대한 분석가의 해석은 환자에 의한 비타당화와 거부를 허용하지 않는다. 사실상 해석에 대한 환자의 거부는 '저항'의 신호로 간주된다.

둘째, 인지치료에서 자료의 수집과 이용은 많은 시간을 요하지 않기 때문에, 이 접근은 단기 심리치료를 가능케 한다. 따라서 이 치료는 **경제적**이다. 많은 사례에서, 단기적이고 구조화된 인지치료는 단지 10~20회기로 진행된다(Rush, Beck, et al., 1975).

셋째, 인지치료와 인지이론의 주장은 쉽게 **연구할 수 있다**. 인지 모델과 관련된 다양한 가설을 조작적으로 정의하여 이를 실험적으로 조작하는 것은 어렵지 않은 일이다. 실험 및 상관 연구들이 쉽게 수행될 수 있으며, 그와 같은 많은 연구들이 앞에서 이미 소개된 바 있다. 이에 더하여, 효과 연구들이 쉽게 수행될 수 있는데, 왜냐하면 인지치료의 원리는 비교적 균일한 치료 절차 내에서 체계화될 수 있기 때문이다(D'Zurilla, Wilson, & Nelson, 1973; DiLoretto, 1971; Goldfried, Decenteceo, & Weinberg, 1974; Meichenbaum, 1974; Holroyd, 1975; Rush, Khatami, & Beck, 1975; Taylor, 1974; Shaw, 1975).

마지막으로, 인지치료는 정신분석보다 훨씬 더 쉽게 **가르칠 수 있다**.[5] 인지치료의 대부분의 개념은 인간 본성에 대해 일반이 공유하는 개념과 일치하기

---

5) 우리는 정신과 레지던트들이나 심리학 인턴들이 두세 달의 훈련과 지도감독을 받은 후에 우울증의 성과 연구에 참여할 치료자로서의 자격을 갖출 만큼 인지적 기법에서의 충분한 효능감을 획득할 수 있다는 것을 발견하였다(Rush, Beck, et al., 1975).

때문에, 초심 치료자는 이를 쉽게 흡수할 수 있다. 또한 그 원리를 쉽게 조작적으로 정의할 수 있어서, 교사, 학생, 연구자들 간에 의사소통이 촉진될 수 있다.

인지치료는 다른 여러 면에서도 정신분석과 다르다. 정신분석이 정교한 이론적 하부구조를 가정하는 것과 달리, 인지치료는 심리적 조직화와 관련하여 제한된 수의 비교적 단순한 가정들에 의존한다. 인지치료는 원초아, 자아, 초자아와 같은 구상화된 추상적 개념의 필요성을 느끼지 않는다. 의식적 경험으로부터 멀리 떨어져 있을 뿐 아니라 의식적인 인지와는 상반되는 사고와 소망으로 이루어진, 가정된 심리조직으로서의 무의식에 대한 정신분석의 복잡한 개념은 과감하게 수정된다. 인지치료는 인식을 의식적 경험과 무의식적 경험이 구분되는 이분법으로가 아니라 하나의 연속선으로 취급한다.

인지치료는 정신분석과 마찬가지로 사건의 의미를 강조하지만, 인지치료는 숨겨진 상징적 의미가 아니라 의식적 의미에 관심을 갖는다. 예를 들어, 한 환자가 자신이 총을 두려워하는 이유는 누군가 우연히 총을 쏴서 자신이 죽을지도 모르기 때문이라고 믿을 때, 그의 이러한 믿음은 그의 두려움의 의미로 받아들여진다. 반면에, 정신분석가는 의식적 의미를 넘어서, 그가 총을 두려워하는 이유는 자기 자신의 적대감을 두려워하기 때문이라거나, 또는 총이 자신을 해칠지도 모르는 성기를 정신적으로 표상하기 때문이라고 보는 것처럼, 총에 대한 두려움이 어떤 무의식적 과정 때문이라고 주장한다. 정신분석의 명제 중 하나는 '표면의 문제'는 무의식적 갈등이 해결되면 사라진다는 것이다. 예를 들면, 분석가들은 인지 왜곡은 궁극적으로 기저의 역동에 대한 통찰과 훈습의 결과로 시들어 버리는 것이라고 믿는다.

다른 사람들이 자신에게 적대적이라고 잘못 믿고 있는 어느 환자의 예를 검토해 보자. 정신분석 이론은, 분석가가 실제로는 환자가 다른 사람들에게 적대적이라는 것(즉, 환자가 자신의 적대감을 그들에게 투사하고 있다는 것)을 반복적으로 해석함으로써 그들이 자신에게 적대적이라는 환자의 개념이 사라질 것이라고 예언한다. 반면에, 인지치료는 명시적으로 환자의 구체적인 현실 왜곡을 표적으로 삼는다. 인지치료자는 환자의 관심을 이끌어 내어서, 환자로

하여금 다른 사람들이 적대적이라는 것에 대한 증거를 검토하고, 다른 사람들의 행동을 적대적이라고 이름 붙이는 자신의 기준을 자세히 살펴보며, 그들의 행동에 대한 대안적인 설명을 고려해 보도록 한다. 그의 현실에 대한 오해석의 궁극적 원인(역사적인 선행사건의 관점에서든, 현재의 '무의식적' 뿌리의 관점에서든)을 찾는 것은 필요하지 않다. 치료자는 환자가 왜 현실을 잘못 해석하는가보다는 어떻게 잘못 해석하는가에 더 초점을 둔다.

요약하면, 인지치료 체계는 정신분석이 지니는 장점의 많은 부분을 가지고 있으면서도, 그 단점의 부분은 거의 가지고 있지 않다. 인지치료는 환자의 자유연상, 꿈, 그리고 치료자에 대한 반응(전이)에서 얻을 수 있는 유형의 사고 자료에 접근할 수 있다. 그러나 그 자료에 가까이 머묾으로써, 치료자는 정신분석의 추상적이고 이론적인 사색에 빠지는 것을 피하려 한다. 정신분석과 대조적으로, 인지치료는 환자가 쉽게 이해할 수 있고, 연구자가 쉽게 검증할 수 있으며, 학생들에게 쉽게 가르칠 수 있고, 시간과 돈의 측면에서 경제적이다.

행동치료: 인지치료의 부분집합

인지치료는 Wolpe(1969)가 생각하는 행동치료와 많은 면에서 유사하다. 행동치료는 주로 학습이론에 기초한다는 그의 주장에도 불구하고, 두 심리치료 체계는 많은 공통점을 지니고 있다. 첫째, 인지치료와 행동치료에서는 대부분의 다른 심리치료에서보다 치료적 면접이 더 구조화되어 있고, 치료자가 더 적극적이다. 환자의 문제에 대해 체계적이고 상세한 기술을 얻는 예비적인 진단적 면접이 이루어지고 난 후, 인지치료자와 행동치료자는 모두 환자가 호소하는 증상을 각각 인지적 혹은 행동적 용어로 개념화하고, 특정 문제영역을 위한 구체적인 절차를 계획한다. 치료적인 작업 영역을 상세히 계획하고 난 후, 치료자는 환자에게 그 특정 형태의 치료에서 유용한 종류의 반응과 행동에 관하여 명백하게 지도하며, 특정 치료 절차에 관하여 상세한 설명을 제공한다. 정신분석이나 내담자중심치료와 같은 '환기적인' 치료에서 그 목표가 제한 없이 열려 있는 것과 대조적으로, 이들 두 치료의 목표는 분명하게 제한 적으로 정의된다(Frank, 1961).

둘째, 인지치료와 행동치료는 외현적인 증상이나 행동문제를 직접적으로 감소시키고자 한다. 물론 구체적인 초점은 다르다. 인지치료자가 증상에 포함된 사고내용을 수정하는 데 초점을 둔다면, 행동치료자는 외현적인 행동을 변화시키는 데 집중한다.

정신분석적 치료와 달리, 인지치료와 행동치료는 유아기 기억을 회복하거나, 아동기 경험과 초기 가족관계를 추론적으로 재구성하려고 시도하지 않는다. 또한 정신분석적 심리치료에 비해, 현재 문제와 초기 발달적 사건 혹은 가족 역동의 관련성을 덜 강조한다. 두 치료는 모두 과거보다는 '지금 여기'를 더 강조한다.

행동치료와 인지치료에서 사용하는 치료 기법들 간에는 분명한 차이가 있다. 예를 들면, 행동치료자는 체계적 둔감화 기법을 적용할 때, 이완기간과 교대하여 미리 결정된 순서의 시각적 심상을 유도한다. 반면에, 인지치료자는 환자가 그의 자발적인 언어적 및 영상적 인지(자동적 사고)를 인식하도록 훈련한다. 환자는 자신의 사고와 심상을 자세히 보고한다. 이러한 자발적인 인지는 환자의 문제를 명료화하고 정의하는 데 사용된다. 인지치료자는 환자의 잘못된 개념을 적시하고 그의 왜곡된 견해를 현실 검증하기 위해서 자발적인 심상뿐 아니라 유도된 심상을 사용한다(Beck, 1970a, 1970c).

인지치료와 행동치료의 가장 중요한 차이는 치료를 통한 부적응적인 반응의 감소를 설명하기 위해 사용하는 개념에 있다. 예를 들면, Wolpe는 역조건형성 또는 상호억제와 같은 행동적 용어나 신경생리학적 용어를 사용하여 설명한다. 인지치료자는 개선과정을 태도, 믿음, 또는 사고양식의 변화와 같은 개념체계의 수정의 관점에서 개념화한다. 대부분의 행동치료자는 행동에서의 장애와 그것을 개선하기 위한 절차를 학습이론 분야에서 빌려 온 이론적 틀, 특히 고전적 및 조작적 조건형성 개념 내에서 개념화한다. 이러한 개념들은 주로 동물실험에서 유래되었기 때문에, 그것들은 유기체의 관찰 가능한 행동에 초점을 맞춘다. 사실상 행동치료에 대한 대부분의 저술들은 외부관찰자가 직접 관찰하고 측정할 수 없는 심리 상태에 대한 논의를 피하는 경향이 있다.

행동 모델에 기초한 개념과 원리는 절약성, 검증 가능성, 수량화 가능성 및 신뢰성의 장점을 가지고 있다. 그러나 이 틀은 우리가 우리 자신과 다른 사람들을 이해하는 데 흔히 사용하는 생각, 태도 등과 같은 내적 심리 상태의 개념을 잘 수용하지 못한다. 인지치료자는 이러한 내적 경험을 임상 자료로 사용한다. 더욱이 인지치료는 인지 구조(도식)가 환자의 지각, 해석 및 심상의 기저에 있으면서 이들을 만들어 낸다고 가정한다.

최근에는 몇몇 저술가들이 행동치료에서 인지과정의 중요성을 강조하였다(Bandura, 1969; Bergin, 1970; Davison, 1968; Efran & Marcia, 1973; Lazarus, 1968, 1972; Leitenberg, Agras, Barlow, & Oliveau, 1969; London, 1964; Mischel, 1973; Mahoney, 1974; Meichenbaum, 1974; Murray & Jacobson, 1969; Valins & Ray, 1967). 그러나 그들의 인지적 공식화는 대부분 짧다. 임상적 현상 및 치료 개입의 효과를 적절히 설명할 수 있으려면, 인지과정의 본질에 대한 풍부한 부연설명이 필요하다(Weitzman, 1967을 보라).

Wolpe가 시행한 치료 회기를 직접 관찰한 것에 기초하여, Brown(1967)은 행동치료에서 인지적 요인이 핵심적인 역할을 한다는 것을 분명하게 보여 주었다. Brown은 남자 성기를 보고 두려움과 역겨움을 느낀 젊은 기혼여성의 사례를 인용한다. Wolpe는 그녀에게 그녀의 두려움과 관련된 일련의 장면들, 예를 들면 50야드 떨어진 거리에 있는 나체의 어린 소년, 다양한 거리로 떨어져 있는 나체 남성 조각상 등을 시각화하도록 지시하였다. 그 여성이 한 말들은 인지적 재구성의 예를 잘 보여 주었다. 그녀는 한 장면을 상상하고는 다음과 같이 말하였다. "나는 스스로 이렇게 생각했어요. 우습지 않아? 나는 왜 조각상을 보고 괴로워하지? 살아 있는 것도 아닌데, 그저 돌조각일 뿐인데, 나하고는 아무런 관련이 없다고!"(p. 857) 회기 중에 환자가 한 다른 말들 속에서도, **태도** 변화가 그녀가 두려움을 극복한 핵심 요소였음을 알 수 있었다. 그 환자는 자주 자신의 생각이 터무니없다는 것을 깨닫고 난 후에 더 나아졌다고 말하였다.

이론적인 주제는 잠시 옆으로 제쳐 두고, 어떤 행동치료자들은 행동치료에서의 **특정한 인지적 기법**들의 핵심적 역할을 암묵적으로 인정하였다. 예를 들면, Leitenberg, Agras, Barlow 및 Oliveau(1969)는 체계적 둔감화의 효과성에서의 핵심 요소를 논의하면서, 다음과 같은 필요조건들을 언급하고 있다.

> 체계적 둔감화에서의 정확한 지시, 행동 측정에 대한 강조 및 그 구조화된 설계는 환자에게 어떤 행동에 관심을 가질지를 명확하게 정의해 주며, 치료 전반을 통해서 이러한 행동이 실제로 점진적이고 체계적인 방식으로 변화하고 있다는 명확한 증거를 제공해 준다. 환자는 그 관심 행동이 작은 단계들을 거치며 변화될 수 있고, 자신이 이에 성공하고 있으며, 회복의 길에서 있다는 것에 대해서 자신의 관찰을 통해서 지속적인 피드백을 받는다. 이러한 변화는 점진적 둔감화 절차의 이와 같은 미세한 필요조건에 의해 가능하며, 이러한 변화의 중요성은 점진적인 변화에 대한 치료자의 칭찬과 같은 강화에 의해서뿐 아니라 초기의 지시에 의해서도 환자에게 제시된다. 체계적 둔감화를 포함한 모든 단계적인 행동치료에서의 성공은 대부분 이와 같이 **스스로 관찰한** 진전의 신호에 의해 설명될 수 있을 것이다(p. 118).

이러한 중요한 기법 절차들이 인지과정을 포함한다는 것은 분명하다. 즉, 환자는 절차의 각 단계에 **적극적으로 생각하는 사람**으로 참여한다. 이러한 인지과정은 위의 인용문에서도 쉽게 발견할 수 있다. 환자는 그 치료 절차의 구체적인 요구조건을 이해해야 하고, 자신의 진전을 관찰할 수 있어야 하며, 자신의 지시 이행의 성공을 장애로부터의 회복과 연결시킬 수 있어야 하고, 그 절차의 각 단계에 중요성을 부여할 수 있어야 한다. 다른 연구자들도 체계적 둔감화에서의 성공이 자신이 향상될 것이라는 환자의 기대에 의존한다는 것을 보여 주었다(Efran & Marcia, 1972; Leitenberg et al., 1969).

템플 대학교에서 Wolpe와 그의 동료들이 시행한 치료를 체계적으로 관찰한 바에 따르면, 그들은 행동치료의 표준적인 기법에 더하여 Ellis(1962)가 기술한 많은 인지적 기법을 사용하고 있었다. 이러한 관찰은 국립정신건강연구소(NIMH)의 연구팀(Klein, Dittman, Parloff, & Gill, 1969)에 의해 이루어졌고, 또한 행동치료와 정신분석적 치료의 효과를 비교한 연구 프로젝트의 연구자들(Sloane at al., 1975)에 의해서도 이루어졌다.

행동치료는 어떻게 작용하는가

행동치료 기법을 적용하는 데 있어서 인지과정을 활용하는 것은 필수적이다. 뿐만 아니라, 행동치료의 성공은 인지 조직에서의 지속적인 변화에 달려 있다고 주장할 수 있다.[6] 달리 표현하면, 행동치료는 그것이 환자의 잘못된 믿음과 부적응적 태도를 수정하는 한에 있어서 효과적이다.

행동치료라는 용어를 사용함으로써 발생할 수 있는 혼란을 피하기 위해서, 어떤 특정 **방법**과 그것의 **작용방식**을 구분할 필요가 있겠다. 행동치료자들이 사용하는 많은 기법들은 환자의 외현적 행동을 표적으로 삼는다. 치료자는 환자가 더 활동적이고, 자신이 두려워하는 상황에 접근하며, 더 주장적이 될 것을 요구한다. 환자의 외현적 행동이 치료의 표적이 되는 한, 이러한 방법은 '행동적'이라고 이름 붙일 수 있을 것이다. 그러나 그것의 작용방식을 분석할 때는, 이를 인지적 용어로 유용하게 설명할 수 있다. 즉, 그 방법의 성공은 환자의 해석, 기대, 태도를 수정하는 것에 달려 있다. 지속적인 변화가 나타나려면, 환자는 잘못된 개념을 수정하거나 새로운 개념을 습득해야 한다.

행동치료는 실제로 서로 다른 다양한 기법들의 집합체이다. 이들은 대략적으로 (1) 처방된 활동이 환자의 사고과정을 직접적으로 포함한다는 면에서 주

---

6) 이러한 치료에 대해서 행동수정(behavior modification)보다는 인지수정(cognitive modification)으로 부르는 것이 더 적절할 것이다.

로 인지적인 기법들(예를 들면, 체계적 둔감화)과, (2) 환자의 외현적인 행동을 변화시키려는 기법들(예를 들면, 주장 훈련)로 분류될 수 있다. 이러한 다양한 기법들을 분석할 때, 우리는 치료적 변화가 환자의 개념 변화에 기초한다는 것을 관찰할 수 있다.

　체계적 둔감화 과정을 검토해 봄으로써 우리는 인지 변화의 중요성을 이해할 수 있다. 간략히 표현하자면, 이 기법은 초기에 환자가 호소하는 공포와 관련하여 두려운 상황들의 위계를 구성하는 것으로 이루어진다. 그 위계는 '미약한' 불안을 유발하는 상황에서 시작하여 점차적으로 '강한' 불안을 유발하는 상황으로 나아가도록 구성된다. 환자는 처음에는 미약한 불안을 유발하는 장면을 상상하도록 지시되며, 위계에 따라 점차 더 두려운 장면을 상상하는 것으로 진행한다. 한 장면에 대한 상상에서 다음 장면에 대한 상상으로 넘어가는 사이에, 환자는 미리 훈련된 바에 따라 이완하도록 지시된다. Wolpe는 환자가 향상을 보이는 이유는 이완의 기간이 상상의 장면이 불안을 유발하는 잠재적인 힘을 중화하기 때문이라고 주장한다.

　환자의 경험의 본질은 다음과 같다. 그가 실제 공포 상황에 처해 있든 아니면 단순히 그 상황에 처한 자신을 상상하고 있든, 그는 어느 정도까지는 자신이 위험에 처해 있다고 믿는다. 그가 그 위험을 더 현실적인 것으로 믿을수록, 그의 불안은 더 커질 것이다. 때로 그 환상이 너무 강력해서, 그는 자신이 실제로는 공포 상황에 처해 있지 않다는 사실을 인지하지 못할 수도 있다. 많은 환자들은 그들의 환상 경험이 실제 경험과 거의 동일하다고 보고한다. 마치 전투신경증 환자가 아미탈의 영향으로 전투 경험을 되살리고 있는 것과 똑같은 방식으로, 그 환자는 그 두려운 사건을 지금 생생하게 통과하고 있을 수 있다.

　체계적 둔감화 과정에서, 환자는 자신의 문제를 적은 분량으로 단계적으로 경험할 수 있다. 이러한 과정은 그가 (1) 그 불쾌한 사건을 경험할 수 있게 하고, (2) 자신의 반응을 순수한 형태로 현실 검증할 수 있게 한다. 불안이 높이 상승하지 않음으로써, 환자는 그 사건을 객관적으로 볼 수 있게 된다. 홍수법 (flooding technique; Stampfl & Levis, 1968)에서처럼 최대한의 불안을 유발하는 심상을 사용하는 경우에서도, 환자는 그 상상이 종료되고 난 후에 자신의 경험을 검토할 기회를 갖게 된다. 그는 자신이 실제 위험이 아니라 환상에 반응하였다는 것을 깨닫게 된다.

둔감화 과정을 보는 또 다른 방식은, 환자가 둔감화 위계를 따라 단계적으로 진행해 감에 따라 그는 점차 객관성이 증가하고 실제 위험과 상상의 위험을 구분하는 것이 가능해진다는 것이다. 객관성이 증가하면서, 그는 그 상황에 대한 비현실적인 개념화를 덜 받아들이게 된다. 그의 객관성 증가는 실제 또는 상상의 상황에서 유발되는 불안의 감소로 반영된다(London, 1964). 어떤 장면에 대한 상상을 마친 후 환자에게 질문해 보면, 그는 일반적으로 그 위협 상황을 다르게, 이전보다 더 현실적으로 해석한다(Beck, 1970c; Brown, 1967). 또한 Weitzman(1967)이 인용한 사례에서도 둔감화 과정에서 인지적 요인이 작용한다는 것이 잘 드러나고 있다.

혹자는 공포증 환자가 실제로는 위험이 없다는 것을 알고 있다고 주장할 수 있다. 그러나 자신의 두려움이 비합리적이라는 환자의 믿음은 그가 공포 상황에서 멀리 떨어져 있을 때에만 우세하게 나타난다. 그가 상상으로든 실제로든 그 상황에 다가가면, 그는 자신이 위험에 처해 있다고 믿는다. 둔감화가 효과적인 이유는, 환자가 두려운 상황에 대한 자신의 반응을 경험할 수 있고, 그 반응이 부적절하다고 이름 붙일 수 있으며, 자신의 두려움이 비합리적이라는 내적 확신을 얻을 수 있는 연습 회기를 제공하기 때문이다.

체계적 둔감화의 작용방식에 대한 이러한 기술은 10장과 11장에서 인지치료 기법의 작용방식에 대해 기술한 내용에서도 동일하게 확인할 수 있다. 인지치료에서, 환자는 그의 왜곡된 사고를 검토하고, 합리적 사고와 비합리적 사고 간을, 그리고 객관적 현실과 내적 윤색 간을 구분할 수 있도록 훈련을 받는다. 그는 판단을 하는 데 있어서 현실 검증력을 지닐 수 있게 된다. 그는 자신 특유의 생각이 비합리적이라는 것을 확실하게 깨닫게 된다. 생각은 종종 영상의 형태로 나타나는데, 그는 그러한 환상을 현실 상황의 정확한 표상이 아니라 마음의 산물로 볼 수 있게 된다.

이러한 분석에 따르면, 심리치료에서의 핵심 기제는 환자의 사고체계의 수정 또는 변화이다. 자신이 마비되었다거나(히스테리), 무력하고 절망적이라거나(우울증), 위험에 처했다거나(불안 또는 공포증), 박해를 당한다거나(편집적 상태), 초인이라는(조증) 환자의 비합리적인 생각이 줄어듦에 따라, 비정상적인 임상 양상은 점차 뒤로 물러난다.

행동치료자들이 자주 사용하는 또 다른 기법은 '주장 훈련'이다. 이 기법은 주로 환자가 억제되거나 위축되는 대인관계 상황에서 더 주장적이 되도록 지도하는 것으로 이루어진다. 이 훈련은 전통적인 역할연기 기법과 유사하다. 치료자는 전형적인 상대방(예를 들면, 이성, 권위적 인물, 가게 점원)의 역할을 맡고, 환자는 복종적이거나 수동적인 역할이 아니라 지배적이거나 적극적인 역할을 취하는 다양한 대인관계 기술을 연습한다. 궁극적으로 환자는 이러한 새로운 역할을 실제 삶에서 연습한다. 행동치료자는 주장 훈련에서 비롯된 변화를 '역조건형성(counterconditioning)' 과정으로 설명한다. 즉, 주장적인 반응이 위협적인 사람(자극)에 의해서 유발된 불안(조건 반응)을 중화하여, 자극과 조건화된 불안 사이의 연합이 느슨해진다는 것이다.

주장적인 행동에 대한 인지적인 해석은 이와는 매우 다르다. 환자는 어떤 사람에 대해서 비합리적인 두려움을 가지고 있다. 그가 치료자에게 자기주장을 연습하면서, 그는 자동적으로 그 두려움의 타당성을 검증한다. 그는 자신이 다른 사람에게 부여한 힘과 무서움이 과장되었음을 깨닫기 시작한다. 그의 다른 사람에 대한 개념뿐 아니라, 자신에 대한 개념 또한 변화하기 시작한다. 그는 자신을 더 긍정적으로 보기 시작한다. 그는 더 이상 자신이 약하고 무능하며 다른 사람에게 대응하지 못하는 사람이라고 믿지 않고, 오히려 자신을 강하고 유능한 사람으로 생각하기 시작한다. 그는 '자신감'을 얻은 것이다.

'모델링(Bandura, 1969)'의 행동 기법에서도 자신에 대한 개념과 다른 사람에 대한 개념이 변화하는 비슷한 과정이 일어난다. 이 기법에서, 환자는 자신이 두려워하는 사람이나 상황을 효과적으로 다루는 다른 사람을 보고 그를 본보기로 삼는다. 환자가 그 모델이 사용하는 기술을 따라 연습하면서, 그는 주장 훈련에서처럼 점차적으로 자기개념을 수정하게 된다.

　최근에는 우울증에 대한 행동적 접근이 제안되었다(Lewinsohn, 1974a; Jackson, 1972; Gathercole, 1972). 이 방법들은 공통적으로 환자가 더 활동적이 되도록 유도하는 요소를 포함하고 있다. 이러한 절차의 이론적 근거는 다음과 같다. 행동치료에서는 우울증을 결핍 모델의 관점에서 개념화한다. 즉, 정상적인 과제 지향적 행동이나 즐거움 추구 행동이 감소하였다는 것이다. 환자가 이러한 '바람직한' 행동에 참여할 때 긍정적인 강화를 주면, 그 행동의 빈도는 증가한다. 충분한 정적 강화의 기간이 지난 후에, 그 바람직한 행동의 빈도는 증가하여 정상 수준으로 회복된다. 그때에 이르면 환자는 더 이상 (정의상으로) 우울하지 않게 된다.

　이러한 행동적인 방법들이 우울증에 효과적이라는 것에는 의문의 여지가 없다. 그러나 행동 모델에 기초한 설명은 우울증 심리의 복잡성을 충분히 고려하지 않고 있다. 연구 결과에 따르면, 활동 계획표와 점진적 과제부여가 효과적인 이유는 그 기법들로 말미암은 개념적 변화 때문이다.[7] 자신은 아무것도 할 수 없다고 믿는 우울한 환자는 이러한 구조화된 과제를 통해서 자기의 생각이 잘못되었다는 것을 배우게 된다. 그는 자신의 비관주의에 대해서 의문을 품기 시작한다. 그 결과로 자신과 미래에 대한 부정적인 견해가 변화된다. 이와 유사하게, 정적 강화를 통해 히스테리성 마비가 성공적으로 치료된 사례에 대해서, 그 환자가 자신의 마비된 손발을 움직일 수 있도록 재조건화된 것이라는 설명이 주어져 왔다(Meichenbaum, 1966). 그 사례에 대해서도 인지적 설명이 가능한데, 자신의 손발을 움직일 수 없다는 그 환자의 믿음의 토대가 약화됨으로써 마비의 개선이 이루어졌다는 것이다. 실제 수행을 통해서, 그 환자는 자신이 움직일 수 있으며 손발이 마비되지 않았다는 것을 알게 된 것이다.

---

7) Taylor(1974)는 우울증에 대한 Lewinsohn의 행동기법의 효과에 대한 체계적인 연구에서, 행동치료에 대한 반응으로 환자의 자기개념이 놀랄만한 변화를 보인다는 것을 발견하였다.

요약하면, 행동적 기법은 그것이 낳는 개념적 변화 때문에 효과적이다. 불안 신경증 또는 공포증 환자는 그의 두려움이 과장되었거나 비합리적이라는 것을 배운다. 강박증 환자는 얼토당토않은 두려움으로부터 자신을 보호하기 위해서 강박적 의례를 수행할 필요가 없다는 것을 배운다. 우울한 환자는 자신, 세상 및 미래에 대해 더 현실적인 개념을 습득하며, 히스테리성 마비 환자는 그가 실제로 자신의 팔다리를 움직일 수 있다는 것을 발견한다.

끝맺는 말

이 책을 끝맺기 전에, 이 장을 시작하면서 제기한 질문으로 되돌아가는 것이 적절할 것이다. 인지치료는 어떤 하나의 심리치료 체계를 평가하기 위한 기준을 얼마나 잘 충족하고 있는가?

나는 정신분석의 고도로 추상적이고 복잡한 개념화와 행동치료의 협소하고 기술적인 개념화에 만족할 수 없었고, 그것이 부분적인 이유가 되어 신경증의 복합적이고 얼룩덜룩한 현상을 이전의 이론들과는 다른 패턴으로 정돈하려고 하였다. 인지 왜곡에 중심적인 역할을 부여한 새로운 개념화는 내게 그럴듯해 보였고, 내 환자들과 동료들에게도 진실처럼 들렸다.

펜실베이니아 대학교의 정신과의사들과 심리학자들로 구성된 우리 인지치료 훈련 및 연구 팀은 과연 인지치료가 심리치료 체계로서의 기준을 충족하고 있는지를 검토하기 위해서 인지치료에 대해 연구하였다. 인지치료를 사용하는 치료자들에게, 그 이론과 치료가 서로 연결되어 맞물린다는 것은 분명해 보였다. 우리는 치료 절차를 수행하면서, 치료의 이론적 근거와 작용방식을 쉽게 관찰할 수 있었다. 또한 이론의 유연성과 탄력성이 뛰어나서 그 일반적인 개념적 틀 내에서 새로운 많은 기법들이 생성될 수 있다는 것도 우리의 눈에는 명백해 보였다.

치료 기법들은 우리의 인지치료 매뉴얼에, 특히 우울증에 대한 치료 매뉴얼에 모호한 점이 없이 명확하게 정의되어 있다. 우리의 훈련 및 연구 프로그램에 참여한 치료자들의 면접 내용을 녹음을 통해 검토한 결과, 치료자들 간에 치료 절차가 균일하게 실시되고 있음을 확인할 수 있었다.

요약하면, 인지치료는 정신병리에 대한 포괄적이고 그럴듯한 **이론**을 제시하고 있다는 점에서 심리치료 체계로서의 기본적인 요구조건을 충족하고 있다. (1) 그 개념화는 신경증의 현상을 간단한 개념들로 설명하며 이해하기 쉽다. (2) 그 이론은 내적으로 일관적이다. (3) 정신병리 이론과 치료 원리가 서로 조화롭게 맞물려 있어서, 이론으로부터 특정 치료 절차를 도출하는 것이 매우 쉽다. (4) 치료의 이론적 근거와 작용방식을 그 이론에서 명백하게 알 수 있다. 예를 들어, 특정 인지 왜곡이 특정 신경증에 책임이 있기 때문에, 그 신경증을 개선하기 위해서 환자가 인지 왜곡을 파악하고 더 현실적인 개념을 가질 수 있도록 돕는 것은 논리적이다. (5) 이론과 일관된 새로운 기법들을 쉽게 개발할 수 있다. (6) 그 이론의 원리는 쉽게 조작적으로 정의될 수 있어서, 수많은 체계적인 연구들에 의해 지지되어 왔다.

또한 인지치료는 치료자마다 동질적이면서 경험에 기초한 **치료**로서의 요구조건을 충족하고 있다. (1) 그 치료 절차가 잘 정의되어 있고, 치료 매뉴얼에 분명하게 기술되어 있다. (2) 서로 다른 치료자들이 동일한 치료 절차를 시행할 때 그 절차가 서로 다르지 않다.[8] (3) 신참 치료자들이 인간적인(기계적이 아닌) 방식으로 기법을 채택하고 적용할 수 있다. (4) 실험 연구들과 상관 연구들이 치료와 관련된 원리를 지지한다. (5) 모의 연구, 단일 사례 연구, 그리고 통제집단을 포함하는 잘 설계된 치료 연구들이 인지치료의 효과를 지지하고 있다.

이제 우리는 다음의 질문에 대답할 준비가 되었다. 풋내기에 불과한 새로운 심리치료가 치료계의 거인인 정신분석과 행동치료에 도전할 수 있는가?

---

8) 우울증의 인지치료에 대한 연구 프로젝트의 일환으로, 우리는 연구에 참여한 치료자들의 모든 면담 회기를 녹음하였다. 면담 내용 간을 비교한 결과, 우리는 서로 다른 치료자들이 사용하는 절차들이 기본적으로 서로 일치한다는 것을 확인할 수 있었다.

나는 정신분석과 행동치료를 수행해 본 나의 경험에 기초하여, 인지치료는 그 개념체계와 치료 원리 내에 오랜 전통의 두 체계들의 가장 소중한 특징들을 결합하고 있다고 믿는다.

앞에서도 언급하였듯이, 정신병리에 대한 인지 모델과 인지치료의 개발 작업은 내가 정신분석가로 일할 때 시작되었다. 나는 처음에는 우울증에 대한 억압된 공격성 이론과 같은 정신분석적 개념을 연구하고자 하였다. 내가 발견한 것은 놀랍게도, 꿈, 투사법 검사, 언어적 조건화 실험 및 성공-실패 실험에 대한 연구들이 정신분석적 가설을 지지하지 않는다는 것이었다. 그러나 그 연구 결과들은 인지 모델의 단순한 설명에는 잘 들어맞았다.

이와 비슷한 시기에, 나는 (2장에서 기술한 것처럼) 분석 중인 환자들에게 그들이 일반적으로 무시하는 생각(자동적 사고)에 초점을 맞추도록 유도하면, 인지 왜곡과 관련한 풍부한 자료들을 얻을 수 있음을 발견하였다. 내가 우울증, 불안장애, 경조증, 공포증, 강박증 및 편집증의 개념을 인지 왜곡이라는 중심 주제를 중심으로 다시 이해해 보려 했을 때, 이러한 장애들이 내게 더 의미 있는 것으로 이해되었다. 더욱이 나는 잘못된 사고를 수정하여 신경증을 완화시키는 방법으로서의 수많은 책략들이 자연스럽게 대두될 수 있음을 발견하였다.

거의 비슷한 시기에, 정신분석가로서 나와 동일한 배경을 지닌 Albert Ellis는 신경증에 대한 새로운 심리학적 접근을 발전시키고 있었다. 그는 자신의 접근을 처음에는 합리적 심리치료(rational psychotherapy)(Ellis, 1958)라고 부르다가, 후에는 합리적 정서치료(rational-emotive therapy: RET)(Ellis, 1962)라고 불렀다. 우리가 각자 독립적으로 유사한 기법과 유사한 개념화에 도달했다는 사실은 내가 어떤 유망한 영역으로 이동하고 있다는 나의 믿음을 강화해 주었다.

인지치료의 특수한 기법들을 개발하면서, 나는 행동치료가 내게는 상서로운 행운의 시기에 치료계에 등장하였음을 깨달았다. 환자들로부터 정확한 자료를 이끌어 내고, 치료계획을 체계적으로 개념화하며, 환자들의 피드백을 주의 깊게 수집하고, 행동 변화를 수량화하는 정밀한 방법을 사용하는 것에 대한 행동치료자들의 강조는 모두 인지치료를 개발하는 데 있어서 유용한 도구들이었다. 체계적 둔감화에서의 심상 사용은 내게 특히 가치가 있었는데, 체계적 둔감화는 심상 기법을 다양하게 적용하기 위한 많은 길을 보여 주었을 뿐 아니라, 자발적 심상과 정신병리의 관계에 대한 후속 연구의 가능성을 시사해주었다.

나는 행동치료를 연구하고 실천하면서, 행동적 기법들은 효과적이지만 행동치료자들이 제시하는 이유 때문은 아니라는 결론에 이르렀다. 나 자신의 임상적 관찰과 체계적 연구들은 행동치료는 그것이 낳는 태도 변화 또는 인지 변화 때문에 효과적이라는 것을 보여 주었다. 인지적 접근을 통해서 얻을 수 있는 환자의 생각, 감정 및 소망을 이해하지 않고는, 행동치료는 자칫 오류에 빠질 수 있는 소지가 있었다. 환자가 자신에 대해, 치료자에 대해, 그리고 치료 자체에 대해 어떻게 생각하는지를 아는 것의 유익을 부정할 때, 행동치료자는 그의 기법을 환자에 맞게 조율하여 적용할 수 없으며, '전이 반응(transference reaction)'에서 비롯되는 복잡한 부작용이 주는 경고를 알아차릴 수 없게 된다. 이에 더하여, 환자의 자발적인 환상, 꿈 및 자동적 사고를 탐구하는 일로부터 스스로를 배제함으로써, 행동치료자는 고도로 선별적이고 부분적인 정보에 기초하여 치료계획을 세우지 않을 수 없게 된다. 다른 한편으로, 행동치료의 기법들이 인지 모델의 시각에서 사용되는 한, 치료자는 눈가리개 없이 환자의 문제의 핵심으로 나아갈 수 있다.

세 가지 심리치료 체계에 대하여 두 가지 질문이 대답을 기다리며 남아 있다. (1) 어느 체계가 가장 큰 설명력을 지니는가? (2) 어느 체세가 환자에게 가장 효과적인 치료를 제공하는가?

내가 '고전적인' 정신분석가로 일하면서 수집한 자료들을 연구하면서, 나는 반복적으로 인지 모델이 정신분석 이론에 비해 환자의 문제에 대해 훨씬 더 단순한 설명을 제공한다는 것을 발견하였다. 이는 과거에 내게 정신분석을 받았다가 수년이 지난 후에 다시 돌아온 환자들의 말을 통해서도 지지되었는

데, 그중 한 환자는 "당신이 과거에 한 말이 실로 신비롭고 흥미롭게 들렸다면, 당신이 요즘 하는 말은 **이치에 맞게 들려요.**"라고 말하였다.

인지 모델은 정신분석의 정교한 이론들보다 다양한 신경증과 꿈의 주제들에 대해서 더 단순한 설명을 제공한다. 심지어는 정신분석의 사적인 보존영역(소위 '프로이트적' 실수와 일상생활의 정신병리)조차도 인지 모델로 탐구될 수 있다. 인지 모델과 정신분석 모델 중 어느 것이 더 큰 설명력을 지니는가에 대해서는 더 토론할 여지가 많이 남아 있지만, 인지 모델이 더 절약적인 설명을 제공한다는 것만큼은 분명해 보인다.

행동치료가 단순한 개념에 기초하고 있는 것은 분명하지만, 그 설명력은 정신분석 모델과 인지 모델에 비해 상대적으로 더 작은 것으로 보인다. 행동 모델은 다양한 증후군(불안 신경증, 강박신경증, 우울증 등)의 발달을 만족스럽게 설명하지 못하며, 왜 환자들이 행동치료로 더 나아지는지에 대해 적합한 설명을 제공하지 못하고 있다.

다양한 심리치료들을 비교하는 연구의 수가 제한적이어서, 지금으로서는 어느 치료가 가장 효과적인지를 분명하게 말할 수 없을 것이다. 무선적으로 배정된 임상 환자들을 대상으로 행동치료와 정신분석적 치료의 효과를 비교한 가장 포괄적인 연구(Sloane et al., 1975)에서는 두 치료가 동등하게 효과적임을 보여 주었다. 행동치료와 인지치료를 비교할 때, 우울증 환자들을 대상으로 한 어떤 연구(Taylor, 1974)에서는 두 치료가 동등하게 효과적인 것으로 나타났고, 다른 연구(Shaw, 1975)에서는 인지치료가 행동치료와 내담자중심 치료보다 그 효과가 더 우수한 것으로 나타났다. 시험불안을 지닌 대학생을 대상으로 한 연구(Holroyd, 1975)에서는 인지치료가 행동치료보다 더 효과적인 것으로 나타났다. 치료들 간의 상대적 효과성 문제에 대한 해결은 후속 연구들에 맡겨야 할 것이다.

결론적으로, 인지치료에 대한 증거들의 중량감은 논쟁의 각축 무대에 새로이 올라온 신인의 등장을 정당화해 주고 있는 것으로 보인다.

참고문헌

Alexander, F. (1950), *Psychosomatic Medicine: Its Principles and Applications.* New York: Norton.

Allport, G. (1968), *The Person in Psychology.* Boston: Beacon Press.

American Psychiatric Association (1968), *Diagnostic and Statistical Manual of Mental Disorders.* Washington, D.C.: American Psychiatric Association.

Angelino, H. & Shedd, C. I. (1953), Shifts in the content of fear and worries relative to chronological age. *Proc. Oklahoma Acad. of Sci.* 34:180-186.

Arieti, S. (1968), The present status of psychiatric theory. *Amer. J. Psychiat.,* 124:1630-1639.

Arnold, M. (1960), *Emotion and Personality, 1.* New York: Columbia Univerity Press.

Auden, W. H. (1947), *The age of Anxiety; A Baroque Eclogue.* New York: Random House.

Bandura, A. (1969), *Principles of Behavior Modification.* New York: Holt, Rinehart, & Winston.

Bateson, G. (1942), Social planning and the concept of deutero-learning in relation to the democratic way of life. In: *Science, Philosophy, and Religion,* 2nd Symposium. New York: Harper, pp. 81-97.

Beck, A. T. (1952), Successful outpatient psychotherapy of a chronic schizophrenic with a delusion based on borrowed guilt. *Psychiat.,* 15:305-312.

Beck, A. T. (1961), A systematic investigation of depression. *Comprehens. Psychiat.,* 2:163-170.

Beck, A. T. (1963), Thinking and depression. *Arch. Gen. Psychiat.,* 9:324-333.

Beck, A. T. (1967), *Depression: Clinical, Experimental, and Theoretical and Treatment.* Philadelphia: University of Pennsylvania Press, 1972.

Beck, A. T. (1970a), Cognitive therapy: Nature and relation to behavior therapy. *Behavior Therapy,* 1:184-200.

Beck, A. T. (1970b), The core problem in depression: The cognitive triad. In: *Depression: Theories and Therapies,* ed. J. Masserman. New York: Grune & Stratton, pp. 47-55.

Beck, A. T. (1970c), Role of fantasies in psychotherapy and psychopathology. *J. Nerv. Ment. Dis.,* 150:3-17.

Beck, A. T. (1972a), Cognition, anxiety, and psychophysiological disorders. In: *Anxiety: Current Trends in Theory and Research,* ed. C. Spielberger. New York: Acadeinc Press, 2:343-354.

Beck, A. T. (1972b), The phenomena of depression: A synthesis. In: *Modern Psychiatry and Clinical Research,* ed. D. Offer & D. X. Freeman. New York: Basic Books, pp. 136-158.

Beck, A. T. (1974), Cognitive modification in depressed, suicidal patients. Presented at meeting of the Society for Psychotherapy Research, Denver, Colo.

Beck, A. T. & Greenberg, R. L. (1974), Cognitive therapy with depressed women. In: *Women and Therapy: New Psychotherapies for a Changing Society,* ed. V. Franks & V. Burtle. New York: Brunner/Mazel, pp. 113-131.

Beck, A. T. & Hurvich, M. (1959), Psychological correlates of depression. *Psychosom. Med.,* 20:50-55.

Beck, A. T. & Rush, A. J. (1975), A cognitive model of anxiety formation and anxiety resolution. In: *Stress and Anxiety,* ed. I. D. Sarason & C. D. Spielberger. Washington: Hemisphere Publishing Co., 2:69-80.

Beck, A. T. & Ward, C. H. (1961), Dreams of depressed patients: Characteristic themes in manifest content. *Arch. Gen. Psychiat.,* 5:462-467.

Beck, A. T., Kovacs, M, & Weissman, A. (1975), Hopeless and suicidal behavior: An overview. *JAMA,* 234:1136-1139.

Beck, A. T., Laude, R. & Bohnert, M. (1974), Ideational components of anxiety neurosis. *Arch. Gen. Psychiat.,* 31:319-325.

Bem, D. (1967), Self perception: An alternative interpretation of cognitive dissonance phenomena. *Psychol. Rev.,* 74:183-200.

Berecz, J. M. (1968), Phobias of childhood: Etiology and treatment. *Psychol. Bull.,* 70:694-720.

Bergin, A. (1970), Cognitive therapy and behavior therapy: Foci for a multidimensional approach to treatment. *Behav. Ther.,* 1:205-212.

Berne, E. (1961), *Transactional Analysis in Psychotherapy.* New York: Grove.

Bernstein, L. (1960), *The age of Anxiety; Symphony No. 2 for Piano and Orchestra* (after W. H. Auden). New York: G. Schirmer.

Bowlby, J. (1970), Reasonable fear and natural fear. *Internat. J. Psychiat.,* 9:79-88.

Brown, B. (1967), Cognitive aspects of Wolpe's behavior therapy. *Amer. J. Psychiat.,* 124:854-859.

Camus, A. (1947), *The New York Times,* Dec. 21, Sec. 7, p. 2.

Cannon, W. B. (1915), *Bodily Changes in Pain, Hunger, Fear and Rage.* New York: Appleton-Century-Crofts.

Charcot, J. M. (1890), *Hémorrhagie et Ramollissement du Cerveau, Métallothérapie et Hypnotisme, Electrothérapie.* Paris: Bureau du Progrès médical.

Coleman, R. (1970), The manipulation of self-esteem: A determinant of elation-depression. Doctoral dissertation, Temple University.

Costello, C. G. (1972), Depression: Loss of reinforcers or loss of reinforcer effectiveness? *Behav. Ther.* 3:240-247.

Davison, G. C. (1966), Differential relaxation and cognitive restructuring in therapy with a "paranoid schizophrenic" or "paranoid state." *Proc. 74th Ann. Convention Amer.* Psychol. *Assn.* Washington, D.C.: American Psychological Association, pp. 177-178.

Davison, G. C. (1968), Case report: Elimination of sadistic fantasy by a client-controlled counter-conditioning technique. *J. Abnorm. Psychol.,* 73:84-90.

DiLoretto, A. (1971), *Comparative Psychotherapy: An Experimental Analysis.* Chicago: Aldine-Atherton.

Dollard, J., Doob, L., Miller, N., Mowrer, O. & Sears, R. (1939), *Frustration and Aggression.* New Haven: Yale University Press.

Dudley, D. L., Martin, C. J. & Holmes, T. H. (1964), Psychophysiologic studies of pulmonary ventilation. *Psychosom. Med.,* 26:645-660.

Dunbar, F. (1935), *Emotions and Bodily Changes: A Survey of Literature on Psychosomatic Interrelationships, 1910-1933.* New York: Columbia University Press.

D'Zurilla, T. J., Wilson, G. & Nelson, R. (1973), A preliminary study of the effectiveness of graduated prolonged exposure in the treatment of irrational fear. *Behav. Ther.,* 4:672-685.

Efran, J. S. (1973), Self-criticism and psychotherapeutic exchanges. Mimeographed paper.

Efran, J. S. & Marcia, J. E. (1972), Systematic desensitization and social learning. In: *Applications of a Social Learning Theory of Personality,* ed. J. B. Rotter, J. E. Chance, & E. J. Phares. New York: Holt, Rinehart, & Winston, pp. 524-532.

Ellis, A. (1958), Rational psychotherapy. *J. Gen. Psychol.,* 59:35-49.

Ellis, A. (1962), *Reason and Emotion in Psychotherapy.* New York: Lyle Stuart.

Ellis, A. (1971), *Growth Through Reason: Verbatim Cases in Rational-Emotive Psychotherapy.* Palo Alto: Science & Behavior Books.

Ellis, A. & Murphy, R. (1975), *A Bibliography of Articles and Books on Rational-Emotive Therapy and Cognitive-Behavior Therapy.* New York: Institute for Rational Living.

English, H. B. & English, A. C. (1958), *A Comprehensive Dictionary of Psychological and Psychoanalytical Terms: A guide to Usage.* New York: Longmans, Green.

Epstein, S. (1972), Comments on Dr. Cattell's paper. In: *Anxiety: Current Trends in Theory and Research,* ed. C. Spielberger. New York: Academic Press, 1:185-192.

Epstein, S. (1973), The self-concept revisited: Or a theory of a theory. *Amer. Psychol.* 28:404-416.

Feather, B. W. (1971), A central fear hypothesis of phobias. Presented at the La. State University Medical Center Spring Symposium, "Behavior Therapy in Theory and Practice," New Orleans.

Fenichel, O. (1945), *The Psychoanalytic Theory of Neurosis.* New York: Norton.

Ferenczi, S. (1926), *Further Contributions to the Theory and Technique of Psychoanalysis.* New York: Basic Books, 1952.

Frank, J. (1961), *Persuasion and Healing.* Baltimore: John Hopkins Press.

Freud, S. (1900), The interpretation of dreams. *Standard Edition,* 4 & 5:1-627. London: Hogarth Press, 1953.

Freud, S. (1915-1917), Introductory lectures on psychoanalysis. *Standard Edition,* 15 & 16. London: Hogarth Press, 1963.

Freud, S. (1926), Inhibitions, symptoms and anxiety. Standard Edition, 20:77-175. London: Hogarth Press, 1959.

Freud, S. (1933), New introductory lectures on psychoanalysis. *Standard Edition,* 22:3-182. London: Hogarth Press, 1964.

Friedman, A. S. (1964), Minimal effects of severe depression on cognitive functioning. *J. Abnorm. Soc. Psychol.,* 69:237-243.

Friedman, P. (1959), The phobias. In: *American Handbook of Psychiatry,* ed. S. Arieti. New York: Basic Books, 1:292-305.

Galton, F. (1883), *Inquiries into Human Faculty and Its Development.* New York: Macmillan.

Garma, A. (1950), On pathogenesis of peptic ulcer. *Internat. J. Psycho-Anal.,* 31:53-72.

Gathercole, C. E. (1972), Modification of depressed behavior. Presented to a conference at Burton Manor organized by University of Liverpool, Dept. of Psychiatry.

Gerard, M. W. (1953), Genesis of psychosomatic symptoms in infancy. In: *The Psychosomatic Concept in Psychoanalysis,* ed. F. Deutsch. New York: International Universities Press, pp. 82-95.

Glasrud, C. A. (1960), *The Age of Anxiety.* New York: Houghton Mifflin.

Glasser, W. (1965), *Reality Therapy; a New Approach to Psychiatry.* New York: Harper & Row.

Goble, F. G. (1970), *The Third Force: The Psychology of Abraham Maslow.* New York: Grossman.

Goldfried, M. R., Decenteceo, E. T. & Weinberg, L. (1974), Systematic rational restructing as a self-control technique. *Behav. Ther.,* 5:247-254.

Hartmann, H. (1964), *Essays on Ego Psychology: Selected Problems in Psychoanalytic Theory.* New York: International Universities Press.

Havens, L. (1966), Charcot and hysteria. *J. Nerv. Ment. Dis.,* 141:505-516.

Heidegger, M. (1927), *Being and Time.* London: SCM Press, 1962.

Heider, F. (1958), *The Psychology of Interpersonal Relations.* New York: Wiley.

Hinkle, L. E., Christenson, W. N., Kane, F. D., Ostfeld, A., Thetford, W. N. & Wolff, H. G. (1958), An investigation of the relation between life experience, personality characteristics, and general susceptibility to illness. *Psychosom. Med.,* 20:278-295.

Hoch, P (1950), Biosocial aspects of anxiety. In: Anxiety, ed. P. Hoch & J. Zubin. New York: Grune & Stratton, pp. 105-116.

Holmes, T. H. & Rahe, R. H. (1967), The social readjustment rating scale. *J. Psychosom. Res.,* 11:213-218.

Holroyd, K. A. (1975), Cognition and desensitization in the group treatment of test anxiety. Doctoral dissertation, University of Miami.

Holt, R. (1964), The emergence of cognitive psychology. *J. Amer. Psychoanal. Assn.,* 12:650-665.

Horney, K. (1950), *Neurosis and Human Growth: The Struggle Toward Self-realization.* New York: Norton.

Horowitz, M., Becker, S. S. & Moskowitz, M. L. (1971), Intrusive and repetitive thought after stress: A replication study. *Psychol. Reports,* 29:763-767.

Icheiser, G. (1970), *Appearances and Reality.* San Francisco: Jossey·Bass.

Jackson, B. (1972), Treatment of depression by self-reinforcement. *Behav. Ther.,* 3:298-307.

Janov, A. (1970), *The Primal Scream: Primal Therapy, the Cure for Neurosis*. New York: G. P. Putnam's Sons.

Jersild, A. T., Markey, F. V. & Jersild, C. L. (1933), Children's fears, dreams, wishes, daydreams, likes, dislikes, pleasant and unpleasant memories. *Child Development Monographs,* 12. New York: Teachers College, Columbia University.

Karst, T. O. & Trexler, L. D. (1970), Initial study using fixed-role and rational-emotive therapy in treating public-speaking anxiety. *J. Consult. Clin. Psychol.,* 34:360-366.

Katcher, A. (1969), Personal Communication.

Kelly, G. (1955), *The Psychology of Personal Constructs.* New York: Norton.

Klein, M. H., Dittmann, A. T., Parloff, M. B. & Gill, M. M. (1969), Behavior therapy: Observations and reflections. *J. Consult. Clin. Psychol.,* 33:259-266.

Klerman, G. L. & Weissman, M. M. (1974), Symptom reduction and the efficacy for psychotherapy in depression. Presented at meetings of the Society for Psychotherapy Research, Denver, Colo.

Kovacs, M., Beck, A. T. & Weissman, A. (1975), The use of suicidal motives in the psychotherapy of attempted suicides. *Amer. J. Psychother.,* 29:363-368.

Kraft, T. & Al-Issa, I. (1965a), The application of learning theory to the treatment of traffic phobia. *Brit. J. Psychiat.,* 111:277-279.

Kraft, T. & Al-Issa, I. (1965b), Behavior therapy and the recall of traumatic experiencex—a case study. *Behav. Res. & Ther.,* 3:55-58.

Kris, E. (1952), *Psychoanalytic Explorations in Art.* New York: International Universities Press.

Kritzeck, J. (1956), Philosophers of anxiety. *The Commonweal,* 63:572-574.

Lacey, J. I. & Lacey, B. C. (1958), Verification and extension of the principle of autonomic response stereotypy. *Amer. J. Psychol.,* 71:50-73.

Lader, M. & Marks, I. (1971), *Clinical Anxiety.* New York: Grune & Stratton.

Lader, M., Gelder, M. G. & Marks, I. (1967), Palmar skin conductance measures as predictors of response to desensitization. *J. Psychosom. Res.,* 11:283-

290.

Lazarus, A. (1968), Learning theory and the treatment of depression. *Behav. Res. Ther.,* 6:83-89.

Lazarus, A. (1972), *Behavior Therapy and Beyond.* New York: McGraw-Hill.

Lazarus, R. (1966), *Psychological Stress and the Coping Process.* New York: McGraw-Hill.

Leitenberg, H., Agras, W. S., Barlow, D. H. & Oliveau, D. C. (1969), Contribution of selective positive reinforcement and therapeutic instructions to systematic desensitization therapy. *J. Abnorm. Psychol.,* 74:113-118.

Lester, D. & Beck, A. T. (1975), Suicidal intent, medical lethality of the suicide attempt, and components of depression. *J. Clin. Psychol.,* 31:11-12.

Leventhal, H. (1969), Affect and information in attitude change. Presented at meetings of Eastern Psychological Association, Philadelphia, Pa.

Levitt, E. E. (1972), A brief commentary on the "psychiatric breakthrough" with emphasis on the hematology of anxiety. In: *Anxiety: Current Trends in theory and Research,* ed. C. Spielberger. New York: Academic Press, 1:227-234.

Lewinsohn, P. M. (1974a), A behavioral approach to depression. In: *The Psychology of Depression: Contemporary Theory and Research,* ed. R. J. Friedman & M. M. Katz. Washington: Winston-Wiley, pp. 157-178.

Lewinsohn, P. M. (1974b), Clinical and theoretical aspects of depression. In: *Innovative Treatment Methods in Psychopathology,* ed. K. Calhoun, H. Adams & K. Mitchell. New York: Wiley, pp. 63-120.

Lewinsohn, P. M. & Atwood, G. E. (1969), Depression: A clinical-research approach. *Psychotherapy: Theory, Research, and Practice,* 6:166-171.

Lewinsohn, P. M. & Graf, M. (1973), Pleasant activities and depression. *J. Consult. Clin. Psychol.,* 41:261-268.

Lewinsohn, P. M. & Shaw, D. A. (1969), Feedback about interpersonal behavior as an agent of behavior change. *Psychother. Psychosom.,* 17:82-88.

Lewinsohn, P. M., Shaffer, M. & Libet, J. (1969), A behavioral approach to depression. Presented at meetings of the American Psychological

Association, Miami Beach.

Lewinsohn, P. M., Weinstein, M. S. & Alper, T. (1970), A behavioral approach to the group treatment of depressed persons: A methodological contribution. *J. Clin. Psychol.,* 26:525-532.

Lewis, A. (1970), The ambiguous word "anxiety." *Internat. J. Psychiat.,* 9:62-79.

Liebert, R. M. & Morris, L. W. (1967), Cognitive and emotional components of test anxiety: A distinction and some initial date. *Psychol. Rep.,* 20:975-978.

Lishman, W. A. (1972), Selective factors in memory. *Psychol. Med.,* 2:248-253.

Loeb, A., Beck, A. T. & Diggory, J. (1971), Differential effects of success and failure on depressed and nondepressed patients. *J. Nerv. Ment. Dis.,* 152:106-114.

London, P. (1964), *The Modes and Morals of Psychotherapy.* New York: Holt, Rinehart, & Winston.

Maes, W. & Haimann, R. (1970), *The Comparison of Three Approaches to the Reduction of Test Anxiety in High School Students.* Washington: Office of Education, Bureau of Research, U. S. Department of Health, Education, and Welfare.

Mahoney, M. J. (1974), *Cognition and Behavior Modification.* Cambridge, Mass: Ballinger.

Margolin, S. G. (1953), Genetic and dynamic psycho-physiological determinants of pathophysiological processes. In: *The Psychosomatic Concept in Psychoanalysis,* ed. F. Deutch. New York: International Universities Press, pp. 3-36.

Marks, I. M. (1969), *Fears and Phobias.* London: Academic.

Marlett, N. J. & Watson, D. (1968), Test anxiety and immediate or delayed feedback in a test-like avoidance task. *J. Personal. Soc. Psychol.,* 8:200-203.

Mason, F. (1954), ed., *Balanchine's Complete Stories of the Great Ballets.* New York: Doubleday.

Maultsby, M. C. (1968), The pamphlet as a therapeutic aid. *Rational Living,* 3:31-35.

May, R. (1950), *The meaning of Anxiety.* New York: Ronald Press.

Meichenbaum, D. H. (1966), Sequential strategies in two cases of hysteria. *Behav. Res. Ther.,* 4:89-94.

Meichenbaum, D. H. (1974), *Cognitive Behavior Modification.* Morristown, N. J.: General Learning Press.

Meichenbaum, D. H., Gilmore, J. B. & Fedoravicius, A. (1971), Group insight versus group desensitization in treating speech anxiety. *J. Consult. Clin. Psychol.,* 36:410-412.

Mendelson, M., Hirsch, S. & Webber, C. S. (1956), A critical examination of some recent theoretical models in psychosomatic medicine. *Psychosom. Med.,* 18:363-373.

Miller, L. C., Barrett, C. L., Hampe, E. & Noble, H. (1972), Factor structure of childhood fears. *J. Consult. Clin. Psychol.,* 39:264-268.

Minkoff, K., Bergman, E., Beck, A. T. & Beck, R. (1973), Hopelessness, depression, and attempted suicide. *Amer. J. Psychiat.,* 130:455-459.

Mischel, W. (1973), Toward a cognitive social learning reconceptualization of personality. *Psychol. Rev,* 80:252-283.

Murray, E. & Jacobson, L. (1969), The nature of the learning in traditional and behabioral psychotherapy. In: *Handbook of Psychotherapy and Behavior Change,* ed. A. Bergin. & S. Garfield. New York: Wiley, pp. 709-747.

Neuringer, C. (1961), Dichotomous evaluation in suicidal individuals. *J. Consult. Psychol.,* 25:445-449.

Oppenheimer, J. R. (1956), Analogy in science. *American Psychologist,* 11:127-135.

Orne, M. T. & Wender, P. H. (1968), Anticipatory socialization for psychotherapy: Method and rationale. *Amer. J. Psychiat.,* 124:1202-1212.

Oxford English Dictionary (1933), Vol. 4. Oxford: Clarendon Press.

Pastore, N. (1950), A neglected factor in the frustration-aggression hypothesis: A comment. *J. Psychol.,* 29:271-279.

Pastore, N. (1952), The role of arbitrariness in the frustration-aggression hypothesis. *J. Abnorm. Soc. Psychol.,* 47:728-731.

Perls, F., Hefferline, R. & Goodman, P. (1951), *Gestalt Therapy: Excitement and*

Growth in the Human Personality. New York: Dell.

Pitts, F. N. (1969), The biochemistry of anxiety. *Sci. Amer.,* 220:69-75.

Rapaport, D. (1951), *Organization and Pathology of Thought: Selected Sources.* New York: Columbia University Press.

Rardin, W. M. & Wetter, B. D. (1972), Behavioral technique with depression: Fad or fledgling? Presented at meetings of the Rocky Mountain Psychological Association, Albuquerque, N. M.

Reynolds, J. R. (1869), Remarks on paralysis, and the other disorders of motion and sensation, dependent on idea. *Brit. Med. J., Nov. 6,* pp. 483-485.

Rogers, C. R. (1951), *Client-Centered Therapy: Its Current Practice, Implications, and Theory.* Boston: Houghton Mifflin.

Rush, A. J., Beck, A. T., Kovacs, M., Khatami, M., Fitzgibbons, R., & Wolman, T. (1975), Comparison of cognitive and pharmacotherapy in Society for Psychotherapy Research, Boston, Mass.

Rush, A. J., Khatami, M. & Beck, A. T. (1975), Cognitive and behavioral therapy in chronic depression. *Behav. Ther.,* 6:398-404.

Salzman, L. (1960), Paranoid state—theory and therapy. *Arch. Gen. Psychiat.,* 2:679-693.

Sarason, I. G. (1972a), Comments on Dr. Beck's paper. In: *Anxiety: Current Trends in Theory and Research,* ed. C. Spielberger. New York: Academic Press, 2:355-357.

Sarason, I. G. (1972b), Experimental approaches to test anxiety: Attention and the uses of information. In: *Anxiety: Current Trends in Theory and Research,* ed. C. Spielberger. New York: Academic Press, 2:381-403.

Saul, L. J. (1947), *Emotional Maturity: The Development and Dynamics of Personality.* Philadelphia: Lippincott.

Schuyler, D. (1973), Cognitive therapy: Some theoretical origins and therapeutic implications. *Internat. Ment. Res. Newslet.,* 15:12-16.

Schwartz, D. A. (1963), A review of the "paranoid" concept. *Arch. Gen. Psychiat.,* 8:349-361.

Seitz, F. C. (1971), Behavior modification techniques for treating depression.

Psychother.: Theory, Res. & Practice, 8:181-184.

Seligman, M. E. P. (1974), Depression and learned helplessness. In: *The Psychology of Depression: Contemporary Theory and Research,* ed. R. J. Friedman & M. M. Katz. Washington: Winston-Wiley, pp. 83-113.

Shaw, B. (1974), Outpatient cognitive therapy of depression. Unpublished study.

Shaw, B. (1975), *A Systematic Investigation of Three Treatments of Depression.* Doctoral dissertation, University of Western Ontario.

Skinner, B. F. (1971), *Beyond Freedom and Dignity.* New York: Knopf.

Sloane, R. B., Staples, F., Cristol, A. H., Yorkston, N. J. & Whipple, K. (1975), Short-term analytically oriented psychotherapy versus behavior therapy. *Amer. J. Psychiat.,* 132:373-377.

Snaith, R. P. (1968), A clinical investigation of phobias. *Brit. J. Psychiat.,* 114:673-697.

Spielberger, C. (1971), ed., *Anxiety: Current Trends in Theory and Research,* Vols. 1 & 2. New York: Academic Press.

Spitz, R. A. (1951), The psychogenic diseases in infancy: an attempt at their eitologic classification. *The Psychoanalytic Study of the Child,* 6:255-275. New York: International Universities Press.

Stampfl, T. G. & Levis, D. J. (1968), Implosive therapy—a behavioral therapy? *Behav. Res. Ther.,* 6:31-36.

Standard College Dictionary (1963). New York: Funk & Wagnalls.

Stein, E. H., Murdaugh, J. & MacLeod, J. A. (1969), Brief psychotherapy of psychiatric reactions to physical illness. *Amer. J. Psychiat.,* 125:1040-1047.

Stevenson, I. & Hain, J. D. (1967), On the different meanings of apparently similar symptoms, illustrated by varieties of barber shop phobia. *Amer. J. Psychiat.,* 124:399-403.

Sullivan, H. S. (1954), *The Psychiatric Interview,* ed. H. Perry & M. Gawel. New York: Norton.

Szasz, T. S. (1952), Psychoanalysis and autonomic nervous system: Bioanalytic approach to problem of psychogenesis of somatic change. *Psychoanal. Rev.,* 39:115-151.

Taylor, F. G. (1974), *Cognitive and behavioral Approaches to the Modification of Depression*. Doctoral dissertation, Queen's University, Kinston, Ontario.

Terhune, W. B. (1949), The phobic syndrome: A study of eighty-six patients with phobic reactions. *Arch. Neurol. & Psychiat.*, 62:162-172.

Trexler, L. D. & Karst, T. O. (1972), Rational-emotive therapy, placebo, and no-treatment effects on public-speaking anxiety. *J. Abnorm. Psychol.*, 79:60-67.

Truax, C. B. (1963), Effective ingredients in psychotherapy: An approach to unraveling the patient-therapist interaction. *J. Counsel. Psychol.*, 10:256-263.

Valins, S. & Ray, A. (1967), Effects of cognitive desensitization on avoidance behavior. *J. Personal. & Soc. Psychol.*, 7:345-350.

Velten, E. C. (1967), *The induction of Elation and Depression through the Reading of Structural Sets of Mood Statements*. Doctoral dissertation, University of Southern California.

Wahler, R. G. & Pollio, H. P. (1968), Behavior and insight: A case study in behavior therapy. *Exper. Res. Personal.*, 3:44-56.

Watson, J. B. (1914), *Behavior: An Introduction to Comparative Psychology*. New York: Holt.

Webster's New International Dictionary of the English Language (1949), Second Edition Unabridged. Springfield, Mass: Merriam.

Wahler, R. G. & Pollio, H. P. (1968), Behavior and insight: A case study in behavior therapy. *Exper. Res. Personal.*, 3:44-56.

Weitzman, B. (1967), Behavior therapy and psychotherapy. *Psychol. Rev.*, 74:300-317.

Westphal, C. (1872), Die Agoraphobie, eine neuropathische Erscheinung. Behavior and insight: A case study in behavior therapy. *Arch. Psychiat. & Nervenkrank.*, 3:138-161. Cited by Snaith (1968).

Wetzel, R. D. (1976), Hopelessness, depression, and suicide intent. *Arch. Gen. Psychiat.*, in press.

Wilkins, W. (1971), Desensitization: Social and cognitive factors underlying the effectiveness of Wolpe's procedure. *Psychol. Bull.*, 76:311-317.

Wolff, H. G. (1950), Life stress and bodily disease—a formulation. In: *Life Stress and Bodily Disease; Proceedings of the Association for Research in Nervous and Mental Disease*. Baltimore: Williams & Wilkins, pp. 1059-1094.

Wolpe, J. (1969), *The Practice of Behavior Therapy*. New York: Pergamon Press.

찾아보기

아론 벡(Aaron T. Beck)은 인지치료의 창시자로서, 그의 선구적인 연구와 이론은 인지행동치료의 발전에 매우 큰 영향력을 미쳤다. 예일 대학교 의과대학에서 의학박사학위를 받았으며, 현재는 펜실베이니아 대학교 정신과 명예교수이자 자신이 창설한 벡 인지행동치료연구소의 명예대표이다. 미국정신의학회로부터 '미국 정신의학을 형성한 역사적 미국인'의 하나로 불리었고, 『The American Psychologist』(1989)에서 '전 시대에 걸쳐 가장 영향력 있는 심리치료자 5인'의 하나로 인정되기도 하였다. 인지치료의 고전인 이 책을 포함하여 25권의 책과 600여 편의 논문을 저술하였다. 이 책이 처음 발간된 1976년에 55세였던 그는 2017년 현재 96세로서, 여전히 건강하게 심리치료자로 활동하며 노년기를 보내고 있다.

민병배(Min Byoungbae)는 서울대학교 심리학과를 졸업하고, 동 대학원에서 임상심리학 전공으로 박사학위를 받았다. 서울대학교병원에서 임상심리연수원 과정을 수료하였고, 임상심리전문가 자격과 정신보건임상심리사(1급) 자격을 취득하였다. 1993년부터 현재까지 마음사랑인지행동치료센터에서 심리치료자로 일하고 있다. 한국임상심리학회 회장, 한국인지행동치료학회 회장, 용문상담심리대학원대학교 총장을 지냈다. 주요 저 · 역서로는『강박성 성격장애-개정판』(공저),『의존성 성격장애와 회피성 성격장애-개정판』(공저),『노년기 정신장애』(공저),『한국판 기질 및 성격검사-성인용, 청소년용, 아동용, 유아용』(공저),『성격장애의 인지치료』(공역),『마음에서 빠져나와 삶속으로 들어가라』(공역) 등이 있다.

인지치료와 정서장애
Cognitive Therapy and the Emotional Disorders

2017년 6월 30일 1판 1쇄 발행
2024년 1월 25일 1판 5쇄 발행

지은이 • Aaron T. Beck

옮긴이 • 민 병 배

펴낸이 • 김 진 환

펴낸곳 • (주) **학지사**

04031 서울특별시 마포구 양화로 15길 20 마인드월드빌딩 5층

대표전화 • 02) 330-5114   팩스 • 02) 324-2345

등록번호 • 제313-2006-000265호

홈페이지 • http://www.hakjisa.co.kr
인스타그램 • https://www.instagram.com/hakjisabook

ISBN 978-89-997-1288-3 93180

정가 18,000원

출판미디어기업 **학지사**

간호보건의학출판 **학지사메디컬** www.hakjisamd.co.kr
심리검사연구소 **인싸이트** www.inpsyt.co.kr
학술논문서비스 **뉴논문** www.newnonmun.com
원격교육연수원 **카운피아** www.counpia.com